KB075408

세상의 속도를
따라잡고 싶다면

Do it!

웹 사이트 하나를 **통째로 만들며 배운다!**

프런트엔드 UI 개발 with Vue.js

김윤미 지음

이지스퍼블리싱

Do it!
프런트엔드 UI 개발 with Vue.js
Do it! Front-End UI Development with Vue.js

초판 발행 • 2023년 8월 8일

지은이 • 김윤미
펴낸이 • 이지연
펴낸곳 • 이지스퍼블리싱(주)
출판사 등록번호 • 제313-2010-123호
주소 • 서울특별시 마포구 잔다리로 109 이지스빌딩 4층(우편번호 04003)
대표전화 • 02-325-1722 | **팩스** • 02-326-1723
홈페이지 • www.easyspub.co.kr | **페이스북** • www.facebook.com/easyspub
Do it! **스터디룸 카페** • cafe.naver.com/doitstudyroom | **인스타그램** • instagram.com/easyspub_it

총괄 • 최윤미 | **기획 및 책임편집** • 이인호 | **IT 2팀** • 한승우, 신지윤, 이소연
감수 • 고경희 | **베타테스터** • 조유성, 국순호, 윤정미, 신수지 | **표지, 본문 디자인** • 트인글터 | **인쇄** • 명지북프린팅
마케팅 • 박정현, 한송이, 이나리 | **독자지원** • 박애림, 오경신 | **영업 및 교재 문의** • 이주동, 김요한(support@easyspub.co.kr)

• '세상의 속도를 따라잡고 싶다면 Do it!'은 출원 중인 상표명입니다.
• 잘못된 책은 구입한 서점에서 바꿔 드립니다.
• 이 책에 실린 모든 내용, 디자인, 이미지, 편집 구성의 저작권은 이지스퍼블리싱(주)와 지은이에게 있습니다.
• 이 책은 허락 없이 복제할 수 없습니다. 무단 게재나 불법 스캔본 등을 발견하면 출판사나 한국저작권보호원에 신고하여 저작권자와 출판권자를 보호해 주십시오.
(한국저작권보호원 불법복제 신고전화 1588-0910, https://www.copy112.or.kr)

ISBN 979-11-6303-494-0 93000
가격 25,000원

웹 사이트 하나를 통째로 만들며 배운다!

Vue.js와 부트스트랩 뷰를 활용한 SPA 만들기!

웹 애플리케이션을 개발할 때 자바스크립트의 역할과 기능이 점점 강력해지면서 서버 측 언어보다 클라이언트 측 언어로 개발하는 추세가 이어지고 있습니다. 그리고 웹 애플리케이션을 편리하게 개발할 수 있게 하는 Vue.js, 리액트(React), 앵귤러(Angular) 같은 프레임워크가 등장했고 많은 회사에서 생산성을 높일 목적으로 도입하고 있습니다. 따라서 웹 프레임워크 공부는 이제 선택이 아닌 필수가 되었습니다.

웹 애플리케이션을 서버 측 언어로 개발할 때는 개발자와 퍼블리셔의 역할이 비교적 분명했지만, 자바스크립트의 비중이 높아지면서 그 경계가 모호해졌습니다. 이제는 사용자 인터페이스와 데이터를 연결하여 동적인 콘텐츠를 제공하는 프런트엔드 개발의 수요가 늘고 있습니다. 프런트엔드 개발은 기존의 웹 퍼블리싱보다 더 다양한 기술과 역량이 요구됩니다.

이 책은 자바스크립트와 Vue.js를 활용해 컴포넌트 기반으로 싱글 페이지 애플리케이션(Single Page Application, SPA)의 UI를 만드는 전체 과정을 담았습니다. 기존의 웹 퍼블리셔가 보면 프런트엔드 개발자로 첫걸음을 내디딜 수 있으며, 사용자 경험을 고려한 UI 개발을 배우려는 개발자에게도 도움이 됩니다.

HTML 요소에 데이터를 연결하여 동적인 콘텐츠를 만드는 방법을 알려 주고, UI를 개발할 때 알아야 할 다양한 기법과 HTML, CSS 활용법을 설명합니다. 많은 문법을 나열하기보다 실무에서 자주 사용하는 패턴에 집중하여 이론을 줄였으며, HTML, CSS, 자바스크립트, Vue.js를 활용해 웹 사이트를 통째로 만들어 보면서 실무 프로젝트를 경험할 수 있도록 구성했습니다.

이 책을 펴낼 수 있도록 도움을 준 이지연 대표님, 이인호 편집자님에게 감사의 인사를 올립니다. 그리고 실습 프로젝트를 테스트해 준 신수지, 윤정미 과장님에게도 감사를 드립니다. 또한 책 집필에 집중할 수 있도록 편의를 봐주고 많은 의견으로 더 나은 원고를 쓸 수 있게 도와준 사랑하는 나의 남편 조유성 님과 언제나 당근과 채찍으로 성장하게 해주는 김승아, 목진혁, 김우영 님에게도 고마운 마음을 전합니다.

이 책이 웹 프런트엔드 개발을 시작하는 모든 분께 도움이 되길 바랍니다. 감사합니다.

김윤미(yoonlemon20@gmail.com)

"이 책을 추천합니다"

프런트엔드 입문서로 손색이 없어요!

웹 개발에서 프런트엔드 영역의 비중은 점점 커지고 있지만, Vue.js와 같은 자바스크립트 프레임워크를 학습하는 일이 쉽지 않은 것도 사실입니다. 이 책은 Vue.js의 이론뿐만 아니라 실제 웹 개발 프로젝트에 필요한 내용을 실습으로 자연스럽게 익힐 수 있어 최고의 입문서가 될 것입니다.

㈜스트라토 Cloud4팀 | **박홍수 팀장**

프런트엔드 프로젝트의 A to Z

웹 프런트엔드 개발에서 진정한 실력자로 인정받으려면 HTML 마크업과 CSS 스타일링뿐만 아니라 스크립트를 정복해야 합니다. 이 책은 프런트엔드 개발자가 되고 싶거나 프런트엔드 개발을 이해하는 퍼블리싱 고수가 되기를 원하는 분에게 소중한 길라잡이가 될 것입니다. 프로젝트 초기 설정부터 구현해야 할 기술을 단계별 실습으로 익힐 수 있도록 꼼꼼하게 구성해 놓았습니다. 프런트엔드 프로젝트의 'A to Z' 라고 할 만큼 많은 노하우가 담겨 있습니다.

㈜아이뱅크 개발운영사업부 | **박석민 이사**

진짜 실무에서는 어떻게 하냐고요?

단순 퍼블리싱을 하는 것과 환경을 이해하고 퍼블리싱하는 것은 하늘과 땅 차이입니다. 이 책은 웹 프런트엔드 환경을 이해하고 데이터에 기반한 사용자 인터페이스를 어떻게 개발해야 하는지를 알려 줍니다. 또한 실무 경험이 없으면 알기 어려운 내용도 충분히 다루어서 프런트엔드 개발자로 취업을 준비하는 분에게도 추천하고 싶습니다.

엔카닷컴(주) FE1팀 | **허문용 차장**

Vue.js 입문서로도 좋아요!

Vue.js 문법과 디렉티브를 체계적으로 소개하고 실무 예제를 통해 프런트엔드 웹 개발을 더욱 쉽고 효과적으로 할 수 있게 도와줍니다. 또한 웹 애플리케이션을 개발하면서 부딪히는 문제들을 Vue.js를 활용하여 해결하는 방법을 보여 줍니다. 모던 웹 프로젝트를 어떻게 시작할지 몰라 망설이는 분들에게 적극 추천합니다.

야놀자(주) 데일리호텔 fe개발팀 | **최훈철**

Vue.js 프로젝트 투입 직전에 보기 좋은 책!

자바스크립트와 Vue.js 핵심만 정리하여 처음 접하는 분도 부담이 없습니다. 실무에 바로 응용할 수 있는 실습과 저자의 실무 경험이 담긴 다양한 팁을 제공합니다. 복잡하고 두꺼운 이론 책보다 실습 위주의 책을 찾는 분께 추천합니다. 특히 급하게 Vue.js로 개발해야 하는 상황이라면 이 책을 추천합니다.

(주)KB데이타시스템 테크개발부 | **김상희 과장**

"미리 실습해 봤어요"

프런트엔드 개발자가 실무에서 바로 쓸 수 있도록 개념, 동작 원리 등이 잘 설명되어 있습니다. 개념을 설명한 후에 바로 실습을 진행하니 빠르게 이해됩니다. 실습을 응용하면 개인 포트폴리오로 활용할 수 있을 것 같아요.

조유성 | (주)스트라토 프런트엔드 개발자

템플릿을 만들고 데이터를 바인딩하는 내용이 쉽게 설명돼 있습니다. 실습으로 라우터와 Vue.js 문법 등을 명확하게 이해할 수 있게 됐어요.

국순호 | (주)아이뱅크 퍼블리셔 팀장

Vue.js 구문 설명은 물론 코드를 어디에 작성해야 할지 하나하나 친절하게 알려 주어 좋았어요. 또한 HTML, CSS와 반응형 해상도를 상세히 설명해 줘서 도움이 되었어요. Vue.js 프로젝트를 처음 접하는 분도 웹 사이트를 쉽게 완성할 수 있을 것 같아요.

윤정미 | KB부동산 퍼블리셔

이론 부분에서는 원리를 간결하면서도 명확하게 알려 주어 좋았고, 실습 부분에서는 실무에서 유용한 정보가 많아서 좋았습니다.

신수지 | KB부동산 퍼블리셔

감수자의 한마디

웹 사이트 하나를 통째로 만들어 보면서 실무 감각을 익힐 수 있는 책입니다. HTML과 CSS를 주로 사용하던 웹 디자이너나 퍼블리셔에게 자바스크립트와 Vue.js를 빠르게 학습하여 실무에 적용할 수 있도록 돕습니다.

고경희 | 《Do it! HTML+CSS+자바스크립트 웹 표준의 정석》 저자

이 책에서 만드는 사이트 미리 보기

출판사 홈페이지를 직접 만들어 보면서 싱글 페이지 애플리케이션(SPA)의 구성 요소를 이해하고 활용법을 배웁니다. 다양한 화면 크기에 최적화하는 반응형 디자인은 물론, Vue.js로 HTML 요소에 데이터를 바인딩하고 컴포넌트에 기반한 라우팅을 구현하는 등 모던 웹의 핵심 개발 기술을 익힐 수 있습니다.

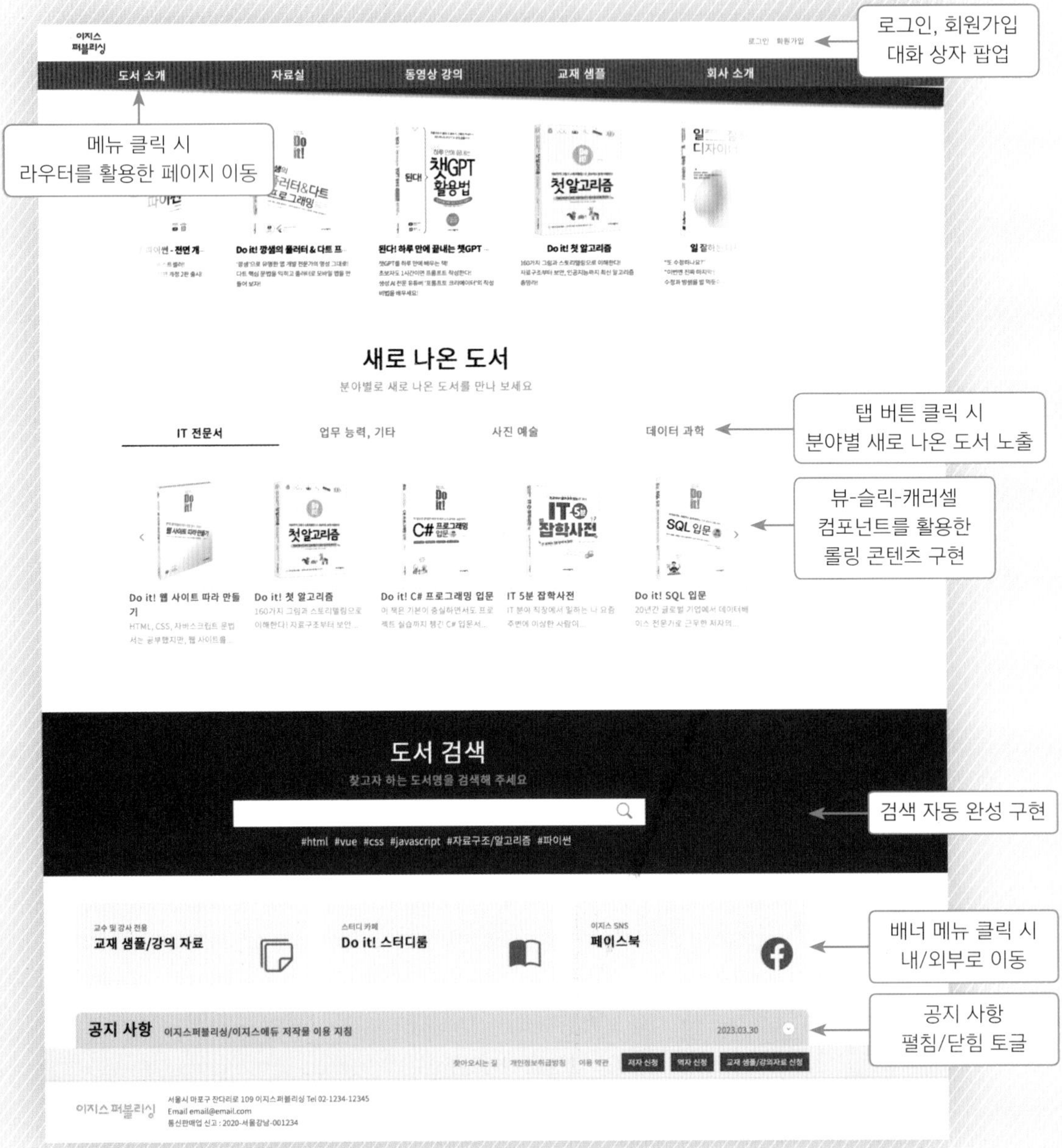

이지스 퍼블리싱

로그인 회원가입

도서 소개 | 자료실 | 동영상 강의 | 교재 샘플 | 회사 소개

새로 나온 도서

분야별로 새로 나온 도서를 만나 보세요

IT 전문서 | 업무 능력, 기타 | 사진 예술 | 데이터 과학

Do it! 웹 사이트 따라 만들기 | Do it! 첫 알고리즘 | Do it! C# 프로그래밍 입문 | IT 5분 잡학사전 | Do it! SQL 입문

도서 검색

찾고자 하는 도서명을 검색해 주세요

#html #vue #css #javascript #자료구조/알고리즘 #파이썬

교재 샘플/강의 자료 | Do it! 스터디룸 | 페이스북

공지 사항 이지스퍼블리싱/이지스에듀 저작물 이용 지침 2023.03.30

로그인, 회원가입 대화 상자 팝업

메뉴 클릭 시 라우터를 활용한 페이지 이동

탭 버튼 클릭 시 분야별 새로 나온 도서 노출

뷰-슬릭-캐러셀 컴포넌트를 활용한 롤링 콘텐츠 구현

검색 자동 완성 구현

배너 메뉴 클릭 시 내/외부로 이동

공지 사항 펼침/닫힘 토글

"프런트엔드 UI 개발의 전체 과정을 실무 프로젝트로 배운다!"

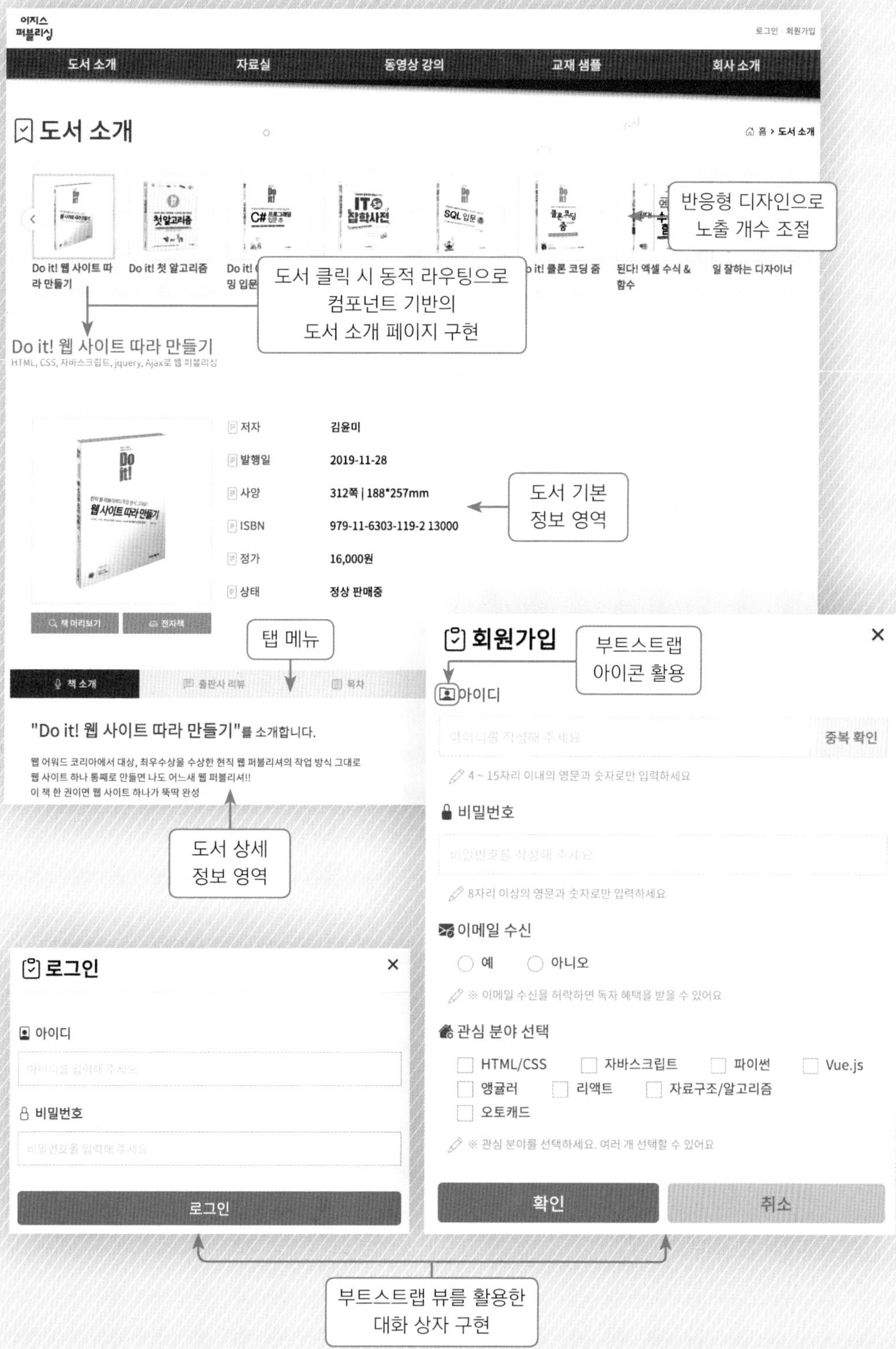

실습할 때 참고해 보세요!

책에서 **Do it!**으로 시작하는 상자에는 실습할 코드를 담았습니다. 오른쪽의 파일 경로를 참고하여 직접 실습해 보세요.

그리고 자신이 코드를 정확하게 작성했는지 확인하고 싶다면 이지스퍼블리싱 자료실에서 제공하는 전체 소스와 비교하며 공부해 보세요.

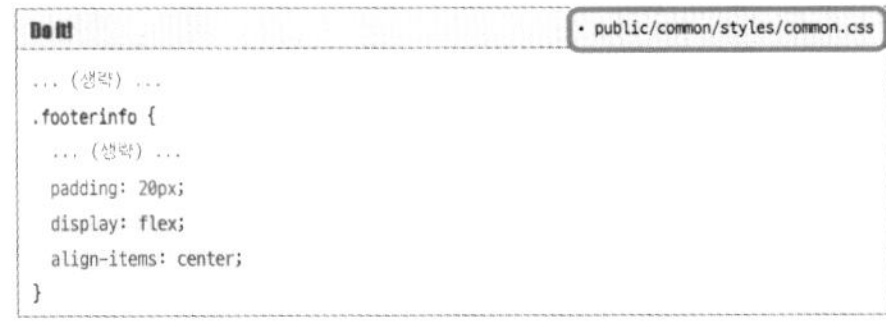

- 이지스퍼블리싱 공식 홈페이지(easyspub.co.kr) → [자료실] → 'Do it! 프런트엔드 UI 개발 with Vue.js'로 검색

궁금한 내용은 저자에게 질문해 보세요

책을 읽다가 궁금한 내용이 있으면 저자 이메일 주소로 질문해 보세요. 몇 쪽에서 어떤 점이 궁금한지 자세히 적어야 정확하고 빠른 답변을 받을 수 있습니다.

- **저자 이메일 주소:** yoonlemon20@gmail.com

'스터디룸'에서 함께 공부하고 책 선물도 받으세요

이 책을 보는 친구들과 함께 공부해 보세요. 내가 이해하지 못한 내용은 도움을 받고 내가 이해한 내용을 바탕으로 도와준다면 복습하는 효과도 누릴 수 있습니다. 또, 'Do it! 스터디룸'에서 운영하는 '공부단'에 지원해 보세요. 이 책의 스터디 노트를 쓰며 책을 완독하면 원하는 이지스퍼블리싱 책 한 권을 선물로 드립니다.

- **Do it! 스터디룸 카페:** cafe.naver.com/doitstudyroom

온라인 독자 설문 — 보내 주신 의견을 소중하게 반영하겠습니다!

QR코드를 스캔하여 이 책에 대한 의견을 보내 주세요. 더 좋은 책을 만들도록 노력하겠습니다. 의견을 남겨 주신 분께는 보답하는 마음으로 다음 5가지 혜택을 드립니다.

❶ 추첨을 통해 소정의 선물 증정
❷ 이 책의 업데이트 정보 및 개정 안내
❸ 저자가 보내는 새로운 소식
❹ 출간될 도서의 베타테스트 참여 기회
❺ 출판사 이벤트 소식

"목표를 세우면 완독할 확률이 높아집니다"

독학도 교재로도 OK! 15차시로 계획을 세우고 학습을 진행해 보세요.
한 학기 강의용 교재로도 좋습니다.

15차시 완성

구분	차시	장	주제	완료 날짜
이론	1	01 HTML과 CSS 복습하기	실무에서 유용한 HTML 요소와 CSS 기초 문법	/
	2	02 실무에서 유용한 CSS 패턴 알아보기	박스 모델 이해와 다양한 CSS 속성, 가상 요소	/
	3	03 레이아웃과 반응형 웹	플로팅과 플렉스 박스 레이아웃, 미디어 쿼리	/
	4	04 자바스크립트 프로그래밍	기본 문법, 제어문, 배열, 반복문, Node.js 설치	/
	5	05 Vue.js 프로그래밍	템플릿 문법과 주요 속성	/
실습	6	06 프로젝트 환경 설정하기	VSCode, Vue.js 설치, 프로젝트 폴더 살펴보기	/
	7	07 SPA 기본 골격 만들기	기본 레이아웃, 헤더 영역 만들기	/
	8		메뉴, 푸터 영역 만들기, 반응형으로 만들기	/
	9	08 로그인/회원가입 대화 상자 만들기	부트스트랩 뷰 컴포넌트, 로그인/회원가입 대화 상자 만들기	/
	10	09 메인 콘텐츠 만들기	메인 콘텐츠 레이아웃, 분야별 새로 나온 도서 영역 만들기(캐러셀)	/
	11		도서 검색, 배너 메뉴, 공지 사항 만들기	/
	12	10 서브 페이지 레이아웃 만들기	메뉴 고정하기, 서브 페이지 레이아웃 만들기	/
	13	11 도서 소개 페이지 만들기	도서 목록, 도서 기본 정보 영역 만들기	/
	14		도서 상세 영역 만들기, 동적 라우팅 구현하기	/
	15	12 SPA 완성하기	컴포넌트 재사용으로 기타 서브 페이지 만들기	/

첫째마당
HTML과 CSS 그리고 반응형 웹

둘째마당
웹 프로그래밍

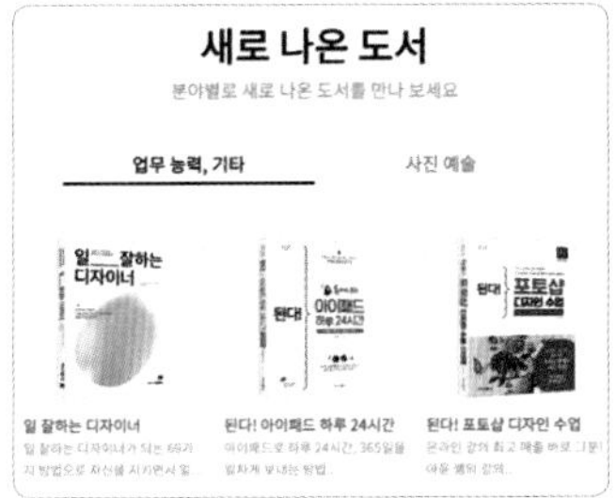
새로 나온 도서
업무 능력, 기타
사진 예술
일 잘하는 디자이너
된다! 아이패드 하루 24시간
된다! 포토샵 디자인 수업

도서 소개
된다! 엑셀 수식 & 함수
저자
정대호
발행일
2023-05-15
사양
520쪽 | 188*257mm
ISBN
979-11-6303-466-7, 13000
정가
28,000 원
상태
정상 판매중

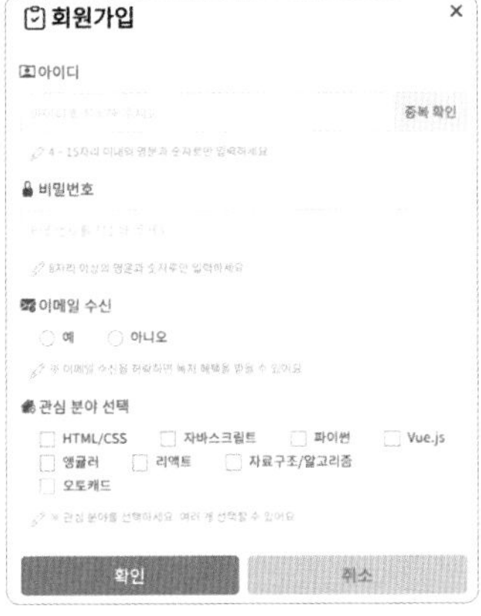
회원가입
아이디
중복 확인
비밀번호
이메일 수신
예
아니오
관심 분야 선택
HTML/CSS
자바스크립트
파이썬
Vue.js
앵귤러
리액트
자료구조/알고리즘
오토캐드
확인
취소

첫째마당

HTML과 CSS 그리고 반응형 웹

첫 번째 마당에서는 웹 문서를 작성하는 HTML과 스타일을 지정하는 CSS를 다룹니다. 그리고 화면의 구조를 설계하는 레이아웃과 다양한 크기의 화면에 대응하는 반응형 웹에 관해서도 살펴봅니다. 이 책의 독자는 대부분 HTML과 CSS를 한 번쯤은 공부해 보았을 것이므로 실무에서 자주 사용하는 작성법 위주로 복습하듯이 빠르게 훑어보겠습니다.

01
HTML과
CSS 복습하기

02
실무에서 유용한
CSS 패턴
알아보기

03
레이아웃과
반응형 웹

01

HTML과 CSS 복습하기

01-1 HTML과 시맨틱 웹

01-2 실무에서 유용한 HTML 요소

01-3 CSS 기초 문법 복습하기

01-4 스타일을 적용할 요소 선택하기

웹 사이트를 만들 때 논리적인 구조와 콘텐츠는 HTML로 작성하고 시각적인 디자인 요소는 CSS로 작성합니다. 그러면 HTML과 CSS를 분리해서 작성할 수 있으며 CSS만 수정해도 웹 사이트의 분위기를 바꿀 수 있습니다.
이 장에서는 사용자 관점에서 HTML을 어떻게 작성해야 하는지, 시맨틱 웹이 무엇인지, 실무에서 많이 쓰는 HTML 요소는 무엇인지 등을 알아봅니다. 그리고 CSS 기초 문법과 선택자도 살펴봅니다. 가벼운 마음으로 복습하듯이 시작해 보세요.

01-1 HTML과 시맨틱 웹

우리는 매일 같이 다양한 웹 사이트에 방문해 정보를 얻고 물건을 사거나 업무를 봅니다. 이러한 웹 사이트는 HTML로 작성된 웹 문서의 모음입니다. **HTML**hyper text markup language은 링크로 연결된(hyper text) 문법적 특성이 있는(markup) 프로그래밍 언어(language)입니다.

HTML로 작성된 문서는 웹 브라우저를 통해 볼 수 있습니다. 그리고 언어란 상호 간의 의사를 전달하는 데 쓰는 수단이자 사회 관습적인 체계입니다. HTML 역시 사용자와 웹 브라우저 간의 상호 작용을 위한 언어이므로 월드 와이드 웹 컨소시엄world wide web consortium(이하 W3C)이라는 국제 기구에서 표준을 지정하고 관리합니다. HTML5는 W3C에서 2008년 1월 초안을 공개하고 2014년 11월 공식 표준을 발표한 이후로 현재까지 사용되고 있습니다.

HTML 문서 구조

HTML 문서는 요소와 태그 그리고 속성과 속성값으로 구성됩니다. **요소**elements는 웹 페이지에 나타낼 콘텐츠에 의미를 부여하며 시작과 종료 태그 그리고 내용으로 구성됩니다. **태그**tag는 요소를 만들기 위해 사용되는 표기법입니다. **속성**attributes은 시작 태그 안에 작성하여 요소에 추가 정보를 부여하며, **속성값**attribute values은 속성에 부여하는 값입니다.

▼ HTML의 구성 요소

구성 요소	설명
요소	시작과 종료 태그, 내용으로 구성된 모든 HTML 요소 예) <title> 문서의 제목 </title>
태그	시작 태그 < >와 종료 태그 </ >로 요소 정의 일부 요소는 종료 태그 없음(예:)
속성	요소에 추가 정보 부여. 요소의 시작 태그 내에 사용 예) <body **id**="page"> 문서의 내용 </body>
속성값	속성에 대한 값 예) <body id="**page**"> 문서의 내용 </body>

다음 코드는 HTML 문서를 작성한 예입니다. 각 요소가 의미하는 바를 살펴보겠습니다.

• HTML 구성 요소

```
<!DOCTYPE html> —❶
<html> —❷
  <head> —❸
    <title>웹 페이지 제목</title> —❹
    <meta charset="UTF-8"> —❺
    <meta http-equiv="X-UA-Compatible" content="IE=edge">
    <meta name="viewport"
          content="width=device-width, initial-scale=1.0, maximum-scale=1.0,
          minimum-scale=1.0, user-scalable=no, target-densitydpi=medium-dpi">
    <!-- 전화, 주소, 이메일 자동 링크 없애기 -->
    <meta name="format-detection" content="telephone=no, address=no, email=no" />
    <!-- 기본 포맷 삭제 -->
    <meta name="format-detection" content="no" />
    <meta name="title" property="og:title" content="타이틀">
    <meta name="images" property="og:image" content="대표 이미지">
    <meta name="description" property="og:description" content="설명">
    <meta name="type" property="og:type" content="저작권">
    <script type="text/javascript" src="외부 자바스크립트 파일"></script> —❻
    <link rel="stylesheet" type="text/css" href="외부 CSS 파일"> —❼
  </head>
  <body> —❽
  </body>
</html>
```

❶ 이 문서가 지켜야 할 표준을 알려 주는 DTD[document type definition]입니다. DTD는 현재 문서에서 사용할 수 있는 요소나 속성을 정의하는 기준이 되며, 웹 브라우저가 렌더링 모드를 확인하고 문서의 규칙을 결정하는 데 사용합니다.

❷ <html>은 HTML 문서의 시작을 알리는 태그입니다. </html>과 함께 웹 문서 전체를 감싸는 형태로 작성합니다.

❸ <head>에는 사이트의 제목인 <title>을 비롯하여 문서의 정보를 담는 <meta> 그리고 CSS 파일과 자바스크립트 파일 등을 불러올 수 있습니다.

❹ <title>에는 현재 문서의 제목을 작성합니다. 즐겨 찾기로 등록할 때 제목이 되며 검색 엔진이 페이지의 내용을 파악할 때 기본으로 사용하므로 알맞게 작성해야 합니다.

❺ <meta>는 브라우저에는 표현되지 않지만 현재 HTML 문서에 대한 정보를 요약해서 담고 있습니다.

❻ <script>는 문서에 자바스크립트를 포함합니다. src 속성으로 외부의 자바스크립트 파일을 불러오거나 <script></script> 사이에 직접 작성할 수 있습니다.

❼ <link>를 사용해 외부의 CSS 파일을 연결합니다.

❽ <body>는 웹 브라우저에 나타낼 내용을 작성하는 본문 태그입니다. DTD에 선언된 기준에 따라 유효성에 맞게 작성해야 합니다.

시맨틱 웹이란?

HTML 문서를 통해 정보를 효과적으로 전달하려면 논리적인 구조로 의미 있게 작성해야 합니다. HTML의 각 태그에는 저마다 의미가 정의돼 있으며 콘텐츠를 나타낼 때는 그 의미에 맞는 태그를 사용합니다. 이처럼 HTML 문서를 의미에 맞게 논리적인 구조로 작성하는 것을 **시맨틱**semantic이라고 합니다. 시맨틱 웹은 컴퓨터(웹 브라우저)가 사람을 대신하여 정보를 읽고 이해하는 지능형 웹을 가리킵니다.

2000년대 초반까지만 해도 <table> 태그로 영역을 구분한 테이블 레이아웃이 일반적이었지만, 이후로는 시맨틱 웹이 중시되면서 박스 모델 레이아웃으로 바뀌었습니다. 그런데 박스 모델 레이아웃을 사용해도 각 영역을 <div> 태그로 지정하고, 그 안에 다시 <div> 태그로 내용을 넣는 중첩이 생겨 HTML 문서가 복잡해집니다. 이를 개선하고자 HTML5* 에서 시맨틱 관련 태그들(<header>, <nav>, <main>, <article>)이 추가됐습니다.

* HTML5는 'HTML의 살아 있는 표준(HTML Living Standard)' 이라고도 불리며, 웹 기술의 최신 표준을 나타내는 용어입니다. HTML5는 단순히 HTML뿐만 아니라 CSS3, ES6(이후 버전 포함), 그리고 다른 최신 웹 기술을 포괄해 표현할 때 사용합니다.

시맨틱 태그를 사용하면 문서의 제목이나 목록, 강조할 내용 등에 의미를 주고 메뉴와 메인 콘텐츠, 서브 콘텐츠 등을 분류할 수 있습니다. 이처럼 논리적인 구조로 작성된 HTML 문서일수록 검색 사이트에서 우선 순위로 노출될 확률이 높습니다. 사이트가 사용자에게 노출이 많아지면 구매나 광고 효과를 기대할 수 있습니다. 이는 HTML만으로도 사이트를 차별화할 수 있다는 뜻이기도 합니다. 또한 구조화가 잘된 문서일수록 여러 사람과 협업할 때 업무를 효율적으로 수행할 수 있습니다.

따라서 웹 표준을 지키고 HTML 문서를 의미 있게 작성하는 일은 매우 중요합니다. HTML 문서를 작성할 때 기억해야 할 내용을 함께 살펴보겠습니다.

일관성 있고 표준화된 코드 사용하기

HTML 문서는 표준화된 방법으로 일관되게 작성해야 합니다. 그러면 코드를 읽기 쉽게 구조화할 수 있으며 논리 정연하게 정리된 정보를 제공할 수 있습니다.

웹 접근성 지키기

웹에서 제공하는 모든 정보는 누구나 동등하게 접근하고 이용할 수 있어야 합니다. 이것을 **웹 접근성**web accessibility이라고 합니다. 웹 접근성을 준수하는 것은 법적 의무 사항입니다. 예를 들어 눈이 불편한 사람이 스크린 리더를 사용하여 웹에서 정보를 읽을 때 내용의 흐름에 따라 이동할 수 있도록 페이지의 구조가 올바라야 합니다. 또한 마우스를 사용할 수 없을 때 키보드의 Tab으로 메뉴를 선택하거나 이동할 수 있어야 합니다. 웹 접근성을 높이려면 CSS와 자바스크립트를 사용하지 않고도 HTML의 내용을 읽을 수 있어야 합니다.

코드의 가독성 고려하기

웹 사이트는 대부분 여러 사람과 협업하여 만드므로 코드를 읽기 쉽게 작성해야 합니다. 혼자만 보는 파일이 아니기 때문에 다른 설명이 없어도 구조를 쉽게 알 수 있도록 그룹화하고 아이디나 클래스 등을 의미 있는 이름으로 작성해야 합니다.

01-2 실무에서 유용한 HTML 요소

이 절에서는 실무에서 많이 쓰는 HTML 요소를 가볍게 훑어보겠습니다. 전체 요소를 더 자세히 알고 싶으면 모질라Mozilla에서 제공하는 'HTML 요소 참고서'*를 확인해 보세요. HTML을 작성할 때 많은 도움을 얻을 수 있으므로 다음 URL을 즐겨 찾기에 등록해 두면 좋습니다.

* HTML 요소 참고서: developer.mozilla.org/ko/docs/Learn/HTML

레이아웃을 위한 요소

웹 페이지의 레이아웃은 정보를 잘 정리하여 일관된 모습으로 배치하는 것을 말합니다. HTML로 레이아웃을 구성할 때도 의미 있는 요소를 사용해 시맨틱 웹으로 구현해야 합니다. 그래야만 웹 페이지를 일관성 있게 구성할 수 있으며 의도한 대로 사용자에게 정확한 정보를 전달할 수 있습니다.

이처럼 시맨틱 웹을 만드는 레이아웃 요소는 <header>, <nav>, <main>, <article> 등이 있습니다. 요소마다 어떤 정보를 담아야 하는지 알아보겠습니다.

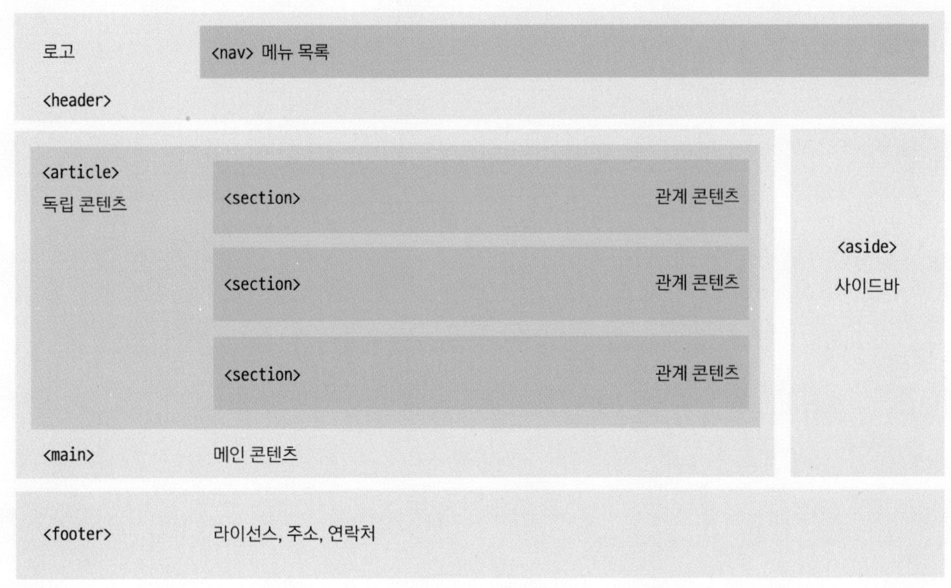

▲ 레이아웃 요소

<header>

웹 페이지의 가장 상단에 위치하며 사이트 이름, 문서의 제목, 로고, 검색 폼 등의 소개나 탐색 요소를 나타낼 때 사용합니다.

<nav>

내비게이션[navigation]의 약자로, 다른 페이지로 이동하는 링크를 보여 주는 메뉴, 목차, 색인 등을 만들 때 사용합니다. 각 항목은 `<ul>` 안에 `<li>`을 넣어 목록 형태로 만듭니다.

<main>

문서의 주요 콘텐츠를 정의하는 데 사용합니다. 웹 검색 엔진에서도 주요 콘텐츠로 인식합니다. 이 요소는 한 페이지 안에 2개 이상 사용하지 말아야 합니다. 만약 `<main>`을 2개 이상 사용할 때는 1개를 제외하고 나머지를 `hidden` 속성을 써서 모두 가려야 합니다.

<article>

게시판, 블로그 글 등 독립적으로 구분할 콘텐츠나 재사용할 수 있는 콘텐츠에 사용합니다. 주로 `<h1>`-`<h6>` 같은 제목 요소를 함께 사용하여 콘텐츠를 구분합니다.

<section>

서로 연관된 콘텐츠를 구분하여 제목과 그에 따른 내용을 담을 때 사용합니다. `<section>`에는 보통 제목 요소를 사용하지만 꼭 사용해야 하는 것은 아닙니다.

<aside>

본문의 주요 부분과 관련된 부수적인 내용을 나타낼 때 사용합니다. 주로 사이드 바나 광고 상자 등을 넣을 때 사용합니다.

<footer>

일반적으로 페이지나 해당 구역의 가장 아랫부분에 위치하여 작성자나 저작권 정보, 주소, 연락처 등을 넣을 때 사용합니다.

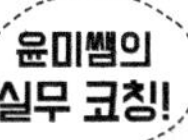

<article>,<section>,<div>를 어떨 때 써야 하나요??

<article>이나 <section>은 문서의 구역을 논리적으로 나눌 때 사용합니다. <article> 요소는 하나의 완성된 독립적인 콘텐츠를 나타내며, <section> 요소는 주제와 관련 있는 내용을 묶을 때 사용합니다. 또한 <div> 요소는 단순한 스타일링을 나타낼 때 사용합니다.
예를 들어 책 한 권의 내용을 <article>에 담는다면 1장, 2장처럼 각 장은 <section>으로 구분할 수 있으며 장마다 내용의 흐름에 따라 <div>로 문단을 나눠 꾸밀 수 있습니다.

콘텐츠 흐름을 위한 요소

HTML 요소에는 레이아웃뿐만 아니라 모든 내용을 의미 있게 전달하기 위한 다양한 요소가 있습니다. 예를 들어 다른 문서를 가리키는 링크를 설정하거나 제목 정의, 문단 나누기, 사용자와 상호 작용 등을 지원하는 요소입니다. 웹 페이지를 작성할 때 각 내용에 알맞은 의미를 전달하기 위해 어떤 요소를 사용해야 하는지 알아보겠습니다.

제목 요소 — <h1>~<h6>

<h1>~<h6>은 특정 구역의 제목을 나타냅니다. <h1>이 가장 큰 제목이자 메인 제목입니다. 숫자가 작을수록 큰 제목을 의미합니다. 웹 페이지의 논리 구조를 나타내는 요소이므로 제목은 내용을 요약하여 구체적이고 짧은 문장으로 작성합니다.

특히 <h1> 요소는 검색 엔진 최적화에 기준이 되므로 내용을 대표할 수 있는 제목으로 작성하여 정보 구조를 명확하게 표현합니다.

• 단계별 제목 나타내기

```
<article>
  <h1>제목1</h1>
  <section>
    <h2>제목2</h2>
  </section>
  <section>
    <h2>제목3</h2>
  </section>
</article>
```

양식 요소 — <button>, <fieldset>, <form>, <input>, <label>, <select>, <textarea>, …

양식 요소는 사용자에게 데이터를 입력받을 수 있습니다. 양식 요소를 조합하면 사용자가 데이터를 작성하여 제출할 수 있는 웹 페이지를 만들 수 있습니다.

• 양식 만들기

```
<form>
  <fieldset>
    <div>
      <label>아이디</label>
      <input type="text" placeholder="아이디를 입력해 주세요">
    </div>
    <div>
      <label>비밀번호</label>
      <input type="text" placeholder="비밀번호를 입력해 주세요">
    </div>
    <button>로그인</button>
  </fieldset>
</form>
```

목록 요소 — <ol>, <ul>, <li>

목록을 만들 때는 <ol>, <ul>, <li> 요소를 사용합니다. 순서가 있는(정렬) 목록은 <ol>[ordered list], 순서가 없는(비정렬) 목록은 <ul>[unordered list] 요소를 부모로 작성하여 <li>[list item] 요소로 각 항목을 작성합니다.

• 목록 나타내기

```
<nav>
  <ul>
    <li>항목1</li>
    <li>항목2</li>
    <li>항목3</li>
  </ul>
</nav>
```

설명 목록 요소 — <dl>, <dt>, <dd>

특정 용어를 설명하는 목록은 <dl>, <dt>, <dd> 요소를 조합해서 만듭니다. <dl>[description list] 요소에 설명이 필요한 용어를 <dt>[description-term] 요소로 작성하고 <dd>[description-details] 요소에는 설명을 작성합니다. <dl> 요소는 반드시 <dt>-<dd> 쌍을 하나 이상 포함해야 하며 <dt>-<dd> 쌍은 <dl> 요소 없이 독립적으로 사용할 수 없습니다.

• **설명 목록 만들기**

```
<dl>
  <dt>대상</dt>
  <dd>설명</dd>
</dl>
```

텍스트 요소 — <em>, <span>, <strong>, <p>, <div>, <a>, …

텍스트를 작성할 때 사용하는 요소입니다. 텍스트 요소가 모여 문단을 이룹니다.

내장 요소 — <audio>, <img>, <canvas>, <embed>, <iframe>, <object>, <svg>, <video>, …

HTML 문서에 사진, 오디오, 비디오 등 멀티미디어나 기타 다른 콘텐츠를 포함할 때 사용합니다.

이외에도 많은 요소가 있습니다. 각 요소의 의미를 정확하게 알고 알맞게 사용해야 합니다.

UI와 UX를 고려한 웹 사이트

HTML의 요소로 시맨틱 웹을 만드는 것만큼 사용자 중심의 UI/UX를 제공하는 것도 중요합니다. 웹 사이트 사용자는 결국 사람이므로 사람 중심으로 만들어야 만족시킬 수 있고 사용자 수를 늘릴 수 있습니다.

최근 모바일 사용자가 늘면서 사용자 인터페이스의 단순화, 확장형 타이포그래피 사용, 슬라이딩이나 제스처에 반응하는 상호 작용 등 모바일 중심의 UI/UX를 고려한 웹 페이지가 많아지고 있습니다. 이처럼 UI/UX는 시대의 흐름을 반영하여 사용자의 경험을 구체화하는 중요한 도구입니다.

HTML을 작성할 때 어떠한 관점으로 UI/UX를 고려해야 하는지 **휴리스틱 평가**heuristic evaluation를 기반으로 주요한 착안점만 살펴보겠습니다.

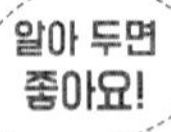

휴리스틱 평가와 제이콥 닐슨

휴리스틱은 '경험적인 직관'을 뜻합니다. 제이콥 닐슨(Jacob Nielsen)이 개발한 「휴리스틱 10가지 평가 척도」는 정량적으로 측정하기 힘든 서비스의 사용성(usability)을 평가하는 대표적인 방법입니다. 제이콥 닐슨은 소프트웨어와 웹 사이트 디자인 사용성에 관한 전문가로, 사용자 인터페이스를 향상시키는 '디스카운트 사용성 공학(discount usability engineering)' 운동의 창시자입니다.

1. 시스템 상태 시각화

사용자가 무작정 기다리거나 궁금해하지 않도록 시스템 상태를 시각적으로 제공해야 합니다. 예를 들어 사용자가 목록에서 〈더 보기〉를 클릭할 때 서버에서 정보를 가져오는 동안 로딩 바나 프로그레스 바를 추가하여 정보를 시각적으로 알려 줘야 합니다.

2. 일관성과 표준

웹 사이트 전체에서 정보를 표현하는 방법이나 인터페이스 같은 규칙을 일관되게 유지하여 사용자가 혼란스럽지 않게 해야 합니다. 제목과 본문 내용의 크기, 서체, 간격 등을 일관성 있게 맞추면 사용자가 웹 페이지를 보고 이해하기가 쉽습니다.

3. 기억보다 인식

사용자가 기억해야 하는 부분을 최소화하고 직관적으로 인식할 수 있도록 구현합니다. 예를 들어 버튼 아이콘에 ▼를 표시해 두면 사용자는 내림차순으로 동작할 것을 예측할 수 있습니다. 사용자가 따로 규칙을 읽거나 학습하지 않아도 직관적으로 인식할 수 있도록 만드는 것이 좋습니다.

4. 유연성과 효율성

초보자나 숙련자 모두에게 효과적이고 유연한 사용 환경을 제공합니다. UI/UX는 단순한 디자인의 범위를 넘어 사용자와 교감하는 사용성 중심의 개념입니다. 사용자를 차별하지 않고 누구나 이용할 수 있어야 합니다. 메뉴는 숨김 메뉴 대신 상단에 두어 누구나 직관적으로 사용할 수 있어야 하고 부득이한 경우 도움말을 제공합니다.

5. 오류 인식과 진단, 복구

오류 메시지는 즉시 표시하고 해결책을 명확하게 제시합니다. 예를 들어 `<input>` 요소를 사용하여 사용자에게 데이터를 입력받을 때 입력 방법을 자세히 제공하고 만약 오류가 생겼을 때는 오류 메시지와 함께 해결책을 제시합니다.

이번 장에서 살펴본 것처럼 HTML을 작성하는 일은 결코 가볍지 않습니다. 디자인뿐만 아니라 구조화된 내용을 논리적으로 제공해야 합니다. 또한 사용자가 어떠한 동작을 했을 때 그 결과가 웹 브라우저에 나타나 사용자와 상호 작용할 수 있도록 해줘야 합니다. 단순히 요소만 익히는 것을 넘어서 사용자에게 서비스를 제공하도록 노력해야 합니다.

따라서 HTML을 작성할 때는 사용자에게 보여 줄 내용을 파악하여 그 의미에 맞는 요소를 사용하고, 웹 브라우저에서 보기에 편한 UI/UX를 제공할 수 있도록 여러 가지를 고려해야 합니다.

01-3 CSS 기초 문법 복습하기

CSS[cascading style sheets]는 HTML로 작성된 정보를 시각화하는 언어입니다. 웹 문서를 눈에 띄고 좋아 보이게 하는 비밀 병기가 바로 CSS입니다. 과거에는 HTML에 디자인 요소를 포함하여 작성했지만, 한 문서에 구조화된 요소와 디자인 요소가 함께 있으니 문서를 파악하기가 어려웠습니다. 이에 디자인 요소를 분리해서 작성할 목적으로 W3C에서 CSS를 발표했습니다.

CSS는 정보를 웹 브라우저에 시각적으로 표현하는 방법입니다. CSS에 기술하는 내용은 단순히 디자인 표현뿐 아니라 화면, 종이, 음성이나 다른 매체(미디어 쿼리 사용)에 어떻게 렌더링돼야 하는지 지정할 수 있습니다. CSS3에서는 그림자 효과, 그러데이션, 변형 등 이미지를 대체할 수 있는 기능과 다양한 애니메이션 기능이 추가됐습니다.

CSS 작성법

CSS는 하나 이상의 선택자에 여닫는 중괄호로 블록을 구성하여 작성하며, 각 블록에는 다양한 스타일 속성을 나열합니다.

선택자 {선언 블록}

선택자

CSS를 작성할 때 스타일을 적용할 대상을 지정해야 하는데 이를 **선택자**[selector]라고 합니다. HTML 요소에 직접 적용할 때는 요소 선택자, 아이디나 클래스에 적용할 때는 각각 아이디 선택자, 클래스 선택자라고 합니다. 각 선택자에 지정한 스타일 정의가 HTML 문서의 해당 부분에 적용됩니다.

▼ 선택자 종류

선택자 이름	작성법
요소 선택자	요소명 {선언 블록}
아이디 선택자	#아이디명 {선언 블록}
클래스 선택자	.클래스명 {선언 블록}

클래스와 아이디 선택자를 작성할 때는 대소문자를 구분해야 하며 숫자와 밑줄(_)을 포함할 수 있습니다. 아이디 선택자는 샵(#)으로 시작하고, 클래스 선택자는 점(.)으로 작성합니다. 아이디 선택자는 한 요소(HTML 문서에서 유일한 아이디)에만 적용할 수 있고, 클래스 선택자는 여러 요소에 적용할 수 있습니다.

선언 블록

선언 블록에는 스타일 속성을 나열합니다. 각 속성은 '이름', '쌍점(:)', '값'으로 구성됩니다. 한 블록 안에 속성을 여러 개 선언할 때는 쌍반점(;)으로 구분하며 쌍반점이 하나라도 빠지면 HTML 요소에 스타일이 적용되지 않습니다.

선택자 {속성명:속성값; 속성명:속성값}

CSS 우선순위

CSS를 풀어 쓴 캐스케이딩 스타일 시트cascading style sheets에서 캐스케이딩은 '계단형', '종속형'이라는 의미가 있습니다. 즉, CSS는 위에서 아래로 흐르듯이 스타일이 적용되는데 그 규칙은 다음 표와 같은 우선순위에 따릅니다. 이러한 규칙이 처음에는 복잡해 보이지만 어떤 요소에 스타일 정의가 중복됐을 때 적용되는 순서를 경험해 보면 이해하기가 쉽습니다.

▼ CSS 우선순위

우선순위	타입	설명
1	중요성	속성값 뒤에 !important를 붙인 속성. 모든 스타일보다 우선함
2	인라인	HTML 요소의 style 속성을 직접 지정한 스타일
3	미디어 타입	특정 CSS가 정의되어 있지 않다면 속성 정의는 모든 미디어 타입에 적용
4	사용자 정의	사용자 정의 CSS가 HTML 문서에 있는 CSS보다 우선함
5	선택자 특정성	특정 컨텍스트 선택자(#heading p)는 일반 정의보다 우선함
6	규칙 순서	마지막에 선언한 규칙이 우선순위가 가장 높음
7	부모 상속	속성을 지정하지 않으면 부모 요소를 상속함
8	HTML 문서 안에서의 CSS 속성	CSS 규칙이나 CSS 인라인 스타일은 기본 브라우저 값을 덮어씀
9	브라우저 기본값	가장 낮은 우선순위. 브라우저 기본값은 W3C 초깃값 사양에 정의되어 있음

01-4 스타일을 적용할 요소 선택하기

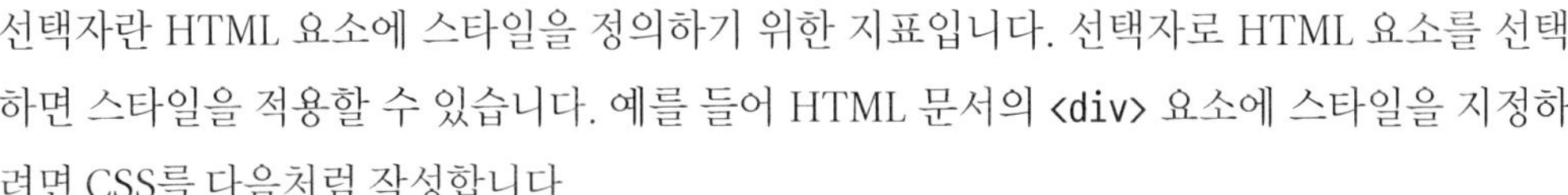

선택자란 HTML 요소에 스타일을 정의하기 위한 지표입니다. 선택자로 HTML 요소를 선택하면 스타일을 적용할 수 있습니다. 예를 들어 HTML 문서의 `<div>` 요소에 스타일을 지정하려면 CSS를 다음처럼 작성합니다.

```
div {width:100%}
```

HTML 문서를 작성할 때 다양한 요소를 반복해서 사용하는데 이렇게 많은 요소에 어떻게 스타일을 적용할까요? CSS는 콘텐츠를 시각화하는 목적이므로 각 요소에 스타일을 지정할 수 있도록 여러 가지 선택자를 제공합니다. 어떤 선택자가 있는지 함께 알아보겠습니다.

전체 선택자

전체 선택자universal selector는 HTML의 모든 요소에 적용합니다. 단일 선택자, 복합 선택자로 하위 요소까지 스타일을 적용할 수 있습니다.

CSS	스타일 적용 범위

* {
  color: red
}
	<section>
	  <h1>사이트 제목**</h1>**
	  <div>
	    <p>콘텐츠 내용**</p>**
	    <p>콘텐츠 내용**</p>**
	    <a href="#"**>**관련 링크**</a>**
	  </div>
	</section>

타입 선택자

타입 선택자type selector는 이름이 선택자와 같은 요소에 스타일을 적용합니다.

CSS	스타일 적용 범위

h1 {
  color: red
}
	<section>
	  <h1>사이트 제목**</h1>**
	  <div>
	    <p>콘텐츠 내용</p>
	    <p>콘텐츠 내용</p>
	    <a href="#">관련 링크</a>
	  </div>
	</section>

여러 개의 요소를 동시에 선택할 때는 다음처럼 작성합니다.

CSS	스타일 적용 범위

h1, div {
  color: red
}
	<section>
	  <h1>사이트 제목</h1>
	  <div>
	    <p>콘텐츠 내용</p>
	    <p>콘텐츠 내용</p>
	    <a href="#">관련 링크</a>
	  </div>
	</section>

속성 선택자

속성 선택자attribute selector는 요소의 특정 속성에 스타일을 적용합니다.

CSS	스타일 적용 범위

a[href] {
  color: red;
  text-decoration: underline
}
	<section>
	  <h1>사이트 제목</h1>
	  <div>
	    <p data="콘텐츠 내용">콘텐츠 내용</p>
	    <p data="콘텐츠 내용">콘텐츠 내용</p>
	    <a href="#">관련 링크</a>
	  </div>
	</section>

요소에서 스타일을 적용할 속성을 직접 지정할 수도 있습니다.

CSS	스타일 적용 범위

p[data] {
  color: blue
}
	<section>
	  <h1>사이트 제목</h1>
	  <div>
	    <p data="콘텐츠 내용">콘텐츠 내용</p>
	    <p data="콘텐츠 내용">콘텐츠 내용</p>
	    <a href="#">관련 링크</a>
	  </div>
	</section>

아이디 선택자

HTML 문서에서 아이디는 유일한 특성이 있으므로 아이디 선택자ID selector는 페이지 내에서 한 곳에만 적용됩니다.

CSS	스타일 적용 범위

#wrap {
  border: solid 1px #ddd
}
	<section id="wrap">
	</section>
	<section id="wrap_contnet">
	</section>

클래스 선택자

클래스 선택자class selector는 아이디 선택자와는 다르게 공통으로 여러 곳에 스타일을 적용할 수 있습니다.

CSS	스타일 적용 범위

.content {
  padding: 10px;
  color: red;
  border: solid 1px #ddd
}
	<section id="wrap">
	  <h1>사이트 제목</h1>
	  <div>
	    <p class="content">콘텐츠 내용</p>
	    <p class="content">콘텐츠 내용</p>
	    <a href="#">관련 링크</a>
	  </div>
	</section>

하위 선택자

하위 선택자descendant selector는 지정된 하위 요소를 선택하여 스타일을 적용합니다. 일반적으로 텍스트와 관련된 속성들은 부모 요소로부터 상속됩니다. 다음 예에서 <div> 요소의 <p> 요소는 padding과 border 속성은 상속되지 않지만, color 속성은 상속되어 지정됩니다.

CSS	스타일 적용 범위

#wrap div {
  padding: 10px;
  color: red;
  border: solid 1px #ddd
}
	<section id="wrap">
	  <h1>사이트 제목</h1>
	  <div>
	    <p class="content" data="콘텐츠 내용">콘텐츠 내용</p>
	    <p class="content" data="콘텐츠 내용">콘텐츠 내용</p>
	    <a href="#">관련 링크</a>
	    <div>서브 콘텐츠</div>
	  </div>
	</section>

자식 선택자

자식 선택자[child selector]는 부모 요소의 바로 아래 자식 요소만 선택하여 스타일을 적용합니다.

CSS	스타일 적용 범위

#wrap > div {
  padding: 10px;
  color:red;
  border:solid 1px #ddd
}
	<section id="wrap">
	  <h1>사이트 제목</h1>
	  <div>
	    <p class="content" data="콘텐츠 내용">콘텐츠 내용</p>
	    <p class="content" data="콘텐츠 내용">콘텐츠 내용</p>
	    <a href="#">관련 링크</a>
	    <div>서브 콘텐츠</div>
	  </div>
	</section>

형제 선택자

부모가 같은 요소를 형제 요소라고 하는데, 형제 선택자[sibling selector]는 부모가 같은 모든 형제 요소에 스타일을 적용합니다.

CSS	스타일 적용 범위

h1 ~ div {
  padding: 10px;
  color:red;
  border: solid 1px #ddd
}
	<section id="wrap">
	  <h1>사이트 제목</h1>
	  <div>
	    <p class="content" data="콘텐츠 내용">콘텐츠 내용</p>
	    <p class="content" data="콘텐츠 내용">콘텐츠 내용</p>
	    <a href="#">관련 링크</a>
	    <div>서브 콘텐츠</div>
	  </div>
	  <div>
	    <p class="content" data="콘텐츠 내용">콘텐츠 내용</p>
	    <p class="content" data="콘텐츠 내용">콘텐츠 내용</p>
	    <a href="#">관련 링크</a>
	    <div>서브 콘텐츠</div>
	  </div>
	</section>

인접 형제 선택자

인접 형제 선택자[adjacent sibling selector]는 부모가 같은 형제 중 바로 다음에 있는 요소에 스타일을 적용합니다.

CSS	스타일 적용 범위

h1 + div {
  padding: 10px;
  color: red;
  border: solid 1px #ddd
}
	<section id="wrap">
	  <h1>사이트 제목</h1>
	  <div>
	    <p class="content" data="콘텐츠 내용">콘텐츠 내용</p>
	    <p class="content" data="콘텐츠 내용">콘텐츠 내용</p>
	    <a href="#">관련 링크</a>
	    <div>서브 콘텐츠</div>
	  </div>
	  <div>
	    <p class="content" data="콘텐츠 내용">콘텐츠 내용</p>
	    <p class="content" data="콘텐츠 내용">콘텐츠 내용</p>
	    <a href="#">관련 링크</a>
	    <div>서브 콘텐츠</div>
	  </div>
	</section>

가상 클래스

가상 클래스pseudo-class는 웹 문서의 소스에는 실제로 존재하지 않지만 필요에 따라 가상의 선택자를 지정하여 스타일을 적용합니다. 예를 들어 링크 스타일을 적용하거나 마우스 이벤트, 키보드 이벤트에 관한 스타일을 적용할 수 있습니다.

타입	설명
선택자:link{속성명: 속성값}	방문하지 않은 링크의 스타일 적용
선택자:visited{속성명: 속성값}	방문 링크의 스타일 적용
선택자:active{속성명: 속성값}	요소의 마우스 클릭, 키보드가 눌린 상태의 스타일 적용
선택자:hover{속성명: 속성값}	요소에 마우스가 올라가 있는 동안의 스타일 적용
선택자:focus{속성명: 속성값}	요소에 포커스가 머물러 있는 동안의 스타일 적용

구조적 가상 클래스 선택자

구조적 가상 클래스structural pseudo-class는 위치를 기준으로 한 선택자입니다. 같은 요소가 있을 때 위치에 따라 스타일을 적용합니다.

타입	설명
선택자:nth-child(n)	선택자의 지정한 순서(n=정수)에 따라 해당 요소의 스타일 적용
선택자:nth-of-type(n)	같은 유형의 요소 중 지정된 순서에 따라 해당 요소의 스타일 적용

선택자:nth-last-of-type(n)	같은 유형의 요소 중 끝으로부터 일치하는 해당 요소의 스타일 적용
선택자:first-child(n)	첫 번째 요소에 스타일 적용
선택자:last-child(n)	마지막 요소에 스타일 적용

:nth-child와 :nth-of-type의 차이점

다음은 클래스 이름이 subcontent인 요소의 자식에서 첫 번째 <p>를 선택하는 예입니다.

<table>
<tr><th>CSS</th><th>스타일 적용 범위</th></tr>
<tr><td><pre>.subcontent > p:nth-of-type(1) {
  color: red
}</pre></td><td><pre><section id="wrap">
  <h1>사이트 제목</h1>
  <div class="subcontent">
    <div>서브 콘텐츠</div>
    <p class="content">콘텐츠 내용</p>
    <p class="content">콘텐츠 내용</p>
    <a href="#">관련 링크</a>
  </div>
</section></pre></td></tr>
</table>

그런데 이 예시에서 선택자를 .subcontent > p:nth-child(1)처럼 정의하면 어떻게 될까요? <p>는 <div class="subcontent">의 두 번째 요소에 해당하므로 스타일이 적용되지 않습니다. :nth-child는 요소의 순서만을 지정하고, :nth-of-type은 같은 요소의 순서를 지정합니다.

부정 선택자

부정 선택자[negation selector]는 조건에 맞지 않는 요소를 선택하여 스타일을 적용합니다.

<table>
<tr><th>CSS</th><th>스타일 적용 범위</th></tr>
<tr><td><pre>#wrap div:not(.subcontent) {
  color: red;
}</pre></td><td><pre><section id="wrap">
  <h1>사이트 제목</h1>
  <div class="subcontent">
    <p class="content" data="콘텐츠 내용">콘텐츠 내용</p>
  </div>
  <div>
    <p class="content" data="콘텐츠 내용">콘텐츠 내용</p>
    <div>서브 콘텐츠</div>
  </div>
</section></pre></td></tr>
</table>

HTML의 요소는 단계적으로 작성해야 하고 이러한 문서에 스타일을 적용할 때 같은 요소에 공통으로 또는 개별로 적용해야 할 때가 있습니다. 다양한 선택자를 혼합하여 사용하면 콘텐츠를 좀 더 쉽게 시각화할 수 있습니다. 이 책에서 다루지 않은 선택자는 다음 링크를 참고하세요.

- CSS 선택자: developer.mozilla.org/ko/docs/Web/CSS/CSS_Selectors

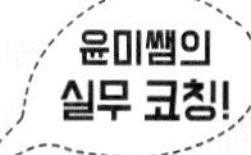

하위 요소만 선택할 수 있어요!

모든 선택자는 하위 요소만 선택할 수 있고 부모 요소는 선택할 수 없습니다.

CSS	스타일 적용 범위
#wrap .subcontent{color: red}(O) .subcontent #wrap{color: red}(X)	<section id="wrap"> <h1>사이트 제목</h1> <div class="subcontent"> <p class="content" data="콘텐츠 내용"> 콘텐츠 내용 </p> </div> </section>

02

실무에서 유용한 CSS 패턴 알아보기

CSS는 웹 사이트의 시각화를 담당합니다. CSS를 사용하면 텍스트 정보를 시각화하여 사용자에게 더 효율적으로 전달할 수 있습니다. 사이트를 좀 더 눈에 띄고 좋아 보이게 만드는 비밀 병기가 바로 CSS입니다. 이 장에서는 CSS를 이해하는 데 필수인 박스 모델과 CSS 속성, 가상 요소를 살펴보겠습니다.

02-1 박스 모델 이해하기

박스 모델box model을 한마디로 정의하면 **"페이지의 모든 요소는 사각형 박스다"**라고 할 수 있습니다. 박스 모델은 레이아웃을 생성하거나 각각의 요소를 정렬할 때 기본이 되는 개념입니다. 웹 문서의 레이아웃을 표현할 때 브라우저의 렌더링 엔진은 각각의 요소를 사각형 박스로 표현하고, 표준 CSS 박스 모델에 따라 크기, 위치, 속성(색, 배경, 테두리 모양 등)을 결정합니다.

표준 CSS 박스 모델

표준 CSS 박스 모델은 **콘텐츠**content, **안쪽 여백**padding, **테두리**border, 그리고 **바깥쪽 여백**margin 등 모두 4개의 영역으로 구성됩니다.

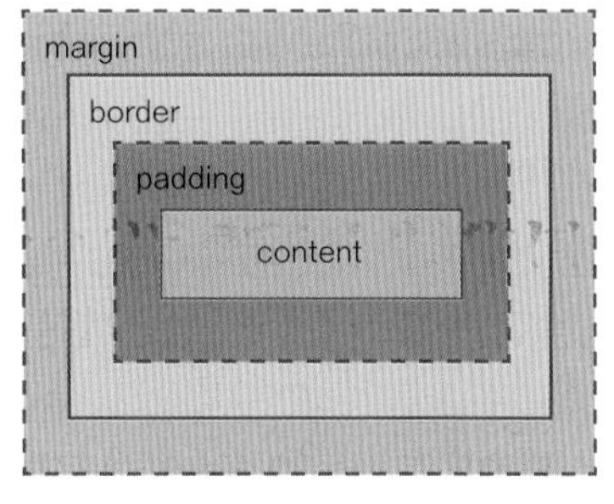

▲ 표준 CSS 박스 모델

콘텐츠 영역

모든 여백을 제외한 실제 내용이 표시되는 영역입니다. 콘텐츠 영역의 크기는 `width`, `min-width`, `max-width`, `height`, `min-height`, `max-height` 속성으로 지정합니다.

안쪽 여백 영역(패딩)

패딩padding이라고도 부르며 콘텐츠와 테두리 사이의 영역입니다. 안쪽 여백 영역은 콘텐츠 크기에 영향을 주며 콘텐츠와 테두리가 겹치지 않도록 공간을 확보합니다. 안쪽 여백 영역의 값은 `padding-top`, `padding-right`, `padding-bottom`, `padding-left` 속성으로 지정합니다. 또는 단축 속성으로 한 번에 지정할 때는 다음처럼 공백으로 구분하여 사방의 속성값을 작성합니다. 이때 작성 순서는 시계 방향과 같습니다.

```
padding: <위쪽> <오른쪽> <아래쪽> <왼쪽>;
```

테두리 영역

안쪽 여백(패딩)과 바깥쪽 여백(마진) 사이의 영역입니다. 테두리의 크기와 스타일은 border-width, border-type, border-color 속성으로 지정하고, 단축 속성을 지정할 때는 다음처럼 공백으로 구분하여 속성값을 작성합니다.

```
border: <형태> <너비> <색상>;
```

바깥쪽 여백 영역(마진)

마진[margin]이라고도 부르며 테두리의 바깥쪽 영역입니다. 바깥쪽 여백 영역은 인접한 요소의 여백까지도 포함합니다. 이 간격을 조절하여 페이지의 여백을 배치하는 데 사용합니다. 바깥쪽 여백 영역의 값은 margin-top, margin-right, margin-bottom, margin-left 속성을 사용하고 단축 속성으로 한 번에 지정할 때는 안쪽 여백과 같은 형식으로 작성합니다.

```
margin: <위쪽> <오른쪽> <아래쪽> <왼쪽>;
```

알아 두면 좋아요!

바깥쪽 여백(마진)은 콘텐츠 크기에 포함되지 않아요!

바깥쪽 여백은 실제 **콘텐츠 크기**에 포함되지 않습니다. 바깥쪽 여백은 웹 페이지에서 박스 모델이 차지하는 총 공간에 영향을 미치지만, 콘텐츠를 포함한 테두리의 외부 공간에만 영향을 미칩니다.

요소의 크기 계산 기준 정하기 — box-sizing 속성

요소를 작성할 때 width와 height의 속성값을 지정하면 요소의 너비와 높이가 정해집니다. 그런 다음 padding과 border 속성값을 추가하면 너비와 높이에 더해져 요소가 차지하는 전체 크기가 정해집니다.

예를 들어 너비가 100px인 <div> 요소를 만들 때 padding을 20px, border를 1px로 지정한다면 실제 <div> 박스의 크기는 너비가 142px(100 + 20 + 20 + 1 + 1)이 됩니다. 요소가 실제 웹 페이지에 렌더링되면 표준 박스 모델에 의해 패딩 영역이 콘텐츠 크기에 영향을 주기 때문에 양쪽 패딩과 테두리까지 더해져 142px를 차지하게 됩니다.

• 크기 지정 예

```
div {
  width: 100px;
  height: 100px;
  padding: 20px;
  border: 1px solid black;
}
```

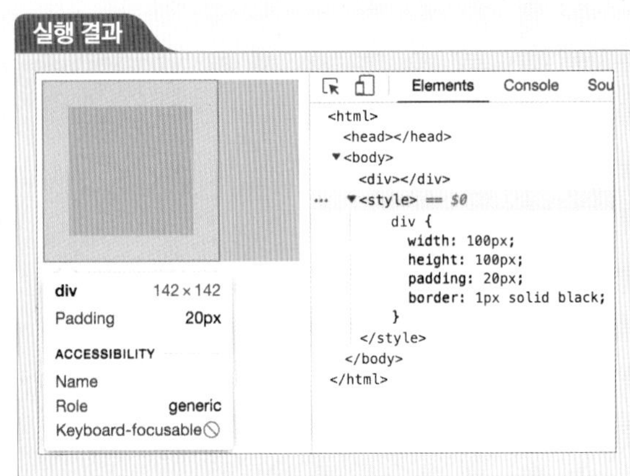

실제 요소의 크기는 표준 박스 모델의 영향을 고려하여 작성해야 합니다. 그러면 요소의 크기를 구할 때마다 여백과 테두리를 계산해야 하는 것이 불편할 수 있습니다. 이를 보완하고자 CSS3에서 box-sizing이라는 속성이 추가됐습니다. box-sizing은 요소의 크기 계산 방식을 정하는 속성입니다. 이 속성에 border-box나 content-box 속성값을 지정할 수 있는데 두 값의 차이점은 다음과 같습니다.

- border-box: 안쪽 여백과 테두리를 포함한 크기로 계산
- content-box: 실제 콘텐츠 영역만 크기로 계산

다음 그림은 앞에서 예로 든 코드를 기준으로 두 속성값에 따라 요소가 실제로 차지하는 크기를 보여 줍니다. 즉, border-box로 지정하면 height와 width 속성에 지정하는 크기가 실제 웹페이지에 보이는 크기와 일치하게 됩니다.

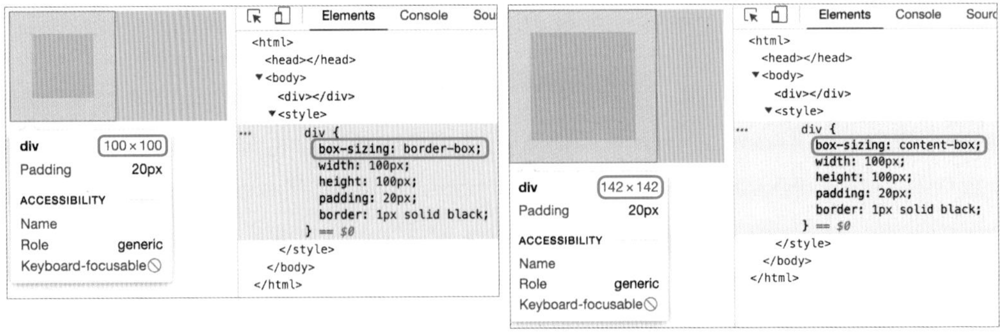

▲ border-box 지정(왼쪽), content-box 지정(오른쪽)

02-2 CSS 속성 알아보기

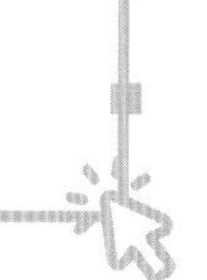

CSS로 작성된 내용에 따라 화면에 다르게 배치할 수 있습니다. 이때 여러 가지 속성을 사용하는데 여기서는 다양한 콘텐츠로 표현할 수 있는 속성을 알아보겠습니다.

표시 방식 지정하기 — display 속성

HTML 요소는 **인라인**inline과 **블록**block 요소로 나뉩니다. 인라인 요소는 줄 바꿈이 되지 않고 크기가 내용만큼 적용됩니다. 인라인 요소로는 `<span>`, `<strong>`, `<a>` 등 주로 텍스트를 표시하는 요소들이 있습니다. 블록 요소의 `width`는 부모에게 상속받은 `width`를 100%로 사용하며 `width`와 상관없이 무조건 줄 바꿈이 됩니다. 부모가 없는 블록 요소는 웹 브라우저의 너비만큼 `width`가 지정됩니다. 블록 요소로는 `<div>`, `<section>`이 대표적입니다.

블록 요소에는 인라인 요소를 포함할 수 있지만, 인라인 요소에는 블록 요소를 포함할 수 없습니다.

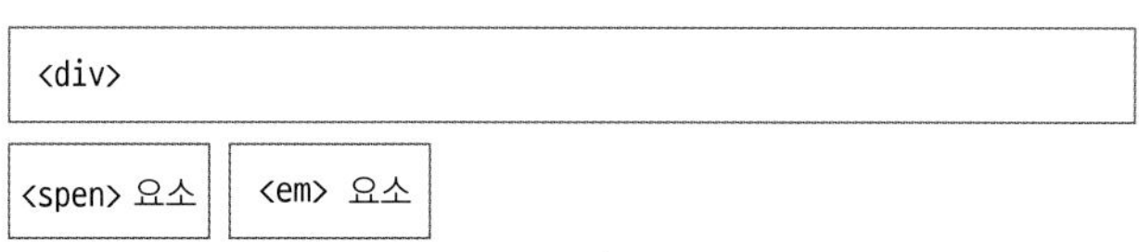

▲ 블록 요소(위)와 인라인 요소(아래)

이처럼 각 요소에는 고유한 특성이 있지만 CSS 속성을 사용하여 다양한 형태로 변경하여 사용할 수 있습니다. 이를 변경하는 속성이 `display`입니다. 예를 들어 메뉴 목록을 작성할 때 `<li>` 요소로 항목을 정의하는데, `<li>` 요소는 웹 브라우저의 가로 화면 전체로 영역의 크기를 사용하는 블록 요소이므로 영역이 줄 바꿈이 되어 그림처럼 보입니다.

<li> 요소

<li> 요소

<li> 요소

▲ 블록 요소인 <li>

그러나 display 속성값을 inline으로 지정하면 다음 그림처럼 줄 바꿈이 되지 않고 메뉴의 크기만큼 차지하여 왼쪽부터 나열됩니다.

<li> 요소	<li> 요소	<li> 요소

▲ 블록 요소인 <li>의 display 속성값을 inline으로 지정한 예

이처럼 display 속성을 사용하면 요소를 화면에 어떻게 표시할지를 결정할 수 있습니다. display 속성값으로는 요소의 형태를 변경하는 값과 자식 요소의 정렬 기준을 지정하는 값이 있습니다.

▼ display의 속성값

속성값	의미
none	화면에서 사라지고 크기도 차지하지 않습니다. 화면에서만 사라질 뿐 코드에 요소가 사라지지는 않습니다.
block	부모 요소의 너비만큼 차지하여 줄 바꿈이 됩니다.
inline	콘텐츠만큼 너비가 차지하여 줄 바꿈이 되지 않습니다. 위아래 margin값을 사용할 수 없습니다.
inline-block	콘텐츠만큼 너비를 차지하여 줄 바꿈이 되지 않고, margin을 포함해 박스 모델과 관련한 모든 속성을 사용할 수 있습니다.
flex	이 요소를 기준으로 플렉스 아이템으로 지정된 자식 요소를 정렬할 수 있습니다.
grid	이 요소를 기준으로 각각의 영역으로 나누어 자식 요소를 정렬할 수 있습니다.

알아 두면 좋아요!

display 속성은 화면 표시 방식만 바꿔줘요!

display 속성은 요소가 화면에 보이는 모습만 변경하고 요소의 기본 특성은 그대로 유지합니다. 예를 들어 <em> 요소의 display 속성값을 block으로 변경해도 <em> 요소 안에 블록 요소인 <div>를 작성할 수는 없습니다.

크기 지정하기 — width, height 속성

요소의 크기는 width 속성으로 너비, height 속성으로 높이를 지정합니다. width와 height 속성값에는 절댓값, 상댓값, 키워드값을 사용할 수 있습니다. 각 형식에 따라 요소의 크기가 어떻게 결정되는지 알아보겠습니다.

절댓값

크기 속성에 px 같은 절대 단위를 사용하면 항상 지정한 값만큼의 크기가 적용됩니다. 예를 들어 부모 요소의 크기보다 자식에 지정한 크기가 클 때에도 절댓값이 지정된 요소는 줄어들지 않고 부모 요소 밖으로 삐져나옵니다.

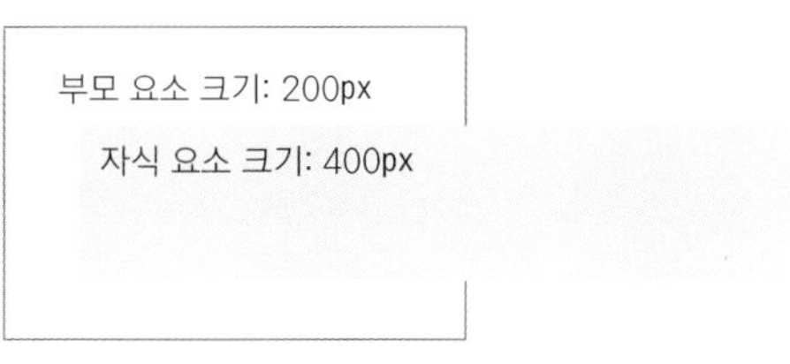

▲ 절댓값 사용 예

상댓값

크기 속성에 % 같은 상대 단위를 사용하면 부모 요소의 크기를 기준으로 적용됩니다. 예를 들어 그림처럼 너비가 200px인 부모 요소에 자식 요소의 너비를 30%로 지정하면 부모 요소의 크기에서 30%인 60px로 적용됩니다.

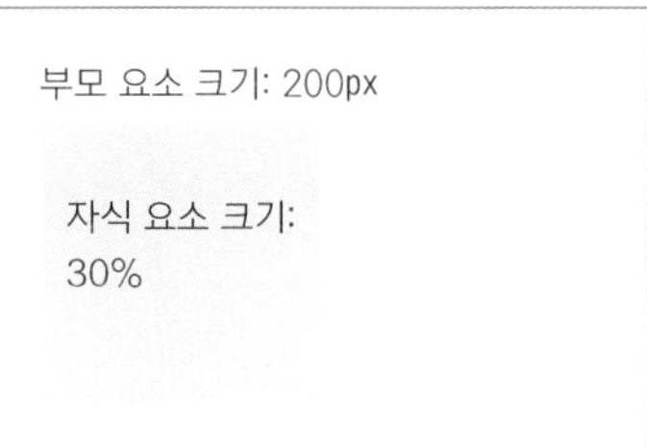

▲ 상댓값 사용 예

키워드값

크기 속성에 `min-content`, `max-content`, `fit-content` 등의 키워드를 지정할 수도 있습니다.

- `min-content`: 콘텐츠의 최솟값으로 지정됩니다. 실제 콘텐츠의 크기에 따라 동적으로 지정할 수 있습니다. 텍스트 요소인 <span>, <p> 요소에 지정 시 텍스트가 길어질 경우 텍스트 길이에 맞춰 자동으로 늘어나게 됩니다.
- `max-content`: 콘텐츠의 내용만큼 너비가 지정됩니다. 즉, 부모 요소의 크기와 상관없이 콘텐츠의 크기만큼 지정됩니다.
- `fit-content`: 콘텐츠의 내용에 맞춰 최적의 크기로 지정됩니다, 콘텐츠 크기에서 여백(margin)을 제외한 크기로 지정됩니다.

위치 지정하기 — position 속성

웹 브라우저에서 요소는 작성한 순서대로 표시되지만 특정 위치에 표시되게 할 수도 있습니다. 이처럼 요소의 위치를 지정할 때 `position` 속성으로 지정합니다. `position` 속성으로 위치를 지정한 요소에는 `top`, `left`, `bottom`, `right` 속성으로 세부 위치를 지정할 수 있습니다.

`position` 속성에는 `static`, `relative`, `absolute`, `fixed`, `sticky`의 속성값을 지정할 수 있습니다.

position: static

position 속성을 별도로 지정하지 않으면 기본으로 static이 적용됩니다. static은 요소의 원래 위치, 즉 요소가 작성된 위치에 표시됩니다. static으로 지정할 때는 top, left, bottom, right 속성은 사용하지 않습니다.

position: relative

position 속성값을 relative로 지정하면 요소의 현재 위치를 기준으로 상대 위치를 지정할 수 있습니다. 즉 다른 요소에 영향을 주지 않고 자신의 위치만 지정할 수 있습니다. 또한 이 요소가 기준이 되어 자식 요소의 위치를 지정할 수 있습니다. relative 속성값을 가진 부모 요소가 있고 자식 요소에 top, left, bottom, right 속성값을 함께 지정하면 부모 요소 기준에서 자식 요소 위치를 계산하여 요소를 배치합니다.

• **위치 지정하기**

```
<div class="parents">
  부모 요소
  <div class="child">자식 요소</div>
</div>

<style>
.parents {
  width: 400px;
  height: 200px;
  background: #fff;
  border: solid 1px #000;
  position: relative;
  padding: 100px 0;
  text-align: center;
  box-sizing: border-box;
}
.child {
  width: 100px;
  height: 100px;
  background: #eee;
  position: absolute;
  left: 0px;
  top: 0px;
}
</style>
```

실행 결과

자식 요소

부모 요소

position: absolute

position 속성값을 absolute로 지정하면 부모 요소에 지정된 속성값 기준으로 배치합니다. absolute값이 지정된요소는 배치 기준을 상위 요소에서 찾습니다. 즉, position 속성값이 relative나 absolute, fixed, sticky인 상위 요소를 찾아서 기준으로 삼습니다. 만약 해당 요소를 찾지 못하면 DOM 트리 최상위에 있는 <body> 요소가 기준이 됩니다.

position: fixed

position 속성값을 fixed로 지정하면 웹 브라우저를 기준으로 배치합니다. 여기에 top, left, bottom, right 속성값을 함께 사용하면 웹 브라우저 기준으로 위치가 지정되어 화면을 스크롤하더라도 특정 위치에 고정되는, 마치 따라 다니는 듯한 효과를 낼 수 있습니다.

position: sticky

position 속성값을 sticky로 지정하면 특정 요소를 기준으로 배치합니다. fixed와 마찬가지로 특정 부분에 고정되어 마치 따라 다니는 효과를 내지만, sticky는 웹 브라우저가 아닌 부모 요소를 기준으로 고정됩니다. 따라서 특정 요소의 영역에서만 위치를 고정해 따라 다니는 효과를 구현할 때 sticky 속성을 사용합니다.

여백 지정하기 — margin, padding 속성

요소의 여백을 지정할 때는 margin, padding 속성을 사용합니다. 표준 CSS 박스 모델을 기준으로 테두리(border) 안쪽 여백을 지정할 때는 padding 속성을, 바깥쪽 여백을 지정할 때는 margin 속성을 지정합니다.

margin과 padding 속성은 값을 지정할 때 차이가 있습니다. padding 속성에는 오직 양수만 지정할 수 있지만, margin 속성에는 양수뿐 아니라 음수, auto값을 지정할 수 있습니다. margin 속성값을 auto로 지정하면 웹 브라우저가 요소의 크기(width)를 제외한 나머지 공간을 자동으로 계산하여 속성값으로 지정합니다. 예를 들어, margin의 좌우 값을 auto로 지정하면(margin: 0 auto) 웹 브라우저의 전체 크기에서 요소의 너비를 뺀 나머지 공간을 균등하게 나눈 값이 지정됩니다. 참고로 margin: auto를 사용하려면 해당 요소의 width값이 지정되어 있어야 합니다.

왼쪽 마진	콘텐츠 가운데 정렬을 위해 margin: 0 auto 지정	오른쪽 마진

▲ auto값 사용 예

대부분 웹 사이트에서는 콘텐츠를 가운데 정렬할 때 이처럼 margin의 좌우 값을 auto로 지정하는 방법을 사용합니다. padding 속성은 요소의 width 크기를 포함한 영역이므로 margin처럼 auto값을 지정할 수 없습니다.

마진 병합 현상

둘 이상의 요소를 세로로 배치할 때 margin 속성값을 지정하면 둘 중 더 큰 값으로 합쳐지는 현상을 **마진 병합**margin collapse이라고 합니다. 즉, 두 요소가 세로로 배치되었을 때 위쪽 요소의 하단 margin값과 아래쪽 요소의 상단 margin값이 합쳐지는 현상을 의미합니다. 마진 병합은 요소들이 세로로 배치되었을 때만 일어나며 가로로 배치되었을 때는 병합이 일어나지 않습니다.

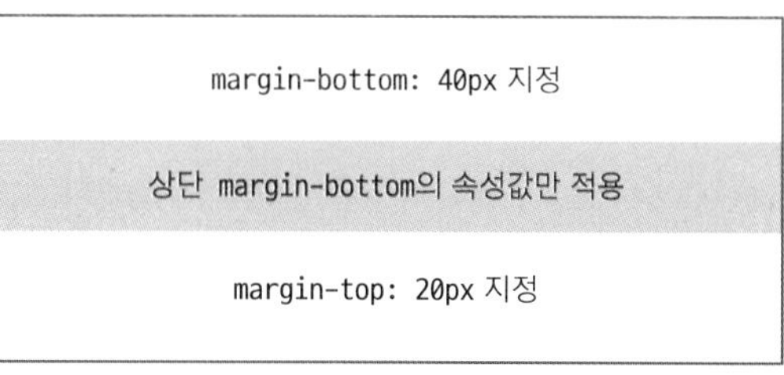

▲ 마진 병합 현상 예

position 속성과 함께 사용할 때

margin과 padding 속성은 여백을 지정할 때 사용하지만, position 속성을 함께 사용하면 위칫값을 지정할 때 차이가 있습니다. 다음 그림처럼 요소1에 position 속성을 지정했다면 같은 속성값(20px)으로 margin 속성을 지정했을 때와 padding 속성을 지정했을 때 요소2의 left 속성값이 달라집니다.

두 상황에서 요소2는 모두 같은 위치에 표시되지만, margin 속성을 지정했을 때는 콘텐츠가 기준이 되어 요소2의 left 속성값은 **음수**입니다. 그러나 padding 속성을 지정했을 때는 요소가 기준이 되어 요소2의 left 속성값은 **양수**입니다.

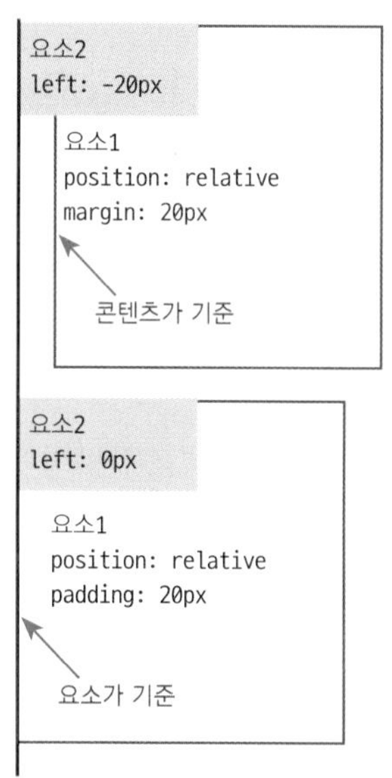

▲ 위칫값이 다르게 지정되는 예

background 속성과 함께 사용할 때

background 속성을 margin과 함께 사용하면 배경이 콘텐츠 영역에만 적용되고, padding 속성과 함께 사용하면 배경이 요소의 전체 영역에 적용됩니다.

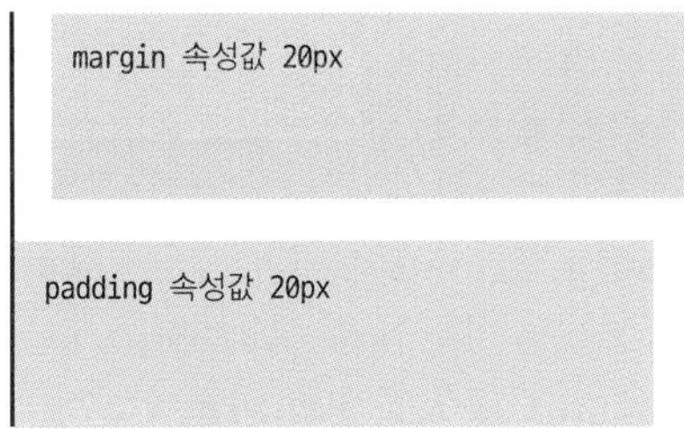

▲ 배경이 다르게 지정되는 예

이처럼 padding과 margin 속성은 다른 속성과 함께 사용할 때 적용 기준이 변경될 수 있으므로 차이점을 알고 있어야 합니다.

애니메이션 효과 지정하기 — transition 속성

웹 사이트에서 볼 수 있는 다양한 애니메이션 효과는 모두 요소의 CSS 속성을 변경하는 방식으로 만듭니다. 요소에 지정된 CSS 속성을 변경하면 즉시 실행되는데, 이때 transition 속성을 사용하면 변화가 일정 기간에 걸쳐 일어나면서 다양한 애니메이션 효과를 구현할 수 있습니다. 예를 들어 버튼에 마우스 포인터가 올라갈 때(호버) 배경색을 변경하면 포인터가 올라가는 즉시 변경되는데 transition 속성을 사용하면 지정된 시간에 따라 변경됩니다.

트랜지션은 어떤 속성을 전환할지(transition-property), 얼마나 지속할지(transition-duration), 어떻게 전환할지(transition-timing-function), 언제 시작할지(transition-delay)를 설정할 수 있습니다. 하나씩 살펴보겠습니다.

대상 CSS 속성 지정하기 — transition-property

transition-property 속성에는 트랜지션을 적용할 CSS 속성명을 작성합니다. 여기에 지정한 속성만 트랜지션이 적용되며 나머지 속성은 트랜지션이 적용되지 않습니다. 예를 들어 코드를 다음처럼 작성하고 버튼에 마우스 포인터를 올리면 버튼의 크기는 즉시 변경되지만 배경색은 0.5초에 걸쳐 서서히 변경되는 것을 확인할 수 있습니다.

• 트랜지션 대상 속성 지정하기

```
<button class="btn">버튼</button>
<style>
.btn {
```

```
  width: 100%;
  height: 20px;
  background: #fff;
  color: #333;
  transition-property: background;
  transition-duration: 0.5s;
}
.btn:hover {
  width: 50%;
  background: #ddd;
}
</style>
```

작성된 모든 속성에 트랜지션을 적용할 때는 속성값을 `all`로 지정합니다. `transition-property`에 값을 지정하지 않으면 기본값 `all`로 인식합니다.

• 모든 속성에 트랜지션 적용하기

```
<style>
.btn {
  ... (생략) ...
  transition-property: all;
  transition-duration: 0.5s;
}
... (생략) ...
</style>
```

지속 시간 지정하기 — transition-duration

`transition-duration` 속성은 트랜지션의 지속 시간을 지정합니다. 앞의 예에서는 `transition-duration` 속성에 `0.5s`를 지정하여 0.5초 동안 지속하도록 했습니다. 트랜지션 대상 속성을 여러 개 나열하고, 각각의 지속 시간을 다르게 지정할 수도 있습니다. 예를 들어 다음 코드에서 배경색은 0.5초에 걸쳐 변경되고, 버튼의 크기는 1초에 걸쳐 변경됩니다. 이처럼 다중 속성의 지속 시간을 각각 지정할 때는 `transition-property`에 작성한 순서대로 `transition-duration` 속성값을 작성합니다.

• 다중 속성에 지속 시간 지정하기

```
<button class="btn">버튼</button>
<style>
.btn {
    ... (생략) ...
  transition-property: background, width;
  transition-duration: 0.5s, 1s;
}
... (생략) ...
</style>
```

타이밍 함수 지정하기 — transition-timing-function

transition-timing-function 속성에는 트랜지션의 타이밍 함수를 지정합니다. 여기서 타이밍 함수란 <easing-function>이라는 CSS의 데이터 유형으로, 수치가 변화하는 속도를 나타내는 수학 함수를 말합니다. 즉, transition-timing-function 속성에는 트랜지션의 처음과 끝, 중간의 시간값을 계산하는 방법을 지정합니다. 예를 들어 어떤 공을 바닥에 떨어뜨릴 때 점점 빠르게 내려가고 지면에 닿았다가 튀어 오를 때는 점점 느리게 올라옵니다. 이처럼 물체의 운동에 부합하도록 시간 함수를 지정할 수 있습니다.

transition-timing-function 속성값으로 사용할 수 있는 다양한 타이밍 함수가 있는데 다음과 같은 속성값을 주로 사용합니다(easings.net 참고).

- ease: 속성 변화가 천천히 시작해서 빠르게 진행되며 끝으로 갈수록 서서히 느려집니다.
- linear: 속성값 변화가 일정한 속도로 진행됩니다.
- ease-in: 속성값 변화가 천천히 시작해서 점점 빨라집니다.
- ease-out: ease-in과 반대로 속성값 변화가 갑자기 시작해서 끝으로 갈수록 점점 느려집니다.
- ease-in-out: 처음에는 ease-in으로, 마지막에는 ease-out으로 동작합니다.

• 타이밍 함수 지정하기

```
<button class="btn">버튼</button>
<style>
.btn {
  ... (생략) ...
  transition-property: background;
  transition-duration: 0.5s;
```

```
  transition-timing-function: ease-in-out;
}
... (생략) ...
</style>
```

지연 시간 지정하기 — transition-delay

transition-delay 속성은 트랜지션의 지연 시간을 지정합니다. 트랜지션은 transition-delay 속성에서 지정한 시간만큼 기다렸다 변경되기 시작합니다. 예를 들어 다음 코드에서는 버튼에 마우스 포인터를 올린 후 0.2초 후에 배경색이 변경되기 시작합니다.

• 지연 시간 지정하기

```
<button class="btn">버튼</button>
<style>
.btn {
  ... (생략) ...
  transition-property: background;
  transition-duration: 0.5s;
  transition-timing-function: ease-in-out;
  transition-delay: 0.2s;
}
... (생략) ...
</style>
```

트랜지션 축약형

trasition 속성은 다음처럼 축약형으로 작성할 수도 있습니다.

```
transition: <property> <duration> <timing-function> <delay>
```

• 트랜지션 속성 축약형

```
<style>
.btn {
  ... (생략) ...
  transition: background 0.2s ease-in-out 0.2s;
}
... (생략) ...
</style>
```

변형 효과 지정하기 — transform 속성

앞에서 CSS 속성을 전환하는 트랜지션을 살펴봤습니다. 이번에는 요소 자체를 변형시키는 **트랜스폼**transform 속성을 알아보겠습니다. 트랜스폼 속성을 이용하면 요소 옮기기(translate), 회전(rotate), 확대·축소(scale), 비틀기(skew) 효과를 지정할 수 있습니다. 트랜스폼은 애니메이션 효과만을 위해 사용하지는 않지만, 다양한 애니메이션 효과를 낼 때 함께 사용합니다.

트랜스폼 속성은 2D와 3D 공간에서 요소를 변형하므로 X, Y, Z 좌표 체계를 사용합니다.

2D와 3D 트랜스폼의 큰 차이는 바로 Z축입니다. 2D 트랜스폼은 평면에서 여러 개의 CSS 속성을 조합하는 것이고, 3D 트랜스폼은 X, Y, Z 좌표에 기준을 두고 원근감과 사용자의 위치를 지정하여 3D 공간을 만듭니다. 따라서 2D와 3D 트랜스폼의 속성값은 다음처럼 다르게 지정합니다.

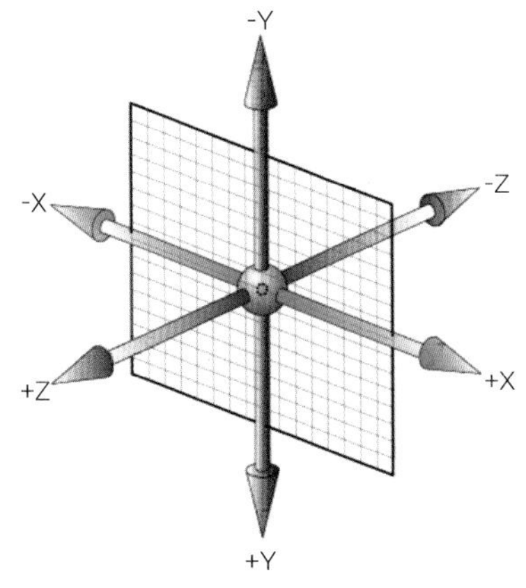

▲ 트랜스폼 속성의 좌표 체계

▼ 2D, 3D 트랜스폼의 속성값

속성값	2D 트랜스폼	3D 트랜스폼
이동(translate)	translate(x,y)	translate3d(x,y,z)
회전(rotate)	rotate(angle)	rotate3d(x,y,z)
확대·축소(scale)	scale(x,y)	scale3d(x,y,z)
비틀기(skew)	skew(x-angle,y-angle)	- (skew는 Z축이 없음)

3D 트랜스폼을 사용하려면 부모 요소에 transform-style, perspective, perspective-origin 등의 속성을 지정해야 합니다.

transform-style: preserve-3d

가장 먼저 transform-style 속성에 preserve-3d값을 지정하여 시점을 설정합니다. preserve-3d값을 지정한 요소의 자식 요소가 3D 공간에 배치됩니다.

perspective: 양수

자식 요소를 3D 공간에 배치했다면 `perspective` 속성으로 원근감을 주는 시점(값)을 지정합니다. 3D 환경을 만들려면 원근감이 있어야 하는데, 이를 `perspective` 속성에 px 단위의 양수로 지정합니다. 그러면 Z축을 따라 시점을 추정하여 3D 공간의 원근감을 설정합니다. 예를 들어 부모 요소에 `perspective:100px`로 지정하면 Z축을 따라 100px 뒤에 시점이 있는 것으로 3D 환경을 구성합니다. (숫자가 커질수록 멀리서 보는 느낌이 납니다.)

perspective-origin: X축 Y축

`perspective-origin` 속성은 사용자가 보는 시점(위치)을 지정합니다. `perspective-origin` 속성값을 따로 지정하지 않으면 X축 50%, Y축 50%가 기본값이므로 사용자가 보는 시점은 부모 요소의 정중앙입니다.

축	키워드	단위
X축	left, right, center	%, px
Y축	top, bottom, center	%, px

▲ perspective-origin 속성의 기본값

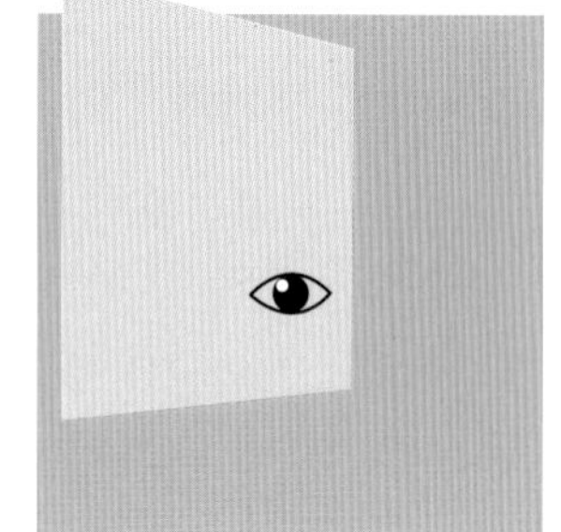

이 3가지 속성을 부모 요소에 지정하면 모든 자식 요소는 3차원 개체로 변환되어 3D 공간과 같은 입체감을 나타냅니다. 만약 특정 요소에만 3D 트랜스폼을 적용하고 싶다면 해당 요소의 `transform` 속성값으로 `perspective`를 지정하면 됩니다. 부모 요소에 `perspective` 속성을 사용하면 부모 요소 공간이 3D 공간이므로 자식 요소에 영향을 미치면서 원근감이 형성되고, 특정 요소에만 `perspective` 속성값을 지정하면 해당 요소에만 원근감이 형성됩니다.

다음 주소에서 `transform-style`의 속성값별로 원근감의 형태를 확인할 수 있습니다.

- transform-style 데모: developer.mozilla.org/en-US/docs/Web/CSS/transform-style

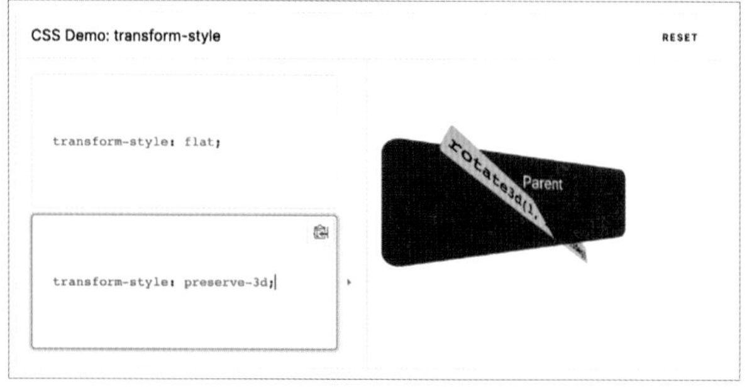

▲ transform-style 데모(출처: developer.mozilla.org)

02-3 가상 요소 알아보기

가상 요소는 특정 요소에 추가하여 스타일을 적용할 때 사용합니다. 가상 요소는 존재하지 않는 요소를 존재하는 것처럼 해주므로 문서의 특정 부분을 선택할 수 있습니다. HTML 요소나 자바스크립트를 사용하지 않고도 HTML 페이지에 콘텐츠나 디자인 요소를 추가할 수 있어 많이 사용합니다.

여러 가지 가상 요소 가운데 실무에서 많이 쓰는 `::before`와 `::after`를 알아보겠습니다.*

* CSS 규칙대로는 2개의 콜론(::)을 사용하는 것을 권장합니다. 그러나 이전 버전의 CSS에서는 단일 콜론(:)을 사용하는 경우도 있습니다.

- `::before`: 요소 앞에 새 영역을 추가합니다.
- `::after`: 요소 뒤에 새 영역을 추가합니다.

`::before`와 `::after`는 `content`라는 속성이 반드시 필요합니다. `content` 속성은 가상 요소의 내용을 정의하는 데 사용합니다. 이 속성에는 다양한 값을 사용할 수 있는데 일반적으로 문자열, 이미지 경로, 아이콘 코드, 함수 등을 사용합니다.

• 가상 요소 사용 예

```
<html>
  <div class="content">가상 요소의 위치</div>
</html>
<style>
  .content::after {
    content: "";
  }
  .content::before {
    content: "";
  }
</style>
```

실행 결과

```
▼<div class="content">
    ::before
    "가상 요소의 위치"
    ::after
  </div>
```

다음은 ::before 가상 요소를 사용해 스타일을 지정한 예입니다. 코드에서 content 속성에는 attr() 함수*를 사용하여 data-username값(사용자 이름)을 가져 왔습니다. 이처럼 가상 요소를 이용하면 동적 콘텐츠를 만들 수도 있습니다.

* attr()은 HTML 요소의 속성값을 가져오는 함수입니다.

• 가상 요소에 스타일 지정하기

```
<button class="coupon" data-username="사용자 이름"></button>
<style>
  button.coupon::before {
    display: block;
    content: attr(data-username) "을 위한 쿠폰";
    padding: 10px 20px;
    color: #ff8822;
  }
</style>
```

실행 결과

사용자 이름을 위한 쿠폰

Elements Console Sources Network Performar

```
<html>
  <head></head>
  ▼<body>
  ▼<button class="coupon" data-username="사용자 이름"> == $0
      ::before
    </button>
   ▶<style> ... </style>
  </body>
</html>
```

알아 두면 좋아요!

기타 가상 요소

::first-line와 ::first-letter는 블록 타입인 텍스트 콘텐츠에서 사용할 수 있습니다. ::first-line은 첫 번째 줄에만 스타일을 지정할 수 있고, ::first-letter는 첫 글자에 해당하는 문자열에 스타일을 지정할 수 있습니다. 그리고 ::marker는 목록에서 각 항목을 나타내는 <li> 요소에 사용하는 가상 요소입니다. <li> 요소의 마커는 대부분 CSS reset 파일을 만들 때 list-style:none으로 초기화하므로 해당 요소는 자주 사용하지 않습니다.

지금까지 문서를 시각화하는 CSS의 속성을 알아보았습니다. CSS는 여러 가지 속성을 조합하여 사용하는 디자인 언어입니다. CSS를 사용하면 텍스트 정보를 시각화하여 사용자에게 더 효율적으로 전달할 수 있고 사이트를 구조와 디자인으로 구분하여 전체 스타일을 손쉽게 제어할 수 있습니다. 책에서 다루지 않은 더 많은 속성은 다음 주소에서 확인할 수 있습니다.

- **CSS 속성:** developer.mozilla.org/ko/docs/Web/CSS

03

레이아웃과 반응형 웹

이 장에서는 요소의 흐름을 지정하는 CSS의 속성에 관해 알아보고 이를 사용하여 어떤 레이아웃을 만들 수 있는지 알아보겠습니다. 그리고 반응형 웹을 만들 때 알아야 할 해상도와 미디어 쿼리를 살펴보고, 미디어 쿼리 없이 반응협 웹을 구현할 수 있는 방법도 알아보겠습니다.

03-1 요소의 흐름을 지정하는 속성 — float

float 속성 이해하기

CSS의 `float` 속성은 어떤 요소를 웹 페이지의 기본 흐름* 에서 벗어나 그다음 요소 위에 '떠 있게(floating)' 합니다.

HTML 요소는 화면에 렌더링될 때 마크업 순서대로 위에서부터 아래로 나열되지만, `float` 속성을 이용하면 이러한 흐름과 상관없이 요소를 좀 더 자연스럽게 배치할 수 있습니다.

예를 들어 `<div>` 요소는 블록 요소이므로 화면 너비 전체를 사용하고, `<img>` 요소는 인라인 요소이므로 이미지 크기만큼만 영역을 차지합니다. 그런데 `<img>` 요소에 `float` 속성을 적용하면 기본 레이아웃의 흐름에서 벗어나 `<img>` 요소가 `<div>` 요소 위에 떠 있게 됩니다. 이처럼 `float` 속성을 지정하고 속성값을 `left`로 지정하면 다음 코드의 실행 결과처럼 그림과 텍스트가 가로로 나열됩니다.

* 기본 흐름이란 요소가 작성된 순서대로 웹 브라우저에 표시되는 것을 의미합니다.

• float 속성 사용 예

```
<img src="/images/sample.png" />
<div>float는 '띄우다'라는 의미가 있어요.</div>
<style>
  img {
    float: left;
  }
</style>
```

실행 결과

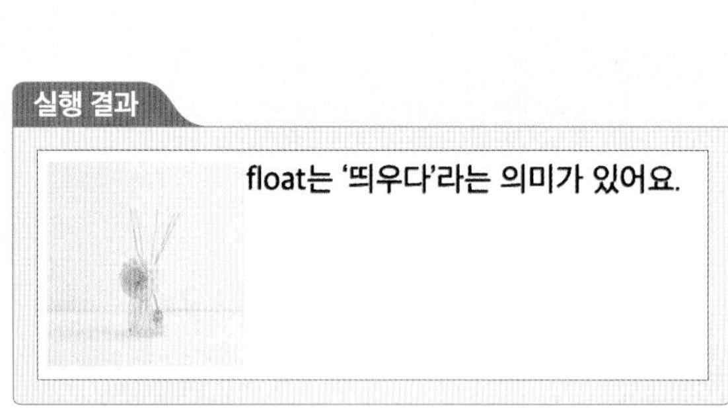

플로팅 레이아웃

`float` 속성은 블록 요소를 가로로 정렬하여 레이아웃을 구성할 때 주로 사용합니다. `float` 속성으로 만든 레이아웃을 **플로팅 레이아웃**이라고 하며 복잡한 형태의 레이아웃을 구성할 때 요소들을 원하는 흐름으로 정렬할 수 있습니다.

다음 코드에서 <div>는 블록 요소이지만 float 속성을 적용하면 마치 인라인처럼 요소의 내용(텍스트)만큼만 영역을 차지합니다.

• **플로팅 레이아웃 예(블록 요소)**

```
<div class="container">
  <div class="floating"> 플로팅 레이아웃 </div>
  <div class="floating"> 플로팅 레이아웃 </div>
  <div class="floating"> 플로팅 레이아웃 </div>
  <div class="floating"> 플로팅 레이아웃 </div>
</div>
<style>
  .floating {
    float: left;
    border: solid 1px #ddd;
  }
</style>
```

실행 결과

플로팅 레이아웃플로팅 레이아웃플로팅 레이아웃플로팅 레이아웃

만약 인라인 요소인 <span>에 float 속성을 지정하면 어떻게 될까요? 이를 확인하고자 앞선 코드에서 <div>를 <span>으로 바꾸고 margin 속성값을 지정합니다.

• **플로팅 레이아웃 예(인라인 요소)**

```
<div class="container">
  <span class="floating"> 플로팅 레이아웃 </span>
  <span class="floating"> 플로팅 레이아웃 </span>
  <span class="floating"> 플로팅 레이아웃 </span>
  <span class="floating"> 플로팅 레이아웃 </span>
</div>
<style>
  .floating {
    float: left;
    margin: 30px;
    border: solid 1px #ddd;
  }
</style>
```

실행 결과

플로팅 레이아웃 플로팅 레이아웃 플로팅 레이아웃 플로팅 레이아웃

span.floating 103.09 × 21.5

실행 결과를 보면 위아래 마진이 적용된 것으로 보아* <span>이 블록화되었음을 알 수 있습니다. 플로팅 레이아웃은 이처럼 float 속성으로 HTML 요소를 원하는 위치로 배치하고 여백을 조절하여 화면에 배치하는 기법입니다.

* 인라인 요소에는 위아래 마진이 적용되지 않습니다.

float 속성 해제

float 속성으로 다양한 레이아웃을 만들 수 있지만 이 요소들이 기본적인 흐름을 벗어나 레이아웃을 깨뜨리기도 합니다. 대표적으로 자식 요소가 float 속성을 가지고 있으면 부모는 자식을 감싸지 못하고 자신의 영역을 이탈하게 됩니다.

예를 들어 앞선 예에서 <div>는 자식인 <span>의 영역을 포함하지 못하고 높이가 0으로 설정됩니다.

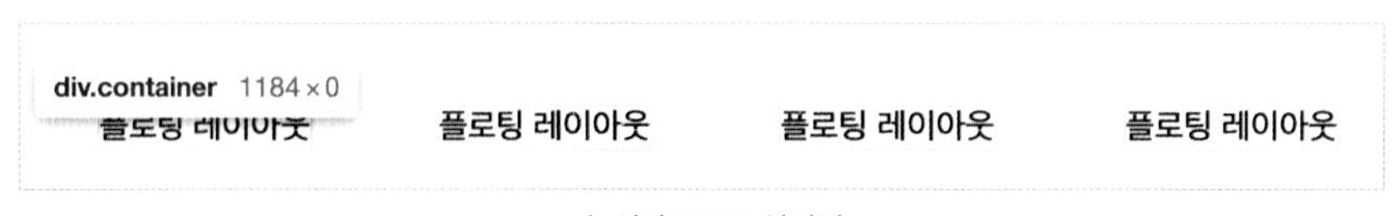

▲ 높이가 0으로 설정됨

이러한 문제를 해결하려면 float를 해제해 주어야 합니다. float 해제란 플로팅한 요소의 다음 요소가 float의 영향을 받지 않도록 한다는 의미입니다. float를 해제하는 방법은 여러 가지가 있지만 콘텐츠의 영향 없이 자주 사용되는 2가지 방법만 살펴보겠습니다.

가상 요소를 사용하는 방법

float를 해제할 때 불필요한 요소나 속성을 사용하지 않으려면 CSS의 가상 요소를 활용할 수 있습니다. ::after를 이용하면 float 속성을 가진 요소 다음에 가상 요소를 생성하여 float를 해제할 수 있습니다.

float 속성을 가진 요소의 다음 요소가 이 속성에 영향을 받지 않도록 해제해야 하므로 ::after는 형제 요소가 되어야 합니다. 즉, 앞선 예에서 .container 기준으로 ::after 요소를 생성해야 float를 정상으로 해제할 수 있습니다.

• 가상 요소로 float 해제하기

```
<div class="container">
  <span class="floating"> 플로팅 레이아웃 </span>
  <span class="floating"> 플로팅 레이아웃 </span>
  <span class="floating"> 플로팅 레이아웃 </span>
  <span class="floating"> 플로팅 레이아웃 </span>
</div>
<style>
  .floating {
    float: left;
    border: solid 1px #ddd;
  }
  .container::after {
    content: "";
    display: block;
    clear: both;
  }
</style>
```

실행 결과

플로팅 레이아웃플로팅 레이아웃플로팅 레이아웃플로팅 레이아웃

div.container 468 × 21.5

micro clearfix hack

두 번째 방법은 CSS 전문가인 니콜라스 갤러거Nicolas Gallagher가 고안한 'micro clearfix hack'입니다. HTML5 보일러 플레이트(html5boilerplate.com)라는 템플릿 엔진을 통해 처음 소개되었으며 부트스트랩(1~3 버전)에서 사용하면서 대중화되었습니다. 이 방법은 클래스를 추가하여 자식 요소의 영향을 해제합니다. 이렇게 하면 매번 스타일을 추가할 필요 없이 `float`를 간단하게 해제할 수 있습니다.

• float 해제하기(micro clearfix hack)

```
<div class="container clearfix">
  <span class="floating"> 플로팅 레이아웃 </span>
  <span class="floating"> 플로팅 레이아웃 </span>
  <span class="floating"> 플로팅 레이아웃 </span>
  <span class="floating"> 플로팅 레이아웃 </span>
</div>
<style>
```

```
  .floating {
    float: left;
    margin: 30px;
    border: solid 1px #ddd;
  }
  .clearfix::after {
    content: "";
    display: table;
    clear:both
  }
</style>
```

03-2 레이아웃을 위한 속성 — flex

마이크로소프트의 윈도우7 지원 중단(2020년 1월), 공인인증서 중단(2020년 6월) 자바스크립트 활용의 강세(리액트, Vue.js) 등으로 CSS에도 새로운 변화가 생겼습니다. 웹 사이트를 만들 때 구형 인터넷 익스플로러(이하 IE)를 고려하지 않아도 되면서 CSS의 신기술을 사용할 수 있게 되었습니다.

그 중의 하나가 바로 `flex` 속성입니다. 웹 사이트의 레이아웃을 만드는 데에 유용한 `flex` 속성은 2009년에 처음 제안되었지만, 2015년 전까지는 사용할 수 있는 브라우저가 많지 않았습니다. 이때까지는 구형 브라우저를 고려해야 했으므로 레이아웃을 만들 때 앞 절에서 살펴본 `float` 속성을 사용했습니다. 그러나 `float` 속성을 사용하면 브라우저 오류가 발생하고 이를 해결하는 CSS(`float` 해제)를 추가로 작성해야만 했습니다.

플렉스 박스란?

`flex` 속성을 사용한 레이아웃 모델을 **플렉스 박스 레이아웃**이라고 합니다. 플렉스 박스 레이아웃은 각 요소를 유연하게 배치하고 요소의 공간을 배분, 정렬하기 위해 CSS3에서 도입되었습니다. 이를 사용하면 요소들을 가로(X축) 또는 세로(Y축) 기준으로 유연하게 배치할 수 있으며 요소 사이의 간격 조절, 정렬 순서 변경 등 다양한 레이아웃을 만들 수 있습니다.

플렉스 박스 레이아웃의 기본 개념은 부모 요소의 `display` 속성값을 `flex`로 지정하여 자식 요소를 플렉스 아이템으로 변경하는 것입니다.

• 플렉스 박스 사용 예

```
<div class="container">
  <div class="box">box1</div>
  <div class="box">box2</div>
  <div class="box">box3</div>
<div>
<style>
  .container {
```

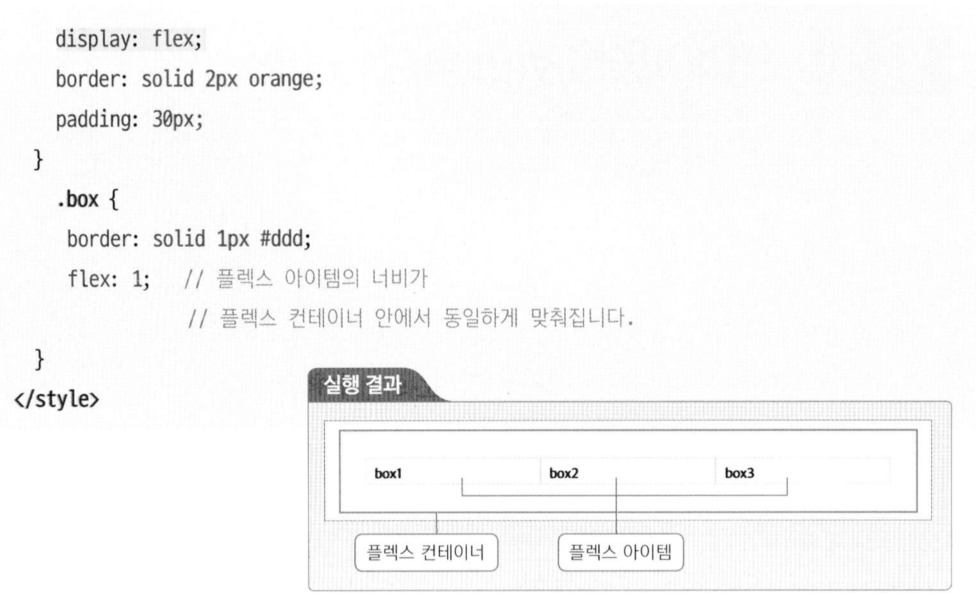

```
    display: flex;
    border: solid 2px orange;
    padding: 30px;
  }
  .box {
    border: solid 1px #ddd;
    flex: 1;    // 플렉스 아이템의 너비가
                // 플렉스 컨테이너 안에서 동일하게 맞춰집니다.
  }
</style>
```


유연하게 배치할 요소의 부모 요소에 display의 속성값을 flex로 지정합니다. 이것을 **플렉스 컨테이너**flex container라고 하고, 플렉스 컨테이너의 자식 요소를 **플렉스 아이템**flex item이라고 합니다. 플렉스 컨테이너(부모 요소)의 display 속성에 지정할 수 있는 값으로는 flex 말고도 inline-flex가 있습니다. 플렉스 컨테이너의 크기를 지정하는 두 속성값의 차이는 block, inline-block 속성과 같습니다.

- **flex**: 화면 전체 너비를 기준으로 비율에 맞게 플렉스 아이템들을 배분합니다.
- **inline-flex**: 플렉스 아이템의 크기를 지정하지 않은 경우 플렉스 아이템의 내용 만큼 너비가 지정됩니다.

• display: inline-flex 속성값 사용

```
<style>
  .container {
  ... (생략) ...
    display: inline-flex;
  }
  .box {
    border: solid 1px #ddd;
  }
</style>
```

실행 결과

box1 box2 box3

플렉스 컨테이너에 display: inline-flex가 지정되고
플렉스 아이템의 너비가 지정되지 않았을 때 적용 화면

정렬 기준 정하기 — flex-direction

플렉스 박스 레이아웃도 플로팅 레이아웃처럼 요소들을 가로(X축)로 정렬하는 1차원 레이아웃* 모델 입니다. 그런데 플렉스 박스 레이아웃은 flex-direction 속성을 사용하여 세로(Y축)로 정렬할 수도 있습니다. flex-direction 속성은 플렉스 아이템의 정렬 방향을 정하는 속성입니다. 즉, 플렉스 아이템을 어느 방향으로 정렬할 것인지를 지정하는 속성입니다. flex-direction 속성은 다음처럼 4가지 값을 가질 수 있습니다.

* 1차원 레이아웃이란 한 번에 하나의 차원(행의 나열)만을 다룬다는 뜻입니다.

- **row**: 가로(X축) 정순으로 정렬하기
- **column**: 세로(Y축) 정순으로 정렬하기
- **row-reverse**: 가로(X축) 역순으로 정렬하기
- **column-reverse**: 세로(Y축) 역순으로 정렬하기

다음 코드는 flex-direction 속성값을 row로 지정하여 가로(X축) 정순으로 정렬한 예입니다. 속성값을 column, row-reverse, column-reverse로 바꿔서 비교해 보면 실행 결과와 같습니다.

• flex-direction: row 사용

```
<div class="container">
  <div class="box">box1</div>
  <div class="box">box2</div>
  <div class="box">box3</div>
</div>
<style>
  .container {
    display: flex;
    width: 100%;
    border: solid 2px orange;
    padding: 30px;
    flex-direction: row;
  }
  .box {
    border: solid 1px #ddd;
    flex-basis: 30%;
  }
</style>
```

실행 결과

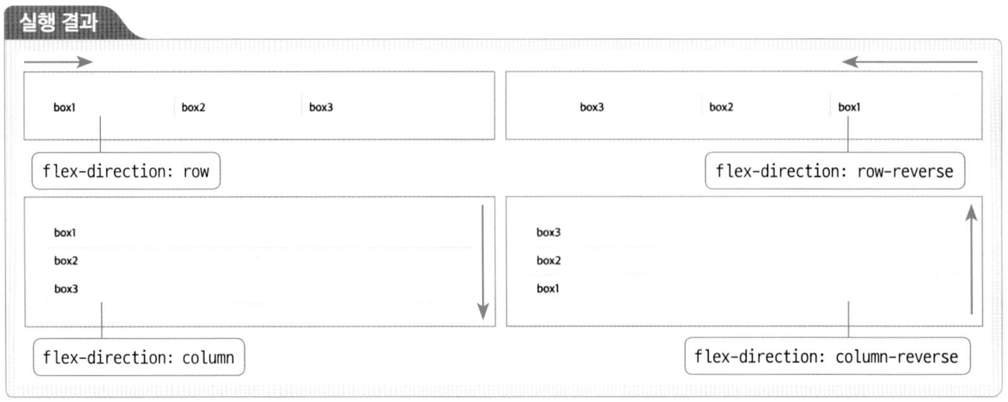

여러 행으로 정렬하기 — flex-wrap

앞서 언급한 것처럼 플렉스 박스는 1차원 레이아웃입니다. 기본적으로 한 컨테이너 안에 하나의 행으로만 나열됩니다. 그런데 flex-wrap 속성을 사용하면 플렉스 아이템을 여러 행으로 나눠 공간을 배분할 수 있습니다. 쉽게 말해 플렉스 아이템이 컨테이너 전체 크기보다 더 커지면 플렉스 아이템을 줄 바꿈 할 수 있는 속성입니다. flex-wrap 속성에는 wrap이나 nowrap 값을 지정할 수 있습니다.

- **flex-wrap 속성 사용(wrap)**

```
<div class="container">
  <div class="box">box1</div>
  <div class="box">box2</div>
  <div class="box">box3</div>
  <div>
    <style>
      .container {
        display: flex;
        width: 100%;
        border: solid 2px orange;
        padding: 30px;
        flex-wrap: wrap;
      }
      .box {
        border: solid 1px #ddd;
        flex-basis: 50%;
      }
    </style>
```

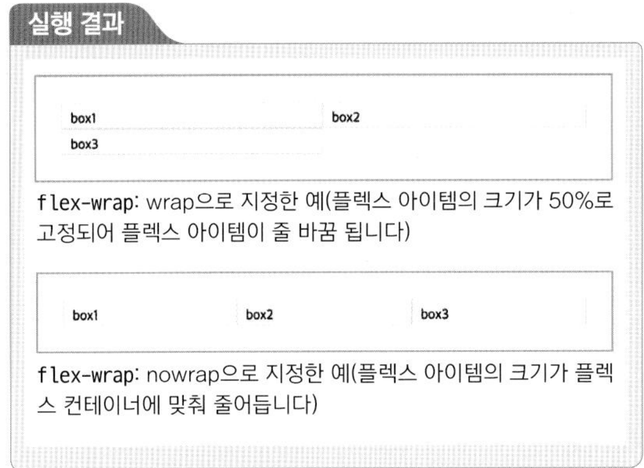
실행 결과
box1
box2
box3
flex-wrap: wrap으로 지정한 예(플렉스 아이템의 크기가 50%로 고정되어 플렉스 아이템이 줄 바꿈 됩니다)
box1
box2
box3
flex-wrap: nowrap으로 지정한 예(플렉스 아이템의 크기가 플렉스 컨테이너에 맞춰 줄어듭니다)

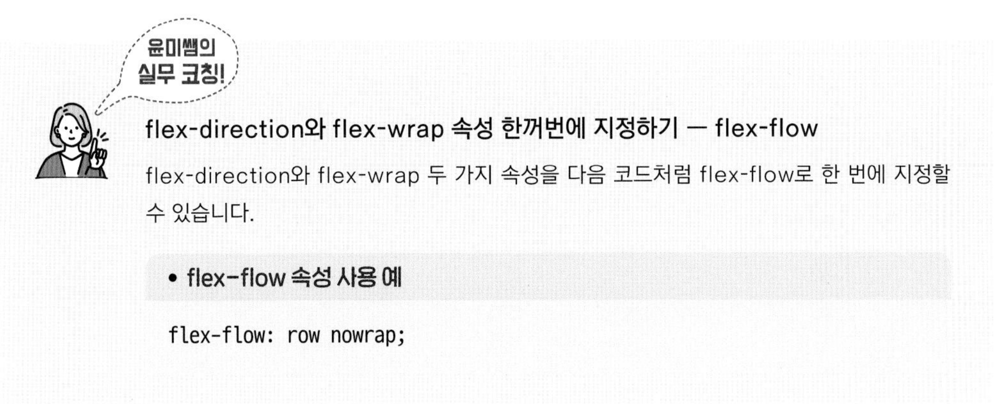
윤미쌤의 실무 코칭!

flex-direction와 flex-wrap 속성 한꺼번에 지정하기 — flex-flow

flex-direction와 flex-wrap 두 가지 속성을 다음 코드처럼 flex-flow로 한 번에 지정할 수 있습니다.

• **flex-flow 속성 사용 예**

```
flex-flow: row nowrap;
```

플렉스 컨테이너에 지정하는 정렬 속성

플렉스 박스에서 사용하는 정렬 속성은 플렉스 박스 레이아웃의 핵심이라고 말할 수 있습니다. 축 방향(X, Y)에 따라 정렬 속성을 지정하여 아이템을 정렬할 수 있습니다. 플렉스 박스의 정렬 속성은 크게 플렉스 컨테이너에 적용하는 속성과 플렉스 아이템에 적용하는 속성이 있습니다. 플렉스 컨테이너에 적용하는 속성은 플렉스 아이템을 정렬하고, 플렉스 아이템에 적용하는 속성은 아이템들의 크기와 비율을 맞추는 기능이라고 할 수 있습니다. 그럼 플렉스 컨테이너에 적용하는 속성 먼저 알아보겠습니다.

justify-content 속성

`justify-content` 속성은 `flex-direction` 속성에 지정한 방향에 따라 공간을 배분하면서 플렉스 아이템들을 정렬합니다. `row`이면 가로(X축), `column`이면 세로(Y축)를 기준으로 정렬합니다. `justify-content` 속성에 지정할 수 있는 6가지 값은 다음과 같습니다.

▼ justify-content의 속성값

속성값	설명	justify-content 속성값	
		row일 때	column일 때
flex-start	플렉스 컨테이너의 시작점을 기준으로 정렬(기본값)	왼쪽 정렬	위쪽 정렬
flex-end	플렉스 컨테이너의 끝을 기준으로 정렬	오른쪽 정렬	아래쪽 정렬
center	플렉스 컨테이너 가운데를 기준으로 정렬 (세로 방향일 때는 플렉스 컨테이너의 높이가 있어야 세로 정렬 가능)	가로 정렬	세로 정렬
space-between	플렉스 아이템 사이를 균등한 간격으로 정렬	가로 정렬	세로 정렬
space-around	플렉스 아이템 둘레를 균등한 간격으로 정렬	가로 정렬	세로 정렬
space-evenly	플렉스 아이템 사이와 양 끝을 균등한 간격으로 정렬	가로 정렬	세로 정렬

justify-content 속성값을 flex-start로 지정하면 flex-direction에 지정한 값에 따라 플렉스 컨테이너의 시작점 기준으로 플렉스 아이템이 정렬됩니다.

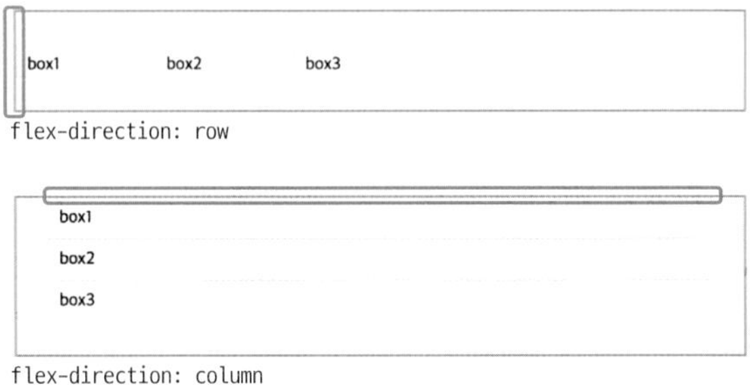

box1 box2 box3

flex-direction: row

box1
box2
box3

flex-direction: column

▲ justify-content: flex-start로 지정한 예

flex-end로 지정하면 flex-direction에 지정한 값에 따라 플렉스 컨테이너 끝을 기준으로 플렉스 아이템이 정렬됩니다.

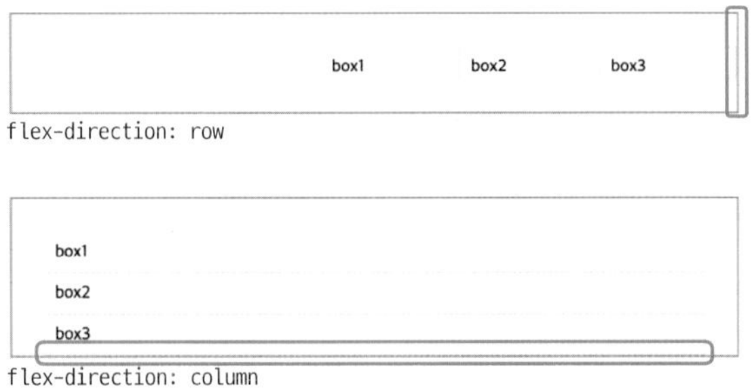

box1 box2 box3

flex-direction: row

box1
box2
box3

flex-direction: column

▲ justify-content: flex-end로 지정한 예

center로 지정하면 플렉스 컨테이너 가운데로 플렉스 아이템이 정렬됩니다. flex-direction에 지정한 값이 column인 경우 플렉스 컨테이너의 높이나 여백이 있어야 세로(Y축) 방향으로 정렬됩니다.

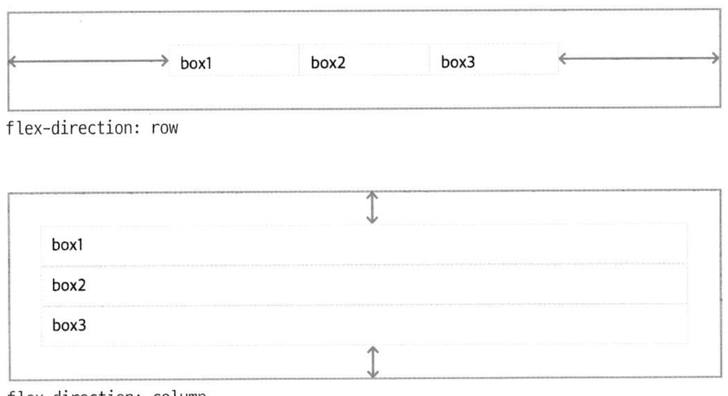

▲ justify-content: center로 지정한 예

space-between으로 지정하면 첫 번째 플렉스 아이템은 플렉스 컨테이너의 시작점에 지정되고 마지막 플렉스 아이템은 플렉스 컨테이너의 끝에 정렬됩니다. 이 외의 플렉스 아이템은 똑같은 여백으로 정렬됩니다.

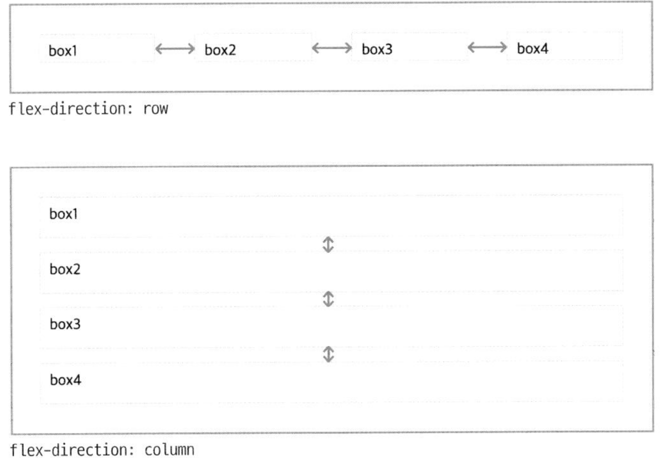

▲ justify-content: space-between으로 지정한 예

space-around로 지정하면 flex-direction에 지정한 값(row면 X축, column이면 Y축)에 따라 플렉스 아이템의 둘레를 동일한 간격으로 만들어 배치합니다. 이 때문에 플렉스 컨테이너의 맨 앞과 끝에는 플렉스 아이템의 둘레에서 한 쪽 간격만 지정되어 분배됩니다.

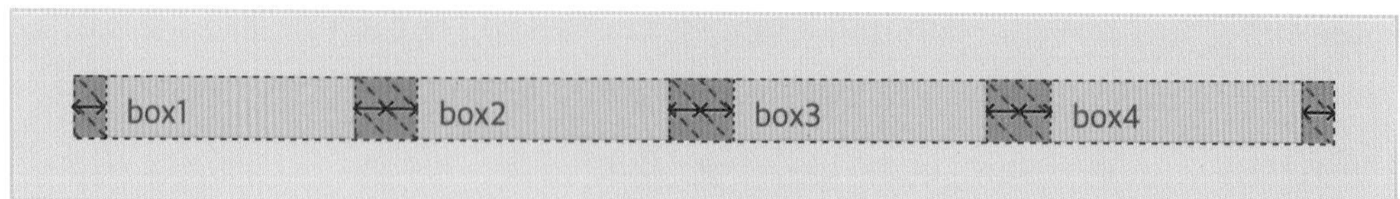

▲ justify-content: space-around로 지정한 예(flex-direction: row일 때)

space-evenly로 지정하면 flex-direction에 지정한 값(row면 X축, column이면 Y축)에 따라 플렉스 아이템 사이의 간격을 모두 동일하게 만들어 배치합니다.

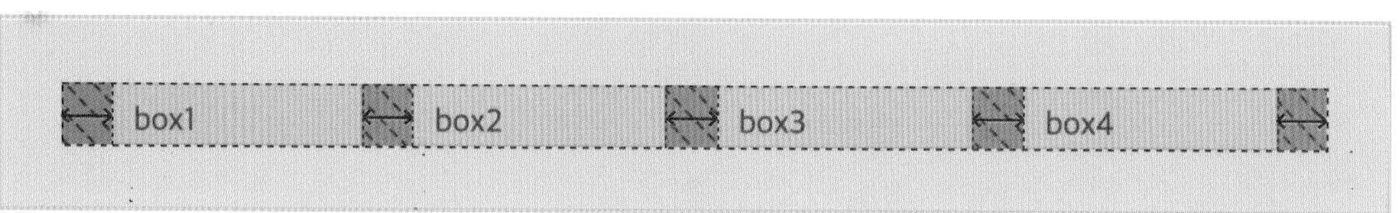

▲ justify-content: space-evenly로 지정한 예(flex-direction: row일 때)

align-items 속성

align-items 속성은 플렉스 아이템의 진행 방향을 기준으로 교차축(수직 방향) 정렬입니다. 플렉스 아이템이 배치되는 방향을 주축main-axis이라고 하고, 주축과 수직으로 배치되는 방향을 교차축cross-axis이라고 합니다. 예를 들어 다음 그림처럼 flex-direction이 row로 지정되어 있다면 주축은 가로(X축) 방향이 되며 교차축은 세로(Y축) 방향이 됩니다.

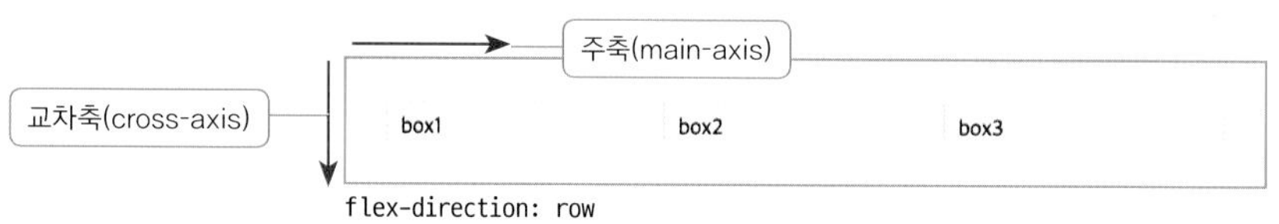

justify-content 속성이 플렉스 아이템의 주축 배치에 관련된 정렬이라면 align-items은 플렉스 아이템의 교차축 정렬이라고 할 수 있습니다. 쉽게 말해 자식 요소의 display 속성값이 inline-block일 때 가로 방향으로 정렬되면 수직 중앙 정렬을 위해 vertical-align 속성을 지정하는 것과 같은 이치라고 할 수 있습니다.

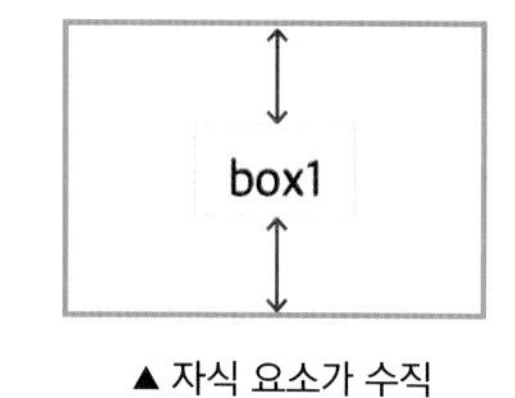

▲ 자식 요소가 수직 중앙 정렬된 그림

align-items에 지정할 수 있는 속성값은 다음과 같습니다.

▼ align-items의 속성값

속성값	설명
stretch	플렉스 컨테이너의 높이(row)나 너비(column)만큼 공간 배분
flex-start	플렉스 컨테이너의 왼쪽(row)이나 위(column)로 정렬
flex-end	플렉스 컨테이너의 오른쪽(row)이나 아래(column)로 정렬
center	플렉스 컨테이너의 가로(row)나 세로(column) 기준으로 가운데 정렬
baseline	플렉스 아이템들의 텍스트 기준선에 따라 정렬(알파벳 기준 텍스트 기준선) flex-start와 동일하게 구현

align-items의 속성값을 stretch로 지정하면 flex-direction에 지정한 값(row면 X축, column이면 Y축)에 따라 해당 교차축으로 플렉스 아이템이 늘어납니다.

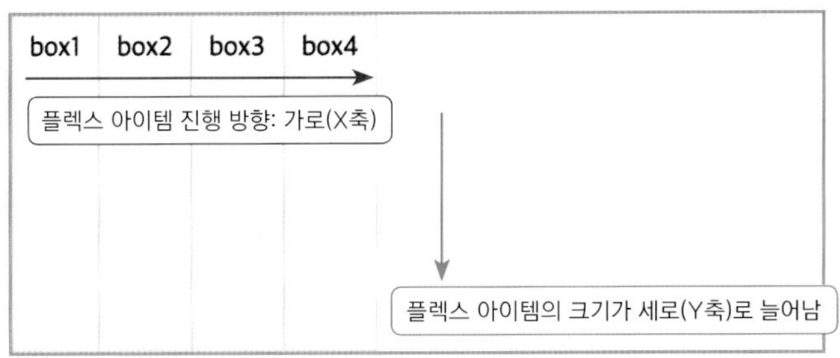

flex-direction: row

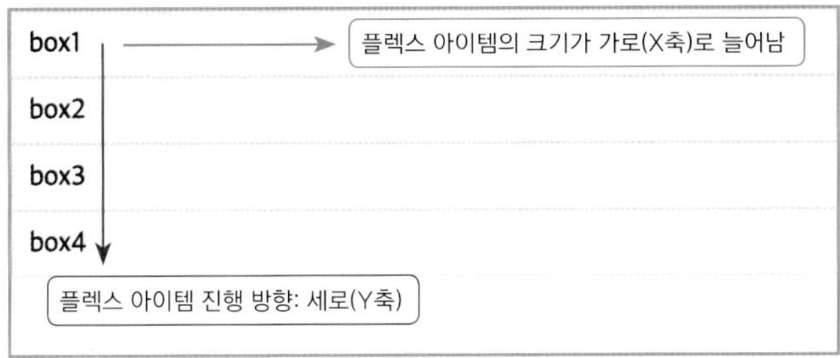

flex-direction: column

▲ align-items: stretch로 지정한 예

`flex-start`로 지정하면 교차축의 시작점에 플렉스 아이템이 정렬됩니다.

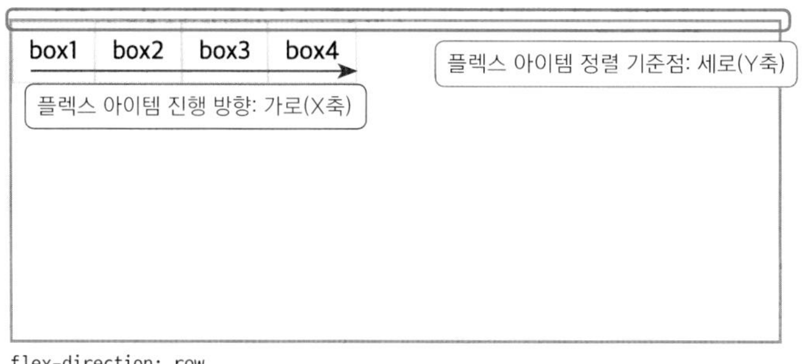

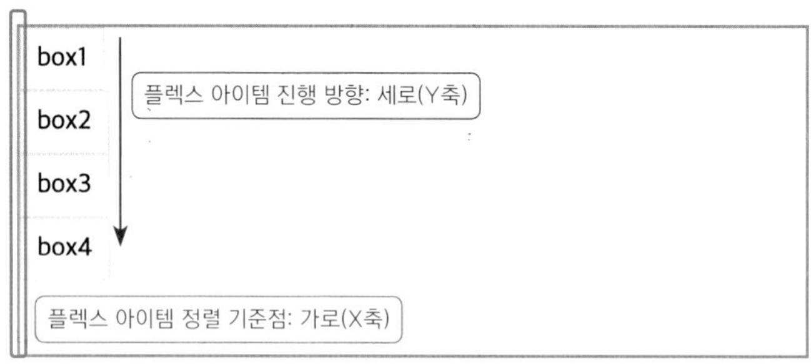

▲ align-items: flex-start로 지정한 예

`flex-end`로 지정하면 교차축의 끝에 플렉스 아이템이 정렬됩니다.

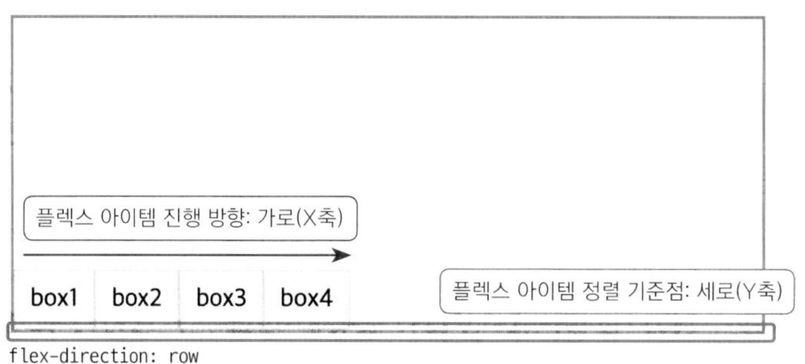

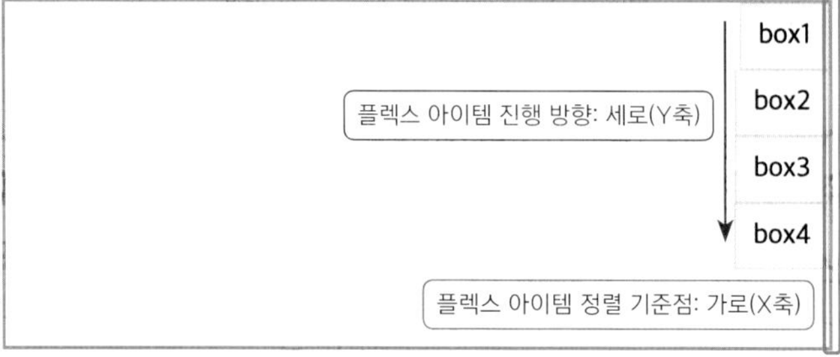

▲ align-items: flex-end로 지정한 예

center로 지정하면 교차축의 중앙에 아이템이 정렬됩니다.

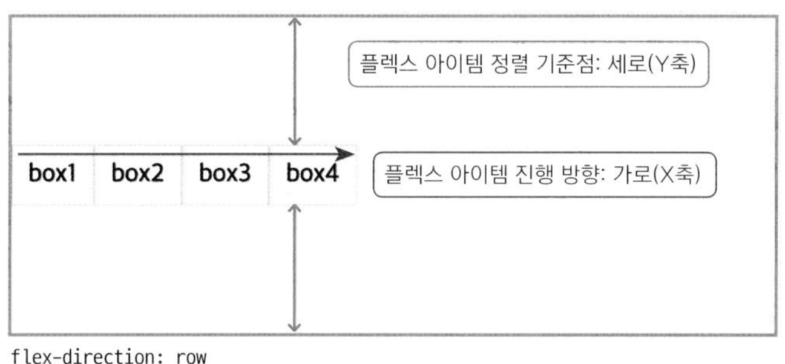

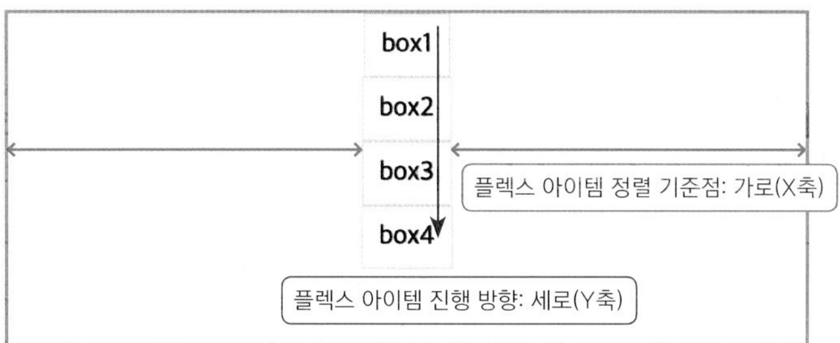

▲ align-items: center로 지정한 예

baseline 속성

baseline 속성은 플렉스 아이템들의 텍스트 기준선(알파벳 기준)에 맞춰 정렬되는데 flex-start와 거의 동일하게 구현되어 자주 사용하지는 않습니다.

align-content 속성

align-content 속성은 플렉스 아이템이 2줄이고 flex-wrap 속성값이 wrap일 때에 적용하는 속성입니다. 플렉스 아이템이 줄 바꿈이 될 때 교차축 정렬을 지정하는 속성입니다. 플렉스 아이템이 한 줄인 경우, 즉 flex-container의 범위에 넘지 않을 때는 적용되지 않습니다. 교차축 정렬 방식은 align-items와 동일합니다. 차이점은 플렉스 아이템이 한 줄로 정렬되어 있는지, 여러 줄이 함께 정렬되어 있는지의 차이가 있습니다. 속성값은 다음과 같습니다.

▼ align-content의 속성값

속성값	설명
stretch	높이(row)나 너비(column)만큼 배분
flex-start	위쪽(row)이나 왼쪽(column)에 정렬
flex-end	아래쪽(row)이나 오른쪽(column)에 정렬
center	세로(row)나 가로(column) 기준으로 가운데에 정렬
space-between	세로(row)나 가로(column) 기준으로 균등하게 정렬
space-around	세로(row)나 가로(column) 기준으로 각 플렉스 아이템 둘레에 균등하게 정렬
space-evenly	플렉스 컨테이너의 세로(row)나 가로(column) 기준으로 각 플렉스 아이템 사이와 플렉스 컨테이터 안쪽 여백에 균등하게 정렬(단, IE와 엣지(Edge)에서는 지원하지 않음)

플렉스 아이템에 지정하는 정렬 속성

flex-basis 속성

플렉스 아이템은 기본으로 플렉스 아이템에 담긴 내용만큼 크기가 지정되고 플렉스 컨테이너의 너비 안에서 정렬됩니다. `flex-basis` 속성은 플렉스 아이템의 기본 크기를 지정하는데 `min-width` 속성과 동일합니다. `flex-basis`에 지정한 값이 플렉스 아이템의 최소 크기가 됩니다. 즉, 플렉스 아이템의 내용이 `flex-basis`에 지정한 값보다 크면 그 내용만큼 크기가 늘어나고, 내용의 크기가 더 작으면 `flex-basis`에 지정한 값으로 지정됩니다.

flex-grow 속성

`flex-grow`는 플렉스 아이템들의 기본값을 제외한 나머지 여백을 비율로 나눈 후 플렉스 아이템에 각각 포함하여 정렬하는 속성입니다. 쉽게 말해 '플렉스 아이템의 기본값 + 나머지 여백의 비율'로 플렉스 아이템의 크기를 지정하는 것을 말합니다. 속성값은 정수나 소수로 지정할 수 있습니다.

flex-shrink 속성

플렉스 아이템은 기본적으로 `flex-basis` 속성을 가지고 있더라도 플렉스 컨테이너의 크기가 작아질 때 이에 맞춰 플렉스 아이템의 크기가 `flex-basis` 속성과 상관없이 유연하게 변하면서 플렉스 컨테이너 안에서 정렬됩니다. 그런데 `flex-shrink`는 플렉스 아이템이 `flex-basis`의 값보다 작아질 때에 플렉스 아이템의 크기를 정할 수 있습니다. `flex-grow`와 마찬가지로 정수나 소수로 지정할 수 있으며 0으로 지정하면 flex-basis보다 작아지지 않으므로 플렉스 아이템의 크기를 고정할 수 있습니다.

order 속성

order 속성은 플렉스 아이템의 배치 순서를 제어할 때 사용합니다. 일반적으로 요소는 왼쪽에서 오른쪽으로 정렬되는데 이를 order 속성으로 변경할 수 있습니다. 속성값으로는 양수와 음수 모두 사용할 수 있고 작은 숫자일 수록 앞에 배치되고 큰 숫자일 수록 뒤에 배치됩니다.

예를 들어 다음 코드처럼 첫 번째 플렉스 아이템에 order 속성값을 3으로 지정하면 위치가 3번째로 이동합니다. 그러나 보이는 형식만 변경될 뿐 실제 요소의 위치는 변경되지 않습니다.

• order 속성 사용 예

```
<div class="container">
  <div class="box">box1</div>
  <div class="box">box2</div>
  <div class="box">box3</div>
</div>
<style>
  .container {
    display: flex;
    width: 100%;
    flex-wrap: wrap;
  }
  .box {
    border: solid 1px #ddd;
    flex-basis: 20%;
  }
  .box:nth-of-type(1) {
    order: 3;
  }
</style>
```

실행 결과

flex 속성

flex 속성은 `flex-grow`, `flex-shrink`, `flex-basis`를 한 번에 작성하는 축약형 속성입니다. 그런데 다음 코드에서 첫 번째 줄처럼 속성값을 1로만 작성하면 `flex-basis`값이 0으로 지정되는데, IE에서는 이를 인식하지 못하여 원하는 레이아웃이 나오지 않습니다. 따라서 IE까지 호환하려면 `flex:1 1 1`이나 `flex: 1 1 auto`로 작성해야 합니다.

• flex 속성 사용 예

```
flex: 1;
/* flex-grow: 1; flex-shrink: 1; flex-basis: 0; */
flex: 1 1 auto;
/* flex-grow: 1; flex-shrink: 1; flex-basis: auto; */
flex: 1 500px;
/* flex-grow: 1; flex-shrink: 1; flex-basis: 500px; */
```

이전에는 `float`나 `display` 속성값을 변경하는 방식(`inline-block`, `inline`, `block`)으로 레이아웃의 구조를 만들었습니다. 이러한 방식은 기본 레이아웃의 흐름을 강제로 변경하는 것이어서 `float` 해제와 같은 추가 작업이 필요합니다. 하지만 플렉스 박스 레이아웃의 등장으로 수평·수직 구조의 레이아웃을 쉽게 만들 수 있게 되었습니다. 플렉스 박스 레이아웃은 직관적이고 유연해서 동적인 레이아웃을 만들 수 있습니다. 모던 웹을 위한 새로운 레이아웃 방식인 플렉스 박스 레이아웃를 이용해 다양한 형태의 레이아웃을 만들어 보세요.

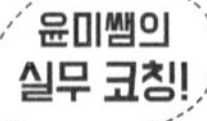

브라우저별 호환 범위 확인하기

실무에서 CSS의 새로운 기능을 사용할 때 브라우저의 호환 범위를 확인해야 합니다. caniuse.com 사이트에서는 CSS 기능을 어떤 브라우저에서 사용해도 되는지 확인할 수 있습니다. "Flex"라는 키워드로 검색해 보면 브라우저별로 플렉스 호환 버전을 확인할 수 있습니다. 플렉스는 대부분의 최신 브라우저에서 호환하지만 IE10과 IE11에서는 아직 부분 지원하고 있음을 알 수 있습니다. IE10은 아직 초창기 지원이라 IE11과는 차이가 있지만 플렉스의 속성과 특징을 파악하고 있다면 어렵지 않게 사용할 수 있습니다. 플렉스를 사용할 때 문제점은 아래쪽의 [Known Issues] 탭에서 확인할 수 있습니다.

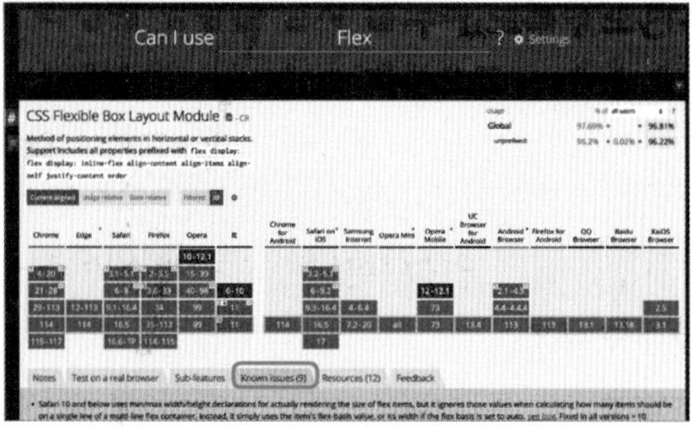

브라우저별 플렉스 호환 버전 확인

03-3 반응형 웹 만들기

반응형 웹responsive web이란 "다양한 해상도에 최적화된" 웹 페이지를 제공하는 것으로, 사용자가 어떤 기기에서도 불편함 없이 이용하면서 필요한 정보를 제공받을 수 있도록 합니다. 웹 사이트를 만들 때는 콘텐츠 구성, 이미지 크기, 편의를 고려한 UI까지 하나의 코드로 다양한 화면 해상도에 맞춰 반응형으로 설계해야 합니다. 그러면 처음 구축할 때나 유지·보수할 때 코드를 쉽고 빠르게 작성할 수 있으며 사용자는 콘텐츠를 사용하는 데에 불편함이 없게 됩니다.

해상도와 뷰포트 이해하기

레이아웃을 반응형으로 설계하려면 먼저 사용자 기기의 해상도를 이해해야 합니다. **해상도**resolution란 화면의 정밀도를 나타내는 지표로서, 모니터나 스크린에서 화면에 들어가는 점(픽셀)의 수를 나타냅니다. 예를 들어 15인치 모니터의 해상도가 1024×768이라면 가로로 1,024개 픽셀과 세로로 768개 픽셀이 배치되어 있습니다. 만약 해상도가 1920×1080이라면 1024×768의 모니터보다 같은 화면이라도 좀 더 세밀하고 정교하게 표현되고 더 작게 보입니다. 이에 따라 웹 페이지를 제작할 때 대부분 `width: 1200px` 같은 형태로 픽셀 기준의 해상도를 정하고 레이아웃을 만듭니다.

그런데 모바일과 태블릿 등 작은 디스플레이에는 일반 모니터의 픽셀 기준을 적용할 수 없습니다. 그래서 도입된 것이 **뷰포트**viewport입니다. 뷰포트를 통해 기기의 해상도 기준으로 렌더링합니다. 쉽게 말해 화면을 모바일에 맞게 표시해 주는 설정입니다.

뷰포트는 웹 사이트를 다양한 기기의 픽셀 기준으로 렌더링하므로 어떤 장비든지 같은 UI를 제공할 수 있습니다. 뷰포트는 `<head>` 요소 내부의 `<meta>` 요소에 `name` 속성으로 설정하고 `content` 속성에 렌더링 기준을 지정합니다.

```
<meta name="viewport" content="속성값, 속성값....">
```

가장 기본으로 사용하는 viewport 설정은 다음과 같습니다. width를 화면 너비(기기의 너비)만큼 지정하여 각 기기에 맞게 출력되도록 한 것입니다. 이렇게 하면 다양한 크기의 화면에서도 보기에 편한 텍스트 크기와 레이아웃을 유지합니다.

▼뷰포트 속성

속성	설명
width	접속한 기기의 화면 너비
initial-scale	초기 배율
minimum-scale	최소 확대/축소 배율
maximun-scale	최대 확대/축소 배율
user-scalable	확대/축소 기능 사용 여부

• **뷰포트 설정 예**

```
<meta name="viewport" content="width=device-width, initial-scale=1.0">
```

최근에는 디자인 리소스를 같은 비율로 만들어요.

포토샵으로 아이콘이나 이미지 등 디자인 리소스를 만들 때 픽셀 기반으로 작업하므로 디스플레이 크기의 2배, 혹은 4배로 작업해야 이미지의 손상을 최소화할 수 있습니다. 그러나 최근에는 스케치나 제플린 같은 도구를 쓰면서 벡터 기반으로 디자인하므로 디스플레이 크기와 같은 비율로 제작합니다.

미디어 쿼리 사용하기

모니터의 해상도를 기준으로 레이아웃을 만든다면 모바일 화면에서는 뷰포트가 기기에 맞춰 축소되어 보입니다. 확대하지 않으면 볼 수 없을 만큼 작게 보입니다. 반응형 웹을 구현하려면 화면의 크기에 맞춰 레이아웃을 다시 구성해야 하는데 이때 **미디어 쿼리**media query를 사용합니다.

미디어 쿼리는 미디어 유형media type과 기능features에 따라 스타일 규칙을 적용하는 방법을 제공합니다. 미디어 쿼리는 CSS2와 CSS3에 포함되어 있으며, 미디어 유형에 따라 CSS의 규칙을 지정할 수 있습니다. 이를 통해 웹 페이지나 웹 애플리케이션을 다양한 기기에 최적화된 화면을 구성할 수 있습니다. 이 미디어 쿼리가 반응형 웹의 핵심이라고 할 수 있습니다.

미디어 유형과 기능

그럼 반응형 웹의 핵심인 미디어 쿼리 문법을 살펴볼까요? 먼저 자주 사용하는 미디어 유형은 다음 4가지입니다. 웹 사이트가 제공하는 미디어나 상황에 따라 선택하여 사용할 수 있습니다.

- **all**: 모든 매체
- **print**: 프린터 기기
- **screen**: 컴퓨터나 태블릿, 스마트폰 등
- **speech**: 웹 페이지를 읽어 주는 스크린 리더

웹 페이지의 제공 목적에 따라 미디어 유형과 미디어 기능을 결합하여 사용하는데 이 책에서 만들 웹 사이트에 적용할 미디어 유형은 screen이고, 미디어 기능은 width를 결합하여 사용할 것입니다.

미디어 쿼리에서 미디어 기능을 지정하는 속성은 다음 표와 같습니다.

▼ 미디어 기능을 지정하는 속성

속성	설명
width	화면의 너비
height	화면의 높이
device-width	미디어 화면의 너비
device-height	미디어 화면의 높이
device-aspect-ratio	미디어 화면의 비율
orientation	미디어 화면의 방향
color	미디어의 색상 비트 수
color-index	미디어에서 표현 가능한 색상의 개수
monochrome	흑백 미디어에서의 픽셀당 비트 수
resolution	미디어의 해상도

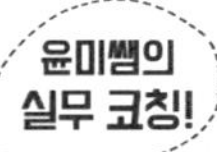

기기별 크기를 알고 있으면 좋아요!

width 속성은 해당 기기의 너비로 지정합니다. 이때 각 기기의 너비를 알고 있으면 미디어 쿼리의 분기 기준을 지정할 때 도움이 됩니다. 예를 들어 모바일 기기에 최적화된 레이아웃을 구성하고 싶다면 다음 기기에서 가장 큰 아이폰 플러스의 세로인 736px로 조건을 지정합니다. 즉, 기기의 너비가 736px일 때부터 변경된 레이아웃의 CSS가 적용되도록 조건을 만들면 됩니다. 가로 크기가 아닌 세로 크기로 기준을 잡는 이유는 모바일 기기를 가로로 돌렸을 때도 최적화를 하기 위해서입니다.

- 360×640 — 갤럭시 5
- 375×667 — 아이폰 6~8
- 414×736 — 아이폰 6~8, 플러스
- 768×1024 — 아이패드

미디어 쿼리 작성 방법 3가지

미디어 쿼리를 작성하는 방법은 3가지가 있습니다. 하나씩 살펴보겠습니다.

1. <link> 요소 사용

첫 번째 방법은 `<head>` 안에서 `<link>` 요소의 `media` 속성으로 특정 조건에 맞을 때 별도로 작성된 CSS 파일을 HTML 문서 안에 적용하는 방법입니다. 다음 코드는 미디어 유형의 스크린 크기가 640px 이하이면 style_640.css라는 파일을 HTML 문서에 적용하도록 지정한 예입니다.

• <link> 요소 사용 예(HTML)

```
<link
  rel="stylesheet"
  media="screen and (max-width: 640px)"
  href="style_640.css"
/>
```

2. @media 사용

두 번째는 CSS 파일 내부에 작성하는 방법으로, 반응형 웹 사이트를 제작할 때 주로 쓰는 방법입니다.

```
@media 미디어_타입 and (조건식) { 스타일_선언 }
```

• **@media 사용 예(CSS)**

```
@media screen and (max-width: 640px) {
  /* 640px 이하부터 적용할 스타일 선언 */
}
```

3. @import 사용

세 번째는 `<link>` 요소를 사용했을 때처럼 CSS 파일을 따로 만들어 불러오는 방법입니다. HTML 문서의 `<style>` 요소 안에 작성하거나 CSS 파일에 작성하여 사용하는데, 로딩 시간이 걸릴 수 있어 자주 쓰이지는 않습니다.

• **@import 사용 예**

```
@import url("style_640.css") screen and (max-width: 640px);
```

03-4 반응형 웹은 미디어 쿼리로만 만들까?

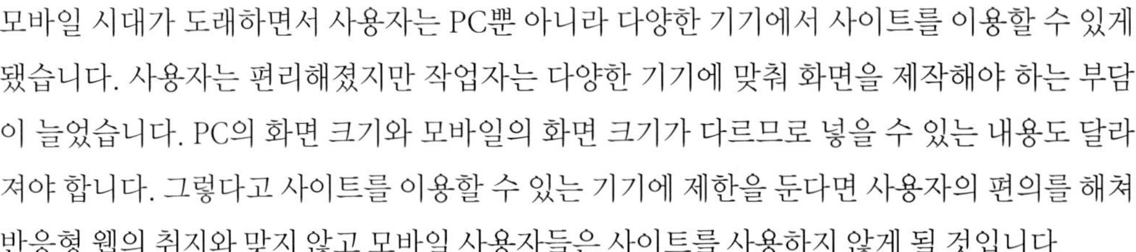

모바일 시대가 도래하면서 사용자는 PC뿐 아니라 다양한 기기에서 사이트를 이용할 수 있게 됐습니다. 사용자는 편리해졌지만 작업자는 다양한 기기에 맞춰 화면을 제작해야 하는 부담이 늘었습니다. PC의 화면 크기와 모바일의 화면 크기가 다르므로 넣을 수 있는 내용도 달라져야 합니다. 그렇다고 사이트를 이용할 수 있는 기기에 제한을 둔다면 사용자의 편의를 해쳐 반응형 웹의 취지와 맞지 않고 모바일 사용자들은 사이트를 사용하지 않게 될 것입니다.

이에 따라 디자인 트렌드 역시 복잡한 인터페이스 대신 간단하게 만들어 어느 기기에서든지 같은 인터페이스를 제공하는 쪽으로 변화하고 있습니다. CSS 역시 반응형 웹을 만들기 위해 꼭 미디어 쿼리를 써야 한다는 공식이 깨지고 있습니다. 즉, 플렉스flex나 그리드grid 속성으로 레이아웃을 만듦으로써 미디어 쿼리를 사용하지 않고도 다양한 기기에 맞출 수 있게 되었습니다. 플렉스 속성을 사용하면 각 요소를 유연하게 정렬할 수 있어서 굳이 미디어 쿼리를 사용해 기기별로 분기 처리하지 않아도 다양한 화면에 대응할 수 있습니다. 이런 이유로 최근에는 레이아웃을 설계할 때 플렉스 속성을 많이 사용합니다.

미디어 쿼리로 비율 맞추기

예를 들어 4개의 상자를 어느 기기에서나 볼 수 있도록 비율을 맞추는 코드를 살펴보겠습니다.

- **HTML 코드**

```
<div class="wrap">
  <div class="flexbox">
    <div class="item">1</div>
    <div class="item">2</div>
    <div class="item">3</div>
    <div class="item">4</div>
  </div>
</div>
```

• CSS 코드

```
.wrap {
  width: 100%;
  max-width: 480px;
  margin: 20px auto;
  border: solid 1px #ddd;
}
.flexbox::after {
  content: "";
  display: block;
  clear: both;
}
.item {
  width: 100px;
  height: 50px;
  float: left;
  background-color: #ddd;
  margin: 0 10px;
  height: 50px;
}
```

실행 결과

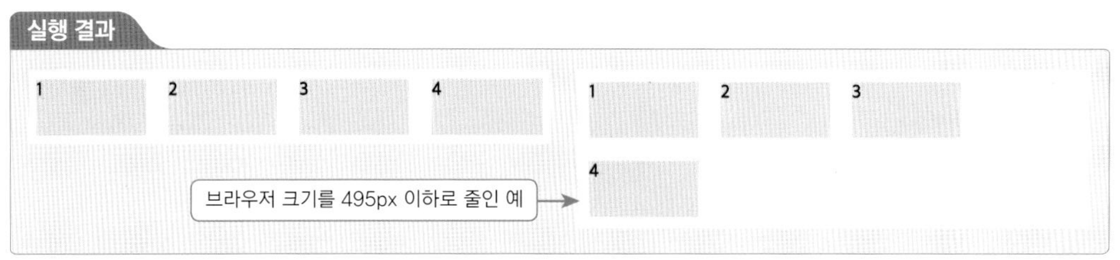

그런데 브라우저 크기를 495px 이하로 줄이면 `item` 클래스로 지정된 요소가 비율대로 줄지 않아 밑으로 떨어지면서 레이아웃이 틀어집니다. 이때 다음처럼 미디어 쿼리를 추가하면 브라우저 크기가 495px 이하일 때 `item` 클래스로 지정된 요소의 크기가 줄어 제대로 정렬되는 것을 확인할 수 있습니다.

• CSS 코드에 미디어 쿼리 추가

```
... (생략) ...
@media screen and (max-width: 495px) {
  .item {
    width: 80px;
  }
}
```

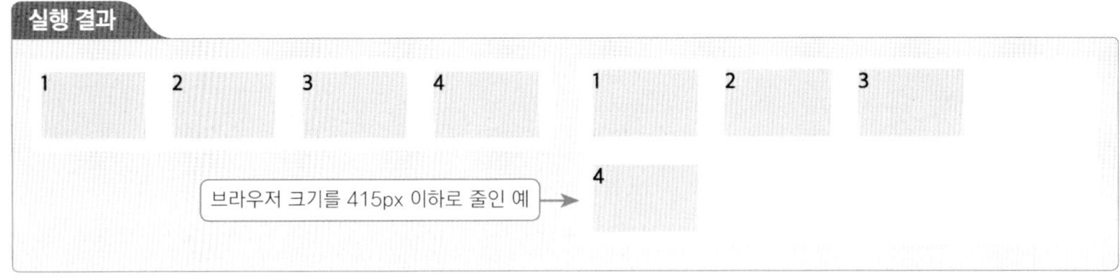

그런데 브라우저 크기를 좀 더 줄여 415px이 되면 다시 정렬이 어긋납니다. 그럼 다시 `width`를 지정해야 합니다.

• 미디어 쿼리 수정

```
... (생략) ...
@media screen and (max-width: 415px) {
  .item {
    width: 40%;
    margin: 0 0 5% 5%;
  }
}
```

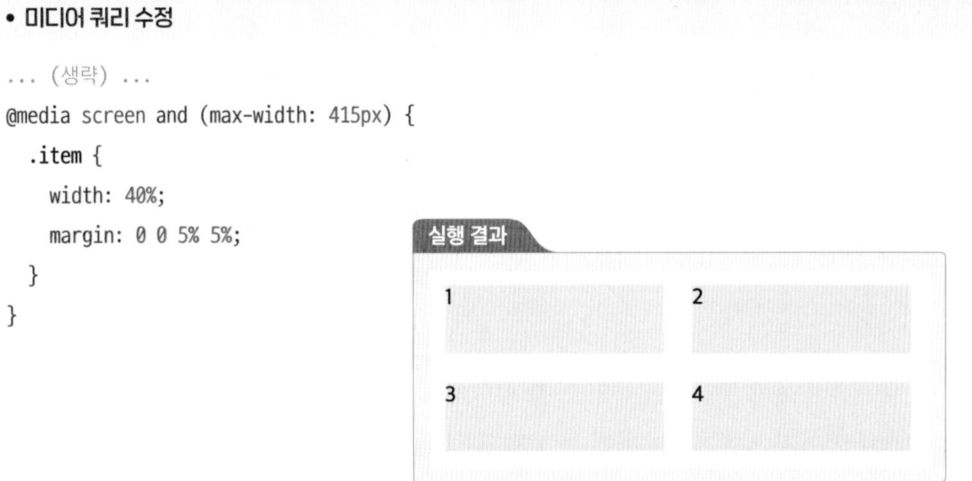

이처럼 모든 요소의 비율을 맞추는 것은 시간도 많이 걸리고 거의 불가능에 가깝습니다. 그래서 일반적으로 레이아웃의 형태를 기기별로 다르게 설계합니다. 실행 결과를 보면 브라우저 크기가 480px 이하일 때 처음과 다른 레이아웃으로 바뀌는 것을 확인할 수 있습니다.

플렉스 박스 레이아웃으로 만들기

지금까지 살펴본 내용을 미디어 쿼리 대신 플렉스 박스 레이아웃으로 만들어도 똑같은 화면을 구현할 수 있습니다. 이렇게 하면 브라우저 크기를 줄여도 화면 비율에 맞춰 수 있습니다. (직접 코드를 작성하여 브라우저에서 확인해 보세요)

• **플렉스 박스 레이아웃으로 만들기**

```
.wrap {
  width: 100%;
  max-width: 480px;
  margin: 20px auto;
  border: solid 1px #ddd;
}
.flexbox {
  display: flex;
  flex-wrap: wrap;
}
.item {
  flex: 1 0 100px;
  margin: 10px;
  height: 50px;
  background-color: #ddd;
}
```

최근에도 화면의 레이아웃을 기기별로 설계하고 미디어 쿼리로 분기 처리하여 그게 맞는 스타일을 적용하는 방식으로 반응형 웹을 만듭니다. 그러나 앞에서 살펴본 것처럼 플렉스 속성으로도 똑같은 레이아웃을 만들 수 있습니다. 즉, 반응형 웹을 만들 때 꼭 미디워 쿼리만 사용해야 하는 것은 아닙니다. 플렉스나 그리드 속성을 사용하면 작업이 편리해져 좀 더 쉽고 빠르게 반응형 웹을 구현할 수 있습니다.

둘째마당

웹 프로그래밍

두 번째 마당에서는 웹 애플리케이션을 만들 때 필수인 자바스크립트와 가상 DOM 기반의 자바스크립트 프레임워크인 Vue.js를 살펴봅니다. 자바스크립트와 Vue.js는 내용이 방대하지만 이 책은 실무 프로젝트가 중심이므로 자주 사용하는 문법 위주로 필요한 만큼만 다룹니다. 자바스크립트와 Vue.js를 능수능란하게 사용하고자 한다면 꼭 별도의 책이나 참고 자료 등으로 깊게 공부하길 바랍니다.

04
자바스크립트
프로그래밍

05
Vue.js
프로그래밍

04

자바스크립트 프로그래밍

자바스크립트는 HTML, CSS와 함께 웹을 구성하는 요소이며 웹 브라우저에서 동작하는 프로그래밍 언어입니다. 자바스크립트는 웹 페이지를 만드는 필수 요소입니다. 자바스크립트만 자세히 다뤄도 책 한 권의 분량을 넘어서므로 이 책에서는 실무에서 자주 사용하는 문법 위주로 빠르게 살펴봅니다. 그리고 다음 장에서 살펴볼 Vue.js 실행 환경을 위해 Node.js도 설치하겠습니다.

04-1 자바스크립트의 역할

자바스크립트란?

자바스크립트JavaScript는 객체 기반의 스크립트 프로그래밍 언어입니다. 자바스크립트의 가장 큰 특징이자 장점은 별도로 서버를 구성하지 않아도 웹 브라우저에서 바로 사용할 수 있다는 것입니다. 자바스크립트는 원래 HTML을 동적으로 표현하려고 만든 경량의 프로그래밍 언어입니다. HTML, CSS와 마찬가지로 표준을 관리하는 ECMA 인터내셔널이라는 표준화 기구가 있으며, 이 기구의 명칭을 따 ECMAScript라고 합니다.

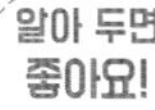

ECMAScript 표준안

1997년 7월, ECMA-262라 불리는 표준화된 자바스크립트 초판이 나온 이후 1999년 ECMAScript 3(ES3)이 공개되었고, 2009년 ECMAScript 5(ES5)는 HTML5와 함께 공개된 표준안입니다. 2015년 ECMAScript 6(ES6)이 공개되었고 let과 const 키워드, 화살표 함수, 클래스, 모듈 등 많은 기능이 추가되는 큰 변화가 있었습니다.

자바스크립트는 웹 브라우저에서 UI를 동적으로 보여 주기 위해 사용해 왔습니다. 그런데 Ajax asynchronous JavaScript and XML*의 등장으로 필요한 데이터만 서버에서 전송받아 바꿔야 할 부분만 렌더링하는 방식이 가능해졌습니다. 이로써 웹 브라우저에서도 애플리케이션과 유사한 퍼포먼스와 부드러운 화면 전환이 가능해졌고, 웹 앱web application, 하이브리드 앱hybrid application이라는 말들과 함께 하나의 언어로 자리 잡게 되었습니다.

* Ajax는 자바스크립트를 이용해 서버와 비동기(asynchronous)로 통신하는 방식을 말합니다. 화면을 갱신하지 않고 필요한 부분만 서버로부터 데이터를 가져올 수 있습니다.

자바스크립트는 인터프리터 언어로 별도로 컴파일하지 않고 웹 브라우저에 포함된 자바스크립트 엔진이 소스 코드를 직접 해석하여 바로 실행합니다. 웹 브라우저에서 자바스크립트로 할 수 있는 일을 정리하면 다음과 같습니다.

1. HTML 태그와 콘텐츠 추가 및 제거
2. CSS 및 HTML 태그의 스타일 변경
3. 사용자와 상호 작용, 폼 유효성 검증
4. 마우스와 키보드 이벤트 처리
5. 웹 브라우저 제어, 쿠키 등 설정과 조회
6. Ajax 기술을 이용하여 웹 서버와 통신
7. 동적인 효과(이미지 롤 오버, 로딩 바)
8. 웹 사이트의 기능적인 작업(쿠키 처리, 새 창 열기 등)

자바스크립트 작성 방법

자바스크립트를 작성하는 방법은 2가지입니다. 하나는 HTML 문서 내부에 <script> 태그를 사용하여 스크립트를 직접 작성하는 방법입니다. <script> 태그는 HTML 문서의 <head>나 <body> 태그 안에 모두 작성할 수 있습니다.

- **HTML 문서에 자바스크립트 작성하기**

```
<head>
  <meta charset="UTF-8">
  <title>자바스크립트 기초</title>
  <script>alert("hello world")</script>
</head>
```

또 하나는 .js 확장자를 사용하여 외부의 자바스크립트 파일로 작성하는 방법입니다. 이렇게 만든 자바스크립트 파일은 HTML 문서에서 <script> 태그의 src 속성에 적용합니다.

- **example.js 자바스크립트 파일**

```
alert("hello world");
```

- **HTML 문서**

```
<head>
  <meta charset="UTF-8">
  <title>자바스크립트 기초</title>
  <script src="example.js"></script>
</head>
```

외부의 자바스크립트 파일로 사용하면 웹의 구조를 담당하는 HTML과 동작을 구현한 자바스크립트 코드를 분리할 수 있어 다음과 같은 장점이 있습니다. 따라서 자바스크립트는 HTML 내부에 직접 작성하지 않고 외부 파일로 작성해 HTML에 적용하는 방법을 사용합니다.

- 코드를 읽거나 수정할 때 편리합니다.
- 여러 HTML 파일에 자바스크립트 파일을 공유할 수 있어 중복 코드를 방지하고 코드의 일관성을 높일 수 있습니다.
- 웹 브라우저가 자바스크립트 파일을 캐싱*하여 사용자가 웹 페이지를 재방문할 때 해당 파일을 다시 내려받을 필요가 없어 로딩 속도를 높입니다.

* 캐싱(caching)이란 웹 페이지에 접속할 때 요청된 데이터나 리소스를 임시로 저장해 두었다가 재접속할 때 서버에 접근하는 대신 임시로 저장한 데이터를 사용하는 것을 말합니다.

04-2 자바스크립트 기본 문법

변수 선언

변수[variable]는 데이터를 담기 위한 메모리 공간을 의미합니다. 변수는 값을 할당하거나 변경할 수 있습니다. 자바스크립트에서 변수를 선언할 때는 원래 var 키워드를 사용했지만, ES6에서 let과 const가 추가됐습니다. var 키워드로 변수를 선언하면 이름이 중복돼도 오류가 발생하지 않습니다. 따라서 같은 이름으로 다른 값이 출력될 수 있어 코드가 길어지면 변수를 구분하기가 어렵습니다.

• **var 키워드로 변수 선언**

```
function foo() {
  var a = 1;
  if (true) {
    var a = 2;
    console.log(a);    // 2
  }
  console.log(a);      // 2
}
```

이를 보완하려고 ES6부터 유효 범위를 블록({}) 단위로 선언할 수 있는 const와 let 키워드가 추가됐습니다. const와 let은 변수를 선언한 블록과 그 내부 블록에서만 사용할 수 있습니다. 그리고 같은 블록에서 같은 이름으로 변수를 선언할 수 없습니다. 즉, 같은 블록에서는 변수 이름이 중복되는 선언을 허용하지 않습니다.

• **let 키워드로 변수 선언**

```
function foo() {
  let a = 1;
  if (true) {
① let a = 2;
② console.log(a);    // 2
  }
  console.log(a);      // 1
}
```

❶처럼 다른 블록에서는 변수 이름을 중복해서 선언할 수 있습니다. 이때 ❷에서 사용한 a는 같은 블록에 선언된 a 변숫값이 출력됩니다. const 변수는 초깃값을 변경할 수 없지만 const 객체나 배열은 속성이나 요소를 변경할 수 있습니다. 즉, const는 변수에 값을 재할당하지 못하는 것이지, 객체나 배열 내부의 속성이나 요소는 변경할 수 있습니다.

• const 객체의 속성 변경과 재할당

```
const group = {
  name: "John",
  age: 30,
};
group.age = 40;         // 객체의 속성은 변경 가능
console.log(group);     // { name: 'John', age: 40 }

const group = {
  name: "John",
  age: 30,
};
group = { name: "Tom", age: 40 };    // 오류! 변수 재할당 불가능
```

변수 이름 규칙

자바스크립트에서 변수는 이름으로 식별하므로 변수 이름을 **식별자**identifier라고 합니다. 식별자는 영문자(대소문자), 숫자, 밑줄underscore(_) 또는 달러 기호($)로만 작성할 수 있고 숫자로는 시작할 수 없습니다. 식별자는 대소문자를 구분하고 자바스크립트 언어의 예약어*는 이름으로 사용할 수 없습니다. 이 규칙을 지켜 식별자를 자유롭게 지정할 수 있으며 대부분 협업을 위해 변수의 의미를 알 수 있도록 작성합니다.

* 예약어란 자바스크립트 문법에 지정된 특수한 키워드입니다. break, delete, else, function, if, new 등이 있고 이런 예약어는 변수명으로 사용할 수 없습니다. 더 많은 예약어는 developer.mozilla.org/ko/docs/WeB/JavaScript/Reference/Lexical_grammar에서 확인할 수 있습니다.

• 변수 선언 예

```
/* 합계를 지정하는 변수를 만든다면 합계를 의미하는 영문으로 작성하는 것이 일반적입니다. */

let sum = "";
```

그리고 식별자는 코드의 가독성을 위해 개발자와 협의하여 작성 규칙을 정합니다. 자바스크립트는 대소문자를 구별하므로 2가지 이상의 단어를 조합할 때 보통 다음 중 하나의 방법을 선택합니다.

- **캐멀 표기법**(camelCase): 두 번째 이후 단어의 첫 글자를 대문자로 하며 나머지는 소문자로 표기합니다.
  → `let userName;`
- **파스칼 표기법**(PascalCase): 각 단어의 첫 글자를 모두 대문자로 표기합니다.
  → `let UserName;`
- **스네이크 표기법**(snake_case): 모든 단어를 소문자로 표기하며, 단어 사이사이에 밑줄(_)을 넣어 표기합니다.
  → `let user_name;`

연산자

자바스크립트는 여러 가지 **연산자**operator를 제공합니다. 그 종류에는 산술, 할당, 비교, 논리, 타입 연산자 등이 있습니다. 연산 대상인 항*을 피연산자operand라 하며 연산 방향은 왼쪽에서 오른쪽입니다. 자바스크립트가 제공하는 다양한 연산자 가운데 많이 쓰는 몇 가지를 살펴보겠습니다.

* 항이란, 해당 연산을 수행하는 데 필요한 값이나 변수를 의미합니다. 예를 들어 이항 연산자는 해당 연산에 2개의 피연산자가 필요합니다.

산술 연산자

수학적 계산을 실행해 새로운 값을 만드는 연산자입니다. 산술 계산이 안 될 때는 NaN값을 반환합니다.

- **산술 연산 예**

```
5 * 4;    // 20
```

문자열 연결 연산자

두 문자열을 서로 연결하여 새로운 문자열을 만들어 반환합니다.

- **문자열 연결 연산 예**

```
"My name is " + "Yoon";    // "My name is Yoon"
```

할당 연산자

할당 연산자는 오른쪽 값을 왼쪽에 할당(대입)합니다.

• 할당 연산 예

```
var color = "red";    // "red"
```

비교 연산자

두 피연산자를 서로 비교하여 그 결과를 true 또는 false 논릿값으로 반환합니다.

• 비교 연산 예

```
3 > 5;    // false
```

논리 연산자

논리합(OR), 논리곱(AND), 논리 부정(NOT) 등의 연산을 할 때 사용합니다. 논리 연산자는 제어문에서 분기나 반복 조건에 주로 사용됩니다.

• 논리 연산 예

```
5 > 3 && 2 < 4;    // true
```

삼항 연산자

항이 3개인 연산자입니다. ? 연산자 앞에 조건문을 제시한 다음 : 연산자 앞뒤로 참일 때 실행할 명령문과 거짓일 때 실행할 명령문을 작성합니다.

조건문 **?** 실행문**1** **:** 실행문**2**

이외의 더 많은 연산자는 다음 주소에서 확인할 수 있습니다.

- **연산자 종류**: developer.mozilla.org/ko/docs/Web/JavaScript/Guide/Expressions_and_Operators

이벤트 처리

자바스크립트에서 말하는 **이벤트**^event^는 웹 브라우저에서 일어나는 어떤 사건을 의미합니다. 웹 브라우저에서 사용자의 동작이나 문서의 상태 변화와 같은 일이 HTML 요소와 만나 일어나는 모든 일을 "이벤트가 발생했다"라고 표현합니다.

웹 브라우저는 키보드, 마우스, HTML DOM, Window 객체 등을 처리하는 이벤트를 제공하고, 이 이벤트를 감지하여 웹 페이지에 작성된 이벤트 핸들러로 처리합니다. 예를 들어 사용자가 어떤 요소를 클릭하면 `click` 이벤트가 발생하며 웹 브라우저는 이를 처리할 이벤트 핸들러를 찾아 실행해 줍니다. 이로써 사용자와 웹 브라우저가 상호 작용할 수 있습니다.

이벤트 리스너와 이벤트 핸들러

이벤트 리스너^event listener^는 특정 이벤트가 발생했을 때 실행되는 함수를 연결해 주는 매개체입니다. 이벤트 리스너를 사용하면 HTML 요소에 직접 처리 함수를 작성하지 않고도 이벤트를 감지하고 처리할 수 있습니다.

```
element.addEventListener(event, eventListener)
```

- **element**: 이벤트 리스너를 등록할 HTML 요소를 지정합니다.
- **event**: 등록할 이벤트의 종류를 지정합니다. 예를 들어, 'click', 'keydown', 'submit' 등이 있습니다.
- **eventListener**: 등록할 이벤트의 처리 함수(이벤트 핸들러)를 지정합니다.

이벤트 핸들러^event handler^는 특정 이벤트가 발생했을 때 실행되는 함수를 말합니다. 이벤트 핸들러는 자바스크립트 함수로 작성하며, 이벤트에 대한 응답으로 실행되는 코드를 정의하고 이벤트가 발생했을 때 해당 코드가 실행되도록 설정합니다.

다음 코드에서 `eventHandler`는 이벤트 핸들러 함수의 이름이고 `event`라는 매개변수를 받아서 이벤트 객체를 참조할 수 있습니다. 이를 통해 DOM 조작, 데이터 처리, 서버와 통신 등을 처리할 수 있습니다.

• 이벤트 핸들러 작성

```
function eventHandler(event) {
  // 이벤트가 발생할 때 실행할 코드 작성
}
```

이벤트 종류

웹 브라우저에서 발생하는 이벤트는 다양합니다. 그중 실무에서 많이 쓰는 이벤트는 다음과 같습니다. 이외에 더 많은 이벤트는 다음 주소에서 확인 할 수 있습니다.

- **이벤트 종류:** developer.mozilla.org/en-US/docs/Web/Events

▼ 이벤트 종류

이벤트명	설명
click	마우스로 버튼 등 특정 HTML 요소 클릭 시 발생
change	<input>이나 <textarea> 태그에 값이 입력되고 포커스가 다른 곳으로 이동할 때 발생
focus	HTML 요소가 포커스를 얻었을 때 발생
keydown	키보드 키를 눌렀을 때 발생
keyup	키보드 키에서 손을 뗐을 때 발생
load	HTML 문서가 브라우저에 로드되었을 때(완료) 발생
resize	브라우저 크기가 바뀔 때 발생
scroll	화면을 스크롤할 때 발생
mouseover	마우스 포인터가 특정 HTML 요소 위로 올라갔을 때 발생
mouseout	마우스 포인터가 특정 HTML 요소를 벗어날 때 발생
input	<input>이나 <textarea> 태그에 입력된 값이 변경되는 즉시 발생

함수 — function

함수[function]란 명령문의 집합입니다. 함수에 작성된 명령문은 반복해서 사용할 수 있고 다른 함수에 중첩되어 사용할 수도 있습니다. 자바스크립트에서 함수는 function 키워드로 작성하고 블록({}) 안에 명령문을 작성합니다.

• 함수 선언 예

```
// 함수 선언
function 함수명(매개변수1, 매개변수2, ...) {
  // 함수가 호출될 때 실행할 명령문
}
// 변수에 함수 선언
const 함수명 = function(매개변수1, 매개변수2, ...) {
  // 함수가 호출될 때 실행할 명령문
}
```

* 매개 변수(parameter)란, 함수를 호출할 때 전달된 값을 함수 내부에서 사용할 수 있게 해주는 변수입니다.

화살표 함수

화살표 함수arrow function는 ES6에 도입된 자바스크립트의 표기법입니다. function 키워드로 만드는 것보다 화살표 기호(=>)를 사용해 함수를 더 간단히 표현할 수 있습니다. function 함수는 이름을 지정하여 선언할 수 있지만, 화살표 함수는 익명 함수로 이름을 선언할 수 없어 변수에 담아서 사용합니다.

```
var/let/const 함수명 = (매개변수1, 매개변수2, ....) => 명령문
```

function 함수와 화살표 함수의 차이는 간결해진 표현법 외에도 this 바인딩의 차이가 있습니다. function 함수에서 this는 호출하는 시점에 동적으로 결정되고 함수를 호출한 객체에 바인딩 됩니다. 반면에 화살표 함수에서 this는 정적으로 결정되며 함수가 정의된 범위 안에서 결정됩니다.

• **this 바인딩의 차이**

```
const obj = {
  text: "Do it!",
  test: function () {           // function으로 선언한 함수
    console.log(this.text);
  },
  test_arrow: () => {           // 화살표 함수
    console.log(this.text);
  },
};
obj.test();
obj.test_arrow();
```

실행 결과

```
Do it!
undefined
```

이 코드에서 obj 객체에는 test, test_arrow 메서드가 선언돼 있습니다. test는 function 함수로 선언했고, test_arrow는 화살표 함수로 선언했습니다. 각 메서드가 호출될 때 function 함수의 this는 객체에 바인딩되어 text값을 출력하지만, 화살표 함수는 정의된 범위에 선언된 값이 없으므로 undefined를 출력합니다.

콜백 함수

콜백 함수callback function란 매개변수로 함수를 전달받아 내부에서 실행하는 함수입니다. 예를 들어 다음 코드에서는 함수1을 호출하면 함수1의 로직이 먼저 실행되고 그 후에 매개변수1

로 받은 함수2가 실행됩니다. 이처럼 함수에서 특정 시점에 다른 함수를 호출하고 싶을 때 콜백 함수를 사용합니다.

• 콜백 함수 예

```
함수1 (매개변수1) {
  실행할 로직;
  매개변수1();
}
함수2 (매개변수2) {
  실행할 로직;
}
함수1(함수2);
```

콜백 함수는 필요한 시점에 매개변수로 받은 함수를 실행하여 자바스크립트의 비동기적인 작업을 처리하는 데 사용합니다. 자바스크립트의 비동기 처리란 특정 코드의 연산이 끝날 때까지 실행을 기다리지 않고 다음 코드를 먼저 실행하는 자바스크립트의 특성입니다. 비동기 처리는 주로 네트워크 요청(Ajax 요청), 파일 읽기/쓰기, 타이머 함수(setTimeout, setInterval), 이벤트 처리 등의 상황에서 사용됩니다. 이러한 작업은 일반적으로 시간이 걸리는 작업이어서 동기식으로 처리하면 다른 코드의 실행이 블로킹되고 대기 시간이 길어지므로 웹 사이트의 성능과 사용자에게 부정적인 영향을 줄 수 있습니다.

다음 코드를 작성한 후 확인해 보면 timecheck() 함수가 실행 완료되기 전에 printview() 함수의 결과가 먼저 출력됩니다.

• 비동기 처리 예

```
function timecheck() {
  setTimeout(() => {
    console.log("1번 호출");
  }, 3000);
}
function printview() {
  console.log("2번 호출");
}

timecheck();
printview();
```

실행 결과

```
2번 호출
1번 호출
```

setTimeout()은 비동기로 동작하는 자바스크립트의 내장 함수입니다. timecheck() 함수에서 setTimeout() 함수를 호출한 이후에 다음 코드인 printview() 함수가 즉시 실행되어 "2번 호출"이 먼저 출력됩니다. 이처럼 비동기 처리는 동시에 여러 가지 작업을 처리할 수 있고 기다리는 과정에서 다른 함수를 호출할 수 있습니다.

자바스크립트의 비동기 처리로 실행 결과는 "2번 호출"이 출력된 후 "1번 호출"이 되었는데 이것을 순서대로 처리하기 위해 printview() 함수가 timecheck() 함수의 콜백으로 호출되도록 다음과 같이 수정할 수 있습니다.

- **콜백 함수 활용**

```
function timecheck(callback) {
  setTimeout(() => {
    console.log("1번 호출");
    callback();
  }, 3000);
}
function printview() {
  console.log("2번 호출");
}

timecheck(printview);
```

실행 결과

```
1번 호출
2번 호출
```

콜백 함수는 이러한 비동기 작업(setTimeout())이 완료되었을 때 호출되도록 합니다. 다른 함수(timecheck())의 매개변수로 콜백 함수(printview)를 전달하고, 해당 함수 내에서 필요한 시점에 콜백 함수를 호출하여 작업을 처리합니다. 이처럼 콜백 함수를 이용하면 비동기 작업의 완료 여부를 감지하여 작업이 완료되면 다음 동작을 수행할 수 있습니다. 콜백 함수는 자바스크립트에서 비동기 프로그래밍 패턴의 일부로 많이 사용되며 코드의 유연성과 확장성을 높일 수 있습니다.

프로미스 — Promise

앞에서 설명한 콜백 함수로 순차적인 로직을 만들 수 있지만, 실무에서는 단순히 순차적인 로직뿐만 아니라 데이터의 처리 과정을 만들어야 합니다. 예를 들어 외부의 데이터를 받아와 데이터의 유효성을 확인하고 예외를 처리하는 등 사용자에게 보이기 전까지 많은 로직을 만들어야 합니다. 이때 모두 콜백 함수를 쓰면 중첩되어 콜백 지옥에 빠지게 됩니다.

이처럼 콜백 지옥에 빠지는 것을 방지하기 위해 자바스크립트의 비동기 처리에 사용되는 Promise 객체를 제공합니다. 프로미스 객체는 생성과 동시에 비동기 작업을 실행하고 그 결과를 프로미스 객체에 반환하는데 이때 3가지 **상태**[state]를 가질 수 있습니다.

1. 대기

프로미스를 호출하면 프로미스 객체가 대기[pending] 상태가 되고 프로미스에서 자체적으로 제공하는 resolve, reject라는 콜백 함수의 인자로 사용할 수 있습니다. 대기 상태 이후에 비동기 작업이 성공하면 resolve(value)와 같이 그 결과(value)를 전달하고, 실패하면 reject(err)와 같이 오류 객체(err)를 전달합니다.

• 대기 상태 처리 예

```
new Promise(function (resolve, reject) {
  resolve(value);    // 성공
  reject(err);       // 오류
});
```

2. 이행

비동기 작업이 성공적으로 완료되어 결괏값을 가지고 있는 상태입니다. 이때 resolve 콜백이 실행되고 프로미스 객체는 이행[fulfilled] 상태가 됩니다. then()을 이용하여 resolve의 결괏값을 받을 수 있습니다.

• 이행 상태 처리 예

```
let promise = new Promise(function (resolve, reject) {
  resolve("성공");
});

promise.then(function (dataValue) {
  console.log(dataValue);    // "성공" 출력
});
```

3. 실패

비동기 작업이 실패하여 오류나 예외가 발생한 상태입니다. 프로미스의 콜백 함수로 전달받은 매개변수인 reject를 실행되고 프로미스 객체는 실패[rejected] 상태가 됩니다. catch() 함수를 이용하여 결괏값을 받을 수 있습니다.

• 실패 상태 처리 예

```
let promise = new Promise(function (resolve, reject) {
  reject("오류 출력");
});

promise.catch(function (err) {
  console.log(err);   // "오류 출력" 출력
});
```

이처럼 프로미스 객체를 사용하면 비동기 작업을 좀 더 직관적으로 다룰 수 있으며 비동기 작업 결과에 따라 콜백 함수를 연결하여 다양한 처리를 할 수 있습니다.

알아 두면 좋아요!

then() 메서드 사용

then() 메서드는 프로미스 객체의 상태에 따라 동작을 수행합니다. 첫 번째 매개변수로는 resolve 콜백 함수의 결괏값(value)을 받고, 두 번째 매개변수는 reject 콜백 함수의 오류 객체(err)를 받습니다. 프로미스 객체가 실패 상태일 때(reject 콜백 함수가 실행) then() 메서드의 두 번째 매개변수로 전달된 reject 콜백 함수의 오류 객체(err)를 인자로 전달받아 오류를 처리합니다.
then()의 첫 번째 인잣값을 null로 전달하면 이행 상태를 미루고 두 번째 매개변수의 오류 객체(err)를 받아 오류가 발생한 경우 처리 가능합니다. 그러나 catch()는 오류가 발생한 경우에만 사용합니다.

• then() 사용 예

```
let promise = new Promise(function(resolve, reject) {
  reject("에러 출력");
});
promise.then(null, function(err){
  console.log(err);
});
```

async와 await

콜백 함수와 프로미스의 단점을 보완하고 가독성을 높인 async와 await는 프로미스를 더욱 쉽게 사용할 수 있게 합니다. async/await 문법은 함수를 선언할 때 앞부분에 async 키워드를 작성하여 비동기 함수로 만듭니다. 그리고 이 함수는 항상 프로미스를 반환합니다. await는 async 함수 안에서만 동작하고 마치 동기식처럼 프로미스 처리가 끝날 때까지 기다립니다. async/await 문법을 사용하면 코드를 훨씬 직관적으로 작성할 수 있습니다.

- **async/await 사용 예**

```
async function print() {
  let promise = new Promise(function (resolve, reject) {
    setTimeout(() => resolve("성공"), 1000);
  });

  let result = await promise;
  console.log(result);    // 1초 후에 "성공" 출력
}

print();
```

print() 함수를 호출하면 함수가 실행되는 도중에 await를 만나 잠시 중단되었다가 프로미스 처리가 완료되면 결괏값이 result 변수에 할당되고 그 값을 출력(console.log("성공"))합니다. await 키워드를 사용하면 비동기 코드를 동기식 흐름으로 보이도록 할 수 있습니다. setTimeout() 함수를 사용하여 비동기로 1초 후에 resolve를 호출하고 있지만, await를 통해 1초를 기다린 후 결과를 출력하므로 마치 동기식으로 동작합니다.

async 예외 처리

async 함수 내부에 프로미스 예외가 발생하면 throw를 반환합니다. 이때 try/catch를 사용해 프로미스가 거부될 때 해당 예외에 대한 추가 로직이나 오류 메시지를 출력할 수 있습니다.

- **예외 처리 형식**

```
async function 함수명() {
  try {
    await 실행_함수;    // 예외 처리가 발생하면 throw 반환하여 catch 블록으로 이동
  } catch (e) {
    예외_처리_실행;
  }
}
```

04-3 제어문

자바스크립트로 요소의 동작을 처리하기 위해 조건을 지정하고 그에 부합했을 때 원하는 결과가 나오도록 작성합니다. 이때 if나 switch, 반복문* 같은 제어문을 사용합니다. 예를 들어 회원가입 페이지를 구현한다고 가정하면 아이디를 신규로 생성할 때 기존에 사용하지 않은 아이디만 등록할 수 있게 해야 합니다. 이때 아이디가 중복되었는지 확인하는 조건을 지정하여 중복되지 않았을 때만 아이디를 등록하고, 중복되었으면 다른 아이디를 작성하도록 프로그래밍할 수 있습니다.

* 반복문은 배열을 다룬 후 「04-5」절에서 다룹니다.

- **조건**: 아이디가 중복되지 않았는가?
  → 네, 중복되지 않았어요 → 아이디 신규 등록
  → 아니오, 중복되었어요 → 아이디 재입력 요구

if~else, else if 문

제어문 중 하나인 if 문에서 조건식을 작성할 때는 비교 연산자나 논리 연산자를 사용하고 결괏값은 Boolean 형식으로 도출합니다. Boolean은 Number나 String처럼 자바스크립트에서 제공하는 데이터 타입이며 참(true) 아니면 거짓(false)이라는 논릿값을 가질 수 있습니다.

▼ 비교 연산자(왼쪽)와 논리 연산자(오른쪽)

연산자	설명
==	두 항이 같은지 비교
===	두 항의 값과 타입이 모두 같은지 비교
!=	두 항이 같지 않은지 비교
!==	두 항의 값이나 타입이 같지 않은지 비교
>	왼쪽 항이 더 큰지 비교
<	왼쪽 항이 더 작은지 비교
>=	두 항이 같거나 왼쪽 항이 더 큰지 비교
<=	두 항이 같거나 왼쪽 항이 더 작은지 비교

연산자	설명
&&	AND 연산자. 두 항이 모두 참이면 참
||	OR 연산자. 두 항 중 하나만 참이면 참
!	NOT 연산자. 항목이 거짓이면 참

if 문은 특정 조건식condition이 참(true) 또는 거짓(false)인지를 판별하여 해당 코드 블록({})을 실행하는 구문입니다. 기본 구조는 다음처럼 구성되어 있습니다.

```
if (조건식) {참일_때_실행할_코드}
else {조건식이_거짓일_때_실행할_코드}
```

앞서 예로 든 아이디 중복 확인을 if 문을 사용하면 다음처럼 작성할 수 있습니다. 비교 연산자인 !=(같지 않음)을 사용해 아이디를 비교하는 조건식을 작성합니다. 입력한 아이디가 기존에 없다면 결괏값은 참(true)이 되므로 입력한 아이디를 등록하고, 기존에 아이디가 존재한다면 조건의 결과가 거짓(false)이 되어 아이디 신규 등록이 실행되지 않습니다. 이처럼 조건식을 판별하여 결괏값에 따라 해당 블록의 코드가 실행됩니다.

• **아이디 중복 확인 예**

```
if (기존_아이디 != 입력된_아이디) {
  아이디_신규_등록;
} else {
  alert("아이디가 존재합니다. 아이디를 재입력해 주세요");
}
```

if 문에서 조건을 추가하려면 else if 문을 사용합니다. else if 문에 조건식을 작성하고 그에 만족할 때 실행할 명령문을 작성합니다. 이러한 else if 문을 여러 번 반복하여 조건을 구체화할 수 있습니다.

예를 들어 회원가입할 때 신규 아이디와 SNS 계정 연동을 함께 등록한다면 esle if 문을 사용하여 다음처럼 작성할 수 있습니다. 입력된 아이디가 기존 아이디에 없을 때 아이디 등록과 SNS 계정을 연동하고, 아이디는 있지만 SNS 계정이 없을 때는 SNS 계정을 연동합니다. 만약 아이디도 있고 SNS 계정도 연동돼 있으면 아이디 재입력을 요구합니다. 이처럼 else if 문으로 여러 개의 조건을 추가하여 조건식의 결괏값에 따라 해당 블록의 코드가 실행되도록 만들 수 있습니다.

• **else 문을 추가한 예**

```
if (기존_아이디 != 입력된_아이디 ) {
  아이디_신규_등록;
  SNS_계정_연동
} else if (기존_아이디 && !SNS_계정) {
```

```
  SNS_계정_연동;
} else {
  alert("아이디가 존재합니다. 아이디를 재입력해 주세요");
}
```

중괄호 생략

if 문에서 조건에 따라 한 가지 명령문만 실행할 때는 다음처럼 코드 블록의 중괄호를 생략할 수 있습니다.

• 간단한 if 문

```
let x = 1;
if (x > 0)
  console.log("x는 양수입니다.");
```

삼항 연산자

간단한 if~else 문은 삼항 연산자로 작성할 수 있습니다. 삼항 연산자를 사용하면 한 줄로 줄일 수 있어 가독성이 좋고 구문을 파악하기도 좋습니다. 삼항 연산자는 조건식이 참이면 ? 다음의 명령문을 실행하고, 거짓이면 : 다음의 명령문을 실행합니다.

switch~case 문

또 다른 제어문으로 switch 문이 있습니다. switch 문은 if 문과 마찬가지로 조건에 따라 다른 동작을 수행하는데 if 문은 조건식을 평가하여 참과 거짓의 값, 즉 boolean값을 반환하지만 switch 문은 표현식expression을 평가하여 일치하는 case값(value)을 찾습니다. if 문을 사용할 때 여러 개의 조건을 지정하려면 else if 문을 반복해서 작성해야 하는데 이를 switch 문으로 작성하면 코드에 분기별 상황이 잘 드러나 가독성이 높아지고 값(value)에 따라 분기 처리가 편리합니다.

switch 문은 특정 값과 일치하는 case값을 찾아 해당 코드를 실행하고, break를 만나면 더 비교하지 않고 switch 문을 종료합니다. 만약 일치하는 case값이 없으면 default 문이 실행됩니다.

• **switch~case 문 작성 예**

```
let month = "5";
let season;
switch (month) {
  case "12":
  case "1":
  case "2":
    season = "겨울";
    break;
  case "3":
  case "4":
  case "5":
    season = "봄";
    break;
  default:
    season = "잘못된 월 입력";
}
console.log("현재 계절은" + season + "입니다");
```

위의 코드처럼 month 변숫값에 따라 switch 문이 해당하는 case를 찾아 계절을 출력합니다. 이처럼 switch~case 문은 다양한 상황(case)에 따라 분기할 때 사용합니다. 조건의 진위(참, 거짓)가 아니라, 일치(===) 여부를 평가하므로 필요한 범위를 충족하는 case 값을 모두 명시해야 하는 번거로움이 있습니다.

제어문은 홈페이지를 만드는 데 제일 중요한 구문일지도 모릅니다. 왜냐하면 모든 기능은 특정 상황에 따라 동작을 수행하거나 반복적인 작업을 자동화할 수 있기 때문입니다. 회원가입할 때 아이디의 중복 체크나 탭 메뉴의 콘텐츠를 확인할 때도 상황에 맞는 조건이 필요합니다. 제어문은 프로그래밍 언어에서 가장 기본적인 구문 중 하나이며 프로그램의 유연성과 효율성을 높이는 데 중요한 역할을 합니다.

04-4 배열

배열[array]은 여러 개의 값을 순서대로 저장하는 자료 구조입니다. 자바스크립트에서 배열은 크기가 동적으로 정해지며 다양한 데이터 유형을 배열에 포함할 수 있습니다. 즉, 하나의 배열에 논릿값(boolean), 문자열(string), 숫자(number), 배열(array) 등 모든 데이터 유형을 저장할 수 있습니다. 이러한 유연성은 자바스크립트의 배열이 데이터를 효과적으로 관리할 수 있다는 장점의 하나입니다.

데이터는 변수에 저장해서 사용하는데 한꺼번에 많은 데이터를 다룰 때는 변수 이름을 정하는 것부터 시작해 관리가 쉽지 않습니다. 이때 배열을 사용하면 여러 데이터를 하나의 변수로 관리할 수 있습니다. 즉, 배열은 많은 데이터를 한 곳에 보관하기 위한 데이터 주머니라고 할 수 있습니다.

- **변수에 데이터를 배열로 저장할 때**

```
const 변수 = [데이터1, 데이터2, 데이터3 ...., 데이터100];
```

- **변수에 단일로 저장할 때**

```
const 변수1 = 데이터1;
const 변수2 = 데이터2;
... (생략) ...
const 변수100 = 데이터100;
```

데이터 주머니, 즉 배열은 순서대로 하나씩 담을 수 있는데 이 주머니에 담긴 데이터를 배열의 **요소**[element]라 하고, 요소의 순서를 **인덱스**[index]라고 합니다.

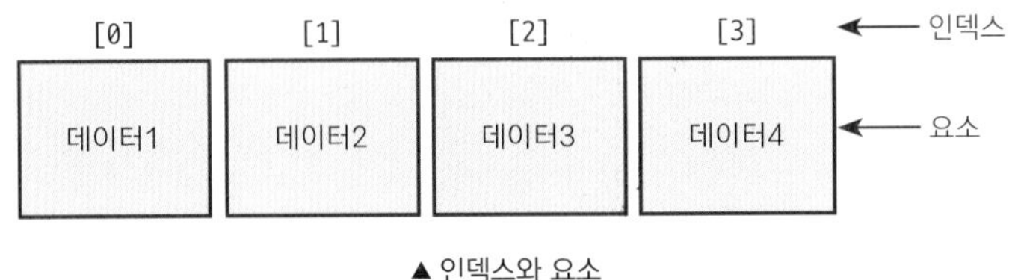

▲ 인덱스와 요소

배열은 **변수명[인덱스]**로 각각의 데이터에 접근할 수 있습니다. 이 인덱스는 배열의 요소에 대한 식별자로 사용되는 정수입니다. 이 방법으로 배열에 데이터를 생성하거나 조회, 수정, 삭제할 수 있습니다. 간단한 예제를 통해 배열을 생성하고 데이터를 사용하는 방법을 알아보겠습니다.

배열 선언하기

데이터가 들어갈 데이터 주머니를 사용하려면 먼저 **"이것이 데이터 주머니입니다"**라고 알려주어야 합니다. 그래야 그 주머니에 데이터를 담을 수가 있습니다. 이것을 **배열 선언**이라고 하며 배열을 선언하는 방법은 2가지가 있습니다.

1. 생성자 함수 Array()로 배열 선언하기

new 연산자로 생성자 함수인 Array()를 이용해 배열을 선언할 수 있습니다.

```
const 배열명 = new Array()
```

2. 리터럴로 배열 선언하기

또 다른 방법은 대괄호를 사용하여 리터럴로 선언하는 것입니다. 이 방법이 더 직관적이고 속도 면에서도 좋습니다. 실제로 자바스크립트 엔진은 리터럴 표기법에 맞게 최적화되어 있습니다.

```
const 배열명 = []
```

배열에 넣을 데이터는 배열을 선언할 때 넣을 수도 있고 빈 배열로 선언할 수도 있습니다. 배열의 데이터는 여러 가지 데이터 유형을 넣을 수 있고 또 다른 배열을 넣을 수도 있습니다. 배열 안에 배열이 있는 형태를 다차원 배열이라고 합니다.

• 배열 초기화 방법

```
const myArray = [1, 2, 3, 4];              ==> 숫자

const myArray = ["1", "2", "3", "4"];      ==> 문자

const myArray = [                          ==> 객체
  {name: "번호", cost: 1},
  {name: "번호", cost: 2},
```

```
  {name: "번호", cost: 3},
  {name: "번호", cost: 4},
];

const myArray = [1, [2, 3, 4]];       ==> 다차원 배열
```

배열을 사용하면 변수 선언을 줄일 수 있고 반복문과 함께 사용하여 웹 사이트의 UI를 쉽게 만들 수 있습니다. 자바스크립트에서 배열을 선언하면 내장된 여러 가지 속성과 메서드를 사용할 수 있습니다. 그중 몇 가지를 간단한 실습과 함께 살펴보겠습니다.

요소에 접근하기

배열에 담긴 요소(데이터)는 차례대로 저장돼 있으며 이 순서를 인덱스라고 합니다. 배열의 이름에 `[인덱스]`를 붙이면 해당 순번에 저장된 요소에 접근할 수 있습니다. 배열의 인덱스는 0부터 시작하며 마지막 요소에는 `[-1]`로 접근할 수 있습니다.

예를 들어 `myArray` 변수에 배열을 선언하고 콘솔에 `myArray[0]`을 출력하면 배열의 첫 번째 값인 1이 출력됩니다.

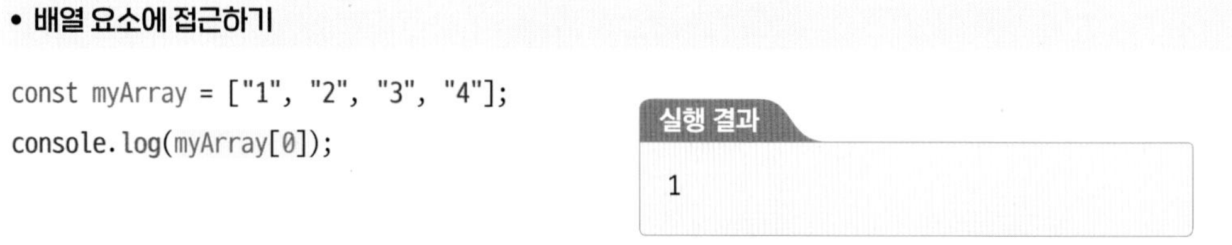

• 배열 요소에 접근하기

```
const myArray = ["1", "2", "3", "4"];
console.log(myArray[0]);
```

실행 결과

```
1
```

만약 `myArray[3]`이나 `myArray[-1]`로 작성하면 마지막 값인 4가 출력됩니다. 이처럼 인덱스로 원하는 요소를 찾아 사용하거나 특정 위치에 요소를 추가, 수정, 삭제할 수 있습니다.

배열의 길이 구하기

배열에 담긴 데이터의 길이, 즉 요소의 총 개수를 구하려면 `length` 속성을 사용합니다.

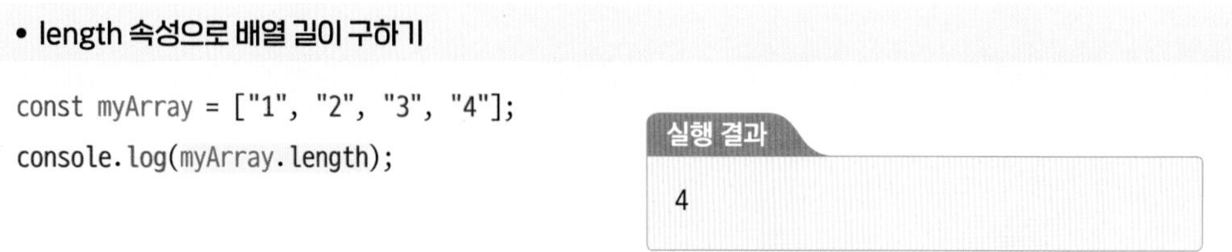

• length 속성으로 배열 길이 구하기

```
const myArray = ["1", "2", "3", "4"];
console.log(myArray.length);
```

실행 결과

```
4
```

요소 추가하기

배열에 추가로 요소를 넣으려면 push(), unshift() 메서드를 사용합니다. 이 두 가지 메서드를 사용하면 배열의 길이(배열의 요소 개수)가 변경됩니다. 먼저 push()는 마지막(-1번째)에 새 요소가 추가됩니다.

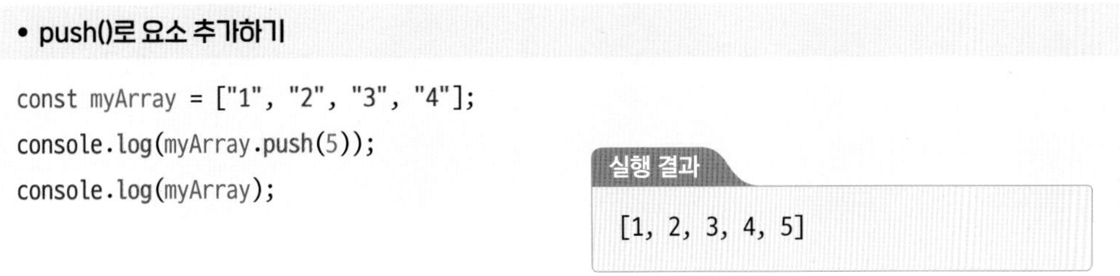

• push()로 요소 추가하기

```
const myArray = ["1", "2", "3", "4"];
console.log(myArray.push(5));
console.log(myArray);
```

실행 결과

```
[1, 2, 3, 4, 5]
```

unshift()는 push()와 반대로 처음 위치(0번째)에 새 요소가 추가됩니다.

• unshift()로 요소 추가하기

```
const myArray = ["1", "2", "3", "4"];
console.log(myArray.unshift(5));
console.log(myArray);
```

실행 결과

```
[5, 1, 2, 3, 4]
```

요소 삭제하기

배열의 요소를 삭제하려면 pop(), shift() 메서드를 사용합니다. pop() 메서드는 배열의 마지막(-1번째) 요소를 삭제하고 삭제된 요소를 반환합니다.

• pop()으로 요소 삭제하기

```
const myArray = ["1", "2", "3", "4"];
const lastmyArraydel = myArray.pop();   // 마지막 요소를 꺼내 변수에 저장
console.log(lastmyArraydel, myArray);
```

실행 결과

```
4, [1, 2, 3]
```

shift() 메서드는 배열의 첫 번째(0) 요소를 삭제하고 pop() 메서드는 마찬가지로 삭제된 요소를 반환합니다.

• **shift()로 요소 삭제하기**

```
const myArray = ["1", "2", "3", "4"];
const lastmyArraydel = myArray.shift();    // 첫 번째 요소를 꺼내 변수에 저장
console.log(lastmyArraydel, myArray);
```

실행 결과

```
1, [2, 3, 4]
```

요소 수정·삭제하기

splice() 메서드는 배열에서 특정 위치에 새로운 요소를 추가하거나 특정 위치에 있는 요소를 수정할 수 있습니다.

배열명.splice(추가·삭제할_위치, 삭제할_요소_개수, 추가할_요소)

다음 코드는 myArray 배열에서 첫 번째 위치에 새 요소 5를 추가합니다.

• **첫 번째에 요소 추가하기**

```
const myArray = [1, 2, 3, 4];
myArray.splice(0, 0, 5);
console.log(myArray);
```

실행 결과

```
[5, 1, 2, 3, 4]
```

다음 코드는 myArray 배열에서 첫 번째 요소를 지웁니다.

• **첫 번째 요소 삭제하기**

```
const myArray = [1, 2, 3, 4];
myArray.splice(0, 1);
console.log(myArray);
```

실행 결과

```
[2, 3, 4]
```

배열 활용하기

배열을 사용하다 보면 배열을 조합하거나 공통된 요소를 골라 새로운 배열로 만들기도 합니다. 이때는 배열의 속성이나 메서드를 이용합니다. 배열을 어떻게 활용하는지 간단한 예제와 함께 알아보겠습니다.

배열 합치기

배열을 합칠 때는 concat() 메서드를 사용합니다. 다음 코드는 두 배열을 합쳐 새로운 배열을 만드는 예입니다. concat() 속성으로 기존 배열은 변경하지 않고 myArray1 배열의 마지막에 myArray2 배열을 합쳐 새로운 배열 myArray3에 대입했습니다.

• 배열 합치기(concat() 사용)

```
const myArray1 = [1, 2, 3, 4, 5];
const myArray2 = [6, 7, 8, 9, 10];
const myArray3 = myArray1.concat(myArray2);
console.log(myArray1, myArray2, myArray3);
```

실행 결과

```
[1, 2, 3, 4, 5]
[6, 7, 8, 9, 10]
[1, 2, 3, 4, 5, 6, 7, 8, 9, 10]
```

배열 합치기는 ES6에 새로 추가된 전개 연산자(...)를 사용하면 좀 더 간단하게 구현할 수 있습니다. 다음 코드의 실행 결과는 앞서 concat()을 사용했을 때와 같습니다.

• 배열 합치기(전개 연산자 사용)

```
const myArray1 = [1, 2, 3, 4, 5];
const myArray2 = [6, 7, 8, 9, 10];
const myArray3 = [...myArray1, ...myArray2];
console.log(myArray1, myArray2, myArray3);
```

요소 추출하기

filter()는 배열에서 필요한 요소만 뽑아 새로운 배열을 만드는 메서드입니다. 사용법은 다음과 같습니다.

```
배열명.filter(콜백_함수(요소, 순서, 배열명), thisArg)
```

filter() 메서드는 콜백 함수와 thisArg를 매개변수로 받습니다. 콜백 함수는 현재 처리 중인 요소(element, 필수), 현재 요소의 순서(index, 선택), filter() 속성에 호출된 배열(array, 선택) 이렇게 3가지 매개변수를 가질 수 있습니다. 그리고 thisArg는 콜백 함수 내에서 this로 사용되는 값입니다. thisArg를 생략하면 filter() 메서드를 호출한 배열 자체가 this로 사용됩니다.

다음 코드는 1~5까지 숫자가 저장된 myArray1 배열에서 짝수만 뽑아 새로운 배열을 만드는 예입니다.

• **요소 추출하기**

```
const myArray1 = [1, 2, 3, 4, 5];
const myArray2 = myArray1.filter((item) => {
  return item % 2 === 0;    // 짝수이면 true 반환
});
console.log(myArray2);
```

실행 결과

```
[2,4]
```

filter()의 콜백 함수는 true를 반환하는 값으로 새로운 배열을 생성합니다. 예에서 filter()는 myArray1의 요소를 콜백 함수로 하나씩 전달받아 짝수인지 검사(2로 나눈 나머지가 0이면 짝수)하고, 그 결과가 참(true)인 요소(짝수)로만 새로운 배열을 만들어 myArray2에 대입합니다. 만약 필터링 조건에 만족하는 요소가 없다면 빈 배열을 생성합니다. filter()는 배열에서 중복되는 요소를 제거할 때 유용하게 쓰이는 메서드입니다.

배열의 요소 일괄 변경하기

map() 메서드는 배열 내의 모든 요소를 주어진 함수를 호출한 결괏값을 모아 새로운 배열로 반환합니다.

```
배열명.map(콜백_함수(요소, 순서, 배열명), thisArg)
```

filter()와 마찬가지로 콜백 함수의 반환값으로 새로운 배열을 생성하는데 filter()의 콜백 함수는 true를 반환하는 값만 새로운 배열로 생성하고 map()은 모든 요소에 대해 반환된 값으로 새로운 배열에 순서대로 저장됩니다. 따라서 undefind값도 포함되며 원본의 배열과 같은 길이의 배열이 생성됩니다. 쉽게 말해 반복문으로 요소의 모든 값을 변경하는 것과 같습니다.

• **배열의 요소 일괄 변경하기**

```
const myArray1 = [1, 2, 3, 4, 5];
const myArray2 = myArray1.map((item) => {
  return item * 2;
});
console.log(myArray2);
```

실행 결과

```
[2, 4, 6, 8, 10]
```

자바스크립트 또한 CSS와 마찬가지로 여러 가지 속성과 메서드가 있고 어떤 속성과 메서드를 사용하느냐에 따라 결과가 달라집니다. 모든 속성을 외우기보다는 각 속성과 메서드의 개념을 정확하게 이해하는 것이 중요합니다. 속성과 메서드가 웹 브라우저에서 처리되는 방식을 이해해야 여러 가지 형태로 활용할 수 있기 때문입니다.

지금까지 살펴본 자바스크립트 배열의 기본 개념을 한마디로 정리하면 **"변수뿐만 아니라 객체와 함수도 담을 수 있고 배열이 생성되면 배열의 크기는 임의로 변경할 수 있다."**처럼 표현할 수 있습니다. 배열은 훨씬 더 다양하게 활용할 수 있습니다. 실제로 많은 웹 사이트에서 배열의 다양한 기능으로 효율적인 코드를 만들어 사용하고 있습니다.

특히 Vue.js 환경에서 데이터를 만들고 수정하려면 배열을 알고 있어야 작업하는 데 무리가 없습니다. Vue.js는 기본적으로 데이터로 페이지를 제어하므로 실제 데이터가 아니더라도 임의로 만든 목업[mockup] 데이터로 HTML의 태그를 제어하며 페이지를 만드는 연습이 필요합니다.

따라서 배열은 이 책의 내용을 넘어 관련 서적이나 자료를 검색해 더 깊이 습득하길 바랍니다. 다음은 모질라에서 제공하는 배열에 관한 기술 자료가 있는 주소입니다.

- developer.mozilla.org/ko/docs/Web/JavaScript/Reference/Global_Objects/Array

04-5 반복문

웹 사이트에서 상품 목록이나 게시판 목록, 사진 갤러리 등 태그에 정보를 담아 브라우저에서 보이게 할 때 각각의 내용을 하나씩 반복해서 전달합니다. 이런 반복적인 처리를 위해 반복문을 사용합니다. 반복문이란, 여러 가지 명령을 반복해서 처리할 때 쓰는 명령문입니다. 많은 데이터를 각각의 변수로 만들어 사용하지 않고 배열이라는 데이터 주머니를 사용하듯이 반복해서 처리할 명령문을 모아 반복문으로 일괄 처리할 수 있습니다 .

반복문 사용하기

자바스크립트에서 반복문은 for, do~while, while, for~of, for~in 등 여러 가지가 있지만, 실습에서 주로 쓰이는 for 문을 알아보겠습니다. for 문은 어떤 특정한 조건이 거짓으로 판별될 때까지 반복합니다. 즉, 많은 양의 내용을 한 번에 처리하기 위해 조건식을 만들어 false값을 가질 때까지 반복하는 구문입니다.

for 문의 기본 구조는 다음과 같습니다.

```
for (초기화식; 조건식; 증감식) {조건이_참일_때_반복할_명령문}
```

예를 들어 1~10까지의 수를 for 문으로 출력한다면 다음과 같습니다.

• 반복문 사용 예

```
for (let i = 1; i <= 10; i++) {
  console.log(i);
}
```

실행 결과

```
1 2 3 4 5 6 7 8 9 10
```

이 코드는 다음과 같은 순서로 실행됩니다.

❶ let i = 1: i 변수 선언과 1로 초기화

❷ i <= 10: i가 10보다 작거나 같은지 비교(i가 10이 될 때까지 반복 실행)

③ console.log(i): i값 출력

④ i++: i를 1만큼 증가

'초기화식 → 조건식 → 명령문 → 증감식'까지 차례대로 실행됩니다. 증감식인 i++에 의해 i가 2가 되면 조건식부터 다시 '조건식 → 명령문 → 증감식'이 반복됩니다. 즉, 조건식을 평가하여 결과가 참(true)일 때 명령문과 증감식을 반복 실행하다가 조건식의 평가 결과가 거짓(false)이 되면 반복문을 종료합니다. 따라서 초기화식은 제일 먼저 딱 한 번 실행되고 조건을 만족하는 동안 명령문은 반복해서 실행됩니다.

반복문을 작성할 때는 절대로 무한 반복되는 상황을 만들어서는 안 됩니다. 예를 들어 앞선 코드에서 증감식 i++;를 빼면 i는 계속 0이어서 조건식은 항상 참입니다. 따라서 반복문과 증감식이 계속 실행됩니다. 이런 현상을 **무한 루프**infinite loop라고 합니다. 무한 루프에 빠지면 프로그램은 메모리 부족이나 CPU 과부하로 멈추고 맙니다. 그러므로 반복문을 작성할 때는 반복이 끝나는 조건을 명확하게 설정해 주어야 합니다.

for 문으로 배열 순회하기

앞에서 알아본 바와 같이 for 문은 어떤 동작을 반복해서 처리할 때 사용합니다. 예를 들어 상품 목록을 만든다고 할 때 여러 가지 상품이 똑같은 태그(<div></div> 또는 <li>)로 작성됩니다. 즉, 태그에 상품이 담기는 코드를 상품 수만큼 반복해서 작성해야 합니다. 이때 상품들은 배열에 담고 이 배열에서 상품을 하나씩 꺼내 태그에 담는 반복적인 코드는 for 문으로 작성할 수 있습니다.

• for 문으로 배열 순회하기

```
const productLists = ["상품1", "상품2", "상품3", "상품100"];
for (let i = 0; i < productLists.length; i++) {
  console.log("<div>" + productLists[i] + "</div>");
}
```

실행 결과

```
<div>상품1</div>
<div>상품2</div>
<div>상품3</div>
<div>상품100</div>
```

이 코드는 for 문의 i값을 이용하여 배열의 i번째 값을 가져와 태그에 담는 내용입니다. 여기서 주의할 점은 for 문의 초기화식에서 i는 0으로 초기화해야 한다는 것입니다. 왜냐하면 배열의 첫 번째 인덱스는 0부터 시작하기 때문입니다. 그리고 배열의 요소는 총 4개이고 배열의 마지막 인덱스는 3(요소 수 - 1)입니다. 따라서 조건식에서 i값이 productLists.length인 4보다 작을 때까지만 반복해서 실행하고, i값이 4가 되면 조건식이 거짓이 되므로 for 문을 빠져 나옵니다.

반복문은 조건식으로 반복 실행 여부를 판단하므로 조건식을 잘 만들어 무한 루프나 빈 값이 생기지 않도록 해야 합니다.

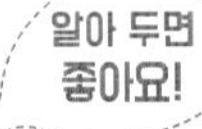

for~in 문과 for~of 문

for~in과 for~of 문은 배열과 함께 많이 쓰는 반복문입니다. for~of 문은 ES6에서 추가되었습니다. 두 구문는 동작 방식과 사용되는 대상의 차이가 있습니다.

```
for(키 in 배열) {명령문}
for(요소 of 배열) {명령문}
```

• for~in, for~of 사용 예

```
let sample = [10, 11, 12];
for (let i in sample) {
  console.log(i);    // 0 1 2 출력
}

for (let i of sample) {
  console.log(i);  // 10 11 12 출력
}
```

for~in 문은 객체의 속성을 순회하므로 배열의 인덱스를 출력하고, for~of는 반복 가능한 객체의 요소를 순회하므로 배열의 요솟값을 출력합니다. 따라서 for~in 문은 객체의 속성을 확인할 때 쓰고, for~of 문은 배열을 순회할 때 사용합니다.

04-6 Node.js 설치하기

Node.js란?

Node.js는 크롬 V8 엔진으로 빌드된 자바스크립트 런타임입니다. 여기서 런타임이란 특정 언어로 만든 프로그램을 실행할 수 있는 환경을 말합니다. 즉, Node.js는 크롬 V8 엔진을 사용하여 서버에서 자바스크립트를 동작할 수 있도록 하는 플랫폼입니다. 쉽게 말해 브라우저에서 자바스크립트를 해석하여 표현하듯이 서버에서 자바스크립트를 해석하는 환경을 만들어 주는 도구입니다. Node.js의 등장으로 웹 프런트엔드를 개발할 때 서버 언어(Java, JSP, ASP, PHP)가 아닌 자바스크립트 문법으로 서버 프로그래밍을 할 수 있게 되었습니다.

Node.js는 Chrome V8 자바스크립트 엔진을 사용해 이벤트와 비동기식 프로그래밍 모델을 기반으로 합니다. 컴퓨터 시스템과 네트워크 사이의 입출력 작업이나 네트워크 요청과 같은 작업을 비동기로 처리하여 코드 실행이 빠르고 대용량 데이터를 버퍼링 없이 실시간으로 처리할 수 있는 장점이 있습니다. 이러한 장점으로 데이터를 실시간으로 다루는 애플리케이션이나 싱글 페이지 애플리케이션(SPA), 입출력이 잦은 애플리케이션을 개발할 때 효율적입니다. 다음 장부터 다룰 Vue.js 또한 Node.js 환경에서 실행되는 프레임워크입니다.

이 절에서는 Vue.js 학습과 이후에 실습 프로젝트를 진행하기 위해 Node.js를 설치하고 간단한 명령어를 살펴보겠습니다.

Node.js 설치하기

Node.js를 설치하려면 공식 사이트에 접속한 후 LTS 버전을 클릭해 내려받습니다.

- Node.js 공식 사이트: nodejs.org/ko

내려받은 파일을 더블 클릭하면 설치 마법사가 실행됩니다. 특별한 설정을 하지 않고 계속 〈Next〉를 클릭해 설치합니다. 그럼 C:₩Program Files 밑에 nodejs 폴더가 생성되면서 npm(node package manager)이 함께 설치됩니다.

▲ Node.js 설치하기

제대로 설치됐는지 확인하려면 [윈도우] + [R] 키를 누른 후 검색 창에 cmd를 입력해 명령 프롬프트를 실행합니다(macOS에서는 터미널을 열어 확인하면 됩니다). 명령 프롬프트에서 node -v라고 입력한 후 [Enter]를 치면 Node.js의 버전을 확인할 수 있습니다.

• **Node.js 버전 확인**

```
> node -v
v18.16.0
```

npm은 Node.js의 패키지 관리자로 자바스크립트 프로젝트에서 필요한 패키지*를 관리하고 설치, 삭제 등의 작업을 수행하는 도구입니다. npm을 사용하면 프로젝트에 필요한 외부 라이브러리, 도구, 프레임워크를 손쉽게 설치하고 의존성을 관리할 수 있습니다. 패키지는 npm 저장소에서 제공되며 프로젝트의 package.json 파일에 명시된 의존성 정보를 바탕으로 설치됩니다.

* 소프트웨어 개발에서 코드, 모듈, 리소스 등을 묶어서 한 단위로 관리하고 배포하는 방법입니다.

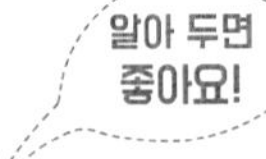

npm 저장소

npm은 자바스크립트 프로젝트에서 사용할 수 있는 수많은 패키지가 호스팅되는 공식 패키지 저장소입니다. npm 저장소는 Node.js 패키지 관리자(npm)를 통해 접근할 수 있으며, 개발자들이 패키지를 검색하고 설치하는 데 사용됩니다.

몇 가지 npm 명령어를 살펴보면 다음과 같습니다.

- `npm version`: npm의 버전을 확인하는 명령어입니다.
- `npm help`: npm에서 사용할 수 있는 명령어 모음을 볼 수 있는 명령어입니다.
- `npm install`: 프로젝트에 포함된 모든 모듈을 설치하는 명령어입니다.
- `npm serve`: 프로젝트를 서버에 실행하기 위한 명령어입니다.

이 가운데 `npm serve`는 Node.js 환경에서 프로젝트를 실행하기 위한 명령어입니다. 이 명령이 정상으로 실행되면 localhost:8080*이라는 주소로 내 컴퓨터에서 서버가 실행되어 웹 브라우저에 페이지가 표시됩니다. 이 주소는 외부에서 접근할 수 없으며 내 컴퓨터에서만 접근할 수 있습니다.

* localhost란 컴퓨터 네트워크에서 사용하는 루프 백 호스트명입니다. 로컬 컴퓨터를 원격 컴퓨터인 것처럼 통신할 수 있어 테스트할 때 주로 사용합니다.

05

Vue.js 프로그래밍

이 장에서는 이 책의 실습에서 사용할 Vue.js 프레임워크에 관해 살펴봅니다. Vue.js 환경과 싱글 페이지 애플리케이션의 구조에 관해 알아보고, Vue.js 인스턴스의 생명 주기, 라우터, 주요 속성 등 Vue.js의 핵심을 학습해 보겠습니다.

05-1 싱글 페이지 애플리케이션 개발

웹 브라우저가 발전하고 모바일이 보편화하면서 자바스크립트는 새로운 과도기를 맞이했습니다. 개발자들은 복잡한 서버 언어 대신 자바스크립트로 웹 애플리케이션을 개발했고, 그러면서 자바스크립트 프레임워크가 등장하기 시작했습니다. 이러한 도구들은 웹 애플리케이션을 개발할 때 코드의 재사용성을 높여 생산성을 좋게 하는 등의 이점을 제공합니다. Vue.js는 그중 하나로 사용자 인터페이스를 구축하기 위한 프런트엔드front-end 프레임워크입니다.

Vue.js 프레임워크는 가볍고 직관적이며 유연한 구조를 가지고 있어 **싱글 페이지 애플리케이션**single page application(SPA)을 쉽고 빠르게 제작할 수 있습니다. 여기서 SPA란 단일 페이지에서 최소한의 내용만 서버에서 받아와 동적으로 업데이트되도록 하는 개발 방식으로, 모던 웹 개발의 대표적인 패러다임으로 자리잡게 되었습니다. SPA는 모델-뷰-컨트롤러model-view-controller(MVC) 설계 패턴으로 시각적인 요소, 비즈니스 로직, 사용자 인터페이스를 분리하여 개발합니다. SPA에서는 모델, 뷰, 컨트롤러를 각각 독립적으로 개발하여 서로 영향을 주지 않고 수정할 수 있습니다.

MVC에서 모델은 데이터와 비지니스 로직을 담당합니다. 서버에서 데이터를 가져와 처리하고 데이터의 상태를 관리합니다. 뷰는 사용자에게 보여지는 시각적인 요소를 담당하는데 HTML, CSS, UI 컴포넌트 등으로 구성되며 데이터 표시와 사용자 이벤트 처리를 담당합니다. 그리고 컨트롤러는 사용자의 입력을 처리하고 모델의 데이터를 수정한 후 뷰를 갱신합니다.

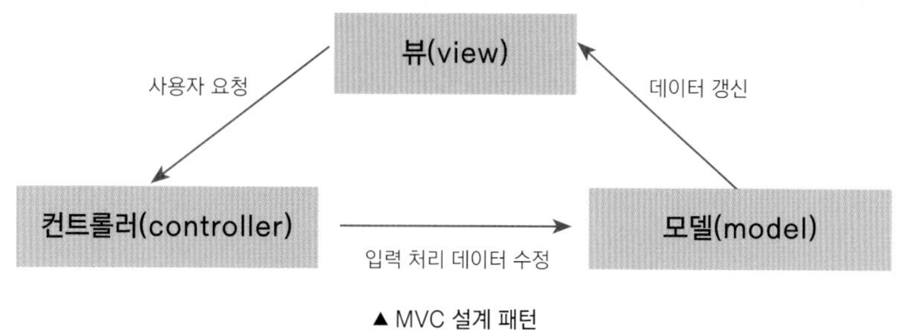

▲ MVC 설계 패턴

SPA 방식으로 개발된 대표적인 사례는 트위터를 들 수 있습니다. 트위터는 사용자가 트윗을 작성하고 타임라인을 스크롤하면 최신 트윗을 확인할 수 있는데, 이때 페이지 전환 없이 동적으로 데이터를 가져와 업데이트하며 사용자에게 보여 줍니다. 구글 지도 역시 SPA 방식으로 개발되었습니다. 사용자가 지도를 확대/축소하거나 지도 위에 마커를 추가하는 UI 기능을 제공하며 이를 페이지 전체에서 새로 고침 없이 필요한 데이터만 동적으로 보여 줍니다.

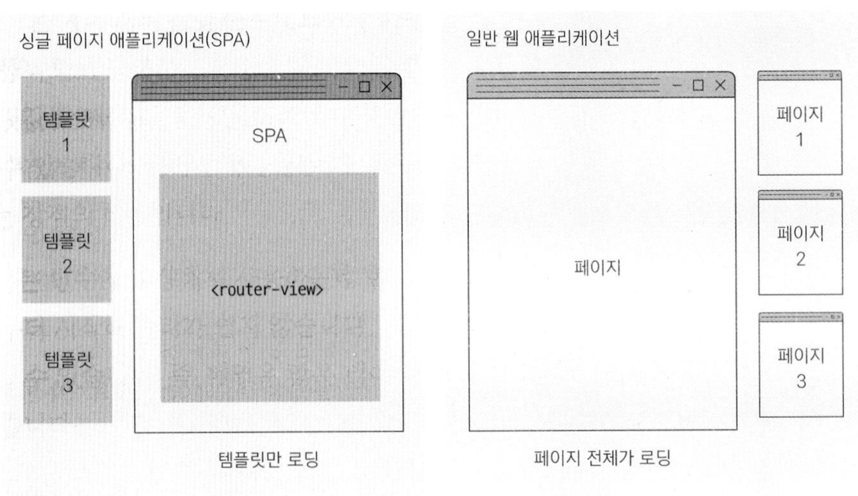

▲싱글 페이지 애플리케이션과 일반 웹 애플리케이션 비교

SPA는 페이지를 이동하지 않고 필요한 데이터만 업데이트합니다. 따라서 화면이 깜빡이지 않고 부드럽게 전환되어 페이지 이동보다 속도가 빠른 장점이 있습니다. 또한 서버의 부하가 감소하고 네트워크 대역폭을 줄일 수 있습니다. 네트워크 대역폭이란 네트워크에서 한 번에 전송할 수 있는 데이터양을 의미합니다.

05-2 Vue.js 프레임워크 소개

Vue.js는 2014년 2월에 출시되어 빠르게 발전하면서 확장했습니다. 그 이유 중 하나는 문법이 단순하여 누구나 쉽게 접근할 수 있기 때문입니다. Vue.js는 HTML과 자바스크립트를 조합하여 웹 애플리케이션을 만들므로 각각의 역할을 분리하여 코드를 구성할 수 있습니다. 또한 Vue 인스턴스에 데이터를 바인딩하고 HTML 요소에 v- 접두사로 시작하는 디렉티브를 속성으로 추가하여 DOM 요소와 데이터를 연결합니다. 이러한 방식으로 데이터와 UI를 쉽게 만들고 제어할 수 있습니다.

알아 두면 좋아요!

데이터 바인딩과 디렉티브

Vue.js에서 데이터 바인딩(data binding)은 Vue 인스턴스의 데이터를 HTML 요소에 연결하는 것을 의미합니다. HTML 요소에 데이터를 바인딩하면 데이터가 변경될 때 화면에도 변경된 데이터가 표시됩니다. 디렉티브(directives)는 HTML 요소에 특정한 동작을 적용할 때 사용하는 Vue.js의 표기법입니다.

Vue.js는 MVC가 아닌 **MVVM**Model-View-ViewModel 패턴으로 설계되었습니다. 이 패턴은 UI를 표현하는 뷰, 그리고 데이터와 비즈니스 로직을 담당하는 모델 사이에 **뷰 모델**(ViewModel)이라는 매개체가 있습니다. 뷰 모델은 뷰에 대한 상태와 동작을 정의하고 모델과의 데이터 바인딩을 처리합니다. 또 사용자 입력에 대한 이벤트 처리와 명령을 실행합니다. 이를 통해 데이터가 바뀔 때 자동으로 뷰에 반영되고 사용자 입력이 데이터에 반영되는 **양방향 데이터 바인딩**을 만들 수 있습니다.

Vue.js로 SPA를 개발할 때는 재사용할 수 있는 UI들을 묶어 화면을 컴포넌트로 구성하여 독립적인 기능과 상태를 가질 수 있게 하고, 필요하면 컴포넌트를 조합하여 사용할 수 있도록 템플릿* 기반의 개발을 권장합니다. 이 책의 실습 또한 Vue.js 프레임워크로 템플릿 기반의 SPA를 만듭니다.

*템플릿은 Vue.js에서 컴포넌트를 구성하는 단위로, HTML, CSS, 자바스크립트 코드를 포함합니다

Vue 인스턴스

Vue.js는 Vue 인스턴스를 만드는 것으로 시작합니다. Vue 인스턴스는 웹 애플리케이션을 Vue.js의 기능으로 구성하고 동작시킬 수 있도록 합니다. Vue 인스턴스는 Vue.js가 제공하는 생성자 함수로 만듭니다. 생성자 함수란 객체지향 프로그래밍에서 객체를 선언할 때 사용하는 방식으로 미리 정의된 속성과 메서드를 재활용할 목적으로 사용합니다.

다음 코드는 Vue 인스턴스를 생성하는 예입니다.

• **Vue 인스턴스 생성하기**

```
<html>
  <div id="app">{{ message }}</div>
</html>
<script>
  new Vue({
    el: "#app",
    data: {
      message: "Hello Vue.js!",
    },
  });
</script>
```

데이터 바인딩

컴파일 결과

```
<div id="app">Hello Vue.js!</div>
```

이 코드는 HTML 내부에 Vue 인스턴스를 생성하고 app이라는 id를 가진 요소에 인스턴스를 연결합니다. 그리고 Vue 인스턴스의 data 속성에 message를 정의하고 해당 데이터를 <div> 요소에 바인딩하여 화면에 출력합니다.

Vue.js로 웹 화면을 개발하려면 이처럼 Vue 인스턴스를 만들어야 합니다. 이 인스턴스로 Vue.js가 제공하는 여러 가지 속성을 사용할 수 있습니다. 주요 속성은 다음과 같으며 「05-6」 절에서 살펴보겠습니다.

- el: Vue 인스턴스를 연결할 HTML 요소
- data: Vue 인스턴스가 관리하는 데이터
- template: 화면에 표시할 요소
- props: 부모 컴포넌트의 데이터를 받을 수 있는 속성
- methods: 화면의 동작과 이벤트 로직을 제어하는 메서드
- computed: Vue 인스턴스의 계산된 속성

Vue.js 인스턴스의 생명 주기

Vue.js는 미리 정의된 과정을 거쳐 컴포넌트를 생성하고 웹 브라우저에 출력합니다. 이 과정을 **생명 주기**life cycle라고 합니다. Vue.js의 생명 주기는 크게 인스턴스의 생성과 소멸로 진행되는데 이 과정에서 8가지 **생명 주기 훅**hook을 제공합니다. 생명 주기 훅은 특정 시점에 실행되는 콜백 함수로서 해당 시점에 원하는 동작을 수행할 수 있도록 합니다.

Vue.js는 이러한 생명 주기를 거치며 컴포넌트를 웹 브라우저에 출력합니다. 각 단계의 8가지 생명 주기 훅을 활용해 데이터를 초기화하거나 이벤트를 제어하는 등의 작업을 처리합니다. 다음 그림에서 빨강 상자 8개가 생명 주기 훅을 나타냅니다. 생명 주기 훅을 하나씩 살펴보면서 각 단계에서 어떤 로직을 주로 처리하는지 알아보겠습니다.

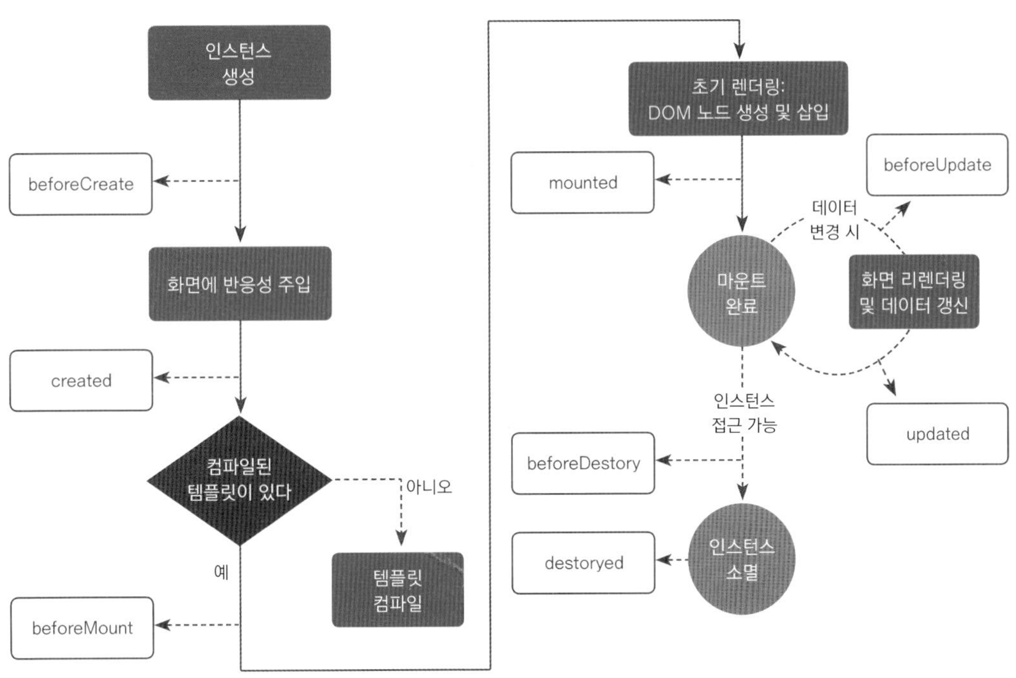

▲ Vue.js 인스턴스의 생명 주기

beforeCreate

Vue 인스턴스가 생성되고 초기화되기 전에 호출됩니다. 컴포넌트가 DOM에 추가되기 전이므로 `<template>` 안에 작성된 내용에는 아직 접근할 수 없고 데이터와 이벤트에 대한 초기 설정을 할 수 있습니다.

created

Vue 인스턴스가 생성되고 나서 호출됩니다. 아직 HTML의 화면 요소는 적용하기 전이므로 <template>에는 여전히 접근할 수 없습니다. 그러나 data 속성에 접근할 수 있고 methods 속성으로 로직을 실행할 수는 있습니다. 이 단계에서는 주로 데이터베이스 등 외부의 데이터를 data 속성으로 가져오거나 외부 데이터를 가져와 해당 데이터를 감지하기 위한 이벤트 리스너를 선언합니다.

beforeMount

Vue 인스턴스가 마운트되기 직전에 호출됩니다. <template> 속성에 지정한 마크업 속성을 render() 함수로 변환한 다음, el 속성에 지정한 HTML 요소에 Vue 인스턴스를 연결하기 직전을 의미합니다. 가상 DOM이 생성된 상태이므로 실제 DOM에는 접근할 수 없습니다. 주로 마운트 이전에 필요한 작업을 수행하는 데 사용합니다. 예를 들어 외부 라이브러리 연결을 설정하거나 초기화된 데이터를 가지고 비동기 작업을 수행할 수 있습니다.

mounted

Vue 인스턴스가 마운트되고 나서 호출됩니다. el 속성에 지정한 화면 요소에 Vue 인스턴스가 연결된 직후를 의미합니다. <template> 속성에 작성된 HTML 요소에 접근할 수 있어 화면을 제어하는 로직을 수행합니다. <template> 속성 안의 내용이 실제 DOM으로 완성된 시점이므로 el 속성을 비롯한 모든 요소에 접근할 수 있습니다. 예를 들어 DOM 요소의 속성을 변경하거나 이벤트 리스너를 등록하는 등의 처리를 할 수 있습니다.

웹 페이지가 부모와 자식 구조의 컴포넌트로 구성되어 있다면 자식 컴포넌트의 mounted 훅이 부모 컴포넌트의 mounted 훅보다 먼저 호출됩니다. Vue.js의 렌더링은 비동기로 이뤄지므로 두 컴포넌트의 mounted 훅은 동시에 발생하지 않습니다. 따라서 자식 컴포넌트의 mounted 훅에서 $nextTick을 사용하여 부모 컴포넌트의 마운트 완료를 기다린 후에 로직을 실행할 수 있습니다.

beforeUpdate

Vue 인스턴스가 업데이트되기 직전에 호출됩니다. 컴포넌트에서 data 속성을 변경하고 DOM에도 그 변화를 적용해야 할 때가 있습니다. 이때 beforeUpdate 훅을 이용하면 데이터의 변화에 따라 화면이 즉각 반응하여 갱신합니다.

updated

Vue 인스턴스가 업데이트되고 나서 호출됩니다. 즉, 변경된 data가 화면(DOM)에 반영된 후를 의미합니다. 데이터를 변경하고 나서 화면 요소를 제어할 때 사용합니다. 예를 들어 데이터 변경에 따라 다른 컴포넌트와 상호 작용이 필요할 때 사용할 수 있습니다. updated 훅을 사용할 때는 화면 갱신에 주의해야 합니다. 즉, 데이터를 변경하여 화면을 갱신하면 다시 updated 훅이 실행되는 무한 루프에 빠질 수 있습니다. updated 훅에서는 데이터가 변경되는 조건을 설정하여 무한 루프에 빠지지 않도록 해야 합니다.

beforeDestroy

Vue 인스턴스가 소멸하기 직전에 호출됩니다. 아직 인스턴스에 접근할 수 있으므로 이벤트 리스너를 해제하는 등 인스턴스가 사라지기 전에 해야 할 일들을 주로 처리합니다. 예를 들어 인스턴스와 관련된 리소스의 정리나 API와의 연결을 끝내는 등의 작업을 수행할 수 있습니다.

destroyed

Vue 인스턴스가 소멸한 후에 호출됩니다. 이미 소멸했으므로 인스턴스의 속성에는 접근할 수 없습니다. 예를 들어 인스턴스와 연결된 리소스 해제나 타이머를 정리하는 작업을 할 수 있습니다. 주로 마무리 작업을 수행하는 용도로 사용합니다.

Vue.js 프로젝트 환경 만들기 – Vue CLI

Vue.js 프로젝트를 구성할 때는 먼저 공통으로 지켜야 할 설정이나 규칙을 만들어야 합니다. 이때 Vue.js가 제공하는 Vue CLI를 이용하면 폴더 구조, 린트, 빌드, 라이브러리 구성, 웹팩 등 프로젝트의 기본 환경을 설정할 수 있습니다. 이 책에서는 필자가 제공하는 프로젝트 폴더를 내려받고 여기에 추가로 파일을 작성해 가며 웹 사이트를 만듭니다.

프로젝트에 설정해 놓은 규칙과 맞지 않게 작업하면 오류가 발생해 서버가 실행되지 않으므로 개발자와 협업하여 어떤 규칙으로 파일을 작성할지 확인해야 합니다. 개발자가 아니라면 Vue CLI를 직접 다룰 일은 드물지만, Vue.js 프로젝트 환경을 이해하고 개발자와 소통하려면 다음에 나오는 용어 정도는 알고 있어야 합니다.

Vue CLI

Vue CLI는 Vue.js 프로젝트를 개발하기 위한 명령 줄 도구입니다. Vue CLI를 사용하면 Vue.js 프로젝트의 초기 설정과 구성, 개발 서버 실행, 빌드와 배포 등의 작업을 간편하게 수행할 수 있고 다양한 플러그인을 지원하여 프로젝트에 필요한 추가 기능을 쉽게 확장할 수 있습니다. Vue CLI는 Vue.js 개발을 더 효율적으로 진행하기 위한 강력한 도구입니다.

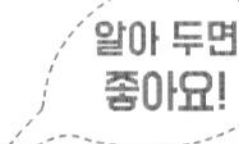

CLI란?

명령 줄 인터페이스(command line interface, CLI)는 텍스트 터미널을 통해 사용자와 컴퓨터 시스템 간의 상호 작용하는 방식을 의미합니다. 즉, 사용자가 키보드를 통해 문자열로 명령을 입력하면 이를 처리한 컴퓨터 시스템 역시 문자열로 결과를 출력합니다.

코드 검사 — lint

린트lint는 코드의 품질을 높이는 중요한 도구입니다. 오타, 들여 쓰기, 띄어 쓰기, 문법 오류 등 프로젝트에 설정된 규칙에 맞지 않는 코드를 모두 오류나 버그로 알려 줍니다. 린트 검사 결과 오류나 버그가 나오지 않아야 파일이 정상으로 실행됩니다. 코드 스타일의 일관성, 가독성, 유지·보수성, 버그 예방 등을 위해 린트를 사용하는 것은 좋은 소프트웨어 개발 관행 중 하나입니다.

빌드 — build

코드가 실행되어 나온 결과물 혹은 그 과정을 말합니다. 다른 표현으로 "컴파일"이라고도 합니다. Vue.js 프로젝트에서 `build`는 Vue 파일들과 관련된 리소스들을 처리하여 웹 브라우저에서 실행할 수 있는 형태로 변환하는 과정을 의미합니다. 이 과정에서 Vue 파일의 템플릿, 스타일, 자바스크립트 코드 등이 웹 브라우저에서 실행할 수 있는 형태로 변환됩니다.

웹팩 — webpack

웹팩webpack은 모듈 번들러module bundler로, 주로 프런트엔드 개발에서 사용되는 필수 도구입니다. 웹 애플리케이션의 소스 코드와 리소스들을 빌드하여 배포할 수 있는 형태로 변환하는 역할을 합니다. 이때 웹 애플리케이션을 구성하는 다양한 모듈(자바스크립트, CSS, 이미지 등)을 하나의 번들 파일로 묶어 줍니다.

웹팩은 다양한 로더와 플러그인을 제공하여 웹 개발에 필요한 여러 가지 작업을 자동화하여 처리할 수 있습니다. 예를 들어 바벨Babel이라는 로더를 사용하면 ES6+ 문법을 하위 브라우저에서도 동작할 수 있는 자바스크립트로 변환할 수 있습니다. 이외에도 파일 간 의존성을 해결하고 불필요한 코드를 삭제하거나 변경 사항을 감지하여 실시간으로 반영해 주는 등 생산성을 높일 수 있는 많은 기능을 제공합니다.

05-3 라우터

SPA를 개발할 때 가장 먼저 처리해야 할 기능이 바로 **라우팅**routing입니다. Vue.js에서 라우팅이란 웹 페이지의 이동 방법을 의미합니다. 라우팅을 주관하는 라우터router는 웹 애플리케이션에서 경로에 따라 다른 컴포넌트를 표시하고 네트워크를 통해 데이터를 출발지에서 목적지로 전달하는 역할을 담당합니다. 라우터는 사용자의 요청(메뉴 클릭, 페이지 이동 등)에 따라 적절한 컴포넌트를 렌더링하고 해당 컴포넌트에 필요한 데이터를 전달합니다.

SPA의 각 페이지를 라우터 파일에 등록해 놓으면 메뉴나 링크를 클릭할 때 컴퍼넌트가 교체되어 웹 브라우저에 해당 페이지가 표시됩니다. 이때 라우터 파일에 등록하는 페이지의 경로(path)가 URL 역할을 합니다. 실제로는 컴포넌트만 변경되지만 사용자에게는 페이지가 이동하는 것처럼 보입니다.

Vue.js는 이러한 라우팅 기능을 구현할 수 있도록 VueRouter라는 라이브러리를 제공합니다. SPA 개발의 핵심은 VueRouter를 활용해 컴포넌트를 변경함으로써 웹 페이지를 브라우저에 표현하는 것입니다.

컴포넌트에서 라우터를 사용해 페이지를 이동하려면 Vue.js의 특수 태그인 <router-link>를 작성하고 to 속성에 이동할 경로를 지정합니다. 그러면 빌드 후에 <a> 태그로 전환됩니다.

```
<router-link :to="이동할_경로"></router-link>
```

• **<router-link> 사용 예**

```
<templeat>
  <div>
    <router-link :to="/main">Home</router-link>
  </div>
</templeat>
```

main 페이지로 이동

또는 <router-view> 태그로 컴포넌트를 변경할 수도 있습니다.이 태그를 사용하여 라우터가 감지한 경로에 해당하는 컴포넌트를 동적으로 렌더링할 수 있습니다.

• <router-view> 사용 예

```
<template>
  <div>
    <router-view></router-view>
  </div>
</template>
```

즉, <router-link>는 페이지 내에서 다른 컴포넌트로 이동하는 태그이고 <router-view>는 컴포넌트 자체를 동적으로 변경합니다.

라우터 설정 방법

라우터를 설정하는 방법을 알아보겠습니다. 먼저 라우터에 의해 컴포넌트가 출력할 영역은 다음처럼 <templeat>에 <router-view> 태그를 추가합니다.

• index.vue

```
<template>
  <div id="app">
    <h1>Vue Router 설정</h1>
    <!-- 라우터에 설정된 컴포넌트가 출력 -->
    <router-view></router-view>
  </div>
</template>
```

그리고 자바스크립트 파일에서 VueRouter() 함수로 라우터 객체를 만들고 경로와 해당 경로에 매핑할 컴포넌트 정보를 다음처럼 작성합니다. 그런 다음 웹 브라우저의 주소 창에서 URL 뒤에 /url이라고 입력하면 <router-view> 태그에 index.vue 파일이 출력됩니다.

• router.js

```
const router = new VueRouter({
  mode: "history",      // url(#)의 해시값 삭제를 위한 설정
  routes: [
    {
      path: "/url",      // 브라우저에 표현될 URL 설정
      name: "Home",      // 컴포넌트 이름
      component: () => import("index.vue"),    // 변경할 컴포넌트
    },
  ],
});
```

라우터의 종류

네스티드 라우터

네스티드 라우터nested router는 VueRouter에서 제공하는 기능 중 하나로 중첩된 라우팅을 구현하는 방법입니다. 이를 통해 계층 구조를 가진 페이지를 표현하고 관리할 수 있습니다. 네스티드 라우터는 라우터를 부모-자식 관계로 구성합니다. 부모 라우터는 부모 페이지로 동작하고 자식 라우터는 부모 페이지 내에서 표시되는 하위 페이지로 동작합니다. 네스티드 라우터를 사용하면 각 페이지에 해당하는 컴포넌트를 중첩하여 사용할 수 있습니다.

• main.vue

```
<template>
  <div id="app">
    <h1>네스티드 라우터 설정</h1>
    <!-- index.vue 출력 -->
    <router-view></router-view>
  </div>
</template>
```

• index.vue

```
<template>
  <div id="app-sub">
    <h1>sub 설정</h1>
    <!-- sub.vue 출력 -->
    <router-view></router-view>
  </div>
</template>
```

• router.js

```
const router = new VueRouter({
  mode: "history",
  routes: [
    {
      path: "/url",
      name: "Home",
      component: () => import("index.vue"),
      children: [
        {
          path: "/suburl1",
          name: "sub",
          component: () => import("sub.vue"),
        },
      ],
    },
  ],
});
```

웹 브라우저에서 홈페이지 주소 뒤에 /url을 붙이면 main.vue의 <router-view> 영역에 index.vue의 내용이 출력됨

웹 브라우저에서 홈페이지 주소 뒤에 /url/suburl1을 붙이면 index.vue의 <router-view> 영역에 sub.vue의 내용이 출력됨

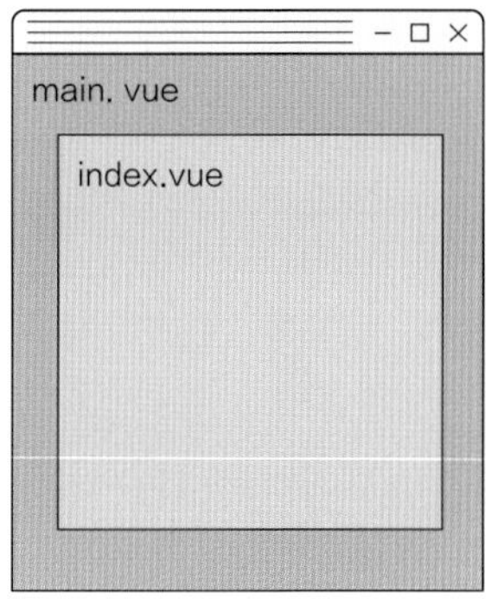

▲ '주소/url'로 접속할 때

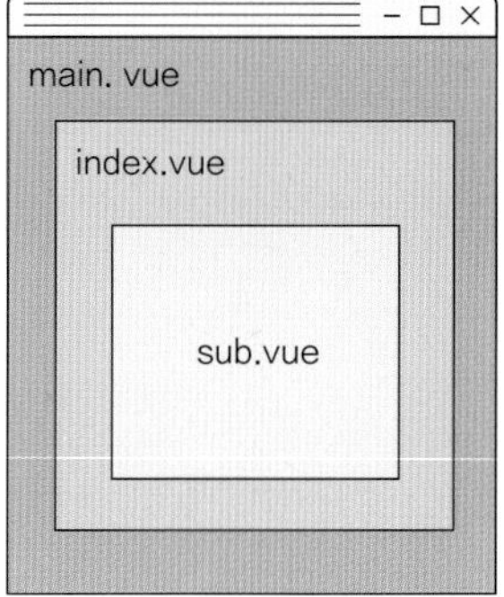

▲ '주소/url/suburl1'로 접속할 때

네임드 뷰 라우터

네임드 뷰named view 라우터는 여러 개의 컴포넌트를 동시에 표시하는 라우팅 방식입니다. 다음 코드를 보면 <router-view>의 name 속성으로 컴포넌트를 연결하는 방식입니다. 많은 컴포넌트를 한 번에 처리할 때 사용합니다.

• index.vue

```
<template>
  <div id="app">
    <h1>네임드 뷰 라우터 설정 </h1>
    <router-view name="header"></router-view>
    <router-view name="content"></router-view>
  </div>
</template>
```

• router.js

```
const router = new VueRouter({
  mode: "history",
  routes: [
    {
      path: "/url",
      name: "Home",
      component: {
        header: () => import("/layout/header.vue"),
        content: () => import("/layout/content.vue"),
      },
    },
  ],
});
```

05-4 컴포넌트 만들기

Vue.js를 사용하여 화면을 구성할 때 `<template>` 안에 작성합니다. 그리고 이렇게 작성된 파일을 **컴포넌트**component라고 합니다. Vue.js는 가상 DOM을 사용하여 각각의 컴포넌트를 실제 DOM 요소로 변환한 후에 웹 브라우저에 출력합니다. 가상 DOM은 실제 DOM과 유사한 구조를 가지고 있지만, 메모리상에 존재하며 브라우저에 직접 렌더링되지는 않습니다.

Vue.js는 데이터의 변화를 감지하여 가상 DOM에 변경 사항을 반영하고, 이후 실제 DOM과 비교하여 변경된 부분만 업데이트합니다. 이로써 불필요한 DOM 조작을 최소화합니다. 쉽게 말해 컴포넌트에서 데이터가 변경될 때만 DOM을 업데이트하여 웹 브라우저에 출력함으로써 웹 애플리케이션의 성능을 향상시킵니다.

`<template>` 안에는 하나의 부모 요소로만 구성해야 합니다. 이는 Vue.js가 컴포넌트 변경과 갱신을 효율적으로 관리하기 위한 규칙입니다.

- **올바른 예**

```
<template>
  <div>
    <p>vue.js 작성</p>
  </div>
</template>
```

- **올바르지 않은 예**

```
<template>
  <div>
    <p>vue.js 작성</p>
  </div>
  <div>
    <p>vue.js 작성</p>
  </div>
</template>
```

Vue.js는 웹 페이지의 각 영역을 HTML, CSS, 자바스크립트 코드로 작성하여 하나의 컴포넌트로 만들어 사용합니다. 이렇게 만든 컴포넌트를 레고처럼 조합하여 웹 페이지를 구성합니다. 이때 각 컴포넌트에는 데이터, 동작, 스타일 등을 포함하므로 독립적으로 동작할 수 있습니다. 따라서 다른 페이지에서 쉽게 재사용할 수 있고, 변경할 때는 해당 컴포넌트만 수정하면 됩니다.

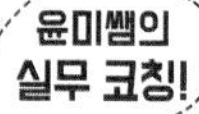

템플릿 안에서만 적용할 스타일 정의하기

템플릿 안에서 CSS를 작성할 때 scoped를 함께 작성하면 다른 콘텐츠에는 영향을 주지 않고 템플릿 안에서만 적용할 수 있는 스타일을 만들 수도 있습니다.

• 템플릿 안에서만 적용할 스타일 정의하기

```
<style scoped>
</style>
```

05-5 템플릿 문법

Vue.js는 화면을 구성할 때 자바스크립트로 UI를 제어할 수 있도록 여러 가지 기능을 제공하는데 어떤 기능들이 있는지 알아보겠습니다.

보간법

보간법[interpolation]은 HTML 요소에 데이터를 바인딩할 때 사용합니다. 콧수염 문법이라고도 불리며 이중 중괄호로 표현합니다. 다음 예에서 이중 중괄호 {{}} 안에 작성한 message는 Vue 인스턴스의 data 속성에 정의한 실제 데이터를 가져와 바인딩합니다. 따라서 웹 브라우저에는 실제 데이터가 출력됩니다.

• 보간법 사용 예

```
/* data 속성에 정의한 데이터 */
massage: "Vue.js의 보간법을 사용합니다.";
                  컴파일 후에 바인딩됨
/* Vue.js 구문 */
<span> 메시지: {{ massage }} </span>
```

컴파일 결과

```
<span> 메시지: vue.js의 보간법을 사용합니다. </span>
```

v-html 디렉티브

v-html 디렉티브는 보간법처럼 HTML 요소에 데이터를 바인딩하여 출력할 때 사용합니다. 그런데 데이터를 HTML 코드로 인식한다는 점이 보간법과 다릅니다. v-html 디렉티브를 사용하면 Vue 인스턴스의 데이터를 HTML 태그와 함께 동적으로 구성할 수 있습니다. 한 가지 주의할 점은 v-html은 XSS 공격에 취약할 수 있으므로 신뢰할 수 있는 데이터에만 사용하는 것이 좋습니다.

• v-html 사용 예

```
/* data 속성에 정의한 데이터 */
massage: "vue.js의 보간법을 사용합니다.";

/* Vue.js 구문 */
<span v-html="'메시지: ' + '<br>' + massage"></span>
```

HTML 태그로 인식

컴파일 결과

```
<span>
  메시지:
  vue.js의 보간법을 사용합니다.
</span>
```

v-bind 디렉티브

`v-bind`는 데이터를 HTML 요소에 연결할 때 사용하는 디렉티브입니다. 이를 "바인딩한다"고 표현하며 `v-bind:속성명="값"`처럼 작성합니다. 예를 들어 요소의 아이디값에 데이터를 지정한다면 다음처럼 작성할 수 있습니다. 이때 데이터는 Vue 인스턴스의 `data` 속성에 정의합니다.

• v-bind 사용 예

```
/* data 속성에 정의한 데이터 */
value: "vueid"

/* Vue.js 구문 */
<div v-bind:id="value"></div>
```

컴파일 결과

```
<div id="vueid"></div>
```

다른 예로 이미지 태그의 `src` 속성값을 `data` 속성에 정의한 값으로 바인딩한다면 다음처럼 작성할 수 있습니다.

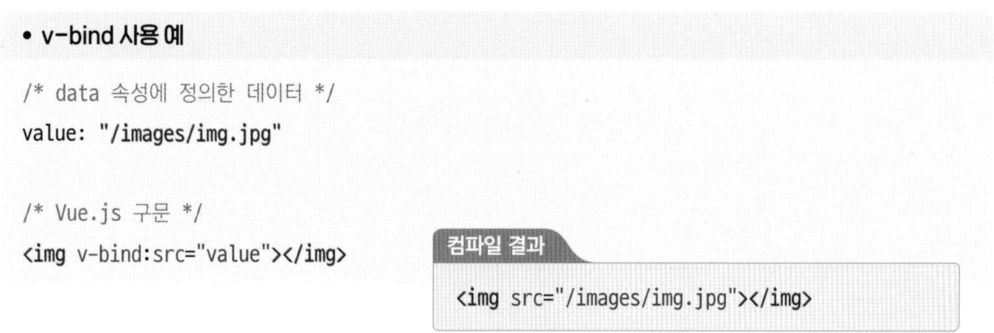

• v-bind 사용 예

```
/* data 속성에 정의한 데이터 */
value: "/images/img.jpg"

/* Vue.js 구문 */
<img v-bind:src="value"></img>
```

컴파일 결과

```
<img src="/images/img.jpg"></img>
```

HTML 태그에 v-bind를 사용할 때는 줄여서 :로 작성하기도 합니다.

• **약어 사용 예**

```
<div :id="value"></div>
<img :src="value" />
```

v-on 디렉티브

v-bind가 데이터를 HTML 요소에 데이터를 연결하는 디렉티브라면 v-on은 이벤트를 연결합니다. v-on 디렉티브에는 이벤트가 발생할 때 실행할 함수(핸들러)를 지정합니다. 이 이벤트 함수는 Vue 인스턴스의 methods 속성에 작성합니다. HTML 태그에 v-on을 사용할 때는 v-on: 대신 @으로 줄여서 작성할 수 있습니다.

• **v-on 사용 예**

```
/* methods 속성에 정의한 이벤트 함수 */
event: function() {
  alert("1");
}

/* Vue.js 구문 */
<span v-on:click="event"> ... </span>
```

이렇게 작성하면 웹 브라우저에서 <span> 태그를 클릭할 때 methods에 작성된 클릭 이벤트 함수가 실행됩니다.

v-if, v-show 디렉티브

v-if와 v-show는 조건부 렌더링 디렉티브로, 지정한 조건에 따라 HTML 요소를 화면에 표현할지 결정합니다. 자바스크립트의 if 문과 마찬가지로 논릿값(참, 거짓)에 따라 동작하며 v-else-if, v-else와 함께 쓸 수 있습니다. 단, v-else는 v-if나 v-else-if가 작성된 바로 다음 태그에 작성해야 Vue.js가 인식할 수 있습니다.

• **v-if 사용 예**

```
<div v-if="true">
  화면에 표현되는 태그
</div>
<div v-else>
  화면에 표현되지 않는 태그
</div>
```

컴파일 결과

```
<div>
  화면에 표현되는 태그
</div>
```

v-show 역시 v-if와 마찬가지로 조건에 따라 화면에 표현됩니다. v-show는 단독으로 사용합니다.

• v-show 사용 예

```
<div v-show="true">
  화면에 표현되는 태그
</div>
<div v-show="false">
  화면에 표현되지 않는 태그
</div>
```

컴파일 결과

```
<div>
  화면에 표현되는 태그
</div>
<div style="display: none">
  화면에 표현되지 않는 태그
</div>
```

v-if를 사용하면 조건에 따라 화면에 표현할 요소를 동적으로 처리하지만, v-show는 조건에 따라 display 속성값으로 처리됩니다. display 속성값이 none으로 지정되면 화면에만 보이지 않습니다. v-if는 조건에 따라 동적으로 처리되므로 초기 렌더링할 때 속도가 느릴 수 있습니다. 따라서 표시 여부가 자주 변경된다며 v-show를 사용해야 초기 렌더링 속도를 높일 수 있습니다.

v-for 디렉티브

v-for는 반복적인 데이터를 처리할 때 사용하는 디렉티브입니다. 예를 들어 메뉴에 들어갈 내용, 즉 메뉴 목록을 배열로 만들고 v-for 디렉티브로 배열을 순회하며 메뉴를 출력할 수 있습니다. v-for 디렉티브를 사용하면 다양한 목록 형태의 데이터를 효율적으로 렌더링할 수 있습니다.

• v-for 사용 예

```
/* data 속성에 정의한 데이터 */
menulists: [
  { text: "메뉴1", link: "url1" },
  { text: "메뉴2", link: "url2" },
  { text: "메뉴3", link: "url3" },
  { text: "메뉴4", link: "url4" },
],
```

```
/* Vue.js 구문 */
<nav class="menulist">
  <a v-for="menu in menulists" :href="menu.link">{{menu.text}}</a>
</nav>
```

컴파일 결과

```
<nav class="menulist">
  <a href="url1">메뉴1</a>
  <a href="url2">메뉴2</a>
  <a href="url3">메뉴3</a>
  <a href="url4">메뉴4</a>
</nav>
```

v-for에서 사용한 menu는 Vue 인스턴스의 data 속성에 정의한 menulists 배열의 요소(객체) 하나를 의미합니다. 이때 menulists라는 배열 이름은 data 속성에 정의한 이름으로 사용해야 하며, v-for에서 사용한 menu라는 이름은 작성자가 정할 수 있습니다.

슬롯 기능

<slot>은 특정 영역을 다른 컴포넌트에서 작성한 내용으로 대체할 때 사용합니다. 즉, 컴포넌트에서 <slot>을 작성하면 다른 컴포넌트에서 작성한 내용으로 대체할 수 있습니다. 다음 예에서 컴파일 결과를 보면 Bcomponent.vue에서 <Acomponent>에 작성한 내용이 Acomponent.vue의 <slot></slot> 영역에 표시됩니다.

• Acomponent.vue

```
<template>
  <div class="menulist">
    <slot></slot>
  </div>
</template>
```

• Bcomponent.vue

```
<template>
  <Acomponent>
    <ul>
      <li>메뉴1</li>
      <li>메뉴2</li>
      <li>메뉴3</li>
      <li>메뉴4</li>
    </ul>
  </Acomponent>
</template>
```

컴파일 결과

```
<div class="menulist">
  <ul>
    <li>메뉴1</li>
    <li>메뉴2</li>
    <li>메뉴3</li>
    <li>메뉴4</li>
  </ul>
</div>
```

만약 <Acomponent>에 아무런 코드도 작성하지 않는다면, 즉 대체할 내용을 작성하지 않는다면 이 예에서는 <div class="menulist"></div> 코드만 컴파일되어 화면에 출력됩니다. 이처럼 <slot>을 이용하면 컴포넌트 안에 대체할 내용을 넣을 수 있어 컴포넌트의 재사용성과 유연성을 높일 수 있습니다. 슬롯은 「10-2」절에서 실제 코드와 함께 자세히 살펴봅니다.

05-6 주요 속성

컴포넌트 간의 통신

Vue.js에서 컴포넌트는 독립적인 상태를 가지기 때문에 컴포넌트 간의 데이터를 직접적으로 공유하는 것은 기본적으로 불가능합니다. 한 화면에 보이는 페이지라도 데이터를 공유할 수 없는 경우가 있습니다. 예를 들어 다음 그림에서 `Main` 컴포넌트에 작성한 데이터를 `Header` 컴포넌트에서 사용할 수 없습니다.

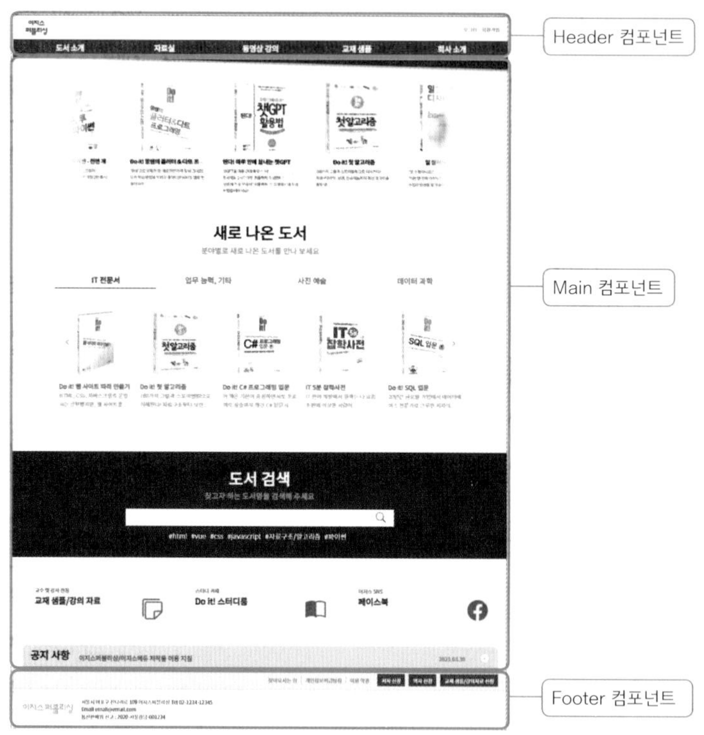

▲ 영역별 컴포넌트 구성

이는 Vue.js의 설계 원칙 중 하나인 '단방향 데이터 흐름'에 따라 컴포넌트 간의 데이터 흐름을 명확하게 유지하여 상태 관리를 쉽게 할 수 있게 해줍니다. 단방향 데이터 흐름이란 데이터가 변경될 때 상위 컴포넌트에서 하위 컴포넌트로 전달되는 방식입니다. 이로 인해 데이터 흐름을 쉽게 추적할 수 있어 유지·보수할 때 편리하고 빠르게 수정할 수 있습니다. 또한 의도치 않은 데이터 변경을 방지하여 웹 애플리케이션의 예측 가능성과 안정성을 높입니다.

그럼 Vue.js에서 컴포넌트끼리 데이터를 주고받는 방법을 알아보겠습니다.

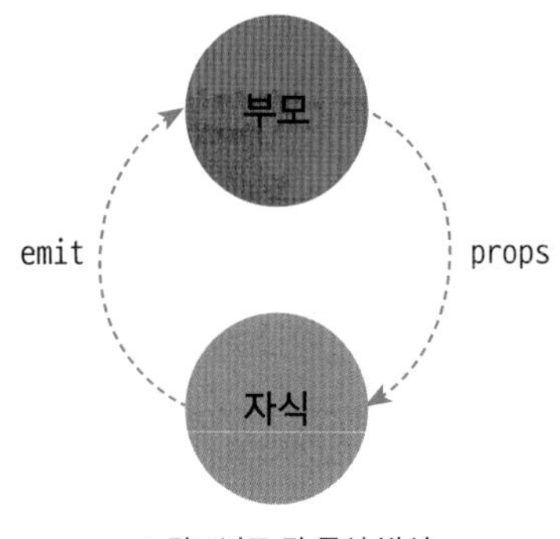

▲ 컴포넌트 간 통신 방식

props 속성

props는 부모 컴포넌트에서 자식 컴포넌트로 데이터를 전달하기 위한 속성입니다. 부모 컴포넌트에서 자식 컴포넌트의 태그에 v-bind나 간단한 표기법으로 데이터를 전달하고, 자식 컴포넌트에서는 props 속성을 사용하여 전달받은 데이터를 참조할 수 있습니다.

• 부모 컴포넌트

```
<template>
  <자식_컴포넌트 v-bind:props_속성명="이름"></자식_컴포넌트>
</template>
<script>
export default {
  data() {
    return {
      이름: 데이터,
    };
  },
};
</script>
```

• 자식 컴포넌트

```
<template>
  <div>{{ props_속성명 }}</div>
</template>

<script>
  export default {
    props: ["props_속성명"],
  };
</script>
```

부모 컴포넌트에 작성한 데이터로 바인딩됨

위의 코드처럼 부모 컴포넌트에서는 v-bind 디렉티브로 props 속성명을 지정하여 데이터를 전달하고, 자식 컴포넌트에서는 부모에게서 전달받은 데이터를 props 속성으로 받아서 사용할 수 있습니다. props 속성으로 배열, 객체, 숫자, Boolean값을 전달할 수 있습니다.

$emit 속성

props는 부모 컴포넌트의 데이터를 참조하기 위한 속성이므로 자식 컴포넌트의 데이터를 부모 컴포넌트가 참조할 수 없습니다. 부모 컴포넌트가 자식 컴포넌트의 데이터를 참조하려면 자식 컴포넌트에서 부모 컴포넌트로 신호를 보내 자식 컴포넌트의 데이터를 전달해야 하는데, 이때 사용하는 속성이 $emit입니다.

$emit 속성은 이벤트를 호출하고 데이터를 전달받을 수 있습니다. 쉽게 말해 자식 컴포넌트에서 $emit으로 신호를 보내고 부모 컴포넌트는 $emit으로 받은 신호로 methods의 이벤트를 호출하여 데이터를 전달받는 구조입니다.

- **자식 컴포넌트**

```
<template>
  <div v-on:click="부모 컴포넌트로 보낼 이벤트">
</template>
<script>
   export default {
      methods: {
         부모 컴포넌트로 보낼 이벤트() {
            this.$emit('부모 컴포넌트에서 받을 함수명', 전달할 데이터);
         }
      }
   }
</script>
```

- **부모 컴포넌트**

```
<template>
  <자식 컴포넌트 v-on:부모 컴포넌트에서 받을 함수명="부모 컴포넌트에서 실행할 함수">
  </자식 컴포넌트>
</template>
```

```
<script>
  export default {
    methods: {
      부모 컴포넌트에서 실행할 함수(전달받은 데이터) {
        console.log(전달받은 데이터);
    }
  }
</script>
```

EventBus 속성

props와 $emit는 컴포넌트의 계층 구조에 따라 컴포넌트 통신을 하기 위한 속성입니다. 그런데 같은 계층일 때, 즉 형제 컴포넌트일 때는 두 컴포넌트의 계층 구조와 상관없이 통신할 수 있는 EventBus 속성이 있습니다.

- **EventBus 인스턴스 생성 스크립트 파일**

```
<script>
  export const EventBus = new Vue();
</script>
```

- **송신 컴포넌트**

```
<template>
  <수신 컴포넌트 />
  <button @click="함수명"></button>
</template>
<script>
  import {EventBus} from EventBus 등록한 스크립트 경로
  export default {
    data() { return {전달할 데이터} }
    methods: {
      함수명() {
       EventBus.$emit("이벤트 이름", 전달할 데이터);
      }
    }
  }
</script>
```

• **수신 컴포넌트**

```
<template>
  <div>{{전달받은 데이터}}</div>
</template>
<script>
 data() { return {전달받은 데이터} }
 export default {
   cretedt() {
    EventBus.$on("이벤트 이름", 실행 함수 => {
      this.전달받은 데이터 = 전달할 데이터
    })
   }
}
</script>
```

EventBus 속성으로 송신 컴포넌트에서 이벤트를 연결하여 데이터를 보내고 수신 컴포넌트에서는 이벤트를 연결하여 데이터를 받을 수 있습니다. EventBus는 계층 구조에 상관없이 통신하기 때문에 너무 많이 쓰면 나중에 관리하기가 어렵고 주고받는 관계를 추적하기가 어렵습니다. Vue.js에서도 가능한 한 계층 구조를 사용하여 보내는 것을 권장하고 있습니다.

Vuex 라이브러리

Vue.js에서 웹 페이지를 만들 때 생성되는 컴포넌트의 양이 늘어나면 Vue.js의 컴포넌트 통신 방식인 props, $emit, EventBus 사용으로 중간에 거쳐야 할 컴포넌트가 복잡해지거나 컴포넌트 간 데이터 흐름을 파악하기가 어려워질 수 있습니다.

이러한 문제점을 해결하기 위해 Vue.js는 상태 관리를 위한 중앙 집중식 저장소 라이브러리인 Vuex를 제공합니다. Vuex를 사용하면 컴포넌트 간에 공유할 데이터를 효율적으로 관리할 수 있습니다. 사용 방법은 store.js라는 파일을 만들어 Vuex를 등록하고 뷰 인스턴스의 store 속성에 연결하여 컴포넌트 간의 데이터 전달과 이벤트 통신을 한 곳에서 관리하는 패턴을 만듭니다.

state 속성에 컴포넌트 간 공유할 데이터를 작성하고 데이터를 공유할 컴포넌트에서 $store.state.데이터명으로 접근하여 사용할 수 있습니다.

• Vuex 미사용 시 데이터 접근

```
<script>
 export default {
   data() { return  { 데이터 } }
   methods: {
     함수명() {
      this.데이터
     }
   }
}
</script>
```

• Vuex 사용 시 데이터 접근 store.js

```
import Vue from "vue";
import Vuex from "vuex";

 Vue.use(Vuex);

export const store = new Vuex.Store({
   state: {
     이름: "데이터",
   },
 });
```

• 컴포넌트 store.js

```
<template>
  <div>{{ $store.state.이름 }}</iv>
</template>
```

양방향 데이터 바인딩을 위한 v-model

웹 페이지에서 사용자에게 데이터를 입력받을 때가 있는데 이때 폼(form) 요소를 주로 사용합니다. 폼 요소에서 입력받은 데이터는 프로그래밍으로 처리하거나 서버로 보내는 과정이 필요하기 때문에 요소와 데이터를 연결해야 합니다. 폼에서 변경된 데이터를 가져오기 위해 요소에 접근하고, 이벤트를 처리한 후에 변경된 값을 전달하기 위해 다시 요소에 접근하는 식으로 구현합니다.

Vue.js에서는 사용자가 입력 요소에 데이터를 입력하거나 변경할 때마다 자동으로 업데이트되고 화면에 즉시 반영되는 양방향 데이터 바인딩을 지원하고자 v-model 디렉티브를 제공합니다. v-model 디렉티브는 v-bind와 v-on의 기능을 합친 것으로 이해할 수 있습니다. 데이터 연결과 이벤트 처리를 다음 코드처럼 한 번에 할 수 있습니다. 이는 Vue.js의 주요 기능 중 하나로, 개발자가 별도의 코드를 작성하지 않아도 데이터와 뷰가 실시간으로 동기화되어 데이터의 신뢰성과 일관성을 보장해 줍니다.

• v-model 속성 사용 예

```
<template>
  // v-bind    → 이름 바인딩
  // v-on      → 입력 요소에서 변경된 데이터 전달
  <input v-model="이름" /> ── 입력과 동시에 데이터 변경
  <p>username: {{ 이름 }}</p>
</template>
<script>
 export default {
   data() {
     return {
       이름: "데이터";
     }
   }
 }
</script>
```

HTML 입력 요소에 v-model의 속성은 다음과 같이 구성됩니다.

▼ v-model 속성

태그명	태그 속성	이벤트
input	value	input
checkbox	checked	change
select	value	change

Vue.js는 데이터 흐름을 단방향으로 설계하는 것이 원칙이지만 v-model 디렉티브를 사용하면 별도의 이벤트 처리나 데이터를 수동으로 업데이트하지 않고 데이터 흐름을 양방향으로 구현할 수 있습니다. 양방향 데이터 바인딩은 편리함과 개발 생산성을 높여 주지만, 데이터 흐름을 추적하기 어렵게 만들 수 있고 상태 관리를 복잡하게 할 수도 있습니다. 따라서 양방향 데이터 바인딩은 필요할 때만 사용하는 것이 좋습니다.

계산된 속성 computed

computed 속성은 data 속성에 지정된 값이 변경될 때마다 자동으로 감지하여 해당 값으로 계산된 결과를 저장해 줍니다. 예를 들어 회원가입을 처리할 때 이 속성을 이용하면 사용자가 입력하는 값의 변화에 따라 아이디 중복 여부를 확인할 수 있습니다. computed 속성은 HTML 구조가 생성되기 전에(컴포넌트가 렌더링되기 전에) 계산하고 데이터가 변경될 때마다 자동으로 다시 계산해 주므로 복잡한 연산을 반복해서 처리할 때 유용합니다.

computed 속성을 사용할 때는 이 속성에 정의한 함수에서 계산된 값을 반환하기 위해 return 문이 필요합니다.

- **computed 속성 사용 예**

```
<template>
  <div>
    <p>데이터: {{ 이름 }}</p>
    <p>결과: {{ 함수 }}</p>
  </div>
</template>

<script>
export default {
  data() {
    return {
      이름: "값",
    };
  },
  computed: {
    함수() {
      // 데이터 변경에 따른 실행문 작성
      return "함수 실행 결과";
    },
  },
};
</script>
```

데이터 감시자 watch

watch 속성은 computed와 마찬가지로 데이터의 변경을 감지합니다. computed 속성이 data 속성에 정의된 데이터를 감지하는 것이라면 watch 속성은 watch 속성 안에 정의된 데이터를 감지합니다. computed 속성이 데이터의 자동 연산을 위한 것이라면 watch 속성은 데이터가 변경되는 시점에 특정 동작을 수행할 때 사용합니다. 예를 들어 라우터의 변경(페이지 이동)에 따라 외부 데이터를 불러올 때 watch 속성을 사용합니다.

- **watch 속성 사용 예**

```
<script>
export default {
  watch: {
    $route: {
      handler() {
        라우터가 변경될 때 실행할 명령문
      },
      immediate: true
    }
  }
}
</script>
```

watch 속성 옵션

immediate 옵션은 컴포넌트가 렌더링된 즉시 함수 실행 여부를 지정합니다. 즉시 실행할 때는 true값을 지정합니다. deep 옵션은 감지 데이터가 하위 속성을 가지고 있을 때 그 하위 속성의 변경까지 감지합니다.

05-7 UI 프레임워크 소개

Vue.js 프로젝트를 진행할 때 UI를 쉽고 빠르게 구현하기 위해 대부분 Vue.js UI 프레임워크를 사용합니다. UI 프레임워크에서는 웹 사이트를 만들 때 사용되는 폼, 캘린더, 테이블 등 다양한 요소를 제공하며 모두 반응형으로 디자인되었습니다. 또 각 요소에 데이터 연동까지 만들어져 있어 개발자와 협업할 때 쉽고 빠르게 진행할 수 있습니다. 대부분의 UI 프레임워크는 기본 디자인이 되어 있어 웹 디자이너가 없는 소규모 팀에 비용과 시간을 단축할 수 있습니다.

Vue.js 프로젝트에서 UI 프레임워크 패키지를 설치하여 사용합니다. UI 프레임워크를 사용하더라도 HTML과 CSS를 추가로 작성할 수 있습니다. 작업자가 HTML과 CSS를 조금만 알고 있어도 컴포넌트를 다시 작성하지 않고 새로운 디자인에 맞춰 새로운 UI를 만들 수 있습니다.

최근에는 화려한 디자인보다 기본에 충실한 머티리얼 디자인[material design]과 반응형을 고려한 그리드 디자인이 유행하고 있습니다. 이를 기반으로 제작된 UI 프레임워크를 사용하는 것이 소규모 프로젝트뿐 아니라 대형 프로젝트에서도 유용합니다.

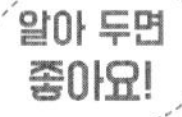

머티리얼 디자인이란?

복잡한 그래픽을 배제하고 단순한 색상과 구성을 통해 직관적인 인식이 가능하도록 구성하는 2차원 디자인 방식에 더해, 빛에 그림자 효과를 이용하여 입체감을 살리는 디자인 방식을 말합니다. 2014년 구글이 안드로이드 스마트폰에 적용하면서 널리 퍼지기 시작했습니다.

Vue.js UI 프레임워크는 여러 가지가 있지만 프로젝트에서 많이 쓰이는 '부트스트랩 뷰'와 슬라이드 라이브러리인 '뷰-슬릭-캐러셀'을 살펴보겠습니다. 이 책에서도 SPA를 만드는 실습에서 부트스트랩 뷰와 뷰-슬릭-캐러셀을 사용합니다.

부트스트랩 뷰

부트스트랩 뷰[Bootstrap Vue]는 부트스트랩을 Vue.js에서 사용할 수 있도록 만든 UI 라이브러리입니다. 반응형 디자인과 웹 접근성에 최적화되어 있어 많은 프로젝트에서 사용합니다. 부트스트랩 뷰의 컴포넌트 이름은 b-로 시작합니다.

부트스트랩 뷰의 홈페이지(bootstrap-vue.org)에서 [Components] 메뉴를 클릭하면 다양한 컴포넌트를 확인할 수 있습니다. 웹 사이트에서 자주 사용되는 UI가 구현되어 있어 퍼블리싱을 빠르게 진행할 수 있습니다.

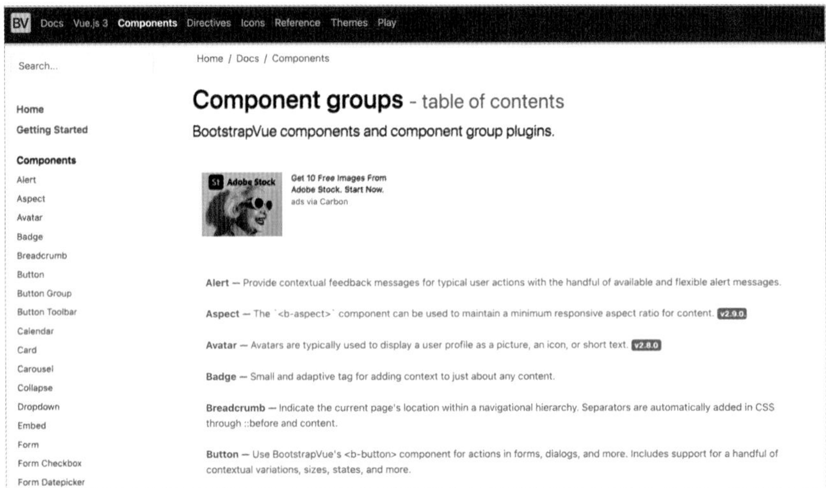

▲ 부트스트랩 뷰의 컴포넌트

또한 부트스트랩 뷰의 온라인 플레이그라운드(bootstrap-vue.org/play)에서 미리 테스트해 볼 수도 있습니다.

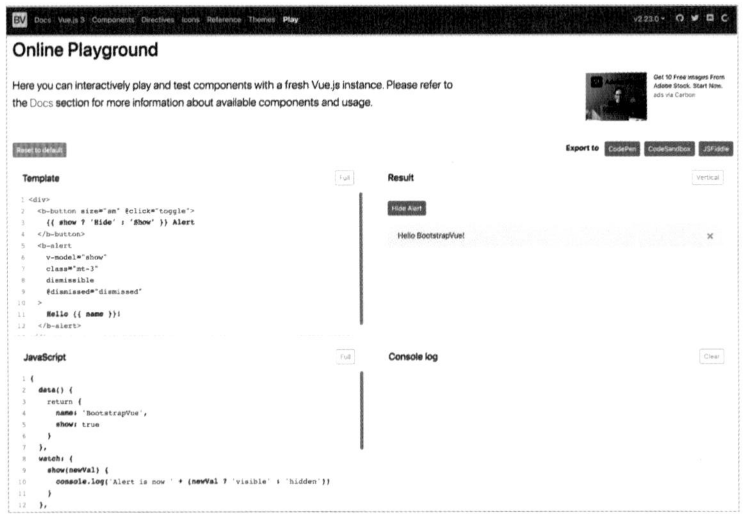

▲ 부트스트랩 뷰의 온라인 플레이그라운드

뷰-슬릭-캐러셀

뷰-슬릭-캐러셀vue-slick-carousel은 반응형 웹을 지원하는 슬라이더 라이브러리입니다. 제이쿼리jQuery 기반으로 만들어졌으며, 가변 슬라이드, 수직 슬라이드, 단일 슬라이드, 복수 슬라이드 등 다양한 옵션으로 슬라이드 UI를 쉽게 구현할 수 있게 해줍니다.

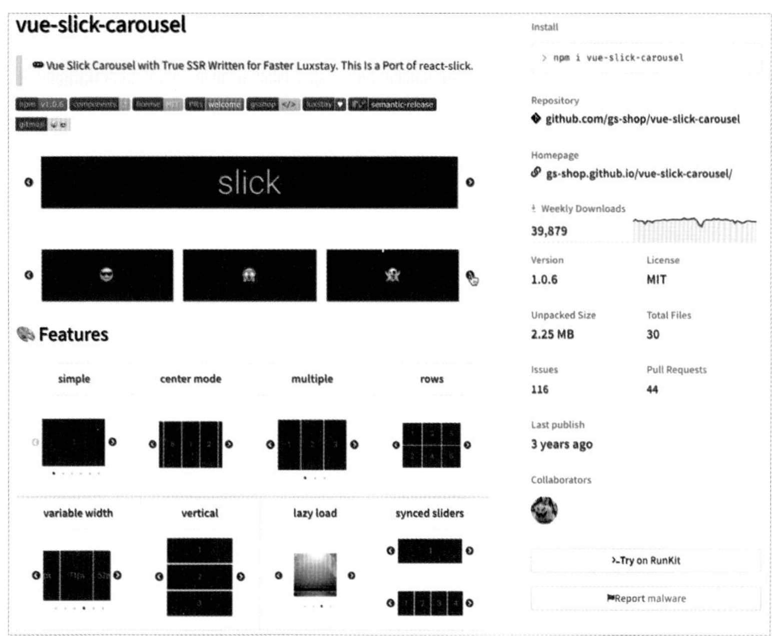

▲ 뷰-슬릭-캐러셀 샘플 확인(npmjs.com/package/vue-slick-carousel)

기타 라이브러리

Vue Material Kit: https://creative-tim.com/product/vue-material-kit

머티리얼 디자인 기반으로 화면 구성 예시가 다양하고 단순한 색상, 직관적인 식별성(플랫 디자인), 그림자 효과를 더한 구성까지 포함되어 있습니다. 프로 버전은 유료입니다.

Keen UI: https://josephuspaye.github.io/Keen-UI/#/ui-alert

Vue Material Kit와 마찬가지로 머티리얼 디자인과 적절한 아이콘으로 구성되어 있습니다. 패키지 전체를 사용하지 않아도 필요한 부분만 사용할 수 있습니다.

Vuetify.js: https://vuetifyjs.com/ko

최적화된 모바일 플랫폼을 지원하는 라이브러리입니다. 모바일 전략이 중요한 사이트에 도입하면 효율적으로 사용할 수 있습니다.

Element: https://element.eleme.io

다양한 모션을 지원하는 라이브러리입니다. 색상 시스템도 함께 지원하지만 반응형으로 되어 있지 않아 따로 구현해야 하는 단점이 있습니다.

지금까지 Vue.js의 기본 환경과 주요 문법을 간략히 살펴보았습니다. 더 많은 내용은 kr.vuejs.org에 방문해 참고하길 바랍니다.

Memo

셋째마당

SPA 만들기

지금까지 HTML과 CSS부터 자바스크립트와 Vue.js까지 SPA를 만드는 데 필요한 기술을 살펴봤습니다. 이제 SPA를 만들어 볼 차례입니다. 전체적인 구성부터 디자인, 세부적인 데이터 흐름까지 앞에서 살펴본 기술들이 SPA 제작에 어떻게 적용되는지 살펴보겠습니다. 각 기술을 글로만 이해하기 어려웠다면 이번 마당에서 직접 코드를 작성하면서 웹 브라우저에 어떻게 표현되는지 확인해 봅시다.

06
프로젝트
환경 설정하기

07
SPA 기본 골격
만들기

08
로그인/회원가입
대화 상자
만들기

09
메인 콘텐츠
만들기

10
서브 페이지 레이
아웃 만들기

11
도서 소개 페이지
만들기

12
SPA
완성하기

06

프로젝트 환경 설정하기

이 장에서는 프로젝트 실습에 필요한 환경을 설정하고 Node.js 서버를 실행하여 개발 환경을 만듭니다. 실무에서 프로젝트 환경 설정은 대부분 개발자와 협의해서 진행하므로 이 책에서도 직접 구성하지 않고 필자가 미리 준비한 폴더를 내려받아 설치합니다. 또한 프로젝트 폴더 구성은 프로젝트 특성에 따라 다를 수 있으므로 이 책의 실습에 필요한 부분만 간단히 살펴보고 넘어가겠습니다.

06-1 프로젝트 환경 설정하기

실무에서는 프로젝트를 진행할 때 플러그인 사용 여부, 환경 설정 등을 개발자와 협업하여 결정합니다. 각자 작업한 코드가 충돌하는 것처럼 프로젝트를 진행할 때 발생할 수 있는 문제를 없애기 위해 여러 테스트를 거쳐 설정합니다. 이 책의 실습은 필자가 미리 준비해 놓은 프로젝트 폴더를 내려받아서 진행합니다. 해당 폴더에는 실습에 필요한 각종 패키지 명세와 설정 파일이 들어 있습니다.

이 책에서 실습할 예제는 다음과 같은 환경에서 개발하도록 설정되었습니다.

- Node.js: v16.15.0 이상
- Vue.js: v2.0
- Bootstrap-Vue 프레임워크
- Vue-Slick 플러그인

그럼 이 책에서 진행할 프로젝트 실습의 환경을 설정해 보겠습니다. 먼저 실습을 진행하려면 Node.js가 설치돼 있어야 하는데, Node.js는 04장에서 이미 설치했다고 가정하겠습니다.

비주얼 스튜디오 코드 설치하기

비주얼 스튜디오 코드 Visual Studio Code(이하 VSCode)는 마이크로소프트에서 개발한 무료 소스 코드 편집기입니다. VSCode는 거의 모든 프로그래밍 언어를 지원하며 코드 편집에 최적화된 인터페이스를 제공하며 VSCode 안에서 터미널까지 사용할 수 있어 세계에서 가장 많이 사용하는 개발 도구 중 하나입니다.

이 책에서는 VSCode 설치에 관해서만 설명합니다. 다양한 활용법은 code.visualstudio.com에서 참고하기 바랍니다. 그럼 비주얼 스튜디오 코드를 설치해 보겠습니다.

먼저 다음 주소에 접속하여 내 컴퓨터의 운영체제에 맞는 설치 파일을 내려받습니다.

- VSCode 내려받기: code.visualstudio.com/download

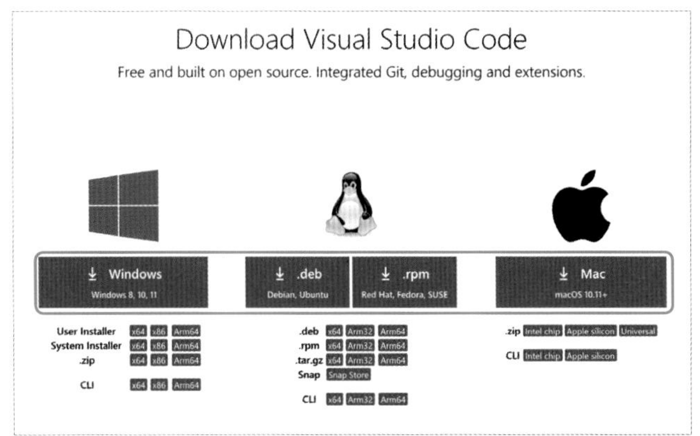

▲ 설치 파일 내려받기

윈도우에서 내려받은 설치 파일을 클릭하면 설치 마법사가 실행됩니다. 라이선스에 **[동의합니다]**를 클릭한 후 기본 옵션으로 설치합니다. 옵션 중 **[PATH에 추가]**는 꼭 포함하세요. macOS에서는 zip 파일의 압축을 풀어 응용 프로그램으로 옮기면 설치가 완료됩니다.

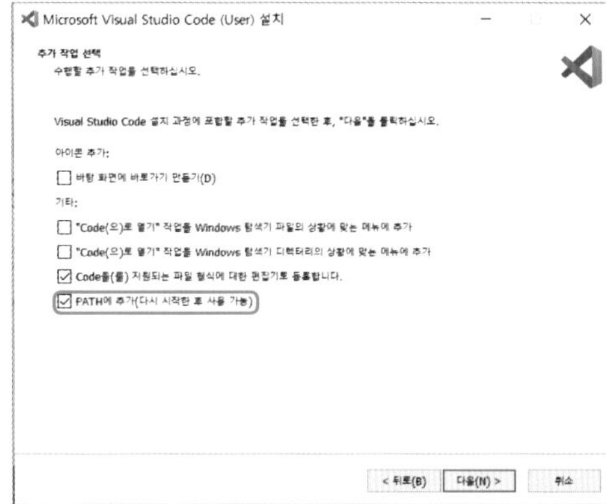

▲ VSCode 설치하기

Vue.js 설치하기

다음으로 Vue.js를 설치하겠습니다. Node.js가 설치된 상태에서 [⊞]+[R]을 누른 후 검색 창에 cmd를 입력해 명령 프롬프트를 실행합니다. 명령 프롬프트에서 다음 명령어를 입력한 후 [Enter]를 누르면 Vue.js가 설치됩니다.*

* macOS에서는 npm 명령어 앞에 sudo를 입력해 관리자 권한으로 설치합니다.

• Vue.js 설치하기

```
> npm install -g vue
```

그다음 Vue.js 개발 환경을 설정해 주는 Vue CLI를 설치합니다. 명령 프롬프트에서 다음 명령어를 입력한 후 Enter 를 눌러 설치합니다.

• **Vue CLI 설치하기**

```
> npm install -g vue-cli
```

Vue CLI까지 설치했으면 명령 프롬프트에서 다음 명령어로 Vue.js의 버전을 확인할 수 있습니다.

• **Vue.js 버전 확인하기**

```
> vue --version
2.9.6
```

그런데 만약 내 컴퓨터에 설치된 Vue.js 버전이 3.0 이상이면 이 책의 실습 프로젝트를 진행할 수 없습니다. 이때는 명령 프롬프트에서 다음 명령어로 3.0 버전을 삭제하고 Vue.js를 다시 설치합니다.

• **Vue.js 삭제하기**

```
> npm uninstall -g @vue/cli
```

알아 두면 좋아요!

Node.js 버전이 v16.15.0보다 낮을 때

만약 이 책을 통해 Node.js를 처음 설치했다면 최신 버전으로 설치됐겠지만, 기존에 설치한 Node.js를 사용한다면 v16.15.0 이상인지 확인해야 합니다. 이 책의 실습 프로젝트는 Node.js 16.15.0 버전 이상부터 정상으로 실행됩니다. 만약 Node.js 버전이 이보다 낮다면 NVM[Node version manager]으로 다른 버전을 추가로 설치해 사용할 수 있습니다. NVM은 Node.js를 여러 개 설치하고 사용할 버전을 선택할 수 있는 도구입니다. 자세한 사항은 NVM 공식 문서(github.com/coreybutler/nvm-windows/releases)에서 확인할 수 있습니다.

프로젝트 폴더 내려받기

프로젝트 폴더는 필자의 깃 허브GitHub 저장소에 올려 두었습니다. 다음 주소에 접속한 후 〈Code〉를 클릭하고 〈Download ZIP〉를 클릭해 압축 파일을 내려받습니다. 그리고 적당한 위치에 압축을 풀어 프로젝트를 진행하면 됩니다. 참고로 이 책에서 프로젝트 폴더 이름은 Doit-Project로 설명합니다. 만약 다른 이름으로 설치되면 Doit-Project로 변경해서 맞춥니다.

- **프로젝트 폴더 내려받기**: github.com/my-yoon/Doit-Project

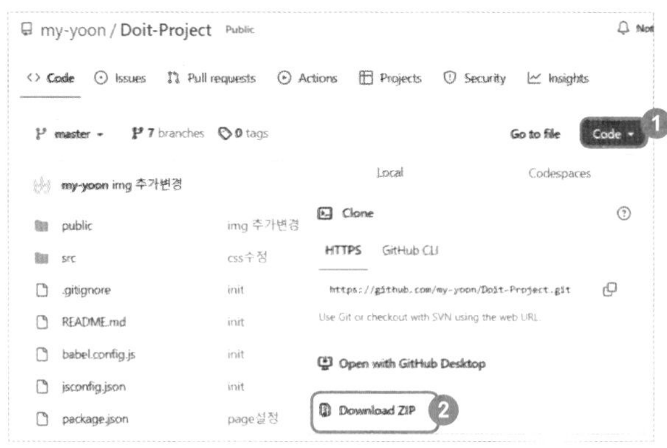

▲ 깃허브에서 설정 파일 내려받기

깃이란?

실무에서 웹 프로젝트를 진행할 때는 대부분 형상 관리 도구인 **깃**Git을 사용합니다. 깃을 이용하면 여러 사람의 작업 파일을 쉽게 관리할 수 있습니다. 깃 설치와 사용법 등은 깃 홈페이지에서 확인할 수 있습니다.

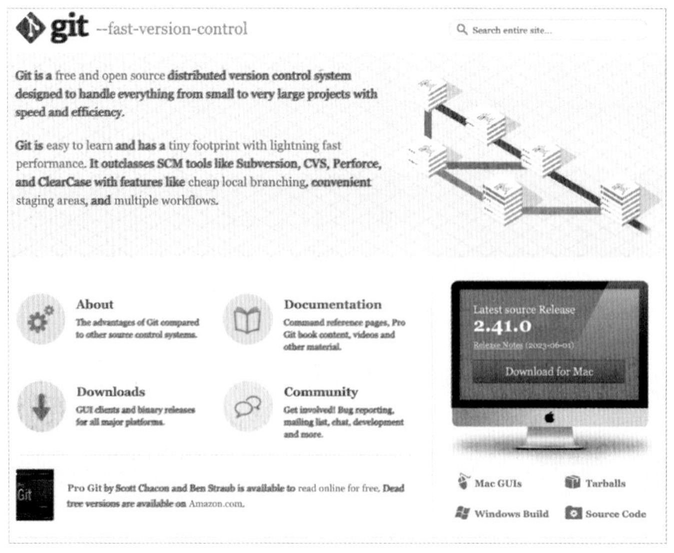

▲ 깃 홈페이지(git-scm.com)

깃을 이용하면 같은 파일을 각자 작업하고^branch 하나로 통합^merge할 수 있어 여러 명이 동시에 작업할 수 있습니다. 작업 파일의 변경 사항을 실시간으로 저장하여 같은 파일의 다른 버전을 각각 보관할 수 있습니다. 깃을 사용하면 작업은 내 컴퓨터에서 하고 업로드만 네트워크를 사용하기 때문에 빠르게 작업할 수 있습니다.

다음은 깃에서 사용하는 기본 용어입니다.

- **레포지터리(Repository)**: 저장소를 의미합니다. 저장소는 히스토리, 태그, 소스의 브랜치에 따라 버전을 저장합니다. 저장소를 통해서 작업자가 변경한 모든 히스토리를 확인할 수 있습니다.
- **작업 트리(Working Tree)**: 저장소를 어느 한 시점을 바라보는 작업자의 현재 시점을 의미합니다.
- **준비 영역(Staging Area)**: 저장소에 커밋하기 전에 커밋을 준비하는 위치입니다.
- **커밋(Commit)**: 현재 변경된 작업 상태를 점검한 뒤 확정하여 저장소에 저장하는 작업을 의미합니다.
- **헤드(Head)**: 현재 작업 중인 브랜치를 의미합니다.
- **브랜치(Branch)**: 분기점을 의미합니다. 복사하여 브랜치에서 작업한 후 완전할 경우 머지합니다.
- **머지(Merge)**: 브랜치의 내용을 현재 브랜치로 가져와 합치는 작업을 의미합니다.

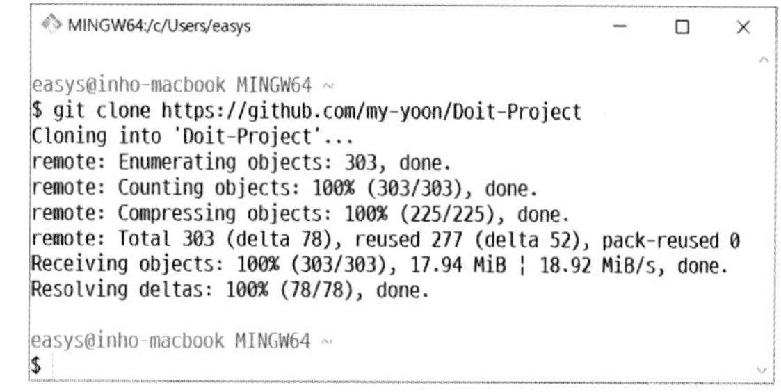

▲ 깃으로 프로젝트를 내려받는 예

모듈 설치하기

이제 프로젝트에 필요한 모듈을 설치하겠습니다. 먼저 앞에서 내려받은 프로젝트 폴더(Doit-Project)에 마우스 오른쪽 버튼을 클릭한 후 [Open with Code]를 선택합니다. 그러면 프로젝트 폴더를 대상으로 VSCode가 열립니다. macOS에서는 터미널에서 프로젝트 폴더(Doit-Project)가 있는 위치로 이동한 후 다음 명령으로 VSCode를 엽니다.

• macOS에서 프로젝트 폴더 대상으로 VSCode 열기

```
> code Doit-Project
```

VSCode가 열리면 Ctrl+`를 눌러 터미널을 엽니다. macOS에서 단축키는 Ctrl+Shift+~입니다. 터미널이 열리면 다음과 같은 명령어를 입력해 실습에 필요한 모듈을 설치합니다.

• 모듈 설치하기

```
> npm install
```

모듈 설치가 완료되면 왼쪽의 탐색기에서 프로젝트 폴더에 node_modules라는 폴더가 생성된 것을 확인할 수 있습니다.

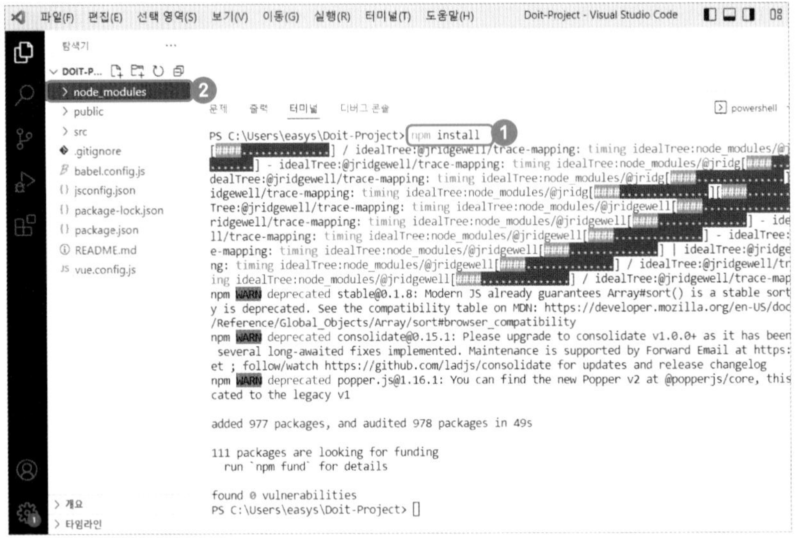

▲ 모듈 설치 완료

서버 실행하기

노드 모듈까지 설치했으면 이제 마지막으로 VSCode 터미널에서 다음 명령어를 입력해 노드 서버를 실행합니다.

• 노드 서버 실행하기

```
> npm run serve
```

▲ 서버 실행하기

서버가 정상으로 실행되면 브라우저에서 확인할 수 있는 주소가 생성됩니다. 이를 클릭하거나 웹 브라우저의 주소 창에 입력하면 빈 화면을 확인할 수 있습니다. 아직은 Vue.js 템플릿 파일이 없으므로 빈 화면만 보입니다.

06-2 프로젝트 폴더 살펴보기

VScode에서 프로젝트 폴더를 열면 왼쪽의 [탐색기]에서 폴더 구성을 살펴볼 수 있습니다. 이 책의 실습 프로젝트 폴더(Doit-Project)는 node_modules, public, src 폴더로 구성되어 있습니다. 각 폴더를 자세히 살펴보겠습니다.

node_modules 폴더

node_modules 폴더에는 앞 절에서 `npm install` 명령어로 설치한 각종 플러그인이나 프레임워크를 사용하기 위한 정보와 서버 설정 파일들이 담겨 있습니다.

public 폴더

public 폴더에는 images와 common 폴더가 있습니다. images 폴더에는 프로젝트에 사용하는 이미지가 있고, common/styles 폴더에는 기본 CSS와 웹 폰트가 있습니다. 특히 이 책의 실습 프로젝트를 진행하면서 작성하는 CSS 코드는 common.css 파일에 작성하므로 위치를 기억해 둡니다.

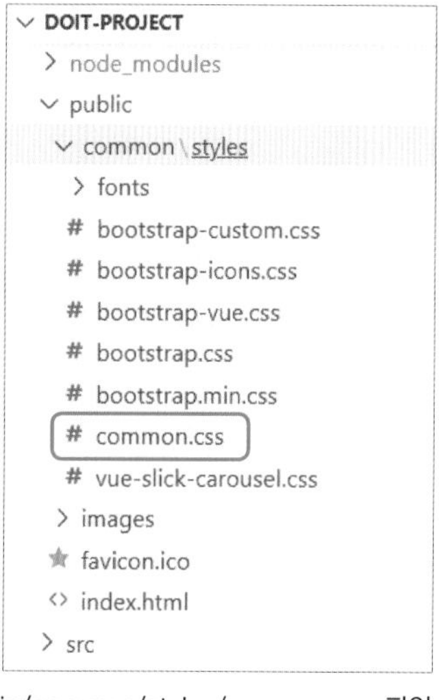

▲ public/common/styles/common.css 파일

public 폴더에 있는 index.html 파일에는 Vue.js로 작성된 모든 템플릿 파일이 HTML로 변환되어 <div id="app"></div> 태그 안에 들어갑니다. 최종적으로 웹 브라우저에 보이는 파일이 바로 index.html입니다.

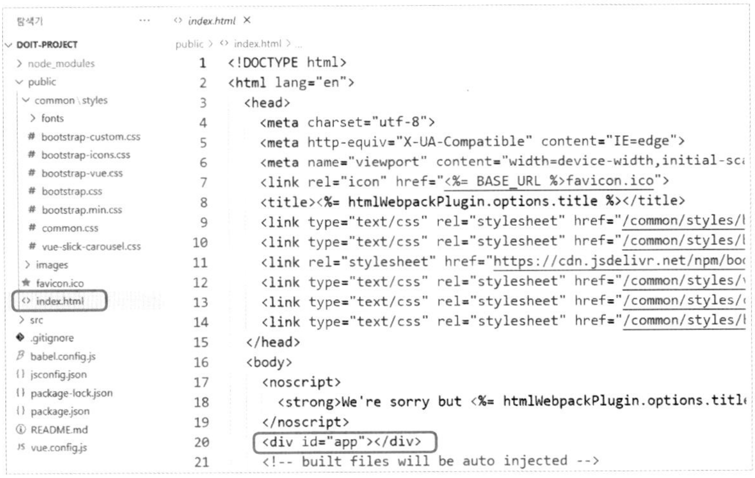
탐색기
index.html
DOIT-PROJECT
node_modules
public
common \ styles
fonts
bootstrap-custom.css
bootstrap-icons.css
bootstrap-vue.css
bootstrap.css
bootstrap.min.css
common.css
vue-slick-carousel.css
images
favicon.ico
index.html
src
.gitignore
babel.config.js
jsconfig.json
package-lock.json
package.json
README.md
vue.config.js
public > index.html > ...
<!DOCTYPE html>
<html lang="en">
<head>
<meta charset="utf-8">
<meta http-equiv="X-UA-Compatible" content="IE=edge">
<meta name="viewport" content="width=device-width,initial-sca
<link rel="icon" href="<%= BASE_URL %>favicon.ico">
<title><%= htmlWebpackPlugin.options.title %></title>
<link type="text/css" rel="stylesheet" href="/common/styles/
<link type="text/css" rel="stylesheet" href="/common/styles/
<link rel="stylesheet" href="https://cdn.jsdelivr.net/npm/boo
<link type="text/css" rel="stylesheet" href="/common/styles/
<link type="text/css" rel="stylesheet" href="/common/styles/
<link type="text/css" rel="stylesheet" href="/common/styles/
</head>
<body>
<noscript>
<strong>We're sorry but <%= htmlWebpackPlugin.options.titl
</noscript>
<div id="app"></div>
<!-- built files will be auto injected -->

▲ public/index.html 파일

src 폴더

src 폴더에는 Vue.js 템플릿과 자바스크립트 파일이 있습니다. main.js는 Vue.js에서 사용하는 플러그인이나 라우터 등을 지정하는 자바스크립트 파일이며, App.vue 파일은 템플릿 파일의 최상위 부모 페이지입니다. router 폴더에는 템플릿의 경로를 지정할 수 있는 라우터 자바스크립트 파일이 있고, common 폴더에는 부트스트랩 뷰와 뷰 슬릭 플러그인을 사용하기 위한 자바스크립트 파일이 있습니다.

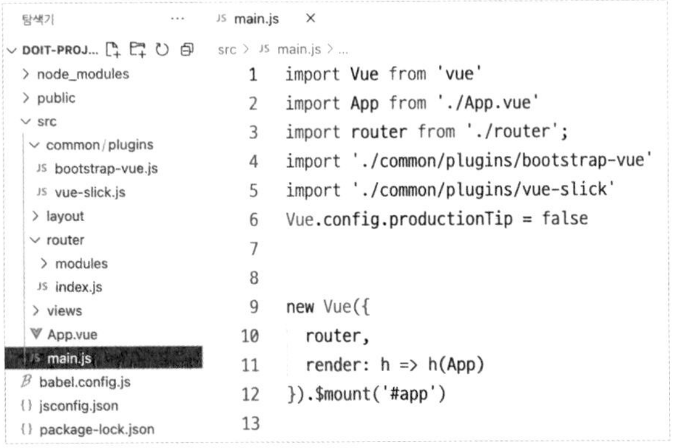
탐색기
main.js
DOIT-PROJ...
node_modules
public
src
common / plugins
bootstrap-vue.js
vue-slick.js
layout
router
modules
index.js
views
App.vue
main.js
babel.config.js
jsconfig.json
package-lock.json
src > main.js > ...
import Vue from 'vue'
import App from './App.vue'
import router from './router';
import './common/plugins/bootstrap-vue'
import './common/plugins/vue-slick'
Vue.config.productionTip = false
new Vue({
router,
render: h => h(App)
}).$mount('#app')

▲ src 폴더 구성

기타 설정 파일들

프로젝트 루트에는 기타 설정 파일들이 있습니다. 실습에서는 이 파일들을 수정하지 않지만 간단히 살펴보겠습니다.

- babel.config.js: ES6+ 버전의 자바스크립트, JSX, 타입스크립트 코드를 하위 버전의 자바스크립트 문법으로 변환해 주는 역할을 합니다.
- jsconfig.json: 자바스크립트 옵션을 지정하는 파일로, 이 파일이 있는 폴더가 프로젝트의 루트입니다.
- package.json: Node.js 기반 프로젝트에서 사용되는 파일로, 프로젝트의 기본 정보와 프로젝트의 실행에 필요한 모듈(프레임워크, 플러그인 등)의 정보들이 있습니다.
- package-lock.json: package.json에 작성된 버전이 유연한 정보로 작성되어 있다면 package-lock.json에는 더 명확한 버전이 명시되어 있습니다. npm install 시 함께 생성됩니다.
- README.md: 프로젝트 정보가 기록된 파일입니다.
- vue.config.js: Vue CLI 프로젝트를 수정하고 추가적인 설정을 적용하는 파일입니다. 빌드, 개발 서버, 환경 변수, 플러그인 등 다양한 구성 요소를 설정하고 관리합니다.
- .gitignore: Git 버전 관리에서 제외할 파일 목록을 지정하는 파일입니다.

지금까지 이 책의 프로젝트 폴더 구성을 간단히 살펴봤습니다. 다음 장부터는 src 폴더에 Vue.js 템플릿 파일을 작성해 가면서 본격적으로 SPA 프로젝트를 진행하겠습니다.

07

SPA 기본 골격 만들기

07-1 기본 레이아웃 만들기

07-2 헤더 영역 만들기

07-3 메뉴 만들기

07-4 푸터 영역 만들기

07-5 반응형으로 만들기

이 장에서는 웹 사이트의 전체 레이아웃을 구성하여 뼈대를 만들고 SPA의 핵심인 라우터를 이용해 컴포넌트 이동을 구현해 보겠습니다.

07-1 기본 레이아웃 만들기

우리가 만들 웹 사이트는 상단(이하 헤더)과 콘텐츠, 그리고 하단(이하 푸터) 영역으로 구성됩니다. 헤더와 푸터 영역은 고정되고 가운데 콘텐츠 영역만 사용자의 메뉴 클릭에 따라서 컴포넌트를 변경하여 출력할 것입니다. 이때 컴포넌트 변경은 Vue.js의 **라우터**router 라이브러리를 사용합니다. 라우터는 Vue.js로 작성한 템플릿 파일을 지정한 경로에 따라 웹 브라우저에 출력해 줍니다.

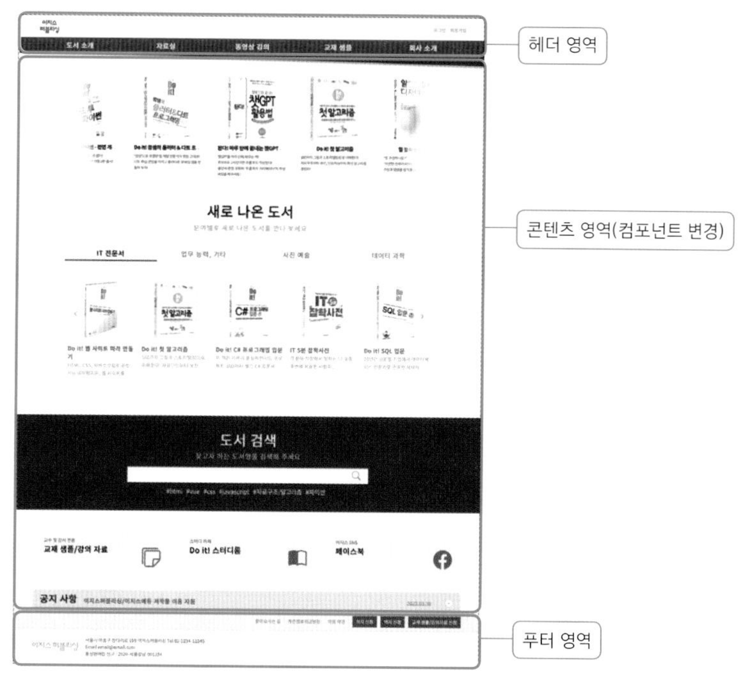

▲ 기본 레이아웃

Do it! 실습 기본 레이아웃 만들고 라우팅하기

VSCode에서 프로젝트 폴더(Doit-Project)를 열고 src 폴더의 App.vue 파일을 열어 보면 `<div id="app"></div>` 태그 안에 `<router-view>` 태그가 있는 것을 확인할 수 있습니다. 이 `<router-view>` 태그를 통해 템플릿 파일이 웹 브라우저에 출력됩니다.

그럼 <div id= "appPage"> 안의 <router-view> 태그에 출력할 템플릿 파일을 작성해 보겠습니다.

Do it! • src/App.vue

```
<template>
  <div id="appPage">
    <router-view />
  </div>
</template>
```

* Vue.js를 설치한 후에 VSCode에서 뷰 파일을 처음 열면 'Vue Language Features(Volar)'라는 확장 프로그램을 설치할 것을 묻는 창이 나타납니다. 이 프로그램을 설치하면 뷰 파일을 보기가 훨씬 수월하므로 추천합니다.

1단계 먼저 src 폴더 아래 layout이라는 이름으로 새 폴더를 만들고 여기에 index.vue 파일을 만듭니다.

그리고 index.vue 파일에 <section> 태그로 웹 사이트의 전체 레이아웃을 만드는 코드를 다음처럼 작성합니다.

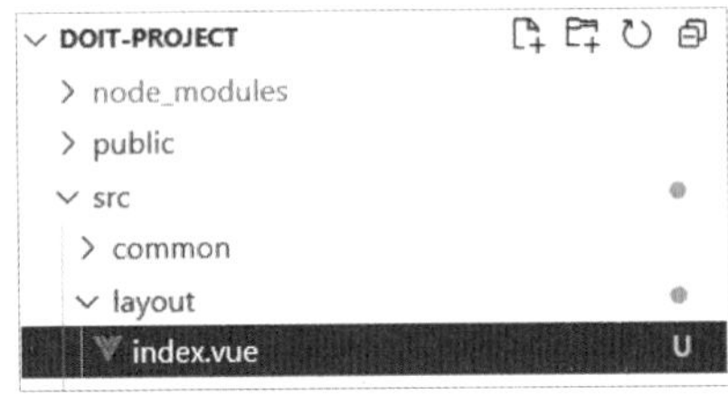

▲ 폴더 구조

Do it! • src/layout/index.vue

```
<template>
  <section id="wrap">
    <section>상단 영역</section>
    <section id="container">
      <router-view />   <!-- 각 메뉴에 따라 변경할 컴포넌트 영역의 라우터 태그 -->
    </section>
    <section>하단 영역</section>
  </section>
</template>
```

2단계 src/router 폴더 아래 modules라는 이름으로 새 폴더를 만듭니다. 그 안에 pageRouter.js라는 이름으로 자바스크립트 파일을 만들고, 다음처럼 pageRouter 변수에 index.vue 파일의 컴포넌트 정보를 작성합니다. 그러면 path에 작성한 경로를 요청할 때 component에 지정한 파일을 찾아서 출력합니다.

Do it! • src/router/modules/pageRouter.js

```
const pageRouter = {
  path: "/",                                      컴포넌트 경로
  name: "layout",                                 컴포넌트 이름
  component: () => import("@/layout/index.vue"),  컴포넌트 위치
};
export default pageRouter;
```

3단계 src/router 폴더의 index.js에 import 문을 사용하여 pageRouter 객체를 가져옵니다.

Do it! • src/router/index.js

```
import Vue from "vue";
import VueRouter from "vue-router";
import pageRouter from "./modules/pageRouter";

Vue.use(VueRouter);
const router = new VueRouter({
  mode: "history",
  routes: [pageRouter],
});
export default router;
```

알아 두면 좋아요!

export 문과 import 문

export 문은 변수나 함수, 클래스 등을 다른 파일에서 사용할 수 있도록 내보낼 때 사용합니다. export 문은 다음처럼 사용합니다. 여기서 식별자란 내보낼 항목의 이름이나 별칭입니다.

```
export {식별자}
```

import 문은 다른 자바스크립트 파일에서 변수나 함수, 클래스 등을 가져올 때 사용합니다.

```
import {식별자} from '스크립트_파일_경로'
```

윤미쌤의 실무 코칭!

라우팅 설정 파일을 따로 만들어 관리하세요

프로젝트의 규모에 따라 라우터 설정이 많아지면 가독성이 떨어지거나 관리가 어려울 수 있습니다. 라우팅 설정 파일을 폴더나 메뉴별로(예에서는 index.js, pageRouter.js) 따로 만들어 관리하면 유지·보수할 때 라우터 파일을 효율적으로 관리할 수 있습니다.

Do it! 실습 메인 콘텐츠 영역 만들고 라우팅하기

1단계 이제 메인 콘텐츠 영역을 만들어 보겠습니다. src 폴더에 **views**라는 폴더를 만들고 메인 콘텐츠를 작성할 main.vue 파일도 새로 만듭니다. 그리고 이 파일에서 `<template>`과 그 아래에 `<section>` 태그를 작성한 후 `maincontents`라는 클래스를 지정합니다.

Do it! • src/views/mian.vue

```
<template>
  <section class="maincontents">메인 영역</section>
</template>
```

2단계 pageRouter.js 파일을 열고 방금 작성한 main.vue 파일의 라우팅 정보를 작성합니다. 상단과 하단 영역이 포함된 전체 콘텐츠는 src/App.vue 파일의 `<router-view>`에 출력되고, 메인 콘텐츠는 layout/index.vue 파일의 `<router-view>`에 출력됩니다. 이처럼 상위 컴포넌트(App.vue)가 하위 컴포넌트(index.vue)를 포함하는 것을 네스티드 라우터[nested router]라고 합니다(네스티드 라우터는 「05-3」절을 참고하세요).

`pageRouter` 파일에 `children[]`을 추가하고 main.vue 파일의 정보를 작성합니다. 앞으로 만들 페이지, 즉 각 메뉴에 해당하는 콘텐츠 컴포넌트는 이처럼 pageRouter.js 파일에서 `children[]` 안에 라우팅 정보를 추가할 것입니다.

Do it! • src/router/modules/pageRouter.js

```
const pageRouter = {
  path: "/",
  name: "layout",
  component: () => import("@/layout/index.vue"),
  children: [
    {
      path: "/main",
      name: "main",
      component: () => import("@/views/main.vue"),
    },
  ],
};
export default pageRouter;
```

3단계 VSCode에서 터미널 창(단축 키 Ctrl + ~)을 열고 프로젝트 폴더에서 `npm run serve` 명령으로 서버를 실행합니다.

▲ 서버 실행하기

이제 웹 브라우저의 주소 창에 localhost:8080/main* 을 입력해 보세요. 앞에서 작성한 라우터가 실행되어 각 컴포넌트에 작성한 텍스트가 웹 브라우저에 출력되는 것을 확인할 수 있습니다.

* 포트 번호는 서버를 만들 때 자동으로 할당됩니다. 보통 8080이지만 이 포트가 사용 중일 때는 8081처럼 다른 번호가 할당될 수도 있어요. npm run serve 명령 실행 후에 나타나는 안내에 따릅니다.

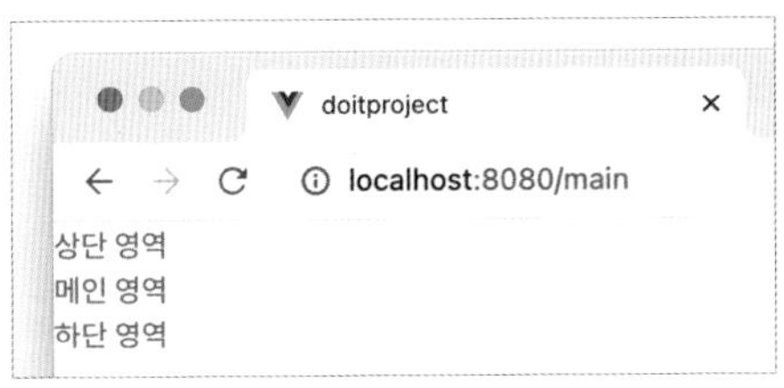

▲ 라우팅 결과

4단계 이번엔 웹 브라우저의 주소 창에 localhost:8080/이라고 입력해 볼까요? 화면에는 main.vue 파일의 내용이 출력되지 않고 상단과 하단 영역만 출력됩니다. pageRouter.js에서 `path: "/"` 경로에 설정한 컴포넌트는 /layout/index.vue이므로 main.vue 컴포넌트는 출력되지 않는 거죠. 처음에 접속할 때 main.vue 컴포넌트가 바로 출력되도록 하려면 다음처럼 리다이렉트(`redirect`) 정보를 작성합니다.

Do it! • src/router/modules/pageRouter.js

```
const pageRouter = {
  path: "/",
  name: "layout",
  redirect: "/main",
  component: () => import("@/layout/index.vue"),
  children: [
... (생략) ...
```

이렇게 하면 처음 접속할 때 main.vue 컴포넌트가 출력됩니다. 웹 브라우저에서 주소를 localhost:8080/라고 입력해도 localhost:8080/main으로 변경되어 컴포넌트가 출력되는 것을 확인할 수 있습니다.

Do it! 실습 헤더와 푸터 컴포넌트 만들기

1단계 index.vue 페이지에서 <h1> 태그를 사용하여 웹 사이트의 제목을 작성하고 blind (CSS에 미리 작성해 놓은 클래스 이름) 클래스를 지정하여 브라우저에는 표시되지 않도록 합니다.

Do it! • src/layout/index.vue

```
<template>
  <section id="wrap">
    <h1 class="blind">웹사이트 제목</h1>
    <section>상단 영역</section>
    <section id="container">
      <router-view />
    </section>
    <section>하단 영역</section>
  </section>
</template>
```

윤미쌤의 실무 코칭!

요즘엔 <h1> 태그에 텍스트를 넣어요

기존에는 <h1> 태그에 기업이나 브랜드의 로고를 넣어 웹 사이트의 제목 대신 쓰는 경우가 많았으나 최근에는 검색 엔진 최적화를 위해 콘텐츠와 어울리는 제목을 텍스트로 넣는 것을 권장합니다.

2단계 헤더에는 페이지 이동을 할 수 있는 메뉴 바와 로고 그리고 로그인과 회원가입 메뉴가 있습니다. 헤더는 <section> 태그 대신 탐색에 도움을 주는 콘텐츠를 나타내는 <header> 태그로 작성합니다. 그리고 푸터는 주소나 전화번호 등 웹 사이트의 기본 정보를 담고 있습니다. 마찬가지로 <section> 태그 대신 <footer> 태그로 작성합니다. 이 두 영역을 컴포넌트로 만들어 index.vue에 등록해 보겠습니다.

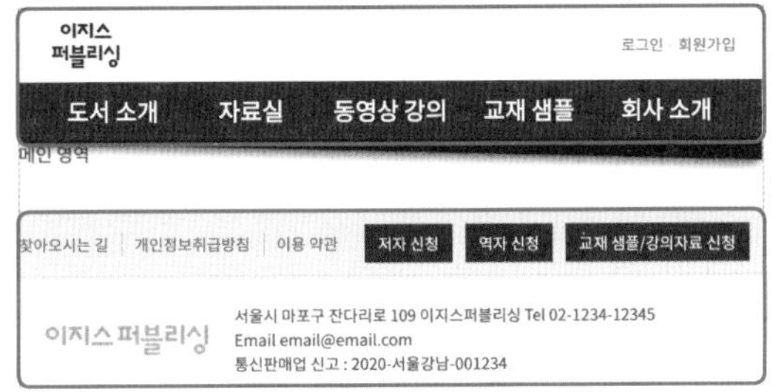

▲ 웹 사이트 헤더와 푸터

상단과 하단 영역을 컴포넌트로 만들겠습니다. 먼저 layout 폴더에 components 폴더를 추가합니다. 그리고 components 폴더 안에 헤더는 Header.vue, 푸터는 Footer.vue로 각 영역에 표시할 템플릿 파일을 작성합니다.

Do it! • src/layout/components/Header.vue

```
<template>
  <header>상단 영역</header>
</template>
```

Do it! • src/layout/components/Footer.vue

```
<template>
  <footer>하단 영역</footer>
</template>
```

3단계 index.vue 파일을 열고 각 영역을 해당 컴포넌트로 수정합니다.

Do it! • src/layout/index.vue

```
<template>
  <section id="wrap">
    <h1 class="blind">웹사이트 제목</h1>
    <Header />
    <section id="container">
      <router-view />
    </section>
    <Footer />
  </section>
</template>
```

4단계 index.vue 파일에서 Header와 Footer 컴포넌트를 사용하기 위해 템플릿 태그 아래쪽에 <script> 태그를 작성하고 import 문으로 각 컴포넌트의 경로와 이름을 작성합니다.

Do it! • src/layout/index.vue

```
<template>
  <section id="wrap">
  ... (생략) ...
<template>

<script>
import Header from "./components/Header.vue";
import Footer from "./components/Footer.vue";
export default {
  components: {
    Header,
    Footer,
  },
};
</script>
```

이제 터미널에서 서버가 실행 중인지 확인하고 웹 브라우저의 개발자 도구*를 열어 [Elements] 탭을 클릭해 보면 <section id="wrap"> 안에 모든 태그가 생성된 것을 확인할 수 있습니다.

* 크롬에서 F12를 누르면 개발자 도구가 열립니다.

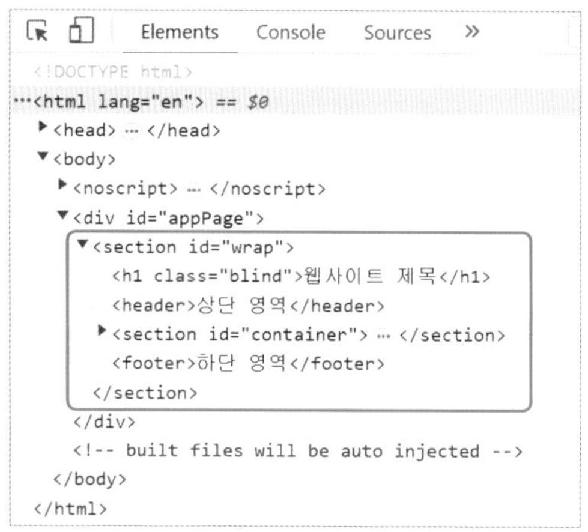

▲ 웹 브라우저의 개발자 도구에서 소스 확인

07-2 헤더 영역 만들기

<header>는 전체 콘텐츠의 머리 역할을 하며 소개와 탐색에 도움을 주는 콘텐츠를 보여 주는 태그입니다. 우리가 만들 웹 사이트의 헤더 영역에는 로고, 메뉴 바, 회원가입, 로그인 메뉴가 있습니다. 그럼 헤더 영역을 하나씩 만들어 보겠습니다.

Do it! 실습 시스템 메뉴 영역 만들기

헤더 영역은 로고와 로그인, 회원가입이 있는 ❶번과 메인 메뉴가 있는 ❷번 영역으로 나뉩니다. 이 책에서는 ❶번을 **시스템 메뉴** 영역, ❷번을 **메인 메뉴** 영역이라고 부르겠습니다. 먼저 시스템 메뉴 영역을 만들어 보겠습니다.

▲ 웹 사이트의 헤더 영역

1단계 Header.vue 파일을 열고 시스템 메뉴 영역을 <div> 태그로 작성합니다. 클래스명은 topmenu로 지정합니다. 그리고 메인 메뉴 영역은 다른 페이지로 이동하는 내비게이션 링크를 만들 것이므로 <nav> 태그로 작성해 둡니다.

Do it! • src/layout/components/Header.vue

```
<template>
  <header>
    <div class="topmenu"></div>
    <nav></nav>
  </header>
</template>
```

2단계 각 영역에 <div> 태그를 추가하고 contentbox 클래스를 지정합니다.

Do it! • src/layout/components/Header.vue

```
<template>
  <header>
    <div class="topmenu">
      <div class="contentbox"></div>
    </div>
    <nav>
      <div class="contentbox"></div>
    </nav>
  </header>
</template>
```

3단계 방금 추가한 contentbox 클래스에 스타일을 지정하겠습니다. public/common/styles 폴더에서 common.css 파일을 열어 맨 아래에 클래스 선택자 .contentbox를 추가합니다. 그리고 width, max-width, margin 속성값을 지정하여 모든 내용이 1,200px을 넘지 않고 가운데 정렬되도록 합니다. 그리고 padding 속성값으로 태그 영역의 좌우 내부 여백도 지정합니다.

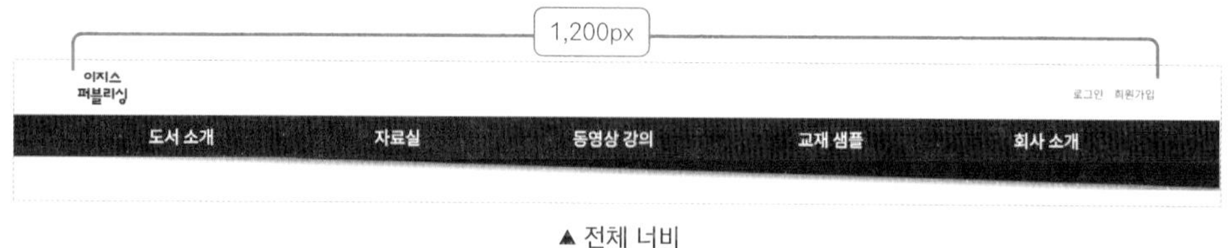

▲ 전체 너비

Do it! • public/common/styles/common.css

```
... (생략) ...
.flexbox {
  display: flex;
}
.contentbox {
  width: 100%;
  max-width: 1200px;
  margin: 0 auto;
  padding: 0 20px;
}
```

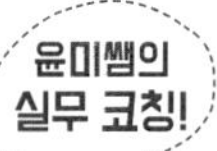

태그를 가운데 정렬하기

텍스트 가운데 정렬은 text-align으로 하고, 태그 정렬은 margin으로 합니다. margin의 속성값에 auto를 지정하면 양쪽 여백이 같아져 태그가 가운데 정렬됩니다.

4단계 로고와 로그인, 회원가입이 들어갈 부분을 각각 <div> 태그로 작성합니다. 로고에는 logo, 로그인과 회원가입에는 system이라는 클래스명을 지정합니다.

Do it! • src/layout/components/Header.vue

```
... (생략) ...
    <div class="topmenu">
      <div class="contentbox">
        <div class="logo"></div>
        <div class="system"></div>
      </div>
    </div>
... (생략) ...
```

5단계 대부분의 웹 사이트는 로고를 클릭하면 메인 페이지로 돌아옵니다. <button> 태그 안에 로고 이미지인 /images/logo.png를 <img> 태그로 작성합니다.

Do it! • src/layout/components/Header.vue

```
... (생략) ...
        <div class="logo">
          <button>
            <img src="/images/logo.png" alt="이지스퍼블리싱 로고" />
          </button>
        </div>
... (생략) ...
```

6단계 로그인과 회원가입 또한 <div class="system"> 태그 안에 <button>으로 버튼을 작성합니다. 로그인과 회원가입 버튼에는 클래스명을 login, member라고 각각 지정합니다.

Do it! • src/layout/components/Header.vue

```
... (생략) ...
        <div class="system">
          <button class="login">로그인</button>
          <button class="member">회원가입</button>
        </div>
... (생략) ...
```

Do it! 실습 시스템 메뉴 정렬하기

시스템 메뉴들을 다음 그림처럼 배치해 보겠습니다. 왼쪽 끝에는 로고가, 오른쪽 끝에는 로그인과 회원가입이 있습니다. <div class="contentbox">의 양 끝으로 정렬한 것입니다.

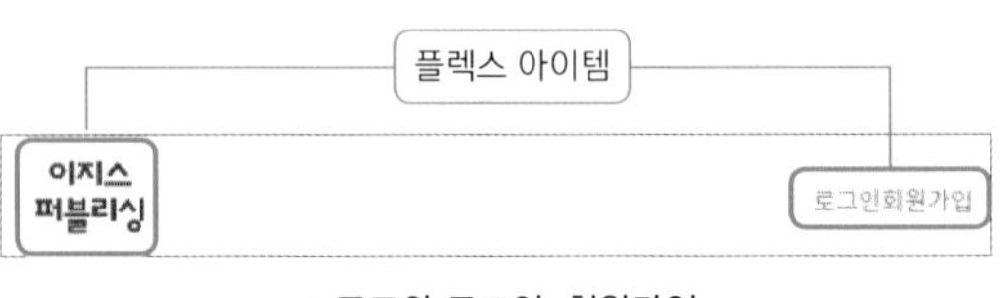

▲ 로고와 로그인, 회원가입

태그의 정렬은 CSS의 flex 속성으로 쉽게 지정할 수 있습니다. 먼저 <div class="contentbox">를 플렉스 컨테이너로 지정하고, 그 안의 <div class="logo">와 <div class="system">은 플렉스 아이템으로 지정합니다.

1단계 이미 3단계에서 .contentbox는 공통으로 사용할 수 있도록 지정했습니다. 지금은 <div class="topmenu">의 영역에서만 <div class="contentbox">를 플렉스 컨테이너로 지정해야 하므로 .topmenu의 하위 선택자로 .contentbox를 작성하고 display의 속성값을 flex로 지정합니다.

Do it! • public/common/styles/common.css

```
... (생략) ...
.contentbox {... (생략) ...}
.topmenu .contentbox {
  display: flex;
}
```

2단계 플렉스 아이템인 <div class="logo">와 <div class="system">이 양 끝에 정렬되도록 justify-content 속성값을 space-between으로 지정하고, 2개의 <div>가 수직 중앙 정렬되도록 align-items 속성값을 center로 지정합니다.

Do it! • public/common/styles/common.css

```
... (생략) ...
.topmenu .contentbox {
  display: flex;
  justify-content: space-between;
  align-items: center;
}
```

3단계 로고는 대용량의 원본 이미지이므로 크기를 가로 65px로 조절합니다.

Do it! • public/common/styles/common.css

```
... (생략) ...
.logo img {
  width: 65px;
}
```

4단계 <div class="topmenu"> 영역의 상하 여백을 padding 속성값으로 5px씩 지정합니다.

Do it! • public/common/styles/common.css

```
... (생략) ...
.contentbox {... (생략) ...}
.topmenu {
  padding: 5px 0;
}
.topmenu .contentbox {... (생략) ...}
.logo img {... (생략) ...}
```

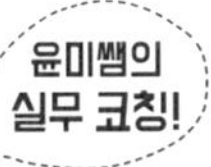

margin과 padding 속성값을 지정하는 순서

margin과 padding 속성값은 top, right, bottom, left 순으로 지정합니다. 속성값 순서를 시계 방향으로 기억하세요. 값을 하나만 지정하면 네 방향 모두 같은 여백이 됩니다. 만약 다음처럼 작성하면 상하는 5px, 좌우는 10px만큼 여백이 지정됩니다.

```
padding: 5px 10px
```

이제 모든 소스를 저장하고 웹 브라우저를 확인해 보면 로고와 로그인, 회원가입 영역이 <div class="contentbox"> 기준으로 양 끝에 정렬된 것을 확인할 수 있습니다.

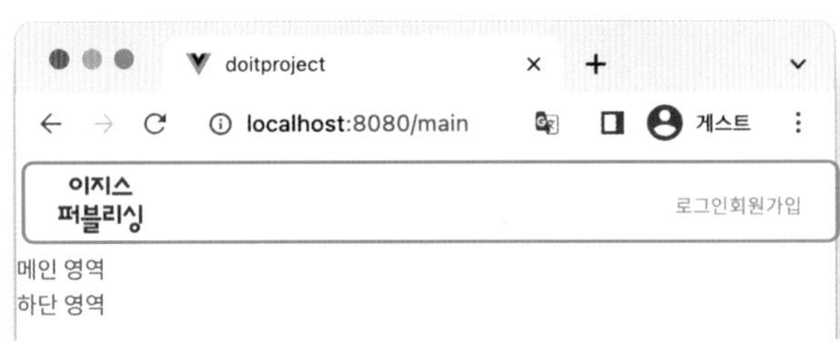

▲ 로고와 로그인, 회원가입

Do it! 실습 가상 요소로 블릿 추가하기

로그인과 회원가입 버튼 가운데에 가상 요소로 블릿(•) 모양을 만들겠습니다.

1단계 common.css 파일을 열고 .system의 하위 선택자로 button::before를 작성합니다. content 속성은 빈 값으로 지정하고 display 속성값은 inline-block으로 지정합니다. 그리고 지름이 3px인 원을 만들기 위해 width, height 속성값을 각각 3px씩, border-radius 속성값은 50%*, margin 속성값을 좌우로 4px씩 지정하여 좌우 여백을 지정합니다.

* border-radius 속성값을 50%로 지정하면 원을 만듭니다.

Do it! • public/common/styles/common.css

```
... (생략) ...
.system > button::before {
  content: "";
  display: inline-block;
```

```
    width: 3px;
    height: 3px;
    border-radius: 50%;
    margin: 0 4px;
}
```

2단계 이어서 background-color 속성에는 블릿 색상값을 #ddd로 지정합니다.

Do it! • public/common/styles/common.css

```
... (생략) ...
.system > button:before {
    ... (생략) ...
    margin: 0 4px;
    background-color: #ddd;
}
```

3단계 그리고 블릿과 텍스트가 수직 중앙 정렬되도록 vertial-align 속성을 추가하고 middle로 지정합니다.

Do it! • public/common/styles/common.css

```
... (생략) ...
.system > button:before {
    ... (생략) ...
    background-color: #ddd;
    vertical-align: middle;
}
```

파일을 저장하고 웹 브라우저에서 화면을 확인합니다.

이지스 퍼블리싱	로그인 · 회원가입

▲ 블릿 추가

4단계 로그인 버튼의 블릿은 없어도 됩니다. nth-of-type 선택자로 첫 번째 로그인 버튼에만 블릿이 생성되지 않도록 합니다.

Do it! • public/common/styles/common.css

```
... (생략) ...
.system > button:nth-of-type(1)::before {
  display: none;
}
```

지금까지 작성한 코드를 저장한 후 웹 브라우저에서 확인해 보면 로그인 버튼에는 블릿이 생성되지 않는 것을 확인할 수 있습니다.

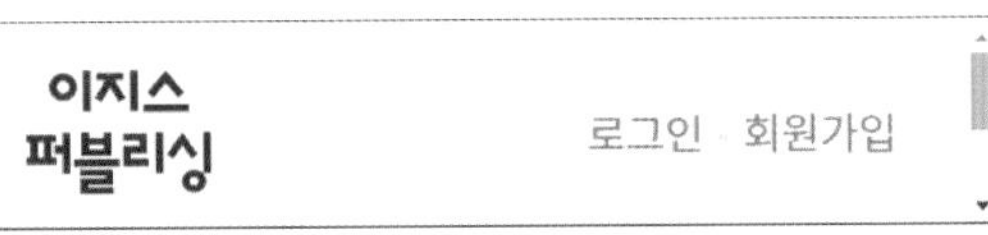

▲ 로그인과 로그인, 회원가입 완성

윤미쌤의 실무 코칭!

첫 번째 버튼에 블릿 생성하지 않기

유지·보수할 때 메뉴를 추가하거나 삭제할 수 있으므로 첫 번째 버튼에만 블릿이 생성되지 않도록 합니다. 클래스로 지정하면 메뉴가 추가되어 순서가 바뀔 경우 블릿을 생성해야 할 수도 있으니 추가로 스타일을 수정하지 않도록 미리 예측하여 작성합니다.

Do it! 실습 메인 메뉴 영역 만들기

이번에는 메인 메뉴 영역을 만들어 보겠습니다.

1단계 Header.vue 파일을 열고 <div class="contentbox"> 안에 순서가 없는 목록을 나타내는 <ul>과 <li> 태그로 각 메뉴명을 순서대로 작성합니다. 메뉴를 클릭하면 연결된 링크에 따라 화면을 보여 줘야 하므로 <a> 태그를 사용할 수 있지만 여기서는 <button>으로 작성하겠습니다.

Do it! • src/layout/components/Header.vue

```
... (생략) ...
    <nav>
      <div class="contentbox">
```

```
      <ul>
        <li><button>도서 소개</button></li>
        <li><button>자료실</button></li>
        <li><button>동영상 강의</button></li>
        <li><button>교재 샘플</button></li>
        <li><button>회사 소개</button></li>
      </ul>
    </div>
  </nav>
... (생략) ...
```

2단계 헤더 영역 전체에 배경색을 지정하려면 `<nav>` 태그에 지정해야 합니다. common.css 파일을 열고 태그 선택자 `nav`를 작성한 후 `background-color` 속성값을 `#ff1f3d`로 지정합니다. 그리고 메뉴 상하로 간격을 주고자 `padding` 속성값을 각각 `8px`씩 지정합니다.

Do it! • public/common/styles/common.css

```
... (생략) ...
nav {
  padding: 8px 0;
  background-color: #ff1f3d;
}
```

3단계 `flex` 속성으로 `<li>` 태그가 일정한 간격으로 정렬(X축)되도록 합니다. `<ul>` 태그를 플렉스 컨테이너로 하고 `<li>` 태그가 플렉스 아이템이 되도록 `nav` 하위 선택자로 `ul`을 작성하고 `display` 속성값을 `flex`로 지정합니다.

Do it! • public/common/styles/common.css

```
... (생략) ...
nav ul {
  display: flex;
}
```

4단계 nav ul의 자식 선택자로 li를 작성하고 flex값을 1로 지정하여 각 태그의 너비를 같은 비율로 만듭니다. 그리고 <button> 태그가 가운데 정렬되도록 text-align 속성값을 center로 지정합니다.

Do it! • public/common/styles/common.css

```
... (생략) ...
nav ul > li {
  flex: 1;
  text-align: center;
}
```

5단계 nav ul > li의 자식 선택자로 button을 작성한 후 메뉴의 글자 색상과 크기, 두께를 지정합니다.

Do it! • public/common/styles/common.css

```
... (생략) ...
nav ul > li > button {
  color: #fff;
  font-size: 18px;
  font-weight: 700;
}
```

Do it! 실습 메인 메뉴 영역 꾸미기

이번에는 메인 메뉴 영역를 꾸며 보겠습니다. <nav> 태그로 나타낸 영역 아래로 다음 그림처럼 비스듬한 그림자 같은 효과를 추가해 보겠습니다. 새로운 영역을 만들어 스타일을 적용하거나 이미지를 추가해야 하는데, 이때 가상 요소를 사용하면 디자인을 위한 불필요한 태그를 작성하지 않아도 됩니다.

▲ 메뉴 영역 꾸미기

그럼 가상 요소는 어디에 생성해야 할까요? 디자인 효과 영역이 <nav> 태그 영역과 같은 위치에 있어야 위아래로 스타일을 지정할 수 있습니다. 즉, <nav> 태그와 형제 관계로 만들어 z-index의 값을 사용하면 그림처럼 꾸밀 수 있습니다. <nav> 태그와 가상 요소가 형제 관계가 되려면 <header> 태그 안에 가상 요소를 지정해야 합니다. 따라서 꾸밈 요소로 사용할 가상 요소는 <header>를 기준으로 만들어야 합니다.

1단계 <header> 태그를 기준으로 after 가상 요소 선택자를 작성합니다. after를 요소로 사용하려면 content와 display 속성을 필수로 지정해야 합니다.

Do it! • public/common/styles/common.css

```
... (생략) ...
header::after {
  content: "";
  display: block;
}
```

2단계 디자인 효과가 들어갈 after 영역의 너비와 높이, 배경 색상을 지정합니다.

Do it! • public/common/styles/common.css

```
... (생략) ...
header::after {
  content: "";
  display: block;
  width: 100%;
  height: 29px;
  background-color: #b31f28;
}
```

3단계 after 요소는 <nav> 태그보다 뒤쪽에(□) 있습니다. after 요소와 <nav> 태그가 위칫값을 가질 수 있도록 haeder 선택자를 작성하고 position 속성값을 relative로 지정합니다. 그리고 <header> 태그가 가장 앞쪽으로(□) 오도록 z-index 속성값을 9999로 지정합니다.

Do it! • public/common/styles/common.css

```
... (생략) ...
header {
  position: relative;
  z-index: 9999;
}
header::after {... (생략) ...}
```

4단계 after 요소와 형제 관계인 <nav> 태그가 앞쪽으로 오도록 nav 선택자에서 position 속성값을 relative로, z-index 속성값을 3으로 지정합니다.

Do it! • public/common/styles/common.css

```
... (생략) ...
nav {
  padding: 8px 0;
  background-color: #ff1f3d;
  position: relative;
  z-index: 3;
}
... (생략) ...
```

윤미쌤의 실무 코칭!

요소 위에 요소 쌓기: z-index 속성

z-index 속성은 요소 위에 다른 요소를 쌓는 순서를 지정할 때 사용합니다. z-index의 속성값은 숫자가 높을수록 앞쪽에 위치합니다. z-index값을 마이너스로 지정하면 기준이 되는 태그 맨 뒤에 위치합니다.

5단계 after 요소의 위치를 지정하기 위해 position 속성값을 absolute로 지정하고 left와 top 속성값을 지정합니다.

Do it! • public/common/styles/common.css

```
... (생략) ...
header::after {
  ... (생략) ...
  background-color: #b31f28;
  position: absolute;
  left: 0;
  top: 80px;
}
```

6단계 transform 속성값을 rotate로 지정하여 after 요소를 기울이고 box-shadow 속성으로 그림자 효과를 줍니다. z-index 속성값은 4단계에서 <nav> 태그에 지정했던 값보다 낮게 지정합니다. 지금까지 작성한 코드를 모두 저장한 후 브라우저에서 화면을 확인합니다.

Do it! • public/common/styles/common.css

```
... (생략) ...
header::after {
  ... (생략) ...
  top: 80px;
  transform: rotate(1.5deg);
  box-shadow: 1px 5px 9px -3px rgb(50 50 50 / 75%);
  z-index: 2;
}
```

지금까지 HTML의 레이아웃 태그를 사용해 웹 페이지를 구조적으로 만들어 보았습니다. 웹 페이지를 구조적으로 만든다는 것은 영역을 나눠 그 영역에 맞는 정보를 넣을 수 있게 큰 틀을 만드는 것을 의미합니다. <header> 태그로 로고와 메뉴를 담는 영역을 만들었고, 메뉴의 정보는 <nav> 태그로 만들었습니다. 그리고 콘텐츠를 담는 영역은 <section> 태그로 각기 다른 내용을 넣을 수 있도록 큰 틀을 만들고 스타일을 적용했습니다.

그리고 Vue.js를 사용하여 컴포넌트를 만들고 라우터에 의해 화면에 출력되도록 만들었습니다. 불필요한 태그를 사용하지 않으면서 웹 접근성과 호환성을 높이는 시멘틱 웹을 만드는 기초 공사를 끝냈습니다. 이제 탄탄한 기초를 토대로 세부적인 내용을 만들어 보겠습니다.

07-3 메뉴 데이터 만들기

Vue.js에서 데이터를 태그에 바인딩하여 UI를 만들면 반복적인 코드를 줄이고 호환성을 높일 수 있습니다. 지금까지 작성한 실습 코드 가운데 메뉴 목록을 보면 다음과 같습니다.

• src/layout/components/Header.vue

```
... (생략) ...
<nav>
  <div class="contentbox">
    <ul>
      <li><button>도서 소개</button></li>
      <li><button>자료실</button></li>
      <li><button>동영상 강의</button></li>
      <li><button>교재 샘플</button></li>
      <li><button>회사 소개</button></li>
    </ul>
  </div>
</nav>
... (생략) ...
```

코드를 보면 `<li><button>`**메뉴명**`</button></li>` 태그를 반복해서 사용했습니다. `<button>` 태그 안에 들어가는 텍스트(메뉴명)를 데이터로 만들고 반복문과 배열을 사용하여 Vue.js 디렉티브로 태그에 직접 바인딩하면서 반복적인 HTML 코드를 줄여 보겠습니다.

자바스크립트로 반복문을 작성하기 전에 어떤 순서로 구현할지 정리해 보겠습니다.

1. **메뉴명 배열 만들기**

   → `menulists = ["도서 소개", "자료실", "동영상 강의", "교재 샘플", "회사 소개"]`

2. **배열의 첫 번째부터 태그에 담을 수 있도록 초깃값 설정하기**

   → `i = 0`

3. **메뉴 개수만큼 구문이 실행되도록 조건 설정하기**

   → `i <= menulists.length -1` (배열의 인덱스는 0부터 시작하므로 -1 작성)

4. 순서대로 하나씩 태그에 담기도록 증감 설정하기

→ i++

정리한 대로 자바스크립트를 작성해 보면 다음과 같습니다.

• **메뉴 데이터 만들기**

```
const menulists = ["도서 소개", "자료실", "동영상 강의", "교재 샘플", "회사 소개"];
for (let i = 0; i <= menulists.length - 1; i++) {
  document.write("<li><button>" + menulists[i] + "</button></li>");
}
```

웹 브라우저의 개발자 도구에서 콘솔(Console) 창에 이 코드를 작성한 후 〈Enter〉를 누르면 menulists에 담긴 데이터가 <li><button> 태그에 하나씩 담기는 것을 알 수 있습니다. Vue.js에서도 같은 원리로 실행됩니다. 차이가 있다면 document.write를 사용하지 않고 v-for를 사용하여 태그에 데이터를 바인딩할 수 있다는 점입니다.

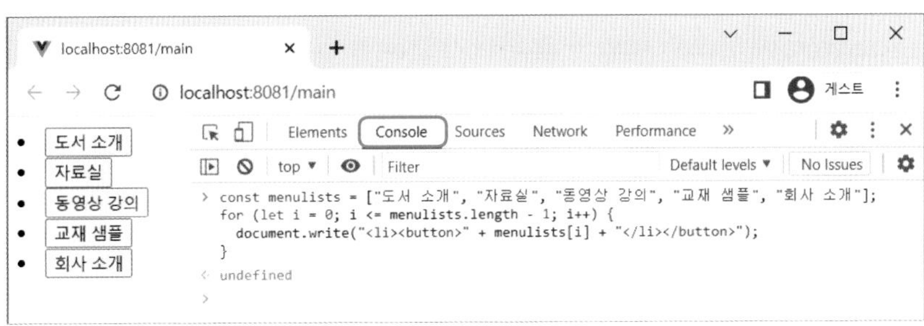

▲ 웹 브라우저에서 자바스크립트 실행하기

Do it! 실습 메뉴 데이터 만들기

1단계 Header.vue 파일을 열고 <template> 태그 아래에 <script> 태그를 작성한 후 export default{}를 작성하여 스크립트 코드를 만듭니다.

Do it! • src/layout/components/Header.vue

```
<template>
... (생략) ...
</template>
<script>
export default {};
</script>
```

2단계 data 속성을 만들어 메뉴 리스트의 배열을 생성합니다. Vue.js에서 사용되는 data 속성에는 현재 작성된 템플릿 안에서 사용할 데이터를 정의합니다.

Do it! • src/layout/components/Header.vue

```
... (생략) ...
<script>
export default {
  data() {
    return {
      menulists: ["도서 소개", "자료실", "동영상 강의", "교재 샘플", "회사 소개"],
    };
  },
};
</script>
```

3단계 작성된 배열을 v-for를 사용하여 태그에 바인딩합니다. v-for를 사용하여 menulists 배열을 <li><button>에 담으면 배열의 값 하나가 item이 됩니다.

▼ 인덱스별 메뉴명

아이템 인덱스	item0	item1	item2	item3	item4
메뉴명	도서 소개	자료실	동영상 강의	교재 샘플	회사 소개

Do it! • src/layout/components/Header.vue

```
... (생략) ...
      <div class="contentbox">
        <ul>
          <li v-for="(item, index) in menulists" :key="index">
            <button v-html="item"></button>
          </li>
        </ul>
... (생략) ...
```

코드를 저장한 후 브라우저에서 확인해 보면 v-for를 통해 menulists에 담긴 메뉴명이 순서대로 나타나는 것을 확인할 수 있습니다.

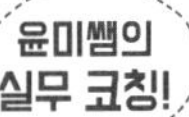

v-for에서 key 사용하기

Vue.js에서 v-for를 사용할 때 key는 필수 값으로 사용합니다. key를 작성하면 태그를 추적할 수 있고 이를 기준으로 배열을 재정렬할 수 있습니다. 실습에서는 편의상 index(배열의 순서)를 key로 사용했지만, 실무에서는 데이터를 고유하게 식별할 수 있는 값을 사용합니다. 예를 들어 v-for를 사용하여 상품 목록을 만들 때 상품의 고유 코드나 아이디를 사용합니다.

Do it! 실습 메뉴로 이동 기능 만들기

모든 사이트에서는 메뉴를 클릭하면 해당 콘텐츠로 이동하기 위한 링크 정보를 가지고 있고 이를 실행하는 클릭 이벤트가 있습니다. 현재 작성된 코드에도 메뉴 링크 정보를 추가하고 클릭 이벤트를 만들어 메뉴의 이동 기능까지 만들어 보겠습니다.

앞선 실습에서 작성한 자바스크립트에 클릭 이벤트를 추가하려면 태그를 작성할 때 이벤트까지 함께 작성해야 하며 이벤트가 발생할 때 실행할 함수도 필요합니다.

• **클릭 이벤트 추가하기**

```
const menulists = ["도서 소개", "자료실", "동영상 강의", "교재 샘플", "회사 소개"];
for (let i = 0; i <= menulists.length - 1; i++) {
  document.write(
    "<li><button onClick=" + "clickmemu(" + i + ")" + ">" + menulists[i] +
      "</li></button>"
  );
}
function clickmemu(i) {
  alert(i);
}
```

웹 브라우저의 개발자 도구에서 콘솔 창에 이 코드를 실행해 보면 각 버튼을 클릭할 때마다 알림 창이 실행되는 것을 확인 할 수 있습니다.

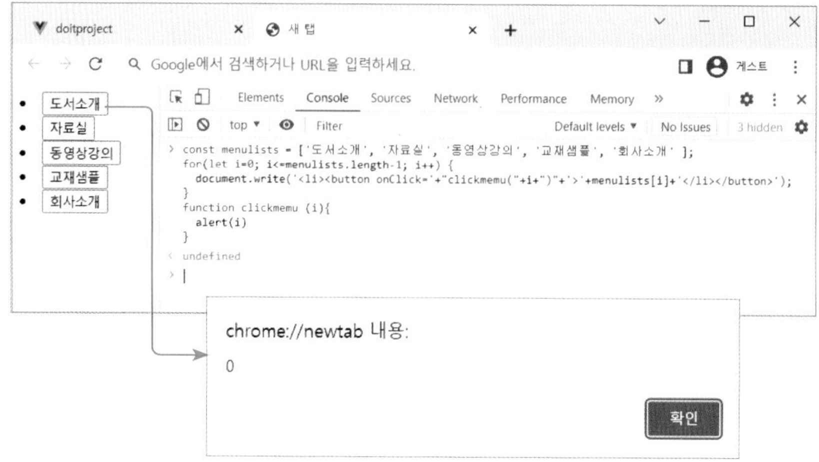

▲ 클릭 이벤트로 알림 창 실행

Vus.js에서도 똑같이 요소를 클릭할 때 실행할 함수를 v-on 디렉티브로 연결해 주면 됩니다. 실제 코드를 만들어 보면서 클릭 이벤트를 추가해 보겠습니다.

1단계 우리가 원하는 클릭 이벤트는 해당 컴포넌트로 이동하는 것입니다. 즉, 메뉴를 클릭하면 해당 콘텐츠로 만든 컴포넌트(페이지)로 이동하도록 만들어야 합니다. 먼저 라우터에서 작성한 path 정보를 참고하여 menulists 배열에 menutext(메뉴 이름)와 link(서브 페이지 경로)로 구성된 객체들을 나열합니다. 만약 나중에 서브 페이지를 만들면서 경로를 변경하고 싶다면 menulists의 link와 함께 라우터에 작성된 path 정보도 수정해야 합니다.

Do it! • src/layout/components/Header.vue

```
... (생략) ...
<script>
export default {
  data() {
    return {
      menulists: [
        { menutext: "도서 소개", link: "/book" },
        { menutext: "자료실", link: "/reference" },
        { menutext: "동영상 강의", link: "/movieclass" },
        { menutext: "교재 샘플", link: "/classsample" },
        { menutext: "회사 소개", link: "/company" },
      ],
    };
  },
};
</script>
```

2단계 Vue.js는 `methods:{}` 속성에 함수를 작성합니다. 메뉴를 클릭했을 때 해당 경로로 이동하는 함수는 `goToPage()`로 작성합니다. 이 함수가 실행될 때 이동할 경로를 전달받도록 `target`이라는 이름으로 매개변수를 작성합니다.

Do it! • src/layout/components/Header.vue

```
... (생략) ...
<script>
export default {
  data() {
  ... (생략) ...
  },
  methods: {
    goToPage(target) {},
  },
};
</script>
```

3단계 Vue.js에서 페이지 이동은 라우터에서 컴포넌트를 변경함으로써 실행됩니다. 메뉴를 클릭할 때 현재 컴포넌트에서 이동하길 원하는 컴포넌트로 변경하는 코드를 `gotToPage()` 함수에 작성합니다.

Do it! • src/layout/components/Header.vue

```
... (생략) ...
  methods: {
    goToPage(target) {
      this.$router.push(target);
    },
  },
... (생략) ...
```

4단계 `gotToPage()` 함수가 실행되면 이동할 컴포넌트 경로를 `target` 매개변수로 전달받습니다. 그런데 도서 소개 페이지에서 다시 [도서 소개] 메뉴를 누르면 `goToPage()` 함수가 현재의 경로와 같은 매개변수를 받아 중복으로 호출됩니다. Vue.js의 라우터는 이처럼 같은 경로를 요청받으면 경고를 발생합니다.

```
Uncaught runtime errors:

ERROR

Avoided redundant navigation to current location: "/main".
NavigationDuplicated: Avoided redundant navigation to current location: "/main".
    at createRouterError (webpack-internal:///./node_modules/vue-router/dist/vue-router.esm.js:1714:15)
    at createNavigationDuplicatedError (webpack-internal:///./node_modules/vue-router/dist/vue-
router.esm.js:1702:15)
    at HTML5History.confirmTransition (webpack-internal:///./node_modules/vue-router/dist/vue-
router.esm.js:1964:18)
    at HTML5History.transitionTo (webpack-internal:///./node_modules/vue-router/dist/vue-
router.esm.js:1900:8)
    at HTML5History.push (webpack-internal:///./node_modules/vue-router/dist/vue-router.esm.js:2183:10)
    at eval (webpack-internal:///./node_modules/vue-router/dist/vue-router.esm.js:2531:24)
    at new Promise (<anonymous>)
    at VueRouter.push (webpack-internal:///./node_modules/vue-router/dist/vue-router.esm.js:2530:12)
    at VueComponent.goToPage (webpack-internal:///./node_modules/babel-loader/lib/index.js??
clonedRuleSet-40.use[0]!./node_modules/@vue/vue-loader-v15/lib/index.js??vue-loader-
options!./src/layout/components/Header.vue?vue&type=script&lang=js&:28:20)
    at click (webpack-internal:///./node_modules/babel-loader/lib/index.js??clonedRuleSet-
40.use[0]!./node_modules/@vue/vue-loader-v15/lib/loaders/templateLoader.js??
ruleSet[1].rules[3]!./node_modules/@vue/vue-loader-v15/lib/index.js??vue-loader-
options!./src/layout/components/Header.vue?vue&type=template&id=19c98e7a&:18:20)
```

▲ 라우터에 같은 경로를 요청할 때 발생하는 오류

이를 방지하고자 `if` 조건문을 사용해 현재 페이지와 라우터의 경로가 같으면 실행하지 않도록 작성합니다.

Do it! • src/layout/components/Header.vue

```
... (생략) ...
  methods: {
    goToPage(target) {
      if (this.$router.currentRoute.path !== target) {
        this.$router.push(target);
      }
    },
  },
... (생략) ...
```

코드에서 `this.$router.currentRoute.path`는 점(.)을 구분자로 다음처럼 분석할 수 있습니다.

- **this**: Vue 인스턴스를 의미합니다.
- **$router**: /router/modules/pageRouter.js에 작성된 라우터의 모든 정보를 의미합니다.
- **currentRoute**: 현재 컴포넌트의 라우팅 정보를 의미합니다.
- **path**: 라우팅 정보에서 경로를 의미합니다.

this.$router.currentRoute.path 코드는 현재 컴포넌트의 라우팅 경로, 즉 /router/modules/pageRouter.js 파일에 작성된 라우터에서 path 정보를 의미합니다.

• pageRouter.js 파일에 작성된 경로 정보

```
... (생략) ...
  children: [
    {
      path: "/main",
      name: "main",
      component: () => import("@/views/main.vue"),
    },
... (생략) ...
```

5단계 1단계에서 작성한 배열의 정보에 맞춰 메뉴명은 item.memutext로 변경하여 v-html 디렉티브로 작성합니다. 그리고 v-on 디렉티브에 클릭 이벤트 함수(goToPage())를 연결합니다. 이때 사용자가 클릭한 메뉴의 링크 정보인 item.link를 goToPage() 함수의 매개변수로 전달합니다.

Do it! • src/layout/components/Header.vue

```
... (생략) ...
      <div class="contentbox">
        <ul>
          <li
            v-for="(item, index) in menulists"
            :key="index"
            v-on:click="goToPage(item.link)"
          >
            <button v-html="item.menutext"></button>
          </li>
        </ul>
      </div>
... (생략) ...
```

6단계 다음은 로고를 클릭할 때 메인으로 돌아가는 클릭 이벤트를 만들어 보겠습니다. 앞 단계에서처럼 v-on 디렉티브로 클릭 이벤트 함수 goToPage()를 태그에 연결하고 메인 페이지의 경로 '/main'을 매개변수로 전달합니다.

Do it! • src/layout/components/Header.vue

```
... (생략) ...
        <div class="logo">
          <button v-on:click="goToPage('/main')">
            <img src="/images/logo.png" alt="이지스퍼블리싱 로고" />
          </button>
        </div>
... (생략) ...
```

7단계 이제 브라우저에서 [도서 소개] 메뉴를 클릭해 보세요. 아직 해당 페이지를 작성하지 않아서 화면은 나오지 않지만 주소가 변경되는 것을 확인할 수 있습니다.

▲ 메뉴 클릭 시 변경되는 주소

07-4 푸터 영역 만들기

이번에는 푸터 영역을 구현해 보겠습니다. 푸터 영역은 다음 그림처럼 ❶번과 ❷번 영역으로 나뉩니다. 이 책에서는 ❶번을 **서비스 버튼 영역**, ❷번을 **사이트 정보 영역**으로 부르겠습니다.

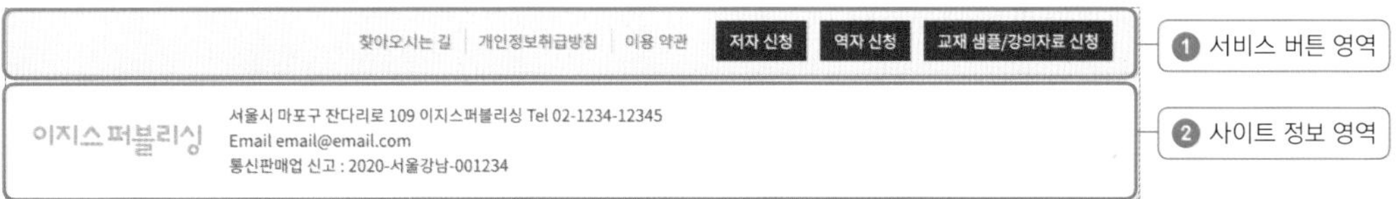

▲ 푸터 영역

Do it! 실습 서비스 버튼 영역 만들기

1단계 먼저 앞선 실습에서 만들어 둔 layout/components 폴더의 Footer.vue 파일을 엽니다. 그리고 각 영역을 `<div>` 태그로 작성하고 서비스 버튼 영역에는 `botinfo`, 사이트 정보 영역에는 `footerinfo`로 클래스명을 지정합니다.

Do it! • layout/components/Footer.vue

```
<template>
  <footer>
    <div class="botinfo"></div>
    <div class="footerinfo"></div>
  </footer>
</template>
```

2단계 서비스 버튼 영역에는 다른 콘텐츠로 이동할 수 있는 버튼이 있습니다. `<div>` 태그를 작성한 후 `botbtngroup` 클래스를 지정하고 그 안에 `<button>` 태그로 각각 텍스트를 작성합니다.

Do it! • layout/components/Footer.vue

```
<template>
  <footer>
    <div class="botinfo">
      <div class="botbtngroup">
        <button>찾아오시는 길</button>
        <button>개인정보취급방침</button>
        <button>이용 약관</button>
        <button>저자 신청</button>
        <button>역자 신청</button>
        <button>교재 샘플/강의자료 신청</button>
      </div>
    </div>
    <div class="footerinfo"></div>
  </footer>
</template>
```

3단계 완성된 서비스 버튼 영역을 보면 버튼의 디자인이 앞 3개와 뒤 3개가 다릅니다. CSS로 각각 다른 디자인을 적용하기 위해 버튼에 클래스를 지정합니다.

▲ 푸터의 서비스 버튼 영역

Do it! • layout/components/Footer.vue

```
... (생략) ...
      <div class="botbtngroup">
        <button class="btn-text">찾아오시는 길</button>
        <button class="btn-text">개인정보취급방침</button>
        <button class="btn-text">이용 약관</button>
        <button class="btn-gray">저자 신청</button>
        <button class="btn-gray">역자 신청</button>
        <button class="btn-gray">교재 샘플/강의자료 신청</button>
      </div>
... (생략) ...
```

4단계 common.css 파일을 열어 스타일을 적용해 보겠습니다. 현재 푸터 영역은 콘텐츠의 길이에 맞춰 지정되어 있습니다. 따라서 실제 콘텐츠가 브라우저의 높이보다 작을 땐 푸터가 웹 브라우저 하단이 아닌 콘텐츠 밑에 위치하게 됩니다. 콘텐츠의 높이가 브라우저의 높이보다 작더라도 항상 웹 브라우저 하단에 고정하도록 CSS를 작성해 보겠습니다.

#wrap 선택자를 작성하고 플렉스 컨테이너로 지정합니다.

Do it! • public/common/styles/common.css

```
... (생략) ...
#wrap {
  display: flex;
}
```

5단계 플렉스 아이템인 <header>, <section id="container">, <footer> 태그가 가로(X축)가 아닌 세로(Y축)로 정렬되도록 flex-direction 속성값을 column으로 지정하고 height 속성값을 100%로 지정합니다.

Do it! • public/common/styles/common.css

```
... (생략) ...
#wrap {
  display: flex;
  flex-direction: column;
  height: 100%;
}
```

6단계 현재까지 작성된 코드를 저장 후 웹 브라우저에서 보면 메인 영역의 콘텐츠 높이, 즉 <section id="maincontents">의 높이를 지정하지 않아서 <footer> 태그가 메인 영역 바로 밑에 위치합니다. 메인 영역의 콘텐츠 높이가 웹 브라우저의 높이보다 작아도 푸터가 콘텐츠 밑이 아닌 웹 브라우저 하단에 위치하도록 footer 선택자의 margin-top 속성값을 auto로 지정합니다.

Do it! • public/common/styles/common.css

```
... (생략) ...
footer {
  margin-top: auto;
}
```

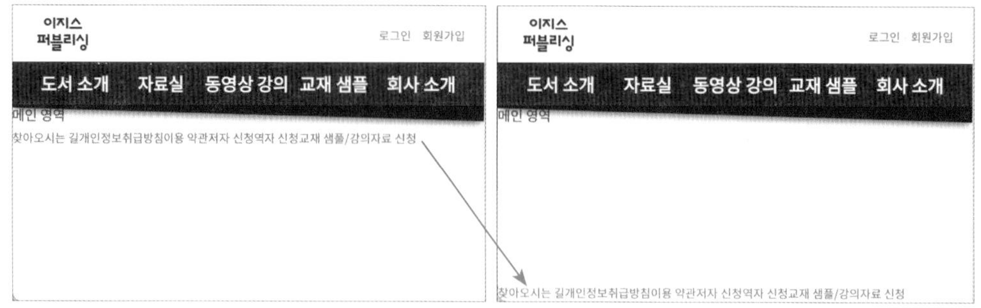

▲ margin-top: auto 속성 지정 전(왼쪽)과 후(오른쪽)

7단계 서비스 버튼 영역인 `<div class="botinfo">` 부분을 꾸미는 CSS를 작성하겠습니다. `width` 속성값은 100%, `height`의 속성값은 50px로 지정하고 위아래 간격을 위해 `padding`의 속성값을 각각 10px로 지정합니다.

Do it! • public/common/styles/common.css

```
... (생략) ...
.botinfo {
  width: 100%;
  height: 50px;
  padding: 10px 0;
}
```

8단계 `background-color`의 속성값을 `#ebebeb`로 지정하고 위아래에만 선이 생기도록 `border-top`, `border-bottom` 속성에 색과 굵기를 지정합니다.

Do it! • public/common/styles/common.css

```
... (생략) ...
.botinfo {
  width: 100%;
  height: 50px;
  padding: 10px 0;
  background: #ebebeb;
  border-top: solid 1px #ddd;
  border-bottom: solid 1px #ddd;
}
```

9단계 버튼이 담긴 <div class="botbtngroup"> 태그의 너비를 콘텐츠 너비에 맞추고 가운데 정렬하고자 .botbongroup 선택자를 작성합니다. 그리고 max-width 속성값을 1200px, margin 속성값을 0 auto로 지정하고 padding 속성으로 태그 좌우 내부 여백을 지정합니다.

Do it! • public/common/styles/common.css

```
... (생략) ...
.botbtngroup {
  max-width: 1200px;
  width: 100%;
  margin: 0 auto;
  padding: 0 20px;
}
```

10단계 <div class="botbtngroup"> 영역 안에서 버튼은 오른쪽을 기준으로 정렬합니다. flex를 사용하여 버튼 태그를 정렬합니다.

Do it! • public/common/styles/common.css

```
... (생략) ...
.botbtngroup {
  max-width: 1200px;
  width: 100%;
  margin: 0 auto;
  padding: 0 20px;
  display: flex;
  justify-content: flex-end;
  align-items: center;
}
```

11단계 이제 각 버튼의 스타일을 작성하겠습니다. 텍스트 버튼인 btn-text 먼저 작성하겠습니다. paddingt 속성값으로 좌우 여백을 10px씩 지정합니다.

Do it! • public/common/styles/common.css

```
... (생략) ...
.btn-text {
  padding: 0 10px;
}
```

12단계 버튼과 버튼 사이의 구분 선은 가상 요소인 before를 사용하여 만들겠습니다. .btn-text 기준으로 before 가상 요소를 작성하고 content 속성값은 빈 값으로, display의 속성값은 block으로 지정합니다.

Do it! • public/common/styles/common.css

```
... (생략) ...
.btn-text::before {
  content: "";
  display: block;
  width: 1px;
  height: 18px;
  background: #d1d1d1;
}
```

13단계 가상 요소로 만든 구분 선이 텍스트 앞(왼쪽)에 나타나야 합니다. 시작점이 <button class="btn-text">이 되도록 .btn-text 선택자에 position 속성값을 relative로 작성합니다.

Do it! • public/common/styles/common.css

```
... (생략) ...
.btn-text {
  padding: 0 10px;
  position: relative;
}
... (생략) ...
```

14단계 .btn-text:before 선택자에 position 속성값을 absolute로 작성하고 left와 top 속성값을 각각 0으로 지정합니다.

Do it! • public/common/styles/common.css

```
... (생략) ...
.btn-text::before {
  ... (생략) ...
  position: absolute;
  left: 0;
  top: 0;
}
```

15단계 첫 번째 버튼에는 구분 선이 없어도 됩니다. `:nth-of-type(1)` 선택자를 사용하여 첫 번째 버튼의 왼쪽 여백과 가상 요소를 없앱니다.

Do it! • public/common/styles/common.css

```
... (생략) ...
.btn-text:nth-of-type(1) {
  padding-left: 0;
}
.btn-text:nth-of-type(1)::before {
  display: none;
}
```

16단계 이번엔 나머지 3개 버튼의 스타일을 적용해 보겠습니다. `.btn-gray` 선택자를 만들고 `height` 속성값을 29px, `background-color` 속성값은 `#606060`로 지정합니다. 버튼 내부의 좌우 여백은 `padding` 속성값으로 10px씩 지정하고, 버튼 사이의 간격은 `margin-left` 속성값을 10px로 지정합니다. `color` 속성값은 `#fff`로 지정하여 텍스트의 색을 바꿉니다.

Do it! • public/common/styles/common.css

```
... (생략) ...
.btn-gray {
  height: 29px;
  padding: 0 10px;
  margin-left: 10px;
  background-color: #606060;
  color: #fff;
}
```

여기까지 소스를 저장하고 웹 브라우저에서 푸터 영역을 확인해 보세요.

▲ 푸터 버튼 영역 완성

Do it! 실습 사이트 정보 영역 만들기

1단계 사이트 정보 영역은 다시 로고가 있는 영역과 주소, 전화번호 등이 있는 영역으로 나뉩니다. 이를 각각 <div> 태그로 작성한 후 footer-logo, footer-sub 클래스를 지정합니다.

이지스퍼블리싱	서울시 마포구 잔다리로 109 이지스퍼블리싱 Tel 02-1234-12345 Email email@email.com 통신판매업 신고 : 2020-서울강남-001234

▲ 푸터의 정보 영역

Do it! • src/layout/components/Footer.vue

```
... (생략) ...
<template>
  <footer>
    <div class="botinfo">
      <div class="botbtngroup">... (생략) ...</div>
    </div>
    <div class="footerinfo">
      <div class="footer-logo"></div>
      <div class="footer-sub"></div>
    </div>
  </footer>
</template>
```

2단계 <div class="footer-logo">에 <img> 태그를 넣고 src 속성값을 "/images/footer-logo.png"로 지정하여 푸터 로고를 표시합니다.

Do it! • src/layout/components/Footer.vue

```
... (생략) ...
    <div class="footerinfo">
      <div class="footer-logo"><img src="/images/footer-logo.png" /></div>
      <div class="footer-sub"></div>
    </div>
... (생략) ...
```

3단계 <div class="footer-sub"> 태그에서 주소는 <address> 태그에 작성하고 기타 정보는 각각 <p> 태그에 작성합니다.

Do it! • src/layout/components/Footer.vue

```
... (생략) ...
    <div class="footerinfo">
      <div class="footer-logo"><img src="/images/footer-logo.png" /></div>
      <div class="footer-sub">
        <address>
          서울시 마포구 잔다리로 109 이지스퍼블리싱 <span>Tel 02-1234-12345</span>
        </address>
        <p>Email email@email.com</p>
        <p>통신판매업 신고 : 2020-서울강남-001234</p>
      </div>
    </div>
```

4단계 common.css 파일에 스타일을 지정하겠습니다. .footerinfo 선택자를 작성하고 태그의 크기, 외부 여백과 내부 여백을 다음처럼 설정합니다.

Do it! • public/common/styles/common.css

```
... (생략) ...
.footerinfo {
  max-width: 1200px;
  width: 100%;
  margin: 0 auto;
  padding: 20px;
}
```

5단계 footer-logo와 footer-sub 클래스가 가로(X축)로 정렬되도록 footerinfo 클래스를 플렉스 컨테이너로 만들겠습니다. .footerinfo 선택자에 display 속성값을 flex로 지정합니다. 그리고 두 태그를 수직 중앙 정렬하기 위해 align-items 속성값을 center로 지정합니다.

Do it! • public/common/styles/common.css

```
... (생략) ...
.footerinfo {
  ... (생략) ...
  padding: 20px;
  display: flex;
  align-items: center;
}
```

6단계 footerinfo 클래스의 배경 이미지를 위해 가상 요소를 만들겠습니다. .footerinfo 기준으로 before 가상 요소를 작성한 후 content 속성값은 빈 값, display 속성값은 block으로 지정합니다. 그리고 배경 이미지가 들어갈 영역의 너비와 높이를 지정합니다.

Do it! • public/common/styles/common.css

```
... (생략) ...
.footerinfo::before {
  content: "";
  display: block;
  width: 100%;
  height: 35px;
}
```

7단계 이어서 background 속성값에 배경 이미지를 추가합니다. X축을 기준으로 배경 이미지가 반복해서 나타나도록 속성을 다음처럼 지정합니다.

Do it! • public/common/styles/common.css

```
... (생략) ...
.footerinfo::before {
  ... (생략) ...
  height: 35px;
  background: url("/images/footer-bg.png") repeat-x;
}
```

8단계 배경 이미지의 위치는 position 속성으로 지정합니다. position 속성값은 absolute, left와 top 속성값은 0, z-index 속성값은 2로 지정합니다.

Do it! • public/common/styles/common.css

```
... (생략) ...
.footerinfo::before {
... (생략) ...
  background: url("/images/footer-bg.png") repeat-x;
  position: absolute;
  left: 0;
  top: 0;
  z-index: 2;
}
```

9단계 코드를 저장한 후 웹 브라우저에서 footerinfo::before의 배경 이미지 위치를 확인해 보겠습니다. 웹 브라우저의 개발자 도구에서 [Elements] 탭을 보면 footerinfo::before를 찾을 수 있습니다. 이를 클릭해 보면 지정된 배경 이미지가 화면 상단을 기준으로 위칫값이 적용돼 있는 것을 알 수 있습니다. 이 위칫값이 <footer> 태그 영역 기준으로 적용되도록 바꿔 주어야 합니다.

▲ 푸터 배경 이미지 위치 확인

footer 선택자에 position 속성값을 relative로 지정한 후 footerinfo:before의 top 속성값을 50px로 수정합니다.

Do it! • public/common/styles/common.css

```
... (생략) ...
footer {
  margin-top: auto;
  position: relative;
}
... (생략) ...
.footerinfo::before {
  ... (생략) ...
  left: 0;
  top: 50px;
  z-index: 2;
}
```

10단계 footer-logo, footer-sub 클래스가 footerinfo::before의 이미지보다 위쪽에 오도록 position 속성값을 relative로 지정하고 z-index 속성값을 3으로 지정합니다.

Do it! • public/common/styles/common.css

```
... (생략) ...
.footer-logo, .footer-sub {
  position: relative;
  z-index: 3;
}
```

이처럼 CSS의 속성을 지정할 때 공식은 없으므로 속성의 성질을 이해해야 합니다. position 속성을 단순히 위치를 지정하는 것으로 외우기보다는 이 속성값이 다른 태그에 어떤 영향을 주는지 알아야 합니다.

11단계 나머지 스타일을 지정해 전체 레이아웃을 완성해 보겠습니다. 로고는 원본이므로 이미지 크기를 줄이고 로고 이외의 나머지 영역은 <div class="footer-sub"> 태그가 되도록 footer-sub 선택자를 작성하고 flex 속성값을 1로 지정합니다. 그리고 태그 내부 영역의 왼쪽 여백, 텍스트 크기를 다음 처럼 설정합니다.

Do it! • public/common/styles/common.css

```
... (생략) ...
.footer-logo img {
  width: 125px;
}
.footer-sub {
  flex: 1;
  padding-left: 20px;
  font-size: 12px;
}
```

코드를 저장한 후 웹 브라우저에서 확인해 보면 웹 사이트의 모든 레이아웃이 완성된 것을 확인할 수 있습니다.

▲ 완성된 레이아웃

07-5 반응형으로 만들기

▲ 웹 브라우저 크기를 줄였을 때

지금까지 만든 웹 사이트의 레이아웃은 가로 크기가 1,200px이 넘지 않도록 하고 `maxwidth`와 `flex-box`를 사용하여 반응형으로 만들었습니다. 따라서 웹 브라우저의 크기를 줄이면 그에 맞게 레이아웃 크기가 조정됩니다.

그런데 메뉴의 글자나 로고 등은 화면 크기와 비율이 맞지 않습니다. 이렇게 하면 PC의 웹 브라우저에서만 예상했던 대로 보이고, 태블릿이나 휴대폰처럼 화면이 작은 기기에서는 어색하게 보입니다. 사용자가 어떤 기기에서 접속하더라도 웹 사이트를 불편함 없이 이용할 수 있도록 스타일을 설정해야 합니다. 하지만 모든 기기를 고려하기는 사실상 불가능합니다. 그래서 기준을 정하고 그에 맞게 화면을 구현하는데, 보통은 고해상도(15인치 이상 모니터), 저해상도(13인치 이하 모니터), 태블릿, 모바일 이렇게 4가지 기준을 정합니다.

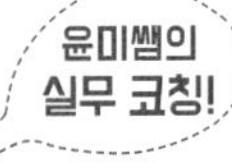

콘텐츠 영역의 너비 정하기

실무에서는 작업의 범위를 줄이기 위해 고해상도와 저해상도를 따로 나누지 않고 콘텐츠 영역의 너비를 주로 1,100px 이하로 작업합니다. 사이트의 특성에 맞춰 기획자, 디자이너와 협업하여 기준을 정합니다.

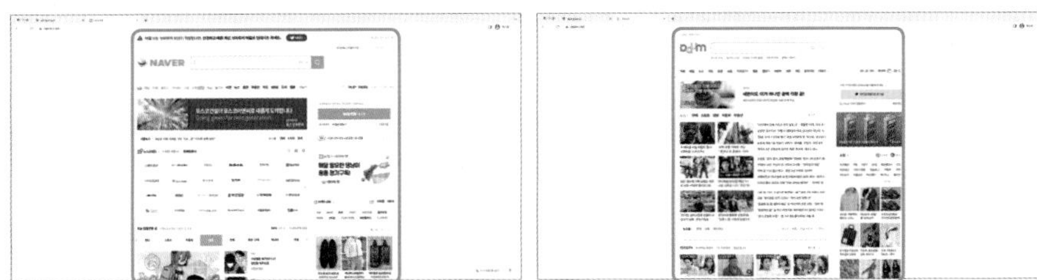

▲ 네이버와 다음 사이트의 콘텐츠 영역

이 책에서 만드는 웹 사이트의 콘텐츠 레이아웃 기준은 다음처럼 정합니다. 이렇게 3가지 기준에 맞춰 최적화하여 콘텐츠를 제공하면 다양한 기기에서 웹 사이트를 불편함 없이 이용할 수 있습니다.

- **모바일**: 767px 이하
- **태블릿**: 768px 이상 1024px 이하
- **PC**: 1025px 이상

예를 들어 버튼의 텍스트 크기는 현재 18px인데 `max-width: 1024px`로 작성된 미디어 쿼리에 `font-size` 속성값을 15px로 설정해 놓으면 기기의 크기가 1,024px 이하일 때 15px로 변경됩니다. 이보다 더 작은 기기에서 텍스트 크기를 바꾸고 싶다면 추가로 767px 이하로 작성된 (`max-width: 767px`) 미디어 쿼리에 텍스트 크기를 12px로 지정하면 됩니다. 그러면 기기의 크기가 768~ 1,024px까지는 15px, 767px 이하일 때는 12px로 적용됩니다.

• 미디어 쿼리 설정 예

```
/* 태블릿 */
@media screen and (max-width: 1024px) {
  button {
    font-size: 15px;
  }
}
/* 모바일*/
@media screen and (max-width: 767px) {
  button {
    font-size: 12px;
  }
}
```

Do it! 실습 로그인, 회원가입 버튼을 반응형으로 만들기

시스템 메뉴에서 로그인과 회원가입 버튼을 태블릿 화면에서는 아이콘으로 변경하여 작은 기기에서 더 직관적으로 사용할 수 있도록 만들어 보겠습니다.

1단계 common.css 파일을 열고 태블릿(`max-width: 1024px`) 크기에 맞춰 미디워 쿼리를 작성합니다. 그리고 미디어 쿼리에 `.system > button` 선택자를 작성하고 `width`, `height` 속성값을 각각 25px로 하여 버튼의 크기를 지정합니다. 그리고 font-size 속성값을 0으로 하여 텍스트가 보이지 않도록 합니다.

Do it! • public/common/styles/common.css

```
... (생략) ...
/* 태블릿 */
@media screen and (max-width: 1024px) {
  .system > button {
    width: 25px;
    height: 25px;
    font-size: 0;
  }
}
```

2단계 로그인, 회원가입 버튼에서 블릿으로 지정해 주었던 before 요소를 display 속성값을 none으로 변경하여 1,024px 이하일 때는 블릿이 보이지 않도록 합니다.

Do it! • public/common/styles/common.css

```
... (생략) ...
/* 태블릿 */
@media screen and (max-width: 1024px) {
  .system > button {
    ... (생략) ...
  }
  .system > button::before {
    display: none;
  }
}
... (생략) ...
```

3단계 각 버튼 대신 이미지가 들어가도록 nth-of-type으로 각 버튼의 선택자를 만듭니다. :nth-of-type(1)은 로그인,:nth-of-type(2)는 회원가입 선택자입니다. 그리고 backgroud 속성값에 이미지 아이콘을 지정하고 로그인 버튼에 margin-right 속성값을 15px로 작성하여 아이콘 사이의 여백을 지정합니다.

Do it! • public/common/styles/common.css

```
... (생략) ...
/* 태블릿 */
@media screen and (max-width: 1024px) {
  ... (생략) ...
  .system > button:nth-of-type(1) {
    background: url("/images/icon-login.svg") no-repeat 0 0/100%;
    margin-right: 15px;
  }
  .system > button:nth-of-type(2) {
    background: url("/images/icon-member.svg") no-repeat 0 0/100%;
  }
}
```

지금까지 작성한 코드를 저장한 후 웹 브라우저에서 확인해 보세요. 웹 브라우저의 크기가 1,024px 이하일 때는 로그인과 회원가입 버튼이 아이콘으로 바뀌고, 1,024px을 넘으면 다시 텍스트로 바뀌는 것을 확인할 수 있습니다.

▲ 웹 브라우저 크기가 1024px 이하일 때 로그인, 회원가입 버튼

Do it! 실습 메인 메뉴 반응형으로 만들기

우리가 만든 메인 메뉴는 웹 브라우저의 크기가 410px 이하일 때 텍스트가 한 줄에 표시되지 않습니다. 메인 메뉴도 웹 브라우저의 크기에 따라 반응형으로 만들어 보겠습니다.

1단계 모바일 크기의 미디어 쿼리(`max-width: 767px`)를 작성합니다. 그 안에 `nav ul > li` 선택자를 작성하고 `flex` 속성값을 `auto`로 바꿔 텍스트 크기만큼 플렉스 아이템의 크기를 조절합니다. 그리고 각 메뉴의 여백은 `padding-right` 속성값을 10px로 지정합니다.

Do it! • public/common/styles/common.css

```
... (생략) ...
/* 모바일*/
@media screen and (max-width: 767px) {
  nav ul > li {
    flex: auto;
    padding-right: 10px;
  }
  nav ul > li:nth-last-of-type(1) {
    padding-right: 0px;
  }
}
```

2단계 메뉴 텍스트의 크기는 nav ul > li > button 선택자를 작성하고 font-size 속성값을 15px로 지정합니다.

Do it! • public/common/styles/common.css

```
... (생략) ...
/* 모바일*/
@media screen and (max-width: 767px) {
  nav ul > li { ... (생략) ... }
  nav ul > li:nth-last-of-type(1) { ... (생략) ... }
  nav ul > li > button {
    font-size: 15px;
  }
}
```

지금까지 작성한 코드를 저장한 후 웹 브라우저의 개발자 도구를 열어 보세요. 그리고 웹 브라우저의 크기를 767px 이하로 줄이면 방금 작성한 스타일이 적용되는 것을 볼 수 있습니다.

```
@media screen and (max-width: 767px)
nav ul > li > button {
   font-size: 15px;
}
nav ul > li > button {
   color: □#fff;
   font-size: 18px;
   position: relative;
   z-index: 3;
}
```

CSS 중복이지만 우선 순위에 의해 미디어 쿼리에 작성된 CSS가 적용됨

▲ 미디어 쿼리에 작성된 CSS가 적용된 모습

미디어 쿼리 안에서 이전에 작성했던 선택자를 그대로 이용했습니다. 이처럼 미디어 쿼리는 **기존 스타일을 해상도에 맞춰 재정의**할 때 사용합니다. 만약 스타일을 재정의할 때 선택자를 새로 만들면 우선 순위에 따라 스타일이 적용되지 않을 수 있습니다. 따라서 될 수 있으면 기존에 작성된 선택자를 그대로 이용하는 것이 바람직합니다.

Do it! 실습 서비스 버튼 반응형으로 만들기

푸터에 있는 서비스 버튼은 화면이 작아지면 모두 일렬로 정렬할 수 없습니다. 그래서 3개씩 두 줄로 정렬해야 사이트를 이용하는 데 불편함이 없습니다. 서비스 버튼을 반응형으로 만들어 보겠습니다.

1단계 767px 이하로 작성된 미디어 쿼리에 .botinfo 선택자를 작성하고 높이를 auto로 변경합니다. 그리고 padding 속성값으로 좌우 여백을 30px씩 지정합니다.

Do it! • public/common/styles/common.css

```
... (생략) ...
/* 모바일*/
@media screen and (max-width: 767px) {
  ... (생략) ...
  nav ul > li > button { ... (생략) ... }
  .botinfo {
    height: auto;
    padding: 0 30px;
  }
}
```

2단계 .botbtngroup 선택자에 flex-wrap 속성값을 wrap으로 지정하여 플렉스 아이템인 <button> 태그가 두 줄로 정렬될 수 있도록 합니다. 그리고 justify-content 속성값은 center로 작성하여 <button> 태그가 가운데 정렬되도록 하고, 위아래 여백은 padding 속성값으로 10px씩 지정합니다.

Do it! • public/common/styles/common.css

```
... (생략) ...
/* 모바일*/
@media screen and (max-width: 767px) {
```

```
  ... (생략) ...
  .botinfo { ... (생략) ... }
  .botbtngroup {
    flex-wrap: wrap;
    justify-content: center;
    padding: 10px 0;
  }
}
```

지금까지 작성한 코드를 저장한 후 웹 브라우저에서 확인하면 웹 브라우저 크기를 줄였을 때 앞서 지정한 이미지의 위치가 변경되어 버튼이 제대로 보이지 않습니다. 이것은 footerinfo::before에 적용했던 배경 이미지가 위로 겹쳐서 생기는 현상입니다.

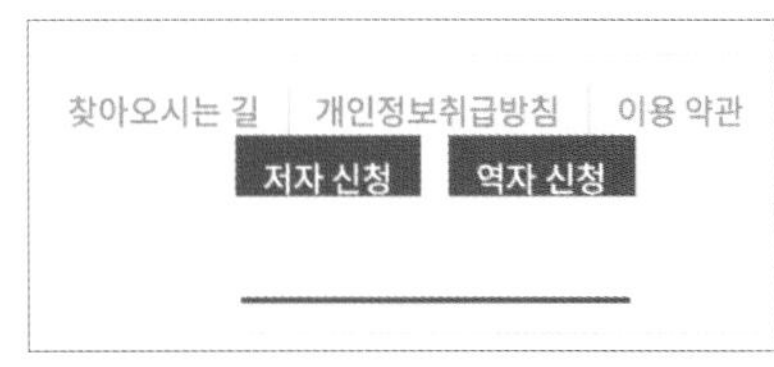

▲ 배경 이미지가 겹쳐서 메뉴가 보이지 않음

앞서 배경 이미지의 위치는 footer 기준에서 버튼 영역의 <div class="botinfo"> 태그 높이(height: 50px)로 top값이 작성되어 있습니다. 그런데 <div class="botinfo"> 태그 높이가 변경되어 배경 이미지에 버튼이 가려지는 것입니다. footerinfo::before의 위치 기준을 footer가 아닌 footerinfo로 변경하여 footerinfo::before 요소의 배경 이미지가 <div class="botinfo"> 태그의 높이에 영향을 받지 않도록 합니다.

3단계 .footerinfo 선택자를 작성한 후 position 속성값을 relative로 지정하여 footerinfo::before의 위치 기준을 변경합니다.

Do it! • public/common/styles/common.css

```
... (생략) ...
/* 모바일*/
@media screen and (max-width: 767px) {
  ... (생략) ...
  .botbtngroup { ... (생략) ... }
  .footerinfo {
    position: relative;
  }
}
```

4단계 .footerinfo::before의 top 속성값은 0으로 지정합니다.

Do it! • public/common/styles/common.css

```
... (생략) ...
/* 모바일*/
@media screen and (max-width: 767px) {
  ... (생략) ...
  .footerinfo { ... (생략) ... }
  .footerinfo::before {
    top: 0;
  }
}
```

5단계 .btn-text의 width 속성값을 33%로, font-size 속성값을 11px로 지정하여 버튼의 크기와 텍스트의 크기를 변경합니다. 아래쪽 여백은 margin-bottom 속성값으로 10px을 지정합니다.

Do it! • public/common/styles/common.css

```
... (생략) ...
/* 모바일*/
@media screen and (max-width: 767px) {
  ... (생략) ...
  .footerinfo::before { ... (생략) ... }
  .btn-text {
    width: 33%;
    margin-bottom: 10px;
    font-size: 11px;
  }
}
```

6단계 .btn-gray 선택자를 작성하여 min-width 속성값을 75px로, height 속성값은 24px로 버튼의 크기를 재정의합니다. 그리고 font-size 속성값을 11px로 작성하여 버튼의 텍스트 크기를 재정의합니다.

Do it! • public/common/styles/common.css

```
... (생략) ...
/* 모바일*/
@media screen and (max-width: 767px) {
  ... (생략) ...
  .btn-text { ... (생략) ... }
  .btn-gray {
    min-width: 75px;
    height: 24px;
    font-size: 11px;
  }
}
```

7단계 코드를 저장한 후 웹 브라우저에서 보면 btn-gray 첫 번째 버튼의 margin-left값으로 인해 버튼 영역 전체가 오른쪽으로 밀려 있습니다.

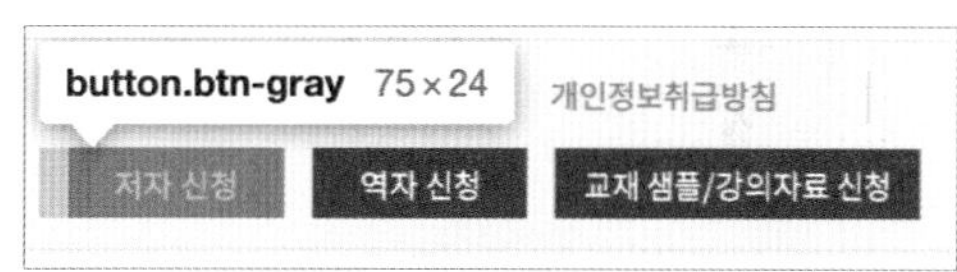

▲ 버튼 영역이 오른쪽으로 밀린 상황

결합 선택자(+)를 사용하여 btn-gray 첫 번째 버튼의 margin-left 속성값을 0으로 지정합니다.

Do it! • public/common/styles/common.css

```
... (생략) ...
/* 모바일*/
@media screen and (max-width: 767px) {
  ... (생략) ...
  .btn-gray { ... (생략) ... }
  .btn-text + .btn-gray {
    margin-left: 0;
  }
}
```

8단계 로고 이미지의 크기를 변경하기 위해 .footer-logo img 선택자를 작성한 후 width 속성값을 85px로 지정합니다. 로고 이미지와 사이트 정보의 시작 위치를 위쪽을 기준으로 정렬하기 위해 .footer-logo 선택자를 작성한 후 align-self 속성값을 flex-start로 지정하고 padding-top 속성값을 4px로 지정합니다.

이지스퍼블리싱 서울시 마포구 잔다리로 109 이지스퍼블리싱 Tel 02-1234-12345
Email email@email.com
통신판매업 신고 : 2020-서울강남-001234

▲ 위쪽 기준으로 정렬

Do it! • public/common/styles/common.css

```
... (생략) ...
/* 모바일*/
@media screen and (max-width: 767px) {
  ... (생략) ...
  .btn-text + .btn-gray { ... (생략) ... }
  .footer-logo img {
    width: 85px;
  }
  .footer-logo {
    align-self: flex-start;
    padding-top: 4px;
  }
}
```

9단계 .footer-info address span 선택자를 작성한 후 display 속성값을 block으로 지정하여 주소와 전화번호를 줄 바꿈 합니다.

Do it! • public/common/styles/common.css

```
... (생략) ...
/* 모바일*/
@media screen and (max-width: 767px) {
  ... (생략) ...
  .footer-logo { ... (생략) ... }
  .footer-info address span {
    display: block;
  }
}
```

이제 반응형 웹에 맞춘 레이아웃을 완성했습니다. 지금까지 작성한 코드를 모두 저장한 후 웹 브라우저를 보면 모든 태그의 크기와 영역이 화면 크기에 맞게 비율대로 움직이는 것을 확인할 수 있습니다.

▲ 반응형 웹 사이트

지금까지 웹 사이트를 만들면서 HTML로는 필요한 정보만 태그로 작성했고 Vue.js로 컴포넌트를 만들어 데이터를 바인딩했습니다. 또한 라우터를 사용하여 컴포넌트를 변경함으로써 페이지 이동을 구현했습니다. 그리고 다양한 CSS 속성으로 화면에 표시되는 내용을 디자인했으며, 사이트의 기초가 되는 틀을 모든 해상도에 최적화되도록 만들었습니다. 최적화란 모든 기기에 동일하게 적용해야 한다는 개념이 아니라, 기기에 따라 버튼의 위치나 디자인을 변경하여 웹 사이트 이용에 문제가 없게 해야 함을 의미합니다. 상황에 따라서는 콘텐츠를 제한하기도 합니다. 바로 미디어 쿼리를 이용해서 말이죠. 단, 미디어 쿼리는 CSS의 문법이므로 우선순위를 고려하여 선택자를 정확히 작성해야 합니다.

08

로그인/회원가입 대화 상자 만들기

이번 장에서는 07장에서 만든 레이아웃을 기반으로 회원 가입과 로그인을 할 수 있는 대화 상자를 만들어 보겠습니다. 부트스트랩 뷰 프레임워크의 b-modal 컴포넌트와 CSS를 활용하여 콘텐츠에 맞게 디자인을 변경하고, 폼 관련 컴포넌트 사용법도 살펴보겠습니다.

08-1 부트스트랩 뷰란?

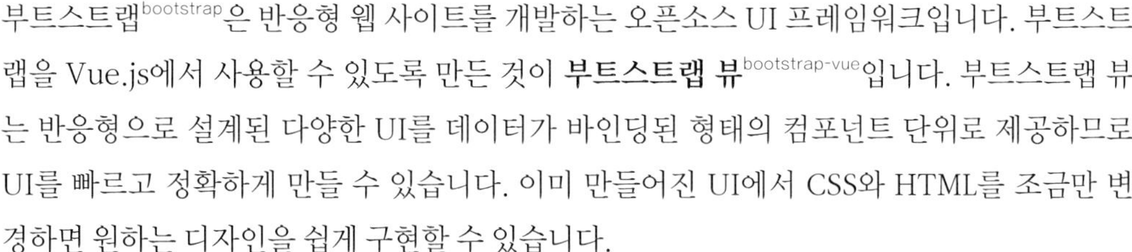

부트스트랩bootstrap은 반응형 웹 사이트를 개발하는 오픈소스 UI 프레임워크입니다. 부트스트랩을 Vue.js에서 사용할 수 있도록 만든 것이 **부트스트랩 뷰**bootstrap-vue입니다. 부트스트랩 뷰는 반응형으로 설계된 다양한 UI를 데이터가 바인딩된 형태의 컴포넌트 단위로 제공하므로 UI를 빠르고 정확하게 만들 수 있습니다. 이미 만들어진 UI에서 CSS와 HTML를 조금만 변경하면 원하는 디자인을 쉽게 구현할 수 있습니다.

Vue.js에서 부트스트랩 뷰를 사용하려면 콘솔 창에서 다음처럼 npm 명령어로 bootstrap-vue를 설치해야 합니다. 그리고 소스 파일에서 bootstrap-vue 컴포넌트를 적용해야 합니다.

- **부트스트랩 뷰 설치하기**

```
> npm install bootstrap-vue
```

그러나 우리가 실습하는 프로젝트에는 이미 부트스트랩 뷰를 사용할 수 있도록 작성되어 있습니다. src/common/plugins 디렉터리의 bootstrap-vue.js 파일을 열어 보면 다음과 같은 코드가 작성되어 있는 것을 확인할 수 있습니다.

▲ 부트스트랩 뷰 사용 설정

윤미쌤의 실무 코칭!

개발 환경 설정은 주로 개발자가 진행해요

실무에서 개발 환경 설정은 크로스 브라우징과 코드 호환성 점검 후에 주로 개발자들이 협의하여 진행합니다.

08-2 부트스트랩 뷰 컴포넌트

부트스트랩 뷰의 공식 문서에는 다양한 컴포넌트와 데이터 바인딩 방법 등이 자세히 나와 있습니다. 공식 문서를 참고하여 부트스트랩 뷰 컴포넌트를 확인해 보겠습니다. 웹 브라우저에서 부트스트랩 뷰 공식 문서(bootstrap-vue.org/docs)에 접속한 후 세 번째 메뉴인 [Components]를 클릭하면 부트스트랩 뷰에서 제공하는 컴포넌트들이 나옵니다.

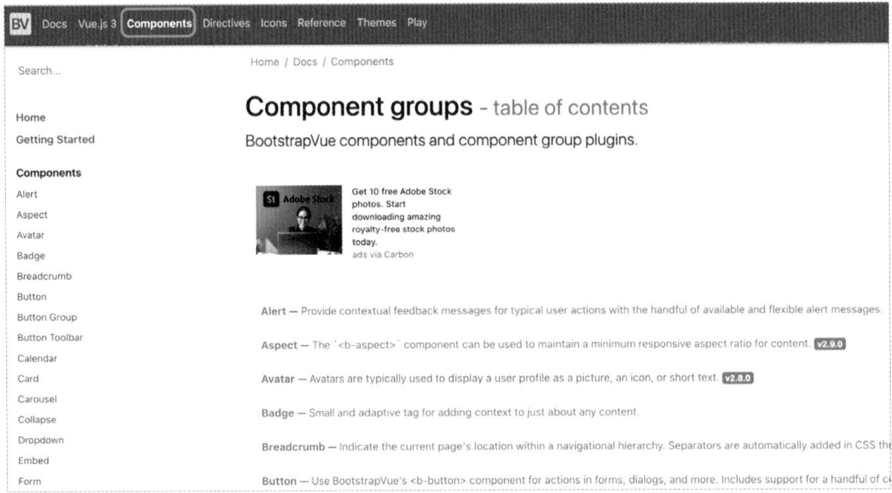

▲ 부트스트랩 뷰 공식 문서

왼쪽 목록에서 컴포넌트를 클릭하면 상세 설명과 사용법이 나오고 샘플 코드를 더블 클릭하면 코드를 수정하여 연습해 볼 수 있습니다.

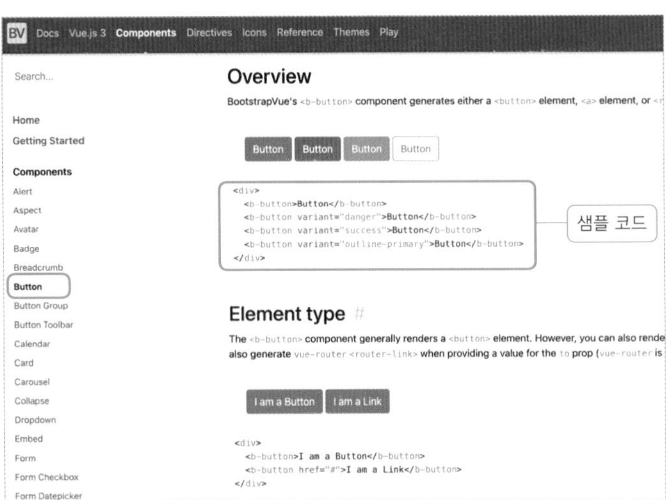

▲ 컴포넌트 사용법

컴포넌트 목록에서 [Modal]을 클릭해 보세요. b-modal 컴포넌트는 웹 사이트에서 다양하게 활용되는 대화 상자를 만들 수 있습니다. 이 장에서도 b-modal 컴포넌트를 이용해 로그인과 회원 가입 대화 상자를 만들 것입니다.

공식 문서에 따르면 b-modal은 사용자 알림부터 맞춤형 콘텐츠에 이르기까지 다양한 사용 사례를 지원하고 유용한 하위 구성 요소, 크기, 변형, 접근성 등을 제공한다고 설명되어 있습니다. 문서에서 샘플 코드 위에 있는 〈Launch demo modal〉 버튼을 클릭하면 대화 상자가 표시됩니다.

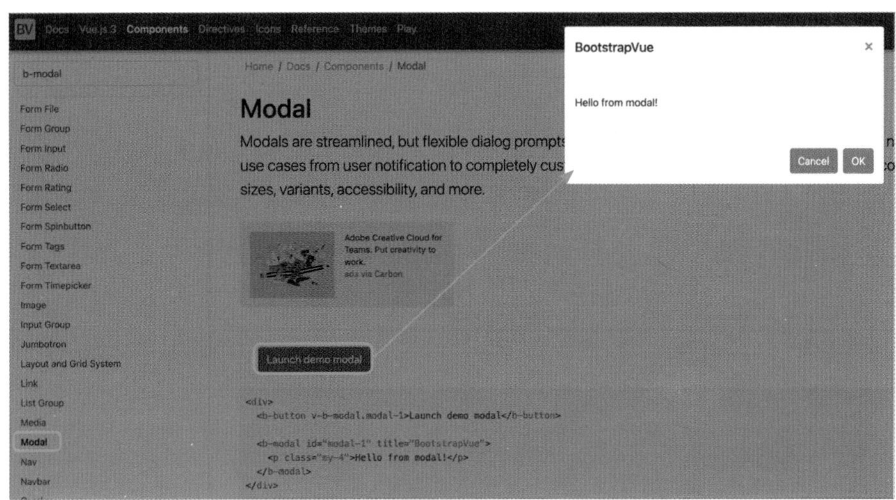

▲ 모달 대화 상자

잠시 샘플 코드를 살펴보겠습니다.

- **모달 컴포넌트 샘플 코드**

```
<div>
  <b-button v-b-modal.modal-1>Launch demo modal</b-button>
  <b-modal id="modal-1" title="BootstrapVue">
    <p class="my-4">Hello from modal!</p>
  </b-modal>
</div>
```

버튼 태그에 있는 `v-b-modal.modal-1`이 모달 대화 상자를 불러오는 명령어입니다. 이 명령어는 아이디가 `modal-1`인 요소를 찾아 모달 대화 상자에 출력하라는 의미입니다. 샘플 코드를 더블 클릭하여 `<b-modal>`의 `title` 속성값을 변경한 후 다시 버튼을 클릭해 보면 대화 상자 상단의 제목이 바뀐 것을 확인할 수 있습니다.

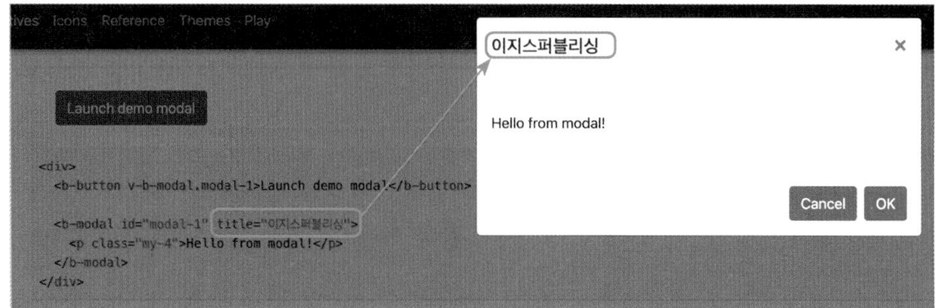

▲ 제목 변경

모달 대화 상자를 불러오는 `v-b-modal.modal-1` 명령어는 부트스트랩 뷰에 내장된 자바스크립트로 실행되므로 HTML 태그인 `<button>`에서 사용해도 똑같이 동작합니다. `<b-modal>` 컴포넌트 역시 `<div>`나 `<section>`처럼 HTML 태그로 고쳐 사용할 수 있습니다. 이처럼 부트스트랩 뷰에서 제공하는 UI를 커스터마이징하여 다양하게 활용할 수 있습니다.

부트스트랩 뷰를 사용할 때는 부트스트랩 뷰에서 제공하는 CSS를 적용해야 합니다. 이 책의 프로젝트에서는 /public/common/styles 디렉터리 안에 해당 CSS 파일들이 있고 /public/index.html 파일에 적용되어 있습니다.

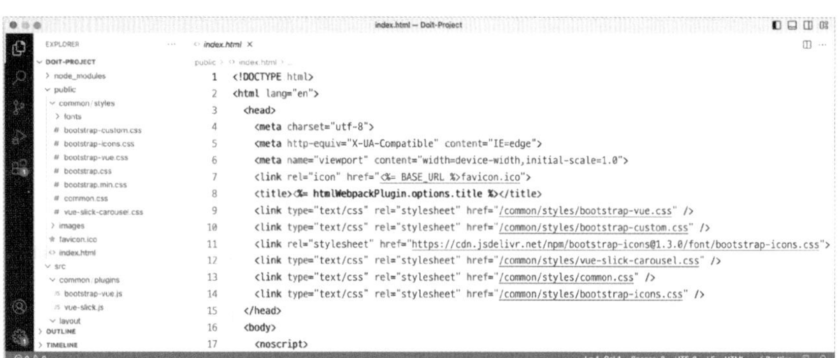

▲ 부트스트랩 뷰의 CSS 파일이 등록된 index.html

이 책의 프로젝트를 진행하면서 작성하는 CSS 파일은 /public/common/styles/common.css입니다. 부트스트랩 뷰에 정의된 스타일을 변경할 때도 이 파일에 작성합니다. 이때는 부트스트랩 뷰에서 제공하는 선택자와 똑같이 작성해야 합니다. 그러면 부트스트랩 뷰에서 제공하는 CSS에서 유지할 것은 유지하고, 프로젝트에 맞게 바꾼 스타일은 바꾼 대로 적용됩니다.

앞으로 부트스트랩 뷰의 컴포넌트를 사용할 때마다 공식 문서를 참조해 사용법과 다양한 옵션을 확인하기 바랍니다.

08-3 부트스트랩 아이콘

부트스트랩은 UI 컴포넌트뿐만 아니라 다양한 아이콘도 제공합니다. 부트스트랩 아이콘 홈페이지(icons.getbootstrap.com)에서 아이콘의 종류와 사용법 등을 확인할 수 있습니다.

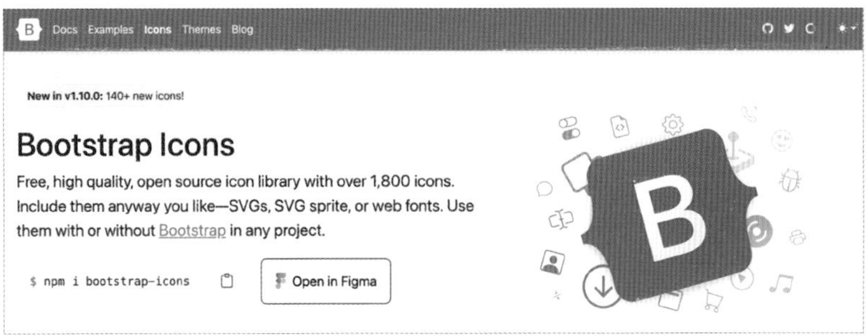

▲ 부트스트랩 아이콘 홈페이지

부트스트랩 아이콘 홈페이지에서 사용하고 싶은 아이콘을 찾은 후 해당 아이콘의 클래스 이름을 코드에 적용하는 방식으로 활용하면 됩니다. 또는 아이콘 이미지 자체를 내려받을 수도 있습니다. 이때 아이콘 이미지는 SVG 형태로 내려받습니다.

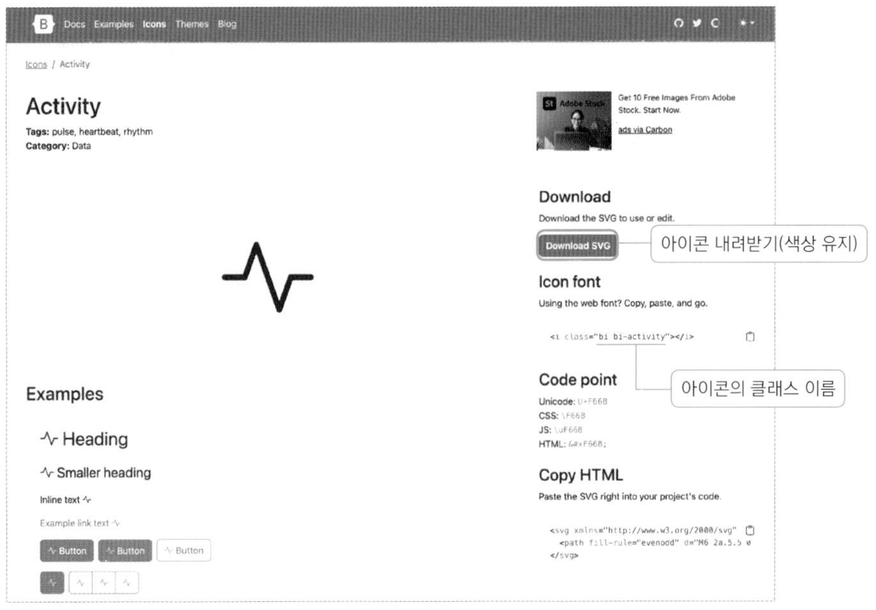

▲ Activity 아이콘

부트스트랩 아이콘을 HTML 태그로 사용할 때는 부트스트랩 아이콘임을 나타내는 bi 클래스 다음에 한 칸 띄고 아이콘마다 지정된 클래스 이름(예: bi-activity)을 적용하면 됩니다. 아이콘의 클래스 이름은 앞에서 소개한 부스트랩 아이콘 홈페이지에서 확인할 수 있습니다. 예를 들어 다음 코드는 앞선 그림에서 본 Activity 아이콘을 표시하는 코드입니다.

• 부트스트랩 아이콘 사용하기

```
<i class="bi bi-activity"></i>
```

아이콘의 클래스 이름

그러면 <i> 태그에 before 요소가 생성되고 부트스트랩에서 기본으로 제공하는 bootstrap-icons.css 파일에 지정된 스타일이 적용됩니다.

▲ bootstrap-icons.css 파일

bootstrap-icons.css 파일을 보면 아이콘마다 bi-로 시작하는 클래스 선택자가 있으며 ::before 요소의 content 속성에 해당 아이콘이 작성되어 있습니다. 이렇게 작성된 아이콘의 스타일은 프로젝트에서 사용하는 별도의 CSS 파일(이 책에서는 common.css)에서 재정의하거나 새로운 클래스 선택자를 추가하여 수정할 수 있습니다.

08-4 로그인 대화 상자 만들기

로그인 버튼을 클릭하면 로그인 대화 상자가 열리도록 앞에서 살펴본 b-modal 컴포넌트를 적용해 보겠습니다.

Do it! 실습 로그인 대화 상자 만들기

1단계 먼저 Header.vue 파일의 로그인 버튼에 부트스트랩 뷰의 모달 컴포넌트를 실행하는 v-b-modal.login을 작성합니다.

Do it! • src/layout/components/Header.vue

```
<template>
  <header>
    <div class="topmenu">
      <div class="contentbox">
        ... (생략) ...
        <div class="system">
          <button class="login" v-b-modal.login>로그인</button>
          <button class="member">회원가입</button>
        </div>
      </div>
... (생략) ...
```

2단계 <header> 태그 안에 <b-modal> 컴포넌트를 작성하고 id와 title값을 작성합니다.

Do it! • src/layout/components/Header.vue

```
<template>
  <header>
    <div class="topmenu">
      ... (생략) ...
    </div>
```

```
    <nav>
      ... (생략) ...
    </nav>
    <b-modal id="login" title="로그인">
      <div>로그인 내용</div>
    </b-modal>
  </header>
</template>
... (생략) ...
```

작성한 코드를 저장한 후 웹 페이지에서 로그인 버튼을 클릭해 보세요. 모달 대화 상자가 나오긴 하지만 다음 그림처럼 기존 스타일과 충돌합니다. CSS에 새로운 스타일을 지정하여 제대로 나오도록 만들어 보겠습니다.

▲ 모달 대화 상자

개발자 도구에서 코드를 확인해 보면 모달 대화 상자는 `<body>` 태그 안에 `<div id="appPage">`와 형제 태그로 출력되고 `modal-open`이라는 클래스가 동적으로 생성됩니다.

```
<!DOCTYPE html>
<html lang="en">
 ▶<head> … </head>
…▼<body class="modal-open" data-modal-open-count="1"> == $0
   ▶<noscript> … </noscript>
   ▶<div id="appPage"> … </div>
    <!-- built files will be auto injected -->
   ▶<div id="login___BV_modal_outer_" style="position: absolute; z-index: 1040;">
     … </div>
  </body>
</html>
```

▲ 모달 대화 상자 코드

그리고 모달 대화 상자 태그에는 `style` 속성으로 위칫값이 적용되어 있습니다. 모달 대화 상자를 페이지의 가장 앞쪽에 오게 하려면 `<div id="appPage">` 태그의 위칫값을 조정해 모달 대화 상자 태그보다 뒤에 오도록 해야 합니다.

3단계 common.css 파일을 열고 모달 대화 상자가 생성될 때 `<body>` 태그에 동적으로 생성되는 `modal-open` 클래스의 하위 선택자로 `#appPage`(`<div>` 태그에 지정된 아이디)를 작성합니다. 그리고 `z-index`와 `position` 속성값을 각각 9와 `realative`로 지정합니다.

Do it! • public/common/styles/common.css

```
... (생략) ...
.modal-open #appPage {
  z-index: 9;
  position: relative;
}
```

코드를 저장한 후 다시 확인해 보면 모달 대화 상자가 페이지의 가장 앞쪽으로 출력됩니다. 그런데 이번에는 모달 대화 상자에 기존 헤더 스타일이 그대로 적용되어 나옵니다. 이는 앞 장에서 메뉴를 꾸밀 때 `header::after`에 지정했던 스타일입니다.

▲ 기존 헤더 스타일이 그대로 적용된 모달 대화 상자

4단계 개발자 도구에서 다시 모달 대화 상자 코드를 살펴보면 `<div id="login___BV_modal_content_">` 안에 `<header>`, `<h5>`, `<button>` 태그 등이 있는 것을 확인할 수 있습니다. 이 태그들은 부트스트랩 뷰의 내부 스크립트가 자동으로 생성하여 삭제할 수 없습니다. 대신 새로운 선택자를 만들어 `header::after` 요소의 스타일이 적용되지 않도록 재정의할 수 있습니다.

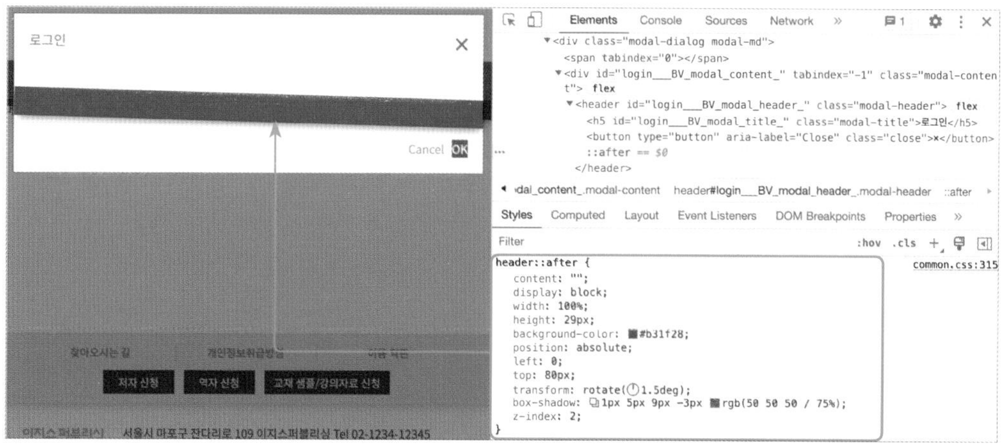

▲ header::after 요소의 스타일이 적용됨

.modal-header::after 선택자를 작성하고 모달 대화 상자(<b-modal>)에서는 header::after에 지정했던 요소가 보이지 않도록 display의 속성값을 none으로 지정합니다.

Do it! • public/common/styles/common.css

```
... (생략) ...
.modal-header::after {
  display: none;
}
```

5단계 2단계에서 <b-modal>에 작성한 title 속성은 웹 페이지에서 <header> 안 <h5> 태그에 출력됩니다. 이때 title 속성 대신 <template #modal-title>을 사용하면* title 속성에 들어가는 내용을 <h5> 태그 대신 다른 태그로 직접 작성할 수 있습니다.

* 이처럼 컴포넌트에서 태그를 변경해야 할 때 부트스트랩 뷰에서 제공하는 슬롯(slot)을 사용할 수 있습니다.

Header.vue 파일에서 <b-modal> 태그에 modal이라는 이름의 클래스를 지정하고 부트스트랩 뷰에서 기본으로 제공하는 푸터 영역을 숨기기 위해 hide-footer 옵션도 추가합니다. <b-modal> 태그 안에 <template #modal-title> 태그를 작성하고 그 안에 <div> 태그를 작성하여 layertit 클래스를 지정합니다.

▲ 모달 대화 상자의 푸터

Do it! • src/layout/components/Header.vue

```
<template>
  <header>
    ... (생략) ...
    <b-modal id="login" class="modal" hide-footer >
      <template #modal-title>
        <div class="layertit">로그인</div>
      </template>
    </b-modal>
  </header>
</template>
... (생략) ...
```

6단계 '로그인' 텍스트 앞에 부트스트랩의 clipboard-check라는 아이콘을 넣어 보겠습니다.

Do it! • src/layout/components/Header.vue

```
<template>
  <header>
    ... (생략) ...
    <b-modal id="login" class="modal" hide-footer >
      <template #modal-title>
        <div class="layertit"><i class="bi bi-clipboard-check" />로그인</div>
      </template>
    </b-modal>
  </header>
</template>
... (생략) ...
```

7단계 텍스트와 아이콘의 크기, 색상을 지정하기 위해 common.css 파일에 `.layertitt` 선택자를 작성한 후 다음처럼 속성을 지정합니다. 참고로 부트스트랩 아이콘은 폰트 아이콘을 사용하므로 텍스트 크기로 아이콘의 크기를 변경할 수 있습니다.

Do it! • public/common/styles/common.css

```
...(생략)...
.layertit {
  font-size: 24px;
  color: #222;
  font-weight: 700;
}
```

코드를 저장한 후 웹 페이지에서 로그인 버튼을 클릭하면 지금까지 작성된 스타일이 적용된 대화 상자와 제목에 아이콘이 추가된 것을 확인할 수 있습니다.

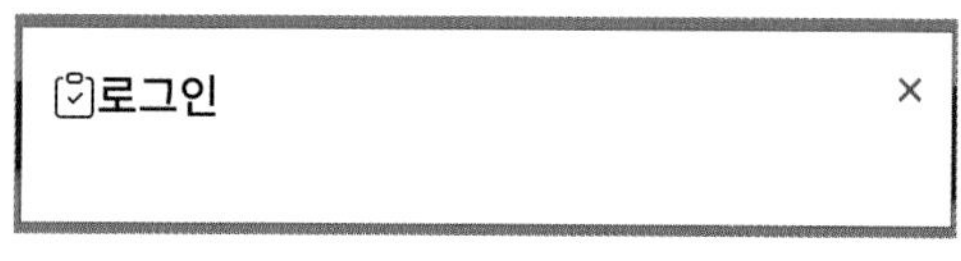

▲ 스타일이 적용된 로그인 대화 상자

Do it! 실습 입력란과 로그인 버튼 추가하기

이제 로그인 대화 상자에 아이디와 비밀번호 입력란, 로그인 버튼 등을 넣어 내용을 채워 보겠습니다.

1단계 먼저 부트스트랩에서 제공하는 CSS에 지정된 스타일을 프로젝트에 맞게 재정의해 보겠습니다. 대화 상자 위쪽 영역에는 `modal-header`라는 클래스로 부트스트랩 뷰가 제공하는 CSS가 이미 적용되어 있습니다.

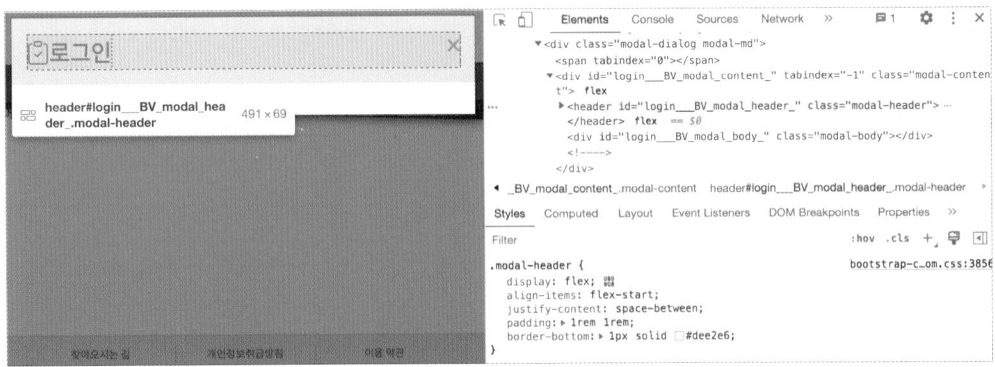

▲ 대화 상자 헤더의 modal-header 클래스

common.css 파일에 `.modal-header` 선택자를 작성하여 여백을 다음처럼 새로 지정하겠습니다. 이처럼 부트스트랩 뷰가 기본으로 제공하는 CSS를 프로젝트에 맞게 새로 디자인할 수 있으며, 이때는 부트스트랩 뷰의 선택자(`.modal-header`)를 그대로 작성해야 합니다.

Do it! • public/common/styles/common.css

```
...(생략)...
.modal-header {
  padding: 10px 20px;
}
```

2단계 부트스트랩에서 제공하는 아이콘에는 공통으로 `bi` 클래스가 지정되어 있습니다. 이 클래스를 선택자로 작성하고 `margin-right` 속성값을 5px로 작성하여 대화 상자 제목과 아이콘의 여백을 지정합니다.

Do it! • public/common/styles/common.css

```
...(생략)...
.bi {
  margin-right: 5px;
}
```

3단계 로그인 대화 상자에 아이디 입력란을 추가해 보겠습니다. <div> 태그로 대화 상자의 콘텐츠 영역을 작성하고 클래스(modalcontainer)를 지정합니다. 그 안에 로그인 입력란이 들어갈 <div>를 작성하고 클래스(loginform)를 지정합니다. <label> 태그 안에 아이콘을 작성하고(i classs=bi bi-file-person) <label>의 for 속성은 "id"로 지정합니다. 아이디 입력란은 부트스트랩 뷰의 <b-form-input> 컴포넌트를 사용합니다. 이 컴포넌트의 id 속성에는 label 태그의 for 속성에 지정한 "id"를 입력하고 placeholder 속성도 작성합니다.

Do it! • src/layout/components/Header.vue

```
<template>
  <header>
    ... (생략) ...
    <b-modal id="login" class="modal" hide-footer >
      <template #modal-title> ... (생략) ... </template>
      <div class="modalcontainer">
        <div class="loginform">
          <label for="id"><i class="bi bi-file-person" />아이디</label>
          <b-form-input id="id" placeholder="아이디를 입력해 주세요" />
        </div>
      </div>
    </b-modal>
  </header>
</template>
... (생략) ...
```

4단계 비밀번호 입력란도 아이디 입력란과 같은 패턴으로 추가합니다. 다만 <b-form-input>의 type 속성은 "password"로 지정해서 사용자가 비밀번호를 입력할 때 ••••로 보이게 합니다.

Do it! • src/layout/components/Header.vue

```
... (생략) ...
<div class="loginform">
  <label for="id"><i class="bi bi-file-person" />아이디</label>
  <b-form-input id="id" placeholder="아이디를 입력해 주세요" />
  <label for="pass"><i class="bi bi-lock" />비밀번호</label>
  <b-form-input type="password" id="pass" placeholder="비밀번호를 입력해 주세요" />
</div>
... (생략) ...
```

5단계 마지막으로 로그인 버튼을 추가합니다. <div>로 영역을 만들고 btnwrap 클래스를 지정합니다. 그 안에 부트스트랩 뷰의 b-button 컴포넌트로 로그인 버튼을 추가하고 variant의 속성값(login)도 작성합니다.

Do it! • src/layout/components/Header.vue

```
... (생략) ...
<b-modal id="login" class="modal" hide-footer >
  ... (생략) ...
  <div class="modalcontainer">
    <div class="loginform">... (생략) ...</div>
    <div class="btnwrap">
      <b-button variant="login">로그인</b-button>
    </div>
  </div>
</b-modal>
... (생략) ...
```

부트스트랩 뷰의 b-button 컴포넌트로 만드는 버튼은 뷰 파일이 HTML로 변환될 때 <button> 태그의 클래스를 btn으로 지정합니다. 여기에 b-button의 variant 속성에 지정한 값도 클래스로 추가됩니다.

```
▼<div class="btnwrap">
   <button type="button" class="btn btn-login">로그인</button> == $0
 </div>
```

▲ b-button 컴포넌트가 만드는 <button> 태그

이때 variant 속성값에 들어가는 클래스명은 앞에 btn-이 자동으로 붙습니다(btn-login).* 따라서 CSS 파일에서 b-button 컴포넌트로 만든 버튼에 공통으로 적용할 스타일은 .btn 선택자로 정의하고, 개별 버튼의 스타일은 .btn- 다음에 variant 속성값을 붙인 형태(예: btn-login)의 선택자로 정의합니다.

* variant 속성에 값을 여러 개 등록하여 다중 클래스를 적용할 수 있는데, 두 번째부터 작성되는 클래스 이름에는 btn-이 붙지 않습니다.

이 규칙을 알고 있어야 클래스 이름에 따른 선택자를 작성할 수 있으므로 꼭 기억하세요. 부트스트랩 뷰의 b-button 컴포넌트에 관해 더 자세한 설명은 다음 주소에서 확인할 수 있습니다.

- **b-button 사용법:** bootstrap-vue.org/docs/components/button

웹 페이지를 확인해 보면 로그인 대화 상자에 아이디와 비밀번호 입력란, 로그인 버튼 등이 추가된 것을 확인할 수 있습니다.

로그인
×
아이디
아이디를 입력해 주세요
비밀번호
비밀번호를 입력해 주세요
로그인

▲ 아이디와 비밀번호 입력란 추가

Do it! 실습 로그인 대화 상자 완성하기

이제 CSS로 로그인 대화 상자를 좀 더 꾸며서 완성해 보겠습니다.

1단계 common.css 파일을 열고 loginform label 선택자를 작성한 후 display와 margin 속성값을 다음처럼 지정합니다. 그리고 font-weight, color, font-size 속성으로 <label> 태그의 글자 스타일을 설정합니다.

Do it! • public/common/styles/common.css

```
...(생략)...
.loginform label {
  display: block;
  margin: 20px 0 10px 0;
  font-weight: 700;
  color: #676767;
  font-size: 16px;
}
```

2단계 부트스트랩 뷰의 form-input 컴포넌트는 <input type="text"> 태그로 변환되며 여기에 form-control이라는 클래스가 지정되어 있습니다. 이 클래스에 기본으로 지정된 스타일을 수정해 보겠습니다. common.css 파일에 같은 이름으로 선택자를 작성한 후 height와 color, font-size 속성값을 다음처럼 지정합니다. 그리고 form-control 클래스 기준으로 placeholder의 스타일을 지정할 수 있도록 선택자를 추가한 후 텍스트 색상을 지정합니다.

Do it! • public/common/styles/common.css

```
...(생략)...
.form-control {
  height: 40px;
  color: #676767;
  font-size: 14px;
}
.form-control::placeholder {
  color: #ddd;
}
```

3단계 버튼 영역인 <div class="btnwrap"> 태그에 해당하는 btnwrap 선택자를 작성한 후 margin-top 속성으로 폼 콘텐츠와 버튼 영역 사이의 여백을 조정합니다.

Do it! • public/common/styles/common.css

```
...(생략)...
.btnwrap {
  margin-top: 30px;
}
```

4단계 b-button 컴포넌트로 만든 버튼에 적용할 스타일을 .btn 선택자로 작성합니다. 그리고 display 속성값을 block으로 지정하고, 버튼의 너비, 높이, 행간, 테두리 모양, 텍스트 크기와 정렬 등 버튼의 공통 스타일 속성을 지정합니다.

Do it! • public/common/styles/common.css

```
...(생략)...
.btn {
  display: block;
  width: 100%;
  height: 40px;
  line-height: 38px;
  border-radius: 5px;
  font-size: 18px;
  text-align: center;
}
```

5단계 이번에는 로그인 버튼에만 적용할 스타일을 지정하기 위해 .btn-login 선택자를 작성하고 배경색과 텍스트의 색상을 변경합니다.

Do it! • public/common/styles/common.css

```
...(생략)...
.btn-login {
  background: #17a2b8;
  color: #fff;
}
```

이로써 로그인 대화 상자를 완성했습니다. 웹 브라우저에서 로그인 버튼을 클릭하여 확인해 보세요. 부트스트랩 뷰의 컴포넌트를 사용하면 웹 브라우저의 크기를 변경해도 레이아웃이 틀어지지 않습니다. 따라서 반응형 웹 사이트를 쉽게 구현할 수 있습니다. 또한 부트스트랩 뷰가 제공하는 기본 CSS에 더해 새 스타일을 정의한 별도의 CSS 파일을 함께 사용하면 웹 디자인을 원하는 형태로 구현할 수 있습니다.

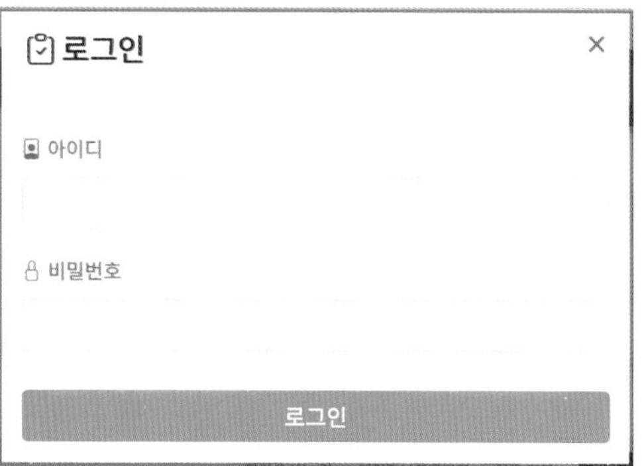

▲ 로그인 대화 상자 완성

08-5 회원가입 대화 상자 만들기

이번 절에서는 회원가입 대화 상자를 만들어 보겠습니다. 보통 회원가입은 사용자가 데이터를 입력할 수 있도록 양식을 제공하고 입력을 마치면 서버로 전송하여 회원가입을 완료합니다. 이때 사용자 입력을 위한 HTML 요소로는 텍스트 필드, 라디오 버튼, 체크 박스 등이 있고 이러한 입력 요소들은 <form> 요소 안에 작성합니다. 그리고 <form> 이벤트 타입(submit, change, reset)으로 사용자와 상호 작용을 제공합니다.

양식(form) 알아보기

<form> 태그 안의 입력 요소에 작성된 양식을 제출[submit]하면 입력된 데이터를 서버(또는 다른 웹 페이지)에 전송합니다. <form> 태그를 사용하는 일반적인 방법은 다음과 같습니다.

- **<form> 태그 사용법**

```
<form name="폼 이름" action="데이터를 보낼 주소" method="전송 방식">
// 여기에 HTML 입력 요소로 양식을 만듭니다.
<input type=text> <input type=radio> <textarea> ...
</form>
```

<form>의 속성은 사용자가 입력한 데이터를 어디에 어떻게 전송하는지를 정의합니다.

▼ <form> 태그의 주요 속성

속성 이름	기본값	설명
action	-	양식을 제출할 때 양식 데이터를 보낼 위치를 지정합니다. 웹 서버나 웹 페이지 URL을 입력합니다.
autocomplete	on	자동 완성 기능을 켜거나 끕니다. 값은 on 또는 off로 지정합니다.
method	get	양식 데이터를 보낼 때 사용할 HTTP 메서드를 지정합니다. GET 또는 POST로 지정합니다.
name	-	양식을 식별하기 위한 이름을 지정합니다.
target	_self	양식을 제출한 후 받은 응답을 표시할 위치를 지정합니다.

사용자가 입력한 양식 데이터를 서버에 보내고 결과를 전달받는 과정은 다음과 같습니다.

❶ 사용자는 양식에 데이터를 입력 후 제출하고 웹 브라우저는 웹 서버로 보냅니다.

❷ 웹 서버는 양식 데이터를 웹 프로그램으로 보냅니다.

❸ 웹 프로그램은 데이터를 처리한 후 결과를 웹 서버로 보냅니다.

❹ 웹 서버는 데이터 처리 결과를 사용자가 볼 수 있도록 웹 브라우저에 보냅니다.

▲ 폼 동작 과정

양식 데이터 전달 방식 — method 속성

양식 데이터를 서버로 보낼 때 전송 방식은 `<form>` 태그의 `method` 속성으로 결정하는데, 2가지 방법이 있습니다. 하나는 GET이고 다른 하나는 POST입니다. GET 방식은 URL에 데이터를 담아서 전달합니다. URL 끝에 `?`와 함께 이름과 값 쌍으로 구성된 요청 매개변수를 **질의 문자열** query string이라고 합니다. 요청 매개변수가 여러 개면 `&`로 연결합니다. 예를 들어 `name1`, `name2`라는 요청 매개변수에 각각 `yoonstudy`와 `easyspub` 데이터를 전달하는 URL은 다음과 같습니다.

```
index.html?name1=yoonstudy&name2=easyspub
```

반면에 POST 방식은 웹 브라우저와 서버 사이에 주고받는 HTTP 메시지의 본문에 데이터를 담아서 전달합니다. HTTP 메시지는 길이에 제한이 없으므로 GET보다 많은 데이터를 전달할 수 있으며, GET 방식처럼 데이터가 URL에 드러나지 않으므로 보안에 조금 더 유리합니다. 따라서 GET은 검색처럼 서버에 데이터를 요청할 때, POST는 회원가입처럼 서버에 데이터를 새로 생성하거나 업데이트할 때 주로 사용합니다.

부트스트랩 뷰의 form 컴포넌트 알아보기

부트스트랩 뷰는 폼과 관련하여 `b-form` 컴포넌트를 제공합니다. 공식 문서에 접속해 사용법과 각종 속성을 살펴보겠습니다. 먼저 공식 문서의 컴포넌트 목록에서 [Form]을 선택합니다. 그리고 샘플 양식에 적당한 데이터를 입력하고 〈Submit〉 버튼을 클릭하거나 키보드의 Enter를 누르면 서버로 전달되는 데이터를 알림 창에 보여 줍니다.

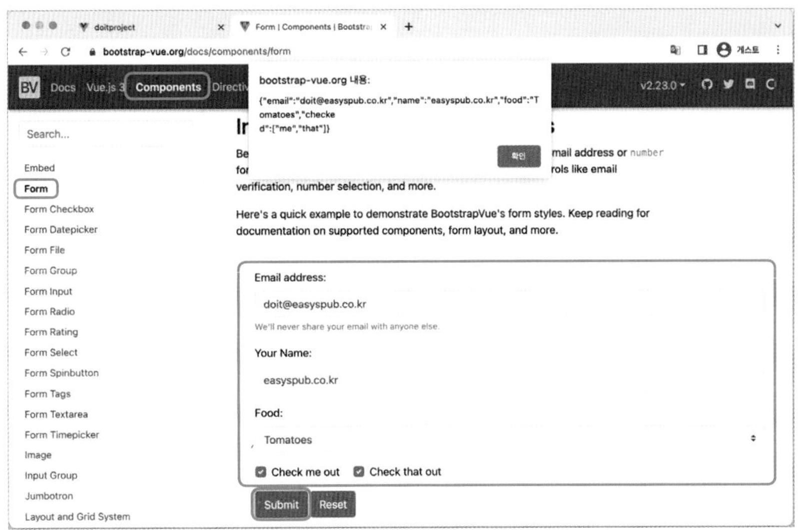

▲ b-form 컴포넌트 샘플

공식 문서에서 제공하는 샘플 코드를 보면서 b-form 컴포넌트를 어떻게 사용하는지 살펴보겠습니다. 샘플 코드는 크게 템플릿과 스크립트 부분으로 나뉩니다. 먼저 템플릿 부분을 살펴보겠습니다.

템플릿 부분

샘플 코드를 보면 <b-form>(①) 안에 <b-form-group>(②)으로 입력 요소를 감싸고 있습니다. 각각의 입력 요소는 <b-form-input>(③), <b-form-select>, <b-form-checkbox-group> 등의 컴포넌트로 작성되어 있습니다. 앞 절에서 로그인 대화 상자를 만들 때는 <label> 태그를 사용했지만, <b-form-group> 컴포넌트를 사용하면 부트스트랩 뷰의 내장된 자바스크립트가 HTML 태그를 생성할 때 입력 요소에 있어야 하는 <label> 태그는 자동으로 만들어 줍니다.

• b-form 컴포넌트 샘플 코드(템플릿 부분)

```
<template>
  <div>
  <b-form @submit="onSubmit" @reset="onReset" v-if="show"> —①
    <b-form-group —②
        id="input-group-1"
        label="Email address:"
        label-for="input-1"
        description="We'll never share your email with anyone else."
```

```
    >
    <b-form-input  ③
        id="input-1"
        v-model="form.email"  ④
        type="email"
        placeholder="Enter email"
        required
      ></b-form-input>
    </b-form-group>
    ... (생략) ...
    <b-button type="submit" variant="primary">Submit</b-button>
    <b-button type="reset" variant="danger">Reset</b-button>
  </b-form>
  // 사용자가 입력한 양식 데이터를 출력하는 컴포넌트
  <b-card class="mt-3" header="Form Data Result">
    <pre class="m-0">{{ form }}</pre>
  </b-card>
 </div>
</template>
```

눈여겨봐야 할 것은 각 입력 컴포넌트에 작성한 v-model입니다(④). 입력 컴포넌트에 데이터가 입력되면 v-model에 지정한 객체로 전달됩니다. 즉, 데이터 입력과 동시에 data(){}에 선언된 form 객체(다음 코드에서 ⑤) 안에 각각의 값이 전달됩니다. 그리고 양식을 서버로 제출할 때 submit 이벤트를 실행 하는데 <b-form>(①)안의 버튼 타입(type)이 submit으로 되어 있으면 버튼 클릭 시 <b-form>(①)에 작성된 @submit 이벤트의 onSubmit() 함수(다음 코드에서 ⑥)가 실행됩니다.

스크립트 부분

onSubmit() 함수(⑥)는 입력한 양식 데이터를 서버에 보내고, onReset() 함수(⑦)는 양식에 입력된 데이터를 초기화합니다.

- **b-form 컴포넌트 샘플 코드(스크립트 부분)**

```
<script>
  export default {
    data() {
      return {
```

```
        // 양식에 입력된 값을 전달하기 위한 데이터
        form: { —❺
          email: '',
          name: '',
          food: null,
          checked: []
        },
        foods: [{ text: 'Select One', value: null }, 'Carrots', 'Beans', 'Tomatoes',
'Corn'],
        show: true   // 폼 컴포넌트를 초기화하기 위한 임의의 데이터
      }
    },
    methods: {
      // 양식에 작성된 내용 전달
      onSubmit(event) { —❻
        event.preventDefault()
      alert(JSON.stringify(this.form))
      },
      // 양식에 작성된 내용 초기화
      onReset(event) {  —❼
        event.preventDefault()
        this.form.email = ''
        this.form.name = ''
        this.form.food = null
        this.form.checked = []
        this.show = false
        this.$nextTick(() => {
          this.show = true
        })
      }
    }
  }
</script>
```

onReset() 함수(❼)에는 입력된 데이터를 빈 값으로 처리하여 초기화하도록 설정되어 있고 this.show값을 fales로 변경하여 컴포넌트를 삭제한 후, 다시 $nextTick 메서드로 this.show값을 true로 변경하여 컴포넌트를 새로 만들어 새로운 양식을 제공합니다.

Do it! 실습 회원가입 대화 상자 만들기

회원가입 대화 상자를 만들어 보면서 b-form 컴포넌트를 실습해 보겠습니다.

1단계 먼저 Header.vue 파일을 열고 로그인 대화 상자를 만들 때처럼 회원가입 버튼에 v-b-modal.member이라고 작성한 후 <b-modal>의 아이디값을 member로 작성합니다. 로그인 페이지와 같은 레이아웃으로 만들어야 하므로 로그인 모달 컴포넌트와 동일하게 작성하고 아이콘과 타이틀만 변경합니다.

Do it! • src/layout/components/Header.vue

```
<template>
  <header>
    <div class="topmemu">
      <div class="contentbox">
        ... (생략) ...
        <div class="system">
          <button class="login" v-b-modal.login>로그인</button>
          <button class="member" v-b-modal.member>회원가입</button>
        </div>
      </div>
    </div>
    <nav>... (생략) ...</nav>
    <b-modal id="login" class="modal" hide-footer>... (생략) ...</b-modal>
    <b-modal id="member" class="modal" hide-footer>
      <template #modal-title>
        <div class="layertit">
          <i class="bi bi-clipboard-check" />회원가입
        </div>
      </template>
    </b-modal>
  </header>
</template>
... (생략) ...
```

2단계 <b-modal> 안에 <div> 태그로 영역을 만들고 modalcontainer 클래스를 지정합니다. 부트스트랩 뷰의 샘플 코드를 참고하여 회원가입 양식을 작성합니다. 먼저 <b-form> 안에 <b-form-group> 컴포넌트로 회원 아이디를 입력 받을 양식 그룹을 지정합니다. id 속성에 formid1을 작성하고 label 속성에는 <label> 태그에 들어갈 텍스트를, label-for 속성에는

<input> 태그에 지정할 아이디를 작성합니다. 이때 아이디는 페이지에 하나만 들어갈 수 있으므로 로그인 폼에 있는 아이디와 다르게 작성해야 합니다. description 속성에는 아이디 입력을 안내하는 텍스트를 작성합니다.

Do it! • src/layout/components/Header.vue

```
... (생략) ...
<b-modal id="member" class="modal" hide-footer>
  <template #modal-title>
    <div class="layertit">
      <i class="bi bi-clipboard-check" />회원가입
    </div>
  </template>
  <div class="modalcontainer">
    <b-form>
      <b-form-group
        id="formid1"
        label="아이디"
        label-for="id"
        description="4 ~ 15자리 이내의 영문과 숫자로만 입력하세요"
      >
      </b-form-group>
    </b-form>
  </div>
</b-modal>
... (생략) ...
```

3단계 다음은 아이디를 입력 받을 양식 그룹 안에 <input> 태그를 만들 <b-form-input> 컴포넌트를 작성합니다. id 속성에는 <b-form-group>의 label-for 속성에 작성한 값을 대입하고, 사용자가 입력한 아이디를 form 객체에 저장하도록 v-model 디렉티브에 form.id를 입력합니다. 이어서 type과 placeholder 속성값을 작성하고, 아이디는 사용자가 꼭 입력해야 하므로 required 속성도 작성합니다. 그리고 아이디가 중복됐는지 확인할 수 있는 <b-button>을 추가합니다.

Do it! • src/layout/components/Header.vue

```
... (생략) ...
<b-form>
  <b-form-group
```

```
    id="formid1"
    label="아이디"
    label-for="id"
    description="4 ~ 15자리 이내의 영문과 숫자로만 입력하세요"
  >
    <b-form-input
      id="id"
      v-model="form.id"
      type="text"
      placeholder="아이디를 작성해 주세요"
      required
    >
    </b-form-input>
    <b-button>중복 확인</b-button>
  </b-form-group>
</b-form>
... (생략) ...
```

4단계 사용자가 입력한 아이디는 v-model 디렉티브로 form 객체에 저장하도록 했습니다. 이 form 객체를 정의하는 스크립트를 추가합니다.

코드를 저장한 후 웹 페이지에서 회원가입 버튼을 클릭합니다. 개발자 도구를 열어 보면 부트스트랩 뷰의 컴포넌트가 <form>, <div>, <lable>, <input>, <small> 등의 HTML 태그로 변환되고 컴포넌트 속성으로 지정한 값들이 각 태그에 바인딩된 것을 확인할 수 있습니다.

Do it! • src/layout/components/Header.vue

```
... (생략) ...
<script>
export default {
  data() {
    return {
      menulists: [... (생략) ...],
      form: {
        id: "",
      },
    };
  },
  methods: {... (생략) ...},
};
</script>
```

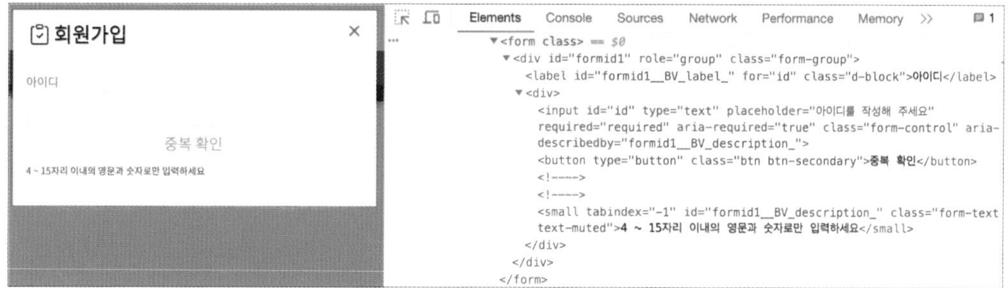

▲ 컴포넌트가 HTML 태그로 변환된 모습

5단계 비밀번호 입력도 아이디 입력과 같은 패턴으로 컴포넌트를 작성하고 v-model 속성에 입력한 값을 form 객체에 추가합니다.

Do it! • src/layout/components/Header.vue

```
... (생략) ...
          <b-form>
            <b-form-group>... (아이디 입력 부분 생략) ...</b-form-group>
            <b-form-group
              id="formid2"
              label="비밀번호"
              label-for="password"
              description="8자리 이상의 영문과 숫자로만 입력하세요"
              >
              <b-form-input
                id="password"
                v-model="form.pass"
                type="password"
                placeholder="비밀번호를 작성해 주세요"
                required
              ></b-form-input>
            </b-form-group>
          </b-form>
... (생략) ...
<script>
export default {
  data() {
    return {
      menulists: [... (생략) ...],
```

```
      form: {
        id: "",
        pass: "",
      },
    };
  },
... (생략) ...
```

6단계 다음은 이메일 수신 여부를 선택하는 양식을 만들겠습니다. 이메일 수신 여부는 하나만 선택해야 하므로 단일 선택을 할 수 있는 라디오 버튼 컴포넌트를 사용합니다. <b-form-group>을 추가하고 그 안에 <b-form-radio> 컴포넌트를 작성합니다. 그리고 value와 v-model을 작성합니다. v-model은 <b-form-radio> 컴포넌트 모두에 똑같이 입력합니다. 그러면 라디오 버튼을 선택할 때 해당 value값이 v-model에 지정한 속성에 전달됩니다. 그리고 이 값을 전달받을 form 객체에 mail을 추가합니다.

Do it! • src/layout/components/Header.vue

```
... (생략) ...
          <b-form>
            <b-form-group>... (아이디 입력 부분 생략) ...</b-form-group>
            <b-form-group>... (비밀번호 입력 부분 생략) ...</b-form-group>
            <b-form-group
              id="formid3"
              label="이메일 수신"
              label-for="mailing"
              description="※ 이메일 수신을 허락하면 독자 혜택을 받을 수 있어요"
            >
              <b-form-radio value="Y" v-model="form.mail">예</b-form-radio>
              <b-form-radio value="N" v-model="form.mail">아니오</b-form-radio>
              선택된 라디오 버튼의 값: {{ form.mail }}   ← 값 확인 후 이 코드 지우기
            </b-form-group>
          </b-form>
... (생략) ...
<script>
export default {
  data() {
    return {
```

```
        menulists: [... (생략) ...],
        form: {
          id: "",
          pass: "",
          mail: "",
        },
      };
    },
... (생략) ...
```

웹 브라우저에서 회원가입 대화 상자를 확인해 보세요. 라디오 버튼을 클릭할 때마다 해당 value값이 v-model에 지정한 form.mail에 전달되어 값이 바뀌는 것을 확인할 수 있습니다. 값을 확인한 후에는 {{ form.mail }} 코드가 있는 줄을 지우세요.

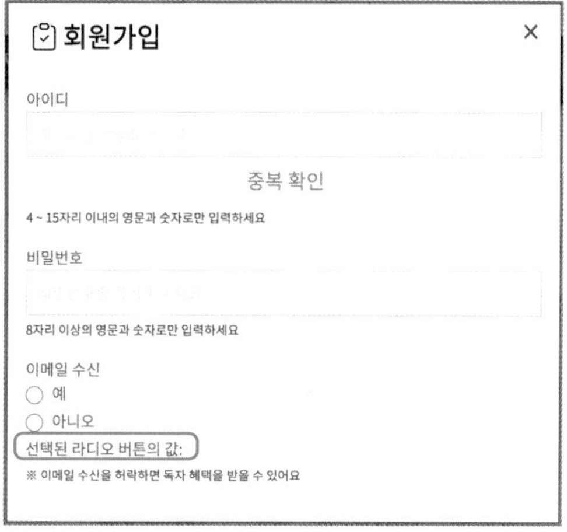

▲ 이메일 수신 라디오 버튼 추가

7단계 다음은 관심 분야를 선택하는 양식을 만들겠습니다. 관심 분야는 여러 개를 선택할 수 있도록 다중 선택을 할 수 있는 체크 박스 컴포넌트를 사용합니다. <b-form-group>을 추가하고 <b-form-checkbox> 컴포넌트와 value 속성, v-modal 디렉티브에 값을작성합니다. 그리고 스크립트에서 form 객체에 checkedtype을 추가합니다. 체크 박스는 값을 여러 개 전달하므로 checkedtype은 배열로 선언해야 합니다.

Do it! • src/layout/components/Header.vue

```
... (생략) ...
        <b-form>
          <b-form-group>... (아이디 입력 부분 생략) ...</b-form-group>
          <b-form-group>... (비밀번호 입력 부분 생략) ...</b-form-group>
          <b-form-group>... (이메일 수신 선택 부분 생략) ...</b-form-group>
          <b-form-group
```

```
        id="formid4"
        label="관심 분야 선택"
        label-for="checkedtype"
        description="※ 관심 분야를 선택하세요. 여러 개 선택할 수 있어요"
      >
        <b-form-checkbox value="html" v-model="form.checkedtype">HTML/CSS
        </b-form-checkbox>
        <b-form-checkbox value="javascript" v-model="form.checkedtype">자바스크립트
        </b-form-checkbox>
        <b-form-checkbox value="python" v-model="form.checkedtype">파이썬
        </b-form-checkbox>
        <b-form-checkbox value="Vue.js" v-model="form.checkedtype">Vue.js
        </b-form-checkbox>
        <b-form-checkbox value="angular" v-model="form.checkedtype">앵귤러
        </b-form-checkbox>
        <b-form-checkbox value="react" v-model="form.checkedtype">리액트
        </b-form-checkbox>
        <b-form-checkbox value="data" v-model="form.checkedtype">자료구조/알고리즘
        </b-form-checkbox>
        <b-form-checkbox value="cad" v-model="form.checkedtype">오토캐드
        </b-form-checkbox>
      </b-form-group>
    </b-form>
    관심 분야 선택:{{ form.checkedtype }}
... (생략) ...
<script>
export default {
  data() {
    return {
      menulists: [... (생략) ...],
      form: {
        id: "",
        pass: "",
        mail: "",
        checkedtype: [],
      },
    };
  },
... (생략) ...
```

회원가입 대화 상자에서 관심 분야로 선택한 값이 배열에 모두 담기는 것을 확인한 후 해당 코드는 지우세요.

관심 분야 선택
- [x] HTML/CSS
- [x] 자바스크립트
- [x] 파이썬
- [ ] Vue.js
- [ ] 앵귤러
- [ ] 리액트
- [ ] 자료구조/알고리즘
- [ ] 오토캐드

※ 관심분야를 선택하세요. 2개 이상 선택이 가능합니다.

관심분야 선택:["html", "javascript", "python"]

▲ 관심 분야 선택

8단계 이제 `<div>` 태그로 버튼이 들어갈 영역을 만들고 로그인 대화 상자에서 사용했던 `btnwrap` 클래스를 지정합니다. 그리고 `<b-button>` 컴포넌트로 확인과 취소 버튼을 만듭니다. 버튼의 `type` 속성에는 `submit`과 `reset`으로, `variant` 속성에는 `login`과 `cancel`로 각각 설정합니다. 지금까지 작성한 코드를 모두 저장한 후 웹 브라우저에서 회원가입 대화 상자를 확인해 보세요.

Do it! • src/layout/components/Header.vue

```
... (생략) ...
        <b-form>
          <b-form-group>... (아이디 입력 부분 생략) ...</b-form-group>
          <b-form-group>... (비밀번호 입력 부분 생략) ...</b-form-group>
          <b-form-group>... (이메일 수신 선택 부분 생략) ...</b-form-group>
          <b-form-group>... (관신 분야 선택 부분 생략) ...</b-form-group>
          <div class="btnwrap">
            <b-button type="submit" variant="login">확인</b-button>
            <b-button type="reset" variant="cancel">취소</b-button>
          </div>
        </b-form>
      </div>
    </b-modal>
  </header>
</template>
... (생략) ...
```

Do it! 실습 회원가입 대화 상자 꾸미기

회원가입 대화 상자를 CSS로 꾸며 보겠습니다.

1단계 회원가입 대화 상자에서 '아이디', '비밀번호', '이메일 수신', '관심 분야 선택'처럼 각 입력 요소의 이름은 `<label>` 태그에 작성되어 있습니다. 소스를 보면 `<label>` 태그에는 `d-block`이라는 클래스가 지정되어 있고, `<label>` 태그의 부모인 `<div>` 태그에는 `form-group`이라는 클래스가 지정되어 있습니다. 따라서 입력 요소의 선택자는 `.form-group`의 하위로 `.d-block`을 작성하여 스타일을 지정합니다. 이 선택자에 아래쪽 여백과 텍스트 크기를 지정합니다.

```
▼<div class="modalcontainer">
  ▼<form class>
    ▼<div id="formid1" role="group" class="form-group"> == $0
        <label id="formid1__BV_label_" for="id" class="d-block">아이디
        </label>
      ▶<div> … </div>
```

▲ <label> 태그와 부모인 <div> 태그의 클래스 확인

Do it! • public/common/styles/common.css

```
... (생략) ...
.form-group .d-block {
  margin-bottom: 10px;
  font-size: 16px;
}
```

2단계 아이디 입력란의 〈중복 확인〉 버튼은 오른쪽에 있어야 하므로 입력란의 크기를 줄여야 합니다. 모든 입력란은 `<div class="form-group">` 태그 안에 작성되어 있으므로 아이디 입력란에만 스타일을 적용하려면 `nth-of-type` 선택자를 활용합니다. `padding-right` 속성으로 오른쪽 여백을 주고 `position` 속성값을 `relative`로 작성합니다.

Do it! • public/common/styles/common.css

```
... (생략) ...
.form-group:nth-of-type(1) {
  padding-right: 80px;
  position: relative;
}
```

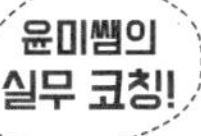

박스 모델에서 여백 지정

박스 모델(box model)을 이해하고 있어야 여백을 지정할 수 있습니다. 내 영역에 포함되어 있으면 패딩을 사용하고, 내 영역에 포함되어 있지 않으면 마진을 사용합니다. 박스 모델은 배경이나 클릭 영역의 크기 등 다양한 레이아웃에 따라 지정되는 영역이 달라질 수 있습니다. 코딩한 후에 화면에서 결과를 확인하며 알맞은 속성으로 지정해야 합니다.

3단계 〈중복 확인〉 버튼은 `<div class="form-group">` 태그 안에 입력 요소와 형제 관계로 있습니다. 버튼에 스타일을 적용하기 위해 `form-group:nth-of-type(1) input` 선택자를 기준으로 결합 선택자를 사용합니다. 버튼의 크기, 높이, 테두리, 테두리 모양, 배경, 텍스트 크기를 지정하고 `position`, `right`, `bottom` 속성으로 위치를 조정합니다.

Do it! • public/common/styles/common.css

```
... (생략) ...
.form-group:nth-of-type(1) input + button {
  width: 75px;
  height: 40px;
  border: solid 1px #ddd;
  border-radius: 0;
  background: #eee;
  font-size: 14px;
  position: absolute;
  right: 0;
  bottom: 28px;
}
```

4단계 각 입력 요소 아래의 도움 문구는 `<small class="form-text text-muted">` 태그 안에 작성되어 있습니다(클래스가 2개). `.form-group` 기준으로 `.form-text` 하위 선택자를 만들고 `display` 속성을 지정한 후 태그의 내부 여백은 `padding`, 입력 요소와 텍스트 사이의 여백은 `margin` 속성으로 지정합니다. 그리고 텍스트의 크기와 색상을 지정한 후 `opacity` 속성값은 0.6으로 하여 글자의 불투명도를 지정합니다.

Do it! • public/common/styles/common.css

```
... (생략) ...
.form-group .form-text {
  display: block;
  padding: 0 20px;
  margin: 10px 0 0 10px;
  font-size: 12px;
  color: #17a2b8 !important;
  opacity: 0.6;
}
```

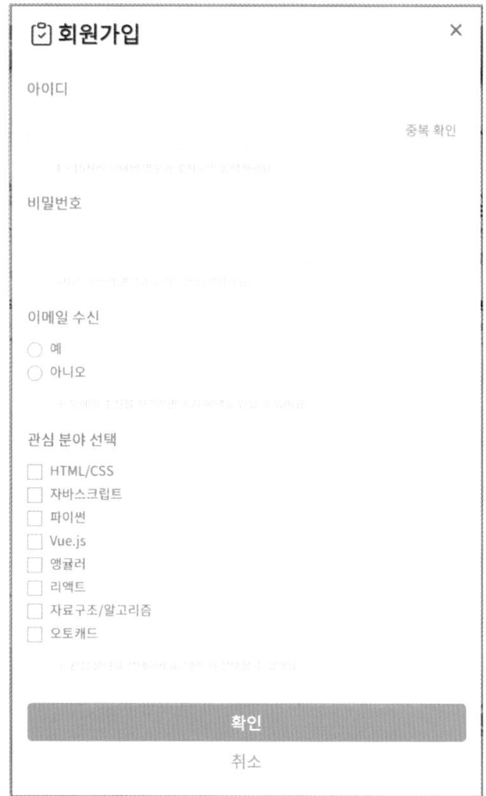

▲ 회원가입 대화 상자 스타일 확인

color 속성값 뒤에 !important는 부트스트랩에서 기본으로 제공하는 클래스보다 현재 스타일을 먼저 적용하게 해줍니다. 만약 !important를 작성하지 않으면 다음 그림처럼 도움 문구 색상이 지정한 대로(color: #17a2b8) 적용되지 않습니다. 소스를 보면 부트스트랩에서 제공된 클래스가 먼저 적용되기 때문입니다. 이처럼 부트스트랩 뷰에서 기본으로 제공하는 CSS와 함께 사용할 때는 우선 순위를 고려해서 작성해야 합니다.

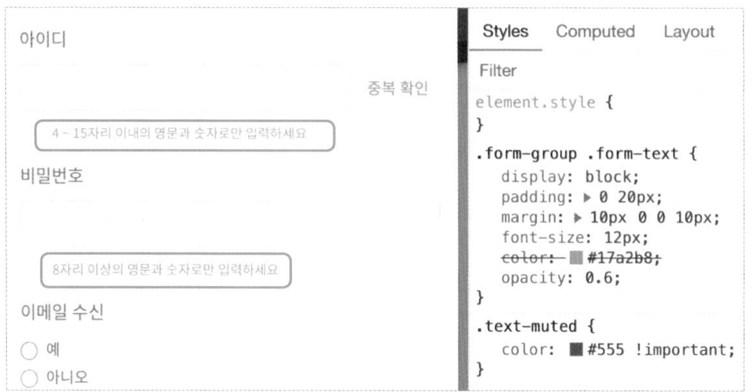

▲ 도움 문구 색상이 적용되지 않은 그림

5단계 도움 문구 앞에 아이콘을 표시해 보겠습니다. .form-group .form-text 기준으로 ::after 요소를 만들고 content 속성(빈 값), 크기 등을 지정합니다. 그리고 background 속성에 /images/pencil.svg 이미지를 등록한 후 반복 없이 왼쪽 가운데에 표시하도록 no-repeat left center 옵션을 설정합니다. opacity 속성은 0.4로 하여 아이콘의 불투명도를 지정합니다.

Do it! • public/common/styles/common.css

```
... (생략) ...
.form-group .form-text {
  ... (생략) ...
  opacity: 0.6;
  position: relative;
}
.form-group .form-text::after {
  content: "";
  display: block;
  width: 20px;
  height: 20px;
  background: url("/images/pencil.svg") no-repeat left center;
  opacity: 0.4;
  position: absolute;
  left: 0;
  top: 0;
}
```

아이콘 태그의 위치는 position 속성으로 설정합니다. <small class="form-text text-muted"> 태그가 기준점이 되도록 .form-group .form-text 선택자에 position: relative를 추가하고, .form-group .form-text:after 선택자의 position 속성에는 absolute를 지정합니다. 그리고 left와 top 속성값을 0으로 아이콘의 위치를 지정합니다.

6단계 라디오 버튼과 체크 박스는 custom-control이라는 클래스로 지정돼 있습니다. 이 클래스에 스타일을 지정하려면 form-group을 기준으로 하위 선택자를 작성합니다. 라디오 버튼과 체크 박스의 너비는 내용만큼만 차지하도록 display 속성값을 inline-block으로 지정합니다.

Do it! • public/common/styles/common.css

```
... (생략) ...
.form-group .custom-control {
  display: inline-block;
  margin: 0 15px 0 20px;
}
```

7단계 회원가입 대화 상자 아래쪽에 있는 〈확인〉과 〈취소〉 버튼은 `<div class="btnwrap">` 태그로 작성했습니다. 이 클래스는 로그인 대화 상자에서도 사용했으므로 `.btnwrap` 선택자에 스타일을 지정하면 로그인 화면에도 적용됩니다. 따라서 회원가입 대화 상자의 버튼에만 적용할 스타일을 만들려면 클래스를 추가로 지정하여 선택자를 만들어야 합니다.

우선 Header.vue 파일에서 `<div class="btnwrap">` 태그에 `half` 클래스를 추가합니다.

Do it! • src/layout/components/Header.vue

```
... (생략) ...
          </b-form-group>
          <div class="btnwrap half">
            <b-button type="submit" variant="login">확인</b-button>
            <b-button type="reset" variant="cancel">취소</b-button>
          </div>
        </b-form>
... (생략) ...
```

그리고 common.css 파일에서 `.btnwrap.half` 선택자를 작성합니다. `display` 속성값을 `flex`로 지정하고 버튼이 좌우 끝을 기준으로 정렬하도록 `justify-content` 속성값을 `space-between`으로 작성합니다. 버튼 영역과 폼 콘텐츠 사이에 여백을 주기 위해 `margin-top` 속성값도 30px로 지정합니다.

Do it! • public/common/styles/common.css

```
... (생략) ...
.btnwrap.half {
  display: flex;
  justify-content: space-between;
  margin-top: 30px;
}
```

8단계 `.btn-cancel` 선택자를 만들고 `background` 속성값을 `#d5d5d5`로 작성하여 취소 버튼 색상을 지정합니다. 그리고 버튼의 크기를 지정하기 위해 `.btnwrap.half.btn` 선택자를 작성하고 `flex-basis` 속성값을 49%로 작성합니다.

Do it! • public/common/styles/common.css

```
... (생략) ...
.btn-cancel {
  background: #d5d5d5;
}
.btnwrap.half .btn {
  flex-basis: 49%;
}
```

코드를 저장한 후 웹 브라우저에서 확인해 보면 지금까지 만든 회원가입 대화 상자를 확인할 수 있습니다.

▲ 회원가입 대화 상자

9단계 이제 아이디, 비밀번호, 이메일 수신, 관심 분야 선택 앞에 아이콘을 넣어 보겠습니다. 로그인 대화 상자에서는 부트스트랩 아이콘을 직접 HTML 태그로 작성해서 넣었지만, 회원가입 대화 상자에서는 부트스트랩 뷰 컴포넌트를 사용했으므로 아이콘을 삽입하는 태그를 작성할 수 없습니다.

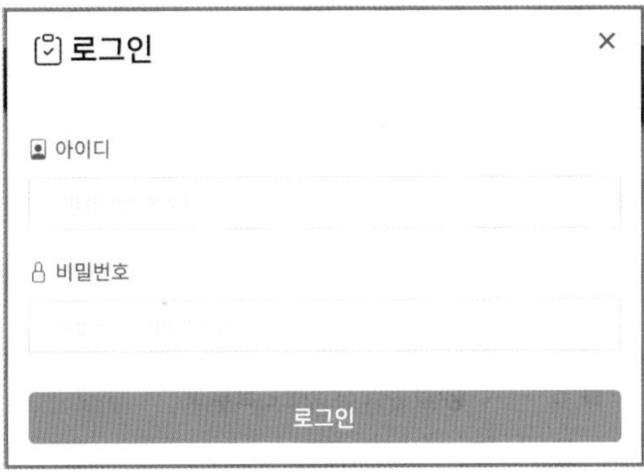

▲ 로그인 대화 상자에 넣었던 아이콘

이럴 때는 CSS를 이용합니다. 부트스트랩 아이콘 사이트에서 아이콘을 고른 후 상세 페이지에 보면 다음처럼 CSS에서 사용할 수 있는 코드를 확인할 수 있습니다. 이 코드를 이용해 CSS에서 아이콘을 넣을 수 있습니다.

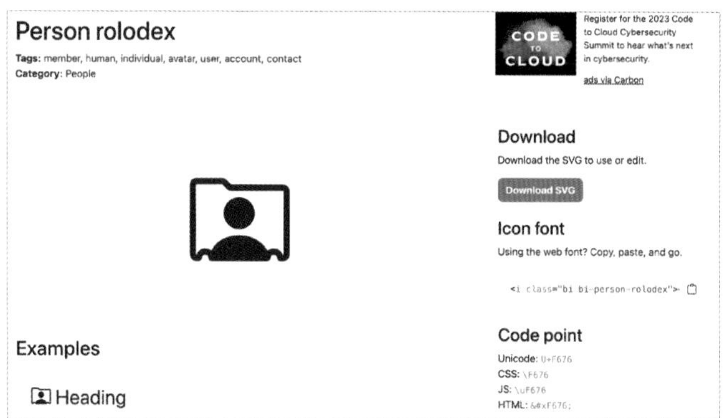

▲ 아이콘 상세 페이지에서 CSS 코드 확인

`.form-group .d-block`을 기준으로 `::before`가 생성되도록 선택자를 만들고 `content` 속성값에 아이콘 코드 `\F676`을 작성합니다. 여러분이 원하는 다른 아이콘 코드를 사용해도 됩니다.

Do it! • public/common/styles/common.css

```
... (생략) ...
.form-group .d-block::before {
  content: "\F676";
}
```

이어서 `display` 속성값을 `display:inline-block`으로 작성하고 `vertical-align`은 `middle`로 작성합니다. 아이콘과 텍스트 사이의 여백은 `margin`으로 지정합니다. 그리고 `font-family` 속성값에 `bootstrap-icons !important`를 작성하여 아이콘이 표시되도록 합니다.*

* bootstrap-icons는 부트스트랩 뷰에서 제공하는 폰트형 아이콘을 사용할 수 있도록 미리 지정된 속성값입니다.

Do it! • public/common/styles/common.css

```
... (생략) ...
.form-group .d-block::before {
  content: "\F676";
  display: inline-block;
  margin: -5px 3px 0 0;
  vertical-align: middle;
  font-family: bootstrap-icons !important;
}
```

웹 페이지를 확인해 보면 가상 요소에 아이콘이 생성된 것을 알 수 있습니다. 이제 각 입력란에 맞는 아이콘을 넣기 위해 `.form-group .d-block::before` 선택자의 `content` 속성값만 변경해 주면 됩니다.

10단계 각 입력란은 <div class="form-group"> 태그 안에 작성되어 있습니다. form-group 기준으로 nth-of-type 선택자를 사용하여 각 항목에 아이콘을 지정합니다.

Do it! • public/common/styles/common.css

```
... (생략) ...
.form-group:nth-of-type(1) .d-block::before {
  content: "\F676";
}
.form-group:nth-of-type(2) .d-block::before {
  content: "\F47A";
}
.form-group:nth-of-type(3) .d-block::before {
  content: "\F68B";
}
.form-group:nth-of-type(4) .d-block::before {
  content: "\F890";
}
```

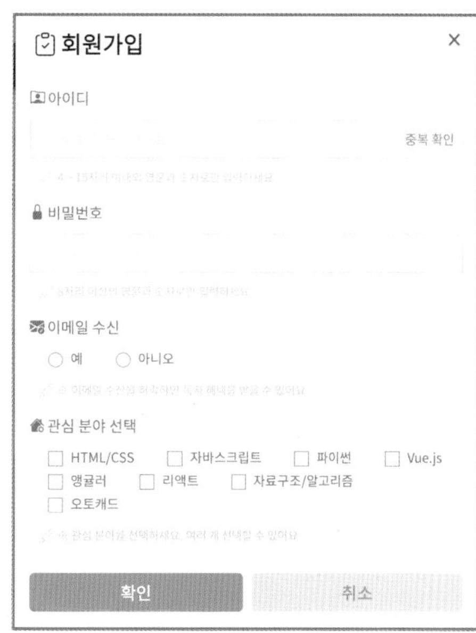

▲ 아이콘을 추가한 모습

Do it! 실습 회원가입 양식 제출하기

지금까지 회원가입 양식을 부트스트랩 뷰 컴포넌트로 구성하고 CSS를 사용하여 꾸며 보았습니다. 이렇게 만든 양식을 제출하고 초기화하는 폼 이벤트를 추가해 보겠습니다.

먼저 부트스트랩 뷰 문서에서 양식을 제출하는 샘플 코드를 다시 확인해 보겠습니다.

- **양식 제출 샘플 코드**

```
methods: {
  onSubmit(event) {
    event.preventDefault()
    alert(JSON.stringify(this.form))
  },
```

methods에 작성된 onSubmit() 함수를 보면 양식의 다른 이벤트 처리를 막기 위해 event.preventDefault()를 작성하였고, 데이터(this.form)를 JSON 문자열로 바꿔 제출합니다. 이때 서버가 설정되어 있지 않아서 서버가 아닌 알림 창으로 제출합니다. 이 코드를 실습에 적용해 보겠습니다.

1단계 Header.vue 파일을 열고 <b-form> 태그에 @submit 이벤트가 발생(양식 제출)할 때 실행할 함수를 지정합니다.

Do it! • src/layout/components/Header.vue

```
... (생략) ...
<div class="modalcontainer">
  <b-form @submit="Joinmember">
    <b-form-group
      id="formid1"
... (생략) ...
```

2단계 스크립트 부분에서 methods 속성 안에 Joinmember() 함수를 추가하고 알림 창에 form 데이터를 표시하는 코드를 작성합니다.

Do it! • src/layout/components/Header.vue

```
... (생략) ...
<script>
export default {
  ... (생략) ...
  methods: {
    ... (생략) ...
    Joinmember(event) {
      event.preventDefault();
      alert(JSON.stringify(this.form));
    },
  },
};
</script>
```

코드를 저장한 후 웹 브라우저에서 양식의 내용을 모두 채운 후 <확인> 버튼을 클릭하거나 키보드의 Enter 키를 누르면 알림 창이 뜨고 작성된 양식 데이터를 확인할 수 있습니다.

▲ 알림 창에서 양식 데이터 확인

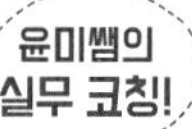

event.preventDefault() 코드를 작성하는 이유

event.preventDefault()는 이벤트의 기본 동작을 취소하는 메서드입니다. 양식을 처리할 때 웹 브라우저는 양식 데이터를 서버로 보내고 페이지를 다시 로드합니다. 일반적으로 양식 데이터는 action 속성에 지정한 주소로 전송되는데, 이때 event.preventDefault()를 사용하여 폼 이벤트의 기본 동작을 막고 작성된 자바스크립트로 실행되도록 합니다.

3단계 이번에는 초기화 기능을 만들어 보겠습니다. b-form 컴포넌트를 작성할 때 〈취소〉 버튼의 type을 reset으로 설정했으므로 버튼에 다른 이벤트 처리를 하지 않아도 폼 이벤트의 의해 초기화 기능을 사용할 수 있습니다.

부트스트랩 뷰의 샘플 코드에서는 onReset() 함수를 만들어 onSubmit()과 따로 처리했지만, 여기서는 Joinmember() 함수에 다음과 같은 코드를 추가해 양식 데이터를 제출하고 입력란을 초기화하도록 하겠습니다. 즉, 〈확인〉 버튼을 클릭하면 알림 창으로 데이터를 제출한 후 입력란을 초기화하고, 〈취소〉 버튼을 클릭하면 데이터를 제출하지 않고 입력란만 초기화합니다.

Do it! • src/layout/components/Header.vue

```
... (생략) ...
<script>
export default {
  ... (생략) ...
  methods: {
    ... (생략) ...
    },
    Joinmember(event) {
      event.preventDefault();
      alert(JSON.stringify(this.form));
      this.$nextTick(() => {
        this.form.id = "";
        this.form.pass = "";
        this.form.mail = "";
        this.form.checkedtype = [];
      });
    },
  },
};
</script>
```

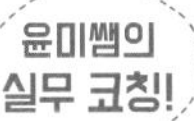

Vue.js에서 nextTick() 메서드는 Vue.js 업데이트 사이클에서 DOM 업데이트가 수행될 때 호출됩니다. Vue.js는 데이터가 변경될 때 가상 DOM을 만들어 업데이트하고 이후 실제 DOM에 적용합니다. 즉, nextTick() 메서드는 Vue.js의 DOM 업데이트가 완료되고 나서 추가 작업을 수행하고 싶을 때 사용합니다. 예를 들어 템플릿에서 데이터가 변경된 후에 특정 DOM 요소에 접근하여 스타일 변경 등의 작업을 수행하고자 할 때 nextTick() 메서드를 사용하여 처리할 수 있습니다.

이번 장에서는 2가지 양식을 만들었습니다. 첫 번째 로그인 대화 상자는 HTML을 직접 작성해서 만들었고, 두 번째 회원가입 대화 상자는 부트스트랩 뷰에서 제공하는 컴포넌트로 양식을 만들었습니다. 부트스트랩 뷰 컴포넌트와 HTML, CSS를 함께 사용하면 더 다양한 UI를 구현할 수 있습니다.

09

메인 콘텐츠 만들기

이 장에서는 웹 사이트의 얼굴인 메인 페이지의 콘텐츠 영역을 만들 것입니다. 메인 콘텐츠는 웹 사이트의 다양한 정보를 한눈에 볼 수 있도록 구성합니다. 플렉스 속성으로 다양한 정보를 효과적으로 배치하고 메인 페이지에서 자주 볼 수 있는 롤링 콘텐츠를 데이터 기반으로 만들어 보겠습니다.

09-1 메인 콘텐츠 레이아웃 만들기

이 책에서 만들 웹 사이트의 메인 콘텐츠는 다음처럼 5개로 구성할 것입니다.

1. **메인 배너:** 가장 중심이 되는 광고용 콘텐츠
2. **새로 나온 도서:** 새로 나온 도서를 좌우로 넘겨 가며 볼 수 있는 콘텐츠
3. **도서 검색:** 자동 완성 기능이 포함된 검색 콘텐츠
4. **배너 메뉴:** 서비스로 연결하는 배너 콘텐츠
5. **공지 사항:** 소식을 알리는 콘텐츠

레이아웃을 설계할 때 이처럼 콘텐츠를 구분해 놓으면 어떤 태그를 어떠한 순서로 작성할지, 공통 스타일은 어떻게 작성할지 등을 쉽게 파악할 수 있습니다.

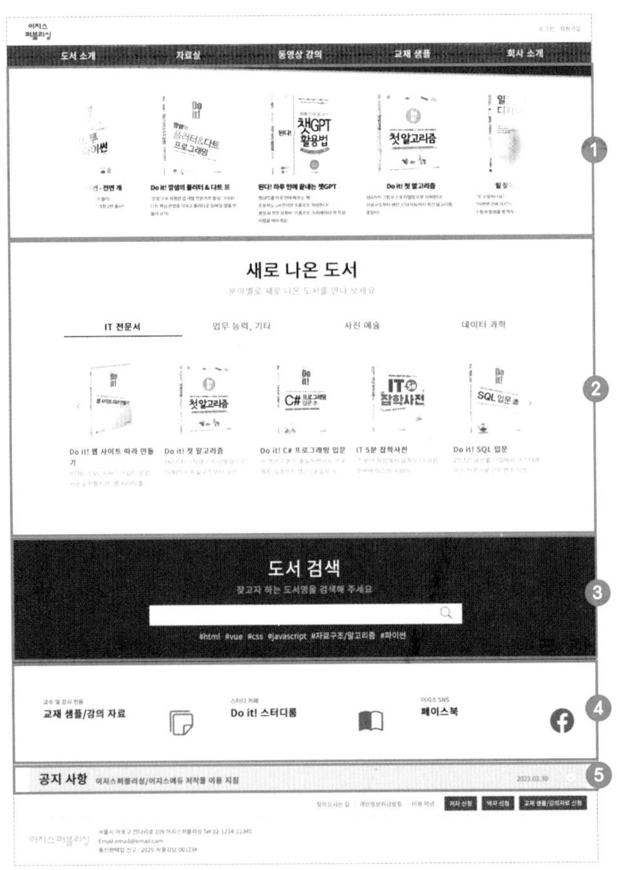

▲ 메인 페이지의 콘텐츠 구성

Do it! 실습 메인 콘텐츠 레이아웃 만들기

14장에서 만들어 둔 /views/main.vue 파일을 열어 메인 콘텐츠 레이아웃을 만들어 보겠습니다. 미리 작성된 코드는 지우고 새로 작성합니다.

1단계 템플릿에 들어갈 메인 콘텐츠의 부모인 `<section>` 태그를 작성하고 `maincontents`라고 클래스를 지정합니다. `<section class="maincontents">` 안에 5개 영역을 `<section>` 태그로 작성하고 각각 다음처럼 클래스를 지정합니다.

Do it! • src/views/main.vue

```
<template>
  <section class="maincontents">
    <section class="mainbanner"></section>
    <section class="newbook"></section>
    <section class="searchbook"></section>
    <section class="bannermenu"></section>
    <section class="notice"></section>
  </section>
</template>
```

2단계 첫 번째 영역인 메인 배너 태그에 `<img>` 태그로 /images/mainimg.png 이미지를 넣습니다.

Do it! • src/views/main.vue

```
<template>
  <section class="maincontents">
    <section class="mainbanner"><img src="/images/mainimg.png" /></section>
    <section class="newbook"></section>
    <section class="searchbook"></section>
    <section class="bannermenu"></section>
    <section class="notice"></section>
  </section>
</template>
```

3단계 common.css 파일에 .mainbanner 선택자를 작성합니다. 이미지가 <section class="mainbanner"> 태그 영역 밖으로 나가지 않도록 overflow 속성값을 hidden으로 지정하고 text-align 속성으로 가운데 정렬합니다. 그리고 이미지가 지정된 높이에 맞게 나오도록 .mainbanner > img 자식 선택자를 작성하여 높이를 지정합니다.

Do it! • public/common/styles/common.css

```
... (생략) ...
.mainbanner {
  height: 350px;
  overflow: hidden;
  text-align: center;
}
.mainbanner > img {
  height: 350px;
}
```

4단계 메인 배너 영역과 그다음 콘텐츠인 '새로 나온 도서' 영역을 구분하는 그림자 효과를 주기 위해 <section class="newbook">에 배경을 지정합니다. .newbook 선택자를 작성하고 background 속성값을 다음처럼 지정하여 왼쪽 방향으로 배경 이미지가 반복*되게 합니다. 배경과 실제 콘텐츠 영역이 겹치지 않도록 위아래 padding 속성값도 지정합니다.

* 배경 이미지가 해당 영역을 가득 채우는 전체 이미지가 아닐 때는 repeat 속성으로 반복하여 화면 전체에 배경 이미지를 채울 수 있습니다.

Do it! • public/common/styles/common.css

```
... (생략) ...
.newbook {
  background: url("/images/content_bg.png") repeat-x;
  padding: 40px 0;
}
```

▲ 메인 배너 확인

4단계 메인 배너 외에 나머지 영역에는 일단 콘텐츠 제목만 표시해 두겠습니다. 제목을 모두 <h1> 태그로 작성하고 그 안에 <span> 태그로 설명 문구를 작성합니다. 그리고 스타일을 적용하기 위해 <h1> 태그에 maintit이라는 클래스를 지정합니다.

Do it! • src/views/main.vue

```
<template>
  <section class="maincontents">
    <section class="mainbanner"><img src="/images/mainimg.png" /></section>
    <section class="newbook">
      <h1 class="maintit">
        새로 나온 도서<span>분야별로 새로 나온 도서를 만나 보세요</span>
      </h1>
    </section>
    <section class="searchbook">
      <h1 class="maintit">
        도서 검색<span>찾고자 하는 도서명을 검색해 주세요</span>
      </h1>
    </section>
    <section class="bannermenu"></section>
    <section class="notice">
      <h1 class="maintit">공지 사항</h1>
    </section>
  </section>
</template>
```

5단계 common.css 파일에 .maintit(<h1> 태그에 지정한 클래스명) 선택자를 작성한 후 콘텐츠와 제목 사이의 여백, 글자의 크기와 색상, 두께, 정렬 스타일을 지정합니다. <span> 태그의 스타일은 .maintit의 하위 선택자로 작성합니다. display 속성값은 block으로 지정하여 텍스트 줄 바꿈을 할 수 있도록 하고 제목과 설명 문구의 여백, 글자 크기, 색상을 지정합니다.

Do it! • public/common/styles/common.css

```
... (생략) ...
.maintit {
  margin-bottom: 20px;
  font-size: 38px;
  color: #222;
  font-weight: 900;
  text-align: center;
}
.maintit > span {
  display: block;
  margin-top: 10px;
  font-size: 18px;
  color: #ababab;
}
```

09-2 분야별 새로 나온 도서 영역 만들기

웹 사이트의 메인 페이지에서는 이미지나 텍스트를 옆으로 넘겨 가며 볼 수 있는 기능을 자주 사용합니다. 이를 **캐러셀**carousel이라고 하는데 제한된 영역에 여러 콘텐츠를 표시하기에 좋습니다. 여기서는 Vue.js로 캐러셀 기능을 쉽게 구현할 수 있게 만든 vue-slick-carousel* 컴포넌트를 사용해 '새로 나온 도서' 영역의 콘텐츠를 만들어 보겠습니다.

* www.npmjs.com/package/vue-slick-carousel 참고

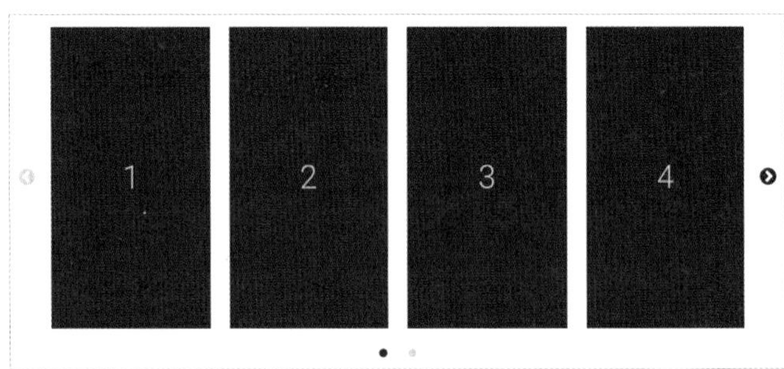

▲ vue-slick-carousel 컴포넌트 사용 예

캐러셀을 구현하는 방법

vue-slick-carousel 컴포넌트는 `<VueSlickCarousel>`를 작성한 후 그 안에 슬라이드될 콘텐츠를 HTML이나 다른 컴포넌트를 작성하는 방법으로 사용합니다. 그리고 각 옵션은 `<script>` 태그에 데이터를 작성한 후 `<VueSlickCarousel>`에 `v-bind` 디렉티브로 작성합니다. 그러면 컴포넌트의 `props` 속성으로 전달됩니다. vue-slick-carousel 컴포넌트의 가장 큰 장점은 반응형 디자인을 `props` 속성으로 지정할 수 있다는 것입니다. `props` 속성으로 전달된 데이터만으로 다른 이벤트 처리 없이 반응형까지 한 번에 처리할 수 있습니다.

- **vue-slick-carousel 컴포넌트 샘플 코드**

```
<template>
  <div>
    <VueSlickCarousel v-bind="setting">
      <div>1</div>
      <div>2</div>
      <div>3</div>
      <div>4</div>
```

```
    </VueSlickCarousel>
  </div>
</template>

<script>
data() {
  setting: {
    "dots": true,
    "dotsClass": "slick-dots custom-dot-class",
    "edgeFriction": 0.35,
    "infinite": false,
    "speed": 500,
    "slidesToShow": 1,
    "slidesToScroll": 1
    "responsive": [{
      "breakpoint": 1024,
      "settings": {
        "slidesToShow": 3,
        "slidesToScroll": 3,
        "infinite": true,
        "dots": true
      }
    },]
  }
}
</script>
```

Do it! 실습 탭 콘텐츠 만들기

'새로 나온 도서'에서는 탭 버튼을 활용해 분야별 도서를 소개할 것입니다. 먼저 탭 콘텐츠를 만들고 스타일을 지정해 보겠습니다.

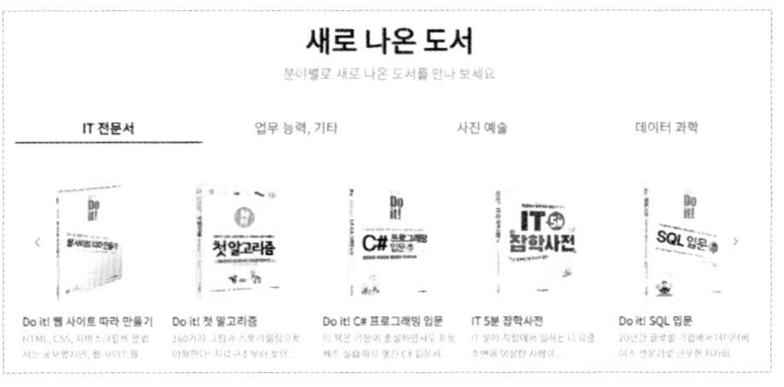

▲ 새로 나온 도서 영역

1단계 main.vue 파일에서 새로 나온 도서의 전체 영역을 <div> 태그로 작성하고 tapcontent 클래스를 지정합니다. 그 안에 탭 버튼 영역도 <div> 태그로 작성하고 tap 클래스를 지정합니다. 각각의 탭 버튼은 부트스트랩 뷰의 컴포넌트인 <b-button>을 사용하고 variant 속성에 tap을 작성하여. btn-tap 클래스가 바인딩되도록 합니다.

Do it! • src/views/main.vue

```
... (생략) ...
    <section class="newbook">
      <h1 class="maintit">
        새로 나온 도서<span>분야별로 새로 나온 도서를 만나 보세요</span>
      </h1>
      <div class="tapcontent">
        <div class="tap">
          <b-button variant="tap">IT 전문서</b-button>
          <b-button variant="tap">업무 능력, 기타</b-button>
          <b-button variant="tap">사진 예술</b-button>
          <b-button variant="tap">데이터 과학</b-button>
        </div>
      </div>
    </section>
... (생략) ...
```

2단계 common.css 파일에 .tapcontent 선택자를 작성하고 새로 나온 도서 전체 영역과 콘텐츠를 가운데 정렬합니다.

Do it! • public/common/styles/common.css

```
... (생략) ...
.tapcontent {
  max-width: 1200px;
  margin: 0 auto;
}
```

3단계 .tap 선택자를 작성하고 <div class="tapcontent"> 영역의 여백을 지정합니다. 그리고 display 속성값을 flex로 작성하여 플렉스 컨테이너로 지정합니다. 이렇게 하면 <div class="tap"> 태그에 있는 버튼을 플렉스 아이템으로 지정하여 가로(X축)로 정렬할 수 있습니다. 플렉스 아이템(<b-button>)이 플렉스 컨테이너(<div class="tap">) 안에서 똑같은 여백을 가지도록 justify-content 속성값을 space-evenly로 작성합니다.

Do it! • public/common/styles/common.css

```css
... (생략) ...
.tap {
  margin: 40px 100px;
  display: flex;
  text-align: center;
  justify-content: space-evenly;
}
```

4단계 탭 버튼에 스타일을 적용하고자 .btn-tap 선택자를 작성합니다. display 속성값을 inline-block으로 작성하고 버튼의 크기와 텍스트의 행간, 색상, 크기, 두께를 지정합니다. 그리고 position 속성값을 relative로 작성하여 <b-button> 태그를 기준으로 위치하도록 합니다.

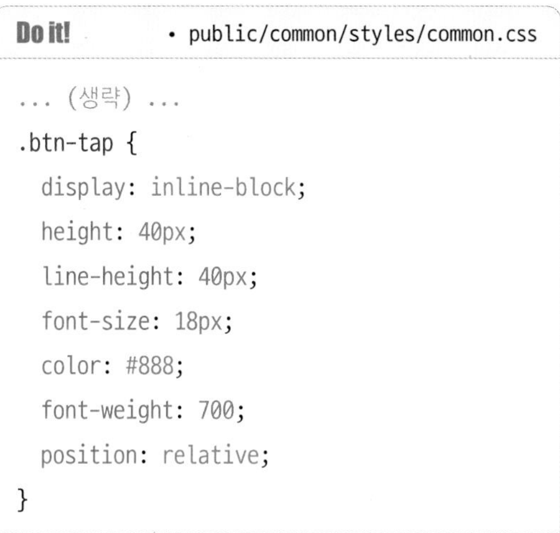

Do it! • public/common/styles/common.css

```css
... (생략) ...
.btn-tap {
  display: inline-block;
  height: 40px;
  line-height: 40px;
  font-size: 18px;
  color: #888;
  font-weight: 700;
  position: relative;
}
```

5단계 탭 버튼을 선택했을 때 표시할 아래쪽 선은 .btn-tap을 기준으로 가상 요소 선택자 ::after를 작성한 후 content 속성은 빈 값, display 속성은 block으로 지정합니다. 이어서 선의 크기와 두께 색상도 지정합니다. 그리고 선의 위치는 position 속성값을 absolute로 지정한 후 bottom과 top 속성을 0으로 지정합니다.

Do it! • public/common/styles/common.css

```css
... (생략) ...
.btn-tap::after {
  content: "";
  display: block;
  width: 100%;
  height: 2px;
  background: #222;
  position: absolute;
  bottom: 0;
  left: 0;
}
```

▲ 현재 어떤 탭이 선택됐는지 알려 주는 선(완성 모습)

6단계 가상 요소로 지정한 선은 탭이 선택됐을 때만 표시해야 합니다. 따라서 .btn-tap::after의 width 속성값을 0으로 바꾸어 선택되지 않았을 때는 화면에 표시되지 않도록 합니다. 그리고 .btn-tap.active 선택자를 만들어 탭이 활성화될 때 텍스트 색상이 바뀌도록 지정하고, 선 역시 화면에 표시되도록 .btn-tap.active::after 선택자에 width 속성값을 100%로 작성합니다.

Do it! • public/common/styles/common.css

```
... (생략) ...
.btn-tap::after {
  ... (생략) ...
  width: 0;
  ... (생략) ...
}
.btn-tap.active {
  color: #222;
}
.btn-tap.active::after {
  width: 100%;
}
```

7단계 main.vue 파일에서 <b-button variant="tap"> 태그 중 첫 번째(IT 전문서)에 active 클래스를 추가한 후 웹 브라우저에서 스타일을 확인합니다.

Do it! • src/views/main.vue

```
... (생략) ...
      <div class="tapcontent">
        <div class="tap">
          <b-button variant="tap active">IT 전문서</b-button>
          <b-button variant="tap">업무 능력, 기타</b-button>
          <b-button variant="tap">사진 예술</b-button>
          <b-button variant="tap">데이터 과학</b-button>
        </div>
      </div>
```

새로 나온 도서

분야별로 새로 나온 도서를 만나 보세요

IT 전문서 업무 능력, 기타 사진 예술 데이터 과학

▲ 탭 버튼 완성

Do it! 실습 캐러셀 구현하기

1단계 main.vue 파일에서 <div class="tap"> 태그 다음에 <VueSlickCarousel> 컴포넌트를 작성하고 그 안에 <div> 태그로 하나의 슬라이드 영역을 작성합니다. 클래스는 rollimg로 지정합니다. 그리고 도서 이미지가 들어갈 영역은 <span> 태그로 작성한 후 imgbox라는 클래스를 지정하고, 제목이 들어갈 영역은 <strong> 태그로 작성합니다. 설명이 들어갈 영역도 <span> 태그로 작성한 후 textbox 클래스를 지정합니다.

Do it! • src/views/main.vue

```
... (생략) ...
    <section class="newbook">
      <h1 class="maintit">... (생략) ...</h1>
      <div class="tapcontent">
        <div class="tap">... (생략) ....</div>
        <VueSlickCarousel>
          <div class="rollimg">
            <span class="imgbox"></span>
            <strong></strong>
            <span class="textbox"></span>
          </div>
        </VueSlickCarousel>
      </div>
    </section>
... (생략) ...
```

2단계 슬라이드의 내용을 태그에 바인딩할 수 있도록 배열 데이터로 만듭니다. 스크립트 태그를 작성하고 data 속성에 Newbooks라는 이름으로 배열을 추가합니다. 여기에 도서 이미지(imgurl), 제목(name), 소개(subdec)로 구성된 객체를 작성합니다. 지면을 아끼고자 도서를 1개만 넣었지만, 필자가 제공한 완성 파일을 참고하여 전체 코드를 작성합니다.

Do it! • src/views/main.vue

```
<template>... (생략) ...</template>

<script>
export default {
  data() {
```

```
    return {
      Newbooks: [
        {
          imgurl: "/images/books_image/book01.jpg",
          name: "Do it! 웹 사이트 따라 만들기",
          subdec: "HTML, CSS, 자바스크립트 문법서는 공부했지만, 웹 사이트를...",
        },
        ... (생략) ...
      ],
    };
  },
};
</script>
```

3단계 <div class="rolling"> 태그에 Newbooks 배열을 v-for 디렉티브로 바인딩하고 도서 제목과 설명은 v-html 디렉티브로 바인딩합니다. 이미지 경로는 v-bind(코드에서는 약어로 작성함) 디렉티브로 바인딩합니다. 그리고 스타일을 적용하기 위해 <VueSlickCarousel> 컴포넌트에 mainslider 클래스를 지정합니다.

Do it! • src/views/main.vue

```
... (생략) ...
    <section class="newbook">
      <h1 class="maintit">... (생략) ...</h1>
      <div class="tapcontent">
        <div class="tap">... (생략) ....</div>
        <VueSlickCarousel class="mainslider">
          <div class="rollimg" v-for="(item, index) in Newbooks" :key="index">
            <span class="imgbox"><img :src="item.imgurl" /></span>
            <strong v-html="item.name"></strong>
            <span class="textbox" v-html="item.subdec"></span>
          </div>
        </VueSlickCarousel>
      </div>
    </section>
... (생략) ...
```

코드를 저장한 후 웹 브라우저에 출력된 화면을 보면 〈previous〉와 〈next〉 버튼이 있습니다. 이를 클릭해 보면 Newbooks 배열의 객체 값이 바인딩된 것을 확인할 수 있습니다.

▲ 캐러셀 초기 모습

Do it! 실습 캐러셀 꾸미기

1단계 common.css 파일에 .mainslider 선택자를 작성하고 좌우 여백을 지정합니다.

Do it! • public/common/styles/common.css

```
... (생략) ...
.mainslider {
  margin: 0 100px;
}
```

2단계 <VueSlickCarousel> 컴포넌트가 컴파일되어 웹 브라우저에 출력된 코드를 보면 〈Previous〉와 〈next〉 버튼은 slick-arrow 라는 클래스를 공통으로 가지고 있고, 〈Previous〉 버튼에는 slick-prev 클래스가, 〈next〉 버튼에는 slick-next 클래스가 추가로 지정되어 있습니다.

```
▼<div data-v-3d1a4f76 dir="ltr" class="mainslider slick-slider slick-initialize
 d">
   <button data-v-21137603 data-v-3d1a4f76 type="button" data-role="none"
   class="slick-arrow slick-prev" style="display: block;">Previous
   </button> == $0
 ▶<div data-v-3d1a4f76 class="slick-list">…</div>
   <button data-v-21137603 data-v-3d1a4f76 type="button" data-role="none"
   class="slick-arrow slick-next" style="display: block;">Next</button>
 </div>
```

▲ 버튼의 클래스 확인

common.css 파일에 .slick-arrow 선택자를 만들어 두 버튼의 공통 스타일을 지정합니다. 그리고 텍스트 버튼 대신 이미지 버튼으로 만들고자 background 속성값에 이미지와 이미지의 크기를 지정하고 width와 height 속성으로 버튼 영역의 크기를 지정합니다. font-size 속성값은 0으로 하여 버튼의 텍스트(Previous , Next)를 화면에 보이지 않게 합니다.

Do it! • public/common/styles/common.css

```
... (생략) ...
.slick-arrow {
  width: 42px;
  height: 42px;
  background: url("/images/arrow-icon.png") no-repeat 0 0/100%;
  font-size: 0;
}
```

3단계 버튼의 위치는 mainslider 클래스 영역이 기준이 되도록 .mainslider 선택자에 position 속성을 추가하여 relative로 지정합니다. 그리고 .slick-arrow 선택자에 position 속성을 추가하고 absolute로 작성합니다. 위치를 지정하는 속성(top, z-index, margin-top)은 다음처럼 설정합니다.

Do it! • public/common/styles/common.css

```
... (생략) ...
.mainslider {
  margin: 0 100px;
  position: relative;
}
.slick-arrow {
  width: 42px;
  height: 42px;
  background: url("/images/arrow-icon.png") no-repeat 0 0/100%;
  font-size: 0;
  position: absolute;
  top: 50%;
  margin-top: -55px;
  z-index: 9;
}
```

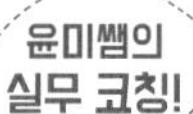

이미지 위치 조정하기

top 속성값을 50%로 하면 이미지의 시작점이 현재 높이의 50%에 해당하는 곳으로 지정됩니다. 따라서 이미지의 높이 때문에 버튼이 가운데가 아닌 아래에 표시됩니다. 이때는 margin-top 속성값으로 화면 가운데로 지정할 수 있습니다.

4단계 버튼의 좌우 위치는 각각 지정해야 하는데 .slick-arrow의 다중 선택자로 .slick-prev와 .slick-next를 작성하여 왼쪽과 오른쪽에 나오도록 위칫값을 지정합니다. 그리고 .slick-arrow.slick-next 선택자에는 transform 속성을 추가하여 rotate(180deg)로 버튼의 방향을 지정합니다.

Do it! • public/common/styles/common.css

```
... (생략) ...
.slick-arrow.slick-prev {
  left: 10px;
}
.slick-arrow.slick-next {
  right: 10px;
  transform: rotate(180deg);
}
```

5단계 .rollimg 선택자를 작성해 롤링 영역의 안쪽 여백을 지정하고, .imgbox > img 자식 선택자를 작성해 도서의 이미지 크기를 <span class="imgbox"> 태그에 맞춥니다. rollimg > strong 자식 선택자를 작성한 후 display 속성값을 block으로 지정하여 제목과 설명이 줄 바꿈 되도록 하고, 도서의 제목 크기와 색상을 지정합니다. .textbox 선택자에는 소개 문구의 크기, 색상을 지정합니다.

Do it! • public/common/styles/common.css

```
... (생략) ...
.rollimg {
  padding: 0 10px;
}
.imgbox > img {
  max-width: 100%;
}
.rollimg > strong {
  display: block;
  font-size: 15px;
  color: #666;
}
.textbox {
  font-size: 13px;
  color: #ababab;
}
```

Do it! 실습 콘텐츠 개수 조절하기

1단계 main.vue 파일에서 <VueSlickCarousel> 컴포넌트에 v-bind 디렉티브로 setting 데이터를 바인딩합니다.

Do it! • src/views/main.vue

```
... (생략) ...
<VueSlickCarousel class="mainslider" v-bind="settings">
  <div class="rollimg" v-for="(item, index) in Newbooks" :key="index">
    <span class="imgbox"><img :src="item.imgurl" /></span>
    <strong v-html="item.name"></strong>
    <span class="textbox" v-html="item.subdec"></span>
  </div>
</VueSlickCarousel>
... (생략) ...
```

2단계 스크립트의 data 속성에 settings 데이터를 만들고 다음처럼 각 옵션을 지정합니다. 참고로 settings 데이터에는 vue-slick-carousel 컴포넌트에서 props 속성에 지정한 키(slidesToShow, arrows, dots 등등) 외에는 넣을 수 없습니다.

Do it! • src/views/main.vue

```
... (생략) ...
<script>
export default {
  data() {
    return {
      Newbooks: [... (생략) ...],
      settings: {
        slidesToShow: 5,    // 화면에 나타날 슬라이드 개수
        arrows: true,       // 버튼 사용 여부
        dots: false,        // 하단 버튼 사용 여부
        infinite: true,     // 슬라이드 반복 여부
        responsive: [
          // 반응형 옵션
          {
            breakpoint: 767,    // 브라우저 크기가 767 이하일 때
```

```
            settings: {
              slidesToShow: 4,
            },
            },
            {
            breakpoint: 414,      // 브라우저 크기가 464 이하일 때
            settings: {
              slidesToShow: 2,
            },
          },
        ],
      },
    };
  },
};
</script>
```

코드를 저장한 후 웹 브라우저를 확인해 보면 새로 나온 도서 영역에 표시되는 콘텐츠 개수가 웹 브라우저의 크기에 따라 변경되는 것을 확인할 수 있습니다.

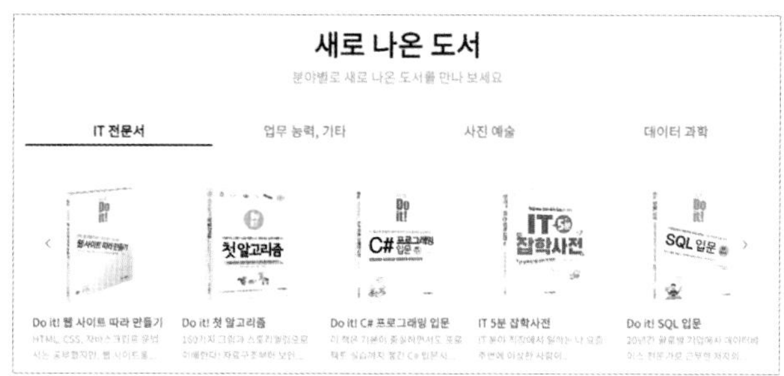

▲ 브라우저 크기를 변경하며 콘텐츠 개수 확인

Do it! 실습 미디어 쿼리로 최적화하기

이제 CSS의 미디어 쿼리를 사용하여 모바일처럼 작은 화면에서도 콘텐츠가 제대로 보이도록 스타일을 지정해 보겠습니다.

1단계 미디어 쿼리 안에 `.tapcontent` 선택자를 작성하여 탭 콘텐츠의 좌우 여백을 변경하고, 새로 나온 도서 콘텐츠의 제목인 `.maintit` 선택자를 작성하여 텍스트 크기를 변경합니다.

콘텐츠 설명 문구도 .maintit > span 선택자로 텍스트 크기를 변경하고 제목과 설명 문구 사이의 여백이 없도록 margin-top 속성값을 0px로 작성합니다.

Do it! • public/common/styles/common.css

```
... (생략) ...
@media screen and (max-width: 767px) {
  .tapcontent {
    padding: 0 10px;
  }
  .maintit {
    font-size: 26px;
  }
  .maintit > span {
    font-size: 14px;
    margin-top: 0px;
  }
}
```

2단계 탭의 상하 여백을 줄이고 좌우 여백을 없애기 위해 .tap 선택자를 작성하고 margin 속성값을 변경합니다. 그리고 .btn-tap 선택자를 작성하고 버튼의 크기, 텍스트의 행간과 크기를 변경합니다. 마지막으로 .mainslider 선택자를 작성하고 margin 속성값을 0으로 지정하여 롤링 영역의 좌우 여백이 생기지 않도록 합니다.

Do it! • public/common/styles/common.css

```
... (생략) ...
@media screen and (max-width: 767px) {
  ... (생략) ...
  .tap {
    margin: 20px 0;
  }
  .btn-tap {
    height: 20px;
    line-height: 20px;
    font-size: 14px;
  }
  .mainslider {
    margin: 0;
  }
}
```

지금까지 작성한 코드를 저장한 후 웹 브라우저의 크기를 변경해 보면 도서 개수도 화면에 맞춰 변경될 뿐만 아니라, 각 영역의 여백과 텍스트 크기 또한 웹 브라우저 크기에 맞춰 변경되는 것을 확인할 수 있습니다. 직접 확인해 보세요.

Do it! 실습 탭 콘텐츠 완성하기

이번 실습은 Vue.js에서 제공하는 디렉티브와 이벤트를 활용해 앞에서 만든 탭 콘텐츠를 완성해 보겠습니다. 만약 탭 콘텐츠를 Vue.js가 아닌 HTML 태그로 만든다면 모든 탭 콘텐츠가 있는 상태에서 태그를 보이고 숨기는 등의 DOM 조작으로 화면을 직접 제어해야 합니다. 그리고 이러한 내용을 모두 한 파일에 작성해야 해서 코드가 복잡해집니다.

반면에 Vue.js에서는 디렉티브와 이벤트를 사용해 데이터를 변경할 수 있어 UI를 좀 더 쉽게 제어할 수 있습니다. 이처럼 Vue.js는 화면을 구성할 때는 DOM이 아닌 데이터를 변경한다는 관점으로 접근하는 것이 핵심입니다.

1단계 `data` 속성에서 기존에 만든 `Newbooks` 배열 이름을 `Newbooks_it`로 변경하고 `Newbooks`를 빈 배열로 선언합니다.

Do it! • src/views/main.vue

```
<template>... (생략) ...</template>
<script>
export default {
  data() {
    return {
      Newbooks: [],
      Newbooks_it: [
        {
          imgurl: "/images/books_image/book01.jpg",
          name: "Do it! 웹 사이트 따라 만들기",
          subdec: "HTML, CSS, 자바스크립트 문법서는 공부했지만, 웹 사이트를...",
        },
        ... (생략) ...
      ],
      settings: {... (생략) ...},
    };
  },
};
</script>
```

2단계 분야별 도서 목록을 Newbooks_it와 같은 형태로 추가하고 각 배열에 데이터를 작성합니다. 책에서는 지면을 아끼고자 첫 번째 도서에 해당하는 데이터만 표시했습니다. 필자가 제공한 완성 파일을 참고하여 분야별로 나머지 도서 데이터를 작성하세요.

Do it! • src/views/main.vue

```
<template>... (생략) ...</template>
<script>
export default {
  data() {
    return {
      Newbooks: [],
      Newbooks_it: [... (생략) ...],
      Newbooks_work: [
        {
          imgurl: "/images/books_image/book08.jpg",
          name: "된다! 엑셀 수식 & 함수",
          subdec: "매일 쓰는 엑셀이 매번 어렵게 느껴지는 건 너무 많은 기능을...",
        },
        ... (생략) ...
      ],
      Newbooks_photo: [
        {
          imgurl: "/images/books_image/book15.jpg",
          name: "포토샵 보정&합성 디자인 사전",
          subdec: "포토샵 사진 보정, 합성 때문에 고민인가요? 한 권으로 상위...",
        },
        ... (생략) ...
      ],
      Newbooks_science: [
        {
          imgurl: "/images/books_image/book21.jpg",
          name: "블록체인 무엇인가?",
          subdec: "이 책은 과장된 소문에 휘둘리지도, 비트코인에 집중하지도 않는...",
        },
        ... (생략) ...
      ],
      settings: {... (생략) ...},
    };
  },
};
</script>
```

3단계 버튼마다 해당 분야의 배열 이름을 인자로 AddContents() 함수를 호출하는 @click 이벤트를 작성합니다. 그리고 스크립트에 methods 속성을 작성하고 그 안에 AddContents() 함수를 작성합니다. 이 함수는 클릭 이벤트가 전달한 분야의 배열 이름을 contents 매개변수로 받아서 알림 창에 표시합니다.

Do it! • src/views/main.vue

```
<template>
... (생략) ...
        <div class="tap">
          <b-button variant="tap active" @click="AddContents('Newbooks_it')">
            IT 전문서</b-button>
          <b-button variant="tap" @click="AddContents('Newbooks_work')">
            업무 능력, 기타</b-button>
          <b-button variant="tap" @click="AddContents('Newbooks_photo')">
            사진 예술</b-button>
          <b-button variant="tap" @click="AddContents('Newbooks_science')">
            데이터 과학</b-button>
        </div>
... (생략) ...
</template>
<script>
export default {
  data() {
  ... (생략) ...
  },
  methods: {
    AddContents(contents) {
      alert(contents);
    },
  },
};
</script>
```

코드를 저장한 후 웹 브라우저에서 탭 버튼을 클릭하면 알림 창이 뜨고 분야에 해당하는 배열 이름을 확인할 수 있습니다.

▲ 알림 창에서 배열 이름 확인

4단계 이제 탭 버튼을 클릭할 때 알림 창 대신 웹 페이지에 콘텐츠를 표시하도록 만들어 보겠습니다. 버튼을 클릭할 때 전달받은 매개변수를 Newbooks 배열에 대입하여 탭 콘텐츠에 바인딩되도록 합니다. 화면이 처음 렌더링되는 시점에는 Newbooks 배열에 값이 할당되지 않아 탭 콘텐츠에 내용이 출력되지 않습니다. 따라서 컴포넌트의 데이터에 접근할 수 있는 created 훅을 사용하여 Newbooks_it 배열을 Newbooks 배열에 대입합니다.

Do it! • src/views/main.vue

```
... (생략) ...
<script>
export default {
  data() {
  ... (생략) ...
  },
  created() {
    this.Newbooks = this.Newbooks_it;
  },
  methods: {
    AddContents(contents) {
      this.Newbooks = this[contents];
    },
  },
};
</script>
```

코드를 저장한 후 웹 브라우저에서 확인하면 처음에는 Newbooks_it 배열에 담긴 도서들이 보이고, 탭 버튼을 클릭하면 해당 분야의 도서들이 보입니다.

Do it! 실습 탭 버튼 활성화 표시하기

이번에는 사용자가 클릭한 탭 버튼에만 활성화 표시를 해서 어떤 탭이 선택됐는지 알 수 있게 만들겠습니다. 탭 버튼에 활성화 표시 스타일은 앞선 실습에서 common.css 파일에 `active` 선택자로 정의했습니다. 따라서 클릭 이벤트가 발생할 때 해당 버튼의 HTML 태그에 `active` 클래스가 동적으로 생성되도록 만들어야 합니다.

1단계 먼저 `AddContents()` 함수에 `console.log(event)` 코드를 추가해서 `event` 변수가 어떤 내용을 담고 있는지 콘솔에 출력해 보겠습니다.

Do it! • src/views/main.vue

```
... (생략) ...
  methods: {
    AddContents(contents) {
      this.Newbooks = this[contents];
      console.log(event);
    },
  },
... (생략) ...
```

윤미쌤의 실무 코칭!

event 매개변수 사용하기

이벤트 핸들러 함수에서 사용되는 event 매개변수는 이벤트 객체를 나타냅니다. 이 객체에는 이벤트가 발생한 요소와 관련된 정보를 포함하고 있으며 이를 통해 이벤트의 세부 정보를 알 수 있습니다.

• event 매개변수 사용 예

```
AddContents(event) {
  // 이벤트 처리 로직
}
```

event 매개변수는 임의로 지정할 수 있지만 일반적으로 'event'나 'e'로 사용하는 것이 관례입니다. 이벤트 객체는 다양한 속성과 메서드를 제공하며 이벤트 세부 정보에 접근하는 데 사용합니다.

- `event.target`: 이벤트가 발생한 DOM 요소입니다.
- `event.currentTarget`: 이벤트 핸들러가 연결된 DOM 요소입니다.
- `event.type`: 이벤트의 유형을 나타냅니다.

이 외에도 다양한 속성과 메서드가 있으며 이벤트 유형에 따라 사용할 수 있는 속성과 메서드가 달라질 수 있습니다.

코드를 저장한 후 웹 브라우저에서 개발자 도구를 열고 [Console] 탭을 클릭합니다. 그런 다음 웹 페이지에서 탭 버튼을 클릭하고 콘솔 창을 확인하면 다음 그림처럼 마우스 이벤트가 발생한 것을 확인할 수 있습니다.

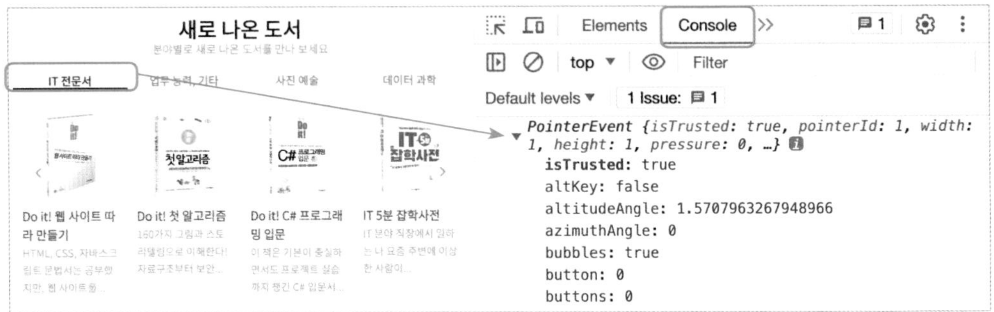

▲ 콘솔 창에서 event 변숫값 확인

이번에는 event.target값을 출력해서 클릭이 발생한 주체를 알아보겠습니다. 이를 활용하면 클릭 이벤트가 발생한 태그를 찾아 클래스를 추가하거나 삭제, 스타일 변경 등을 할 수 있습니다.

Do it! • src/views/main.vue

```
... (생략) ...
  methods: {
    AddContents(contents) {
      this.Newbooks = this[contents];
      console.log(event.target);
    },
  },
... (생략) ...
```

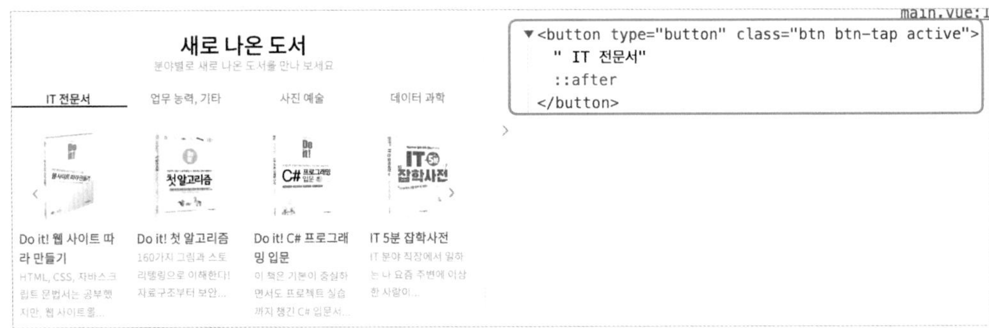

▲ 이벤트가 발생한 태그 확인

2단계 클릭이 발생한 태그에만 active 클래스를 추가하여 스타일이 적용되게 하고, 나머지 태그에는 active 클래스를 지워 스타일이 적용되지 않게 해야 합니다. AddContents() 함수에서 document.querySelector() 메서드로 현재 .active를 포함하는 클래스를 찾아 classList[*]에서 active 클래스를 지우고, 클릭 이벤트가 발생한 태그의 클래스 목록(event.target.classList)에 active 클래스를 추가합니다.

* classList는 클래스 속성을 나타내는 DOMTokenList입니다. 만약 클래스 속성이 설정되어 있지 않거나 비어 있다면 elementClasses.length는 0을 반환합니다.

Do it! • src/views/main.vue

```
... (생략) ...
  methods: {
    AddContents(contents) {
      this.Newbooks = this[contents];
      document.querySelector(".active").classList.remove("active");
      event.target.classList.add("active");
    },
  },
... (생략) ...
```

코드를 저장한 후 웹 브라우저에서 탭 버튼을 클릭하면 해당 분야만 활성화되는 것을 볼 수 있습니다. 이로써 새로 나온 도서 콘텐츠를 완성했습니다.

▲ 클릭한 분야만 활성화

09-3 도서 검색 만들기

이 절에서는 도서를 검색하는 콘텐츠를 만들어 보겠습니다. 「09-1」절에서는 메인 콘텐츠의 영역을 구분하려고 searchbook이라는 클래스를 지정한 <section> 태그를 만들어 뒀습니다. 그리고 콘텐츠의 제목 스타일을 공통으로 만들어 <h1> 태그에 작성했습니다. 이 내용에 이어서 검색 콘텐츠를 추가해 보겠습니다.

Do it! 실습 도서 검색 콘텐츠 만들기

도서 검색 콘텐츠는 화면 전체에 배경색이 있고 가운데에 검색어 입력 상자가 있습니다. 그리고 입력 상자 아래쪽에 검색 안내 문구가 가운데 정렬되어 있습니다.

▲ 도서 검색 콘텐츠

1단계 common.css 파일에 .searchbook 선택자를 만들고 도서 검색 콘텐츠의 배경색을 지정합니다. 그리고 실제 콘텐츠(텍스트)의 시작 위치를 padding 속성값으로 지정하고, 위쪽 새로 나온 도서 영역과 아래쪽 배너 메뉴 영역과의 여백을 margin 속성값으로 지정합니다.

Do it! • public/common/styles/common.css

```
... (생략) ...
.searchbook {
  padding: 40px 0;
  margin: 60px 0 40px;
  background: #454545;
}
```

2단계 공통 스타일을 적용한 제목의 텍스트는 도서 검색 콘텐츠의 배경색으로 인해 다른 색으로 지정해야 합니다. .searchbook의 하위 선택자로 .maintit

Do it! • public/common/styles/common.css

```
... (생략) ...
.searchbook .maintit {
  color: #fff;
}
```

를 만들고 color 속성값을 #fff로 지정합니다. 웹 브라우저에서 확인해 보면 '도서 검색' 텍스트만 색상이 변경되는 것을 확인할 수 있습니다.

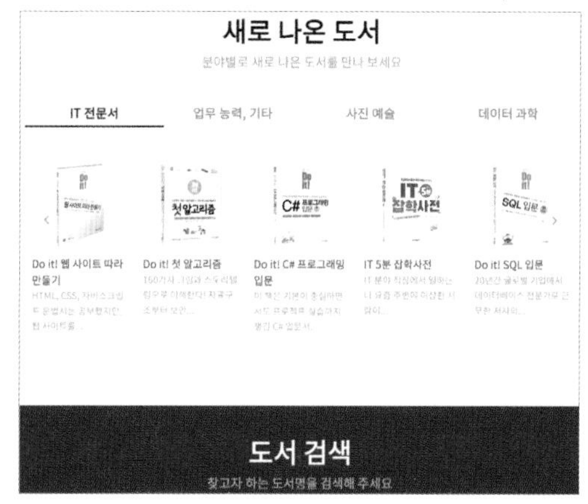

▲ 도서 검색 텍스트 색상 변경

3단계 <div> 태그를 추가하여 inputarea 클래스를 지정하고 태그 안에 부트스트랩 뷰의 <b-form-input> 컴포넌트를 추가합니다. 검색 버튼 역시 부트스트랩 뷰의 <b-button> 컴포넌트로 작성하고 variant 속성값을 search로 작성합니다. 그리고 <i> 태그와 bi bi-search라는 클래스명으로 부트스트랩 아이콘을 작성합니다.

Do it! • src/views/main.vue

```
... (생략) ...
    <section class="searchbook">
      <h1 class="maintit">
        도서 검색<span>찾고자 하는 도서명을 검색해 주세요</span>
      </h1>
      <div class="inputarea">
        <b-form-input />
        <b-button variant="search"><i class="bi bi-search"></i></b-button>
      </div>
    </section>
... (생략) ...
```

4단계 안내 문구 영역을 <div> 태그로 작성한 후 guidehash 클래스를 지정하고 <span> 태그에 문구를 작성합니다. 이 문구는 hashdata라는 데이터를 만들어 처리할 것입니다. 스크립트의 data 속성에 문구를 객체로 만들어 hashdata라는 배열을 작성합니다. <span>에 v-for 디렉티브를 사용하여 바인딩하고 문구는 v-html 디렉티브로 바인딩합니다.

Do it! • src/views/main.vue

```
... (생략) ...
    <section class="searchbook">
      <h1 class="maintit">... (생략) ...</h1>
      <div class="inputarea">... (생략) ...</div>
      <div class="guidehash">
        <span
          v-for="(item, index) in hashdata"
          :key="index"
          v-html="item.text"
        ></span>
      </div>
    </section>
... (생략) ...

<script>
export default {
  data() {
    return {
      ... (생략) ...
      settings: {... (생략) ...
      },
      hashdata: [
        { text: "html", value: "html" },
        { text: "vue", value: "vue" },
        { text: "css", value: "css" },
        { text: "javascript", value: "javascript" },
        { text: "자료구조/알고리즘", value: "자료구조/알고리즘" },
        { text: "파이썬", value: "파이썬" },
      ],
    };
  },
... (생략) ...
</script>
```

코드를 저장한 후 화면을 보면 안내 문구가 태그에 바인딩되어 출력된 것을 확인할 수 있고, 입력 상자와 돋보기 아이콘도 볼 수 있습니다. 다음 실습에서 스타일을 적용해 보겠습니다.

▲ 도서 검색 콘텐츠

Do it! 실습 도서 검색 콘텐츠 꾸미기

1단계 .inputarea와 .guidehash를 다중 선택자로 작성한 후 입력 상자와 안내 문구 영역의 크기를 지정하고 이 영역을 가운데 정렬하는 공통 스타일을 지정합니다. 검색 버튼은 입력 상자와 겹쳐서 나와야 하므로 .inputarea 선택자*를 작성한 후 position 속성값을 relative로 지정합니다.

* 공통으로 적용할 스타일은 다중 선택자에 작성하고, 개별 스타일은 각 선택자에 작성합니다.

Do it! • public/common/styles/common.css

```
... (생략) ...
.inputarea,
.guidehash {
  max-width: 650px;
  margin: 0 auto;
}
.inputarea {
  position: relative;
}
```

2단계 검색 버튼에 해당하는 .btn-search 선택자를 작성한 후 크기를 지정합니다. 그리고 position 속성값을 absolute로 작성하고 right, top의 속성값을 다음처럼 지정합니다.

Do it! • public/common/styles/common.css

```
... (생략) ...
.btn-search {
  width: 40px;
  height: 40px;
  position: absolute;
  right: 10px;
  top: 0px;
}
```

3단계 아이콘은 부트스트랩 뷰 아이콘을 사용합니다. 화면의 소스를 보면 실제 아이콘은 <i> 태그의 ::before에 작성되었고 .bi::before에 스타일이 지정되어 있습니다. 이는 모든 아이콘에 공통으로 적용되는 스타일이므로 .btn-search 안의 아이콘만 변경하려면 선택자를 상속해야 합니다. 검색 버튼 안의 아이콘만 크기를 변경하기 위해 .inputarea .btn-search .bi::before 선택자를 작성하고 font-size의 속성값을 24px로 지정합니다.

Do it! • public/common/styles/common.css

```
... (생략) ...
.inputarea .btn-search .bi::before {
  font-size: 24px;
}
```

4단계 입력 상자인 <b-form-input> 컴포넌트에는 form-control 클래스가 적용되어 있고 이 클래스에는 스타일이 지정되어 있습니다. .inputarea 안에 작성된 <b-form-input>의 테두리를 지우기 위해 .inputarea의 자식 선택자로 .form-control을 작성한 후 border 속성값을 none으로 작성합니다.

Do it! • public/common/styles/common.css

```
... (생략) ...
.inputarea .form-control {
  border: none;
}
```

5단계 .guidehash span 선택자를 작성한 후 display 속성값을 inline-block으로 지정하여 안내 문구가 있는 <span> 태그를 텍스트의 길이만큼 사용하도록 합니다. 그리고 <span> 태그 사이의 여백(위쪽, 오른쪽)과 색상, 글자 크기 스타일을 지정합니다. 각 단어 앞에 작성된 해시 문자(#)는 가상 요소로 작성합니다. .guidehash span을 기준으로 ::before 선택자를 작성한 후 content 속성값은 "#"으로 작성하고, display 속성값은 inline-block으로 지정하여 텍스트와 해시 문자가 줄 바꿈되지 않도록 합니다. 추가로 .guidehash 선택자에 text-align 속성값을 center로 지정하여 텍스트를 정렬합니다.

Do it! public/common/styles/common.css

```
... (생략) ...
.guidehash span {
  display: inline-block;
  margin: 10px 10px 0 0;
  color: #eee;
  font-size: 16px;
}
.guidehash span::before {
  content: "#";
  display: inline-block;
}
.guidehash {
  text-align: center;
}
```

도서 검색 콘텐츠를 완성했습니다. 그런데 웹 브라우저 크기를 줄이면 최적화가 안 된 모습을 볼 수 있습니다. 다음 실습에서 미디어 쿼리로 최적화해 보겠습니다.

▲ 브라우저 크기를 줄였을 때 최적화가 안 된 모습(오른쪽)

Do it! 실습 미디어 쿼리로 최적화하기

1단계 common.css 파일에 미디어 쿼리(max-width: 767px)를 작성한 후 .searchbook, inputarea .form-control, btn-search 선택자를 다음처럼 재정의해 영역의 여백과 버튼의 크기, 입력 요소의 크기를 변경합니다.

Do it! • public/common/styles/common.css

```
... (생략) ...
@media screen and (max-width: 767px) {
  .searchbook {
    margin: 30px 0 20px;
    padding: 20px 30px;
  }
  .inputarea .form-control {
    height: 30px;
  }
  .btn-search {
    width: 30px;
    height: 30px;
  }
}
```

2단계 아이콘의 스타일을 지정한 .inputarea .btn-search .bi::before 선택자를 재정의하여 아이콘의 크기를 조절하고, .btn-search 선택자의 top 속성값을 -4px로 작성하여 버튼의 위치를 조절합니다.

Do it! • public/common/styles/common.css

```
... (생략) ...
@media screen and (max-width: 767px) {
  ... (생략) ...
  .btn-search {
    width: 30px;
    height: 30px;
    top: -4px;
  }
  .inputarea .btn-search .bi::before {
    font-size: 20px;
  }
}
```

3단계 안내 문구의 스타일이 지정된 .guidehash span 선택자를 재정의하여 텍스트 크기를 변경합니다. 코드를 저장한 후 웹 브라우저 크기를 줄여 스타일을 확인해 봅니다.

Do it! • public/common/styles/common.css

```
... (생략) ...
@media screen and (max-width: 767px) {
  ... (생략) ...
  .guidehash span {
    font-size: 12px;
  }
}
```

▲ 브라우저 크기를 줄여도 최적화된 모습

Do it! 실습 자동 검색창 만들기

보통 웹 사이트에는 input 같은 입력 요소에 사용자가 단어나 문장을 입력하여 필요한 정보를 찾을 수 있도록 검색 기능을 제공합니다. 여기서는 사용자가 모든 단어를 입력하지 않아도 관련된 책을 검색하여 결과를 미리 볼 수 있도록 자동 완성 기능을 추가해 보겠습니다. 자동 완성 기능은 저장된 데이터 내에서 사용자가 입력 중인 검색어를 빠르게 찾을 수 있도록 도움을 줍니다. 이 기능을 어떤 과정으로 만드는지 잠시 살펴보겠습니다.

▲ 검색 과정

사용자가 입력 요소에 검색어를 입력하면 서버에서는 입력된 글자와 일치하는 데이터를 찾아서 결과를 화면에 출력합니다. 이 과정을 우리가 만드는 도서 검색에 대입해 보면 다음과 같습니다.

1. 도서 목록 데이터 준비 → 도서 목록 배열 추가
2. 검색란에 입력된 값 감지 → v-model로 값 갱신 감지
3. 입력값과 데이터 비교 → 입력값과 데이터 비교 함수 작성
4. 결괏값 바인딩 → 결괏값을 태그에 바인딩

사용자가 입력하는 값을 v-model 디렉티브로 지정하고 이 데이터의 변화(사용자의 입력)에 따라 도서 목록 배열과 비교해 그 결괏값을 태그에 전달합니다. 이때 Vue.js에서 제공하는 computed(계산된) 속성을 사용할 수 있습니다. computed는 데이터에 변화가 있을 때 자동으로 다시 연산해 주는 속성으로, 같은 페이지에서 같은 연산을 여러 번 반복해야 할 때 효율적으로 사용할 수 있습니다. 검색뿐만 아니라 회원가입할 때 아이디 중복 검사, 로그인할 때 아이디와 비밀번호 입력 등 사용자가 데이터를 입력하는 동시에 결과를 도출해야 할 때 자주 사용합니다. 이러한 내용을 참고하여 computed 속성으로 도서 검색 창의 자동 완성 기능을 만들어 보겠습니다.

1단계 도서 검색 결과를 보여 줄 영역을 <div class="inputarea"> 안에 <div> 태그로 작성한 후 autolayer 클래스를 지정합니다. 그리고 그 안에 <ul>, <li> 태그를 작성합니다.

Do it! • src/views/main.vue

```
... (생략) ...
      <div class="inputarea">
        <b-form-input />
        <b-button variant="search"><i class="bi bi-search"></i></b-button>
        <div class="autolayer">
          <ul>
            <li></li>
          </ul>
        </div>
      </div>
... (생략) ...
```

2단계 common.css 파일에 .autolayer 선택자를 작성한 후 크기와 배경색을 지정합니다. 검색 결과가 많을 때는 세로 스크롤이 생겨야 하므로 overflow 속성값을 hidden으로 작성한 후 overflow-y의 속성값에 scroll을 작성합니다.

Do it! • public/common/styles/common.css

```
... (생략) ...
.autolayer {
  width: 100%;
  height: 180px;
  overflow: hidden;
  overflow-y: scroll;
  background: #fff;
  position: absolute;
  left: 0;
  top: 39px;
  z-index: 99;
}
```

자동 검색 창은 <div class="input area"> 태그 영역에 겹쳐서 떠 있는 형태입니다. 앞서 .inputarea 선택자에 지정한 position 속성값이 relative이므로 이를 기준으로 위칫값을 지정하기 위해 .autolayer 선택자에 position 속성값을 absolute로 작성합니다. 그리고 left와 top 속성값을 지정하여 입력 상자 아래에 표시되게 하고, z-index 속성값을 99로 하여 <div class="autolayer"> 영역이 맨 앞에 오도록 합니다.

3단계 검색 결과 목록인 <li> 태그에 스타일을 지정하기 위해 .autolayer ul li 선택자를 작성하고 padding 속성값으로 안쪽 여백을 지정합니다. 목록에서 구분 선은 border-top 속성에 solid 1px #ddd로 지정하고 텍스트의 색상과 크기를 지정합니다. 클릭을 유도하는 마우스 커서를 cursor 속성에 pointer로 지정합니다. 그리고 마우스 포인터가 검색 결과 목록에 있을 때 스타일을 변경하도록 .autolayer ul li:hover 선택자를 작성하여 색상과 배경색을 설정합니다. 코드를 저장한 후 <div class="autolayer"> 태그 영역이 보이는 것을 확인합니다.

▲ 도서 검색 창

Do it! • public/common/styles/common.css

```
... (생략) ...
.autolayer ul li {
  padding: 10px 30px;
  border-top: solid 1px #ddd;
  font-size: 16px;
  color: #888;
  cursor: pointer;
}
.autolayer ul li:hover {
  background-color: #ddd;
  color: #222;
}
```

4단계 웹 브라우저의 크기를 줄이면 기존에 작성한 미디어 쿼리(max-width: 767px)의 영향으로 입력 상자의 높이가 변경됩니다. 따라서 <div class="autolayer"> 태그의 top 위치가 처음과 다르게 표시됩니다. <div class="autolayer"> 태그의 top값은 입력 상자의 높이만큼 지정되었으므로 변경된 높이로 바꿔 주어야 합니다.

미디어 쿼리(max-width:767px)에 .autolayer 선택자를 작성하고 top, height 속성값을 재정의합니다. 그리고 .autolayer ul li 선택자를 작성하여 텍스트 크기와 태그의 안쪽 여백도 재정의합니다.

코드를 저장하고 웹 브라우저의 크기를 변경하며 확인해 보세요. 이로써 자동 완성을 위한 태그와 스타일 설정을 마쳤습니다. 다음 실습에서 데이터를 넣어 보겠습니다.

Do it! • public/common/styles/common.css

```
... (생략) ...
@media screen and (max-width: 767px) {
  .autolayer {
    top: 29px;
    height: 130px;
  }
  .autolayer ul li {
    padding: 5px 15px;
    font-size: 14px;
  }
}
```

Do it! 실습 자동 완성 데이터 만들기

1단계 스크립트로 booksname이라는 배열을 만들고 검색 대상이 될 도서 데이터를 분류(cata)별로 작성합니다. 자동 완성은 결국 이 cata값과 사용자가 입력한 검색어를 비교해 일치하면 해당 도서 목록을 보여 줍니다.

Do it! • src/views/main.vue

```
... (생략) ...
<script>
export default {
  data() {
    return {
      ... (생략) ...
      settings: {... (생략) ...},
      hashdata: [... (생략) ...],
      booksname: [
        {
          cata: "html",
          books: [
            { booktit: "Do it! 웹 사이트 따라 만들기", author: "김윤미" },
            { booktit: "Do it! HTML+CSS+자바스크립트 웹 표준의 정석", author: "고경희" },
            { booktit: "Do it! 반응형 웹 만들기", author: "김운아" },
            { booktit: "Do it! 인터랙티브 웹 페이지 만들기", author: "최성일" },
          ],
        },
        {
          cata: "vue",
          books: [
            { booktit: "Do it! vue.js 입문", author: "장기효" },
          ],
        },
        {
          cata: "javascript",
          books: [
            { booktit: "Do it! 프로그래시브 웹앱 만들기", author: "김응석" },
            { booktit: "Do it! 모던 자바스크립트 프로그래밍의 정석", author: "고경희" },
          ],
```

```
      },
    ],
  };
},
... (생략) ...
</script>
```

2단계 <b-form-input> 컴포넌트에 v-model="keyword"를 작성하여 사용자가 입력한 값이 keyword에 저장되도록 합니다. 그리고 스크립트에서 keyword를 선언하고 초기화합니다.

Do it! • src/views/main.vue

```
... (생략) ...
      <div class="inputarea">
        <b-form-input v-model="keyword" />
        <b-button variant="search"><i class="bi bi-search"></i></b-button>
... (생략) ...
<script>
export default {
  data() {
    return {
      ... (생략) ...
      booksname: [... (생략) ...],
      keyword: "",
    };
  },
... (생략) ...
```

3단계 v-model로 지정한 keyword값이 입력됐을 때 <div class="autolayer"> 태그 영역이 활성화되도록 합니다. 즉, keyword 길이(length)가 0보다 크면 사용자가 텍스트를 입력한 상태이고, 0보다 작으면 입력하지 않은 상태입니다.

Do it! • src/views/main.vue

```
... (생략) ...
      <div class="inputarea">
        <b-form-input v-model="keyword" />
        <b-button variant="search"><i class="bi bi-search"></i></b-button>
        <div class="autolayer" v-if="keyword.length > 0">
          <ul>
... (생략) ...
```

코드를 저장한 후 웹 브라우저에서 도서 검색란에 검색어를 입력할 때만 자동 검색 창이 열리는 것을 확인할 수 있습니다. v-model에 입력한 데이터(keyword)의 길이가 0보다 클 때(사용자가 입력했을 때)만 true가 되어 <div class="autolayer"> 태그가 생성되고, false일 때(검색란이 비었을 때)는 <div class="autolayer"> 태그 영역이 사라집니다.

Do it! 실습 자동 완성 결과 보이기

자동 검색 창에 검색 결과가 나오게 하려면 booksname 배열의 cata 속성값에서 seacher keyword값(사용자 입력값)과 일치하는 아이템을 찾은 후, 해당 아이템의 books 배열을 <li> 태그에 바인딩해야 합니다. 이때 사용자가 검색란에 글자를 입력할 때마다 문자열 비교 연산을 반복해야 하므로 computed 속성을 사용합니다.

1단계 스크립트에 computed 속성을 작성하고 여기에 autocomplate() 함수를 다음처럼 작성합니다. 문자열을 비교하는 match 함수로 booksname 배열의 cata 속성값에 this.keyword 값이 있는지 확인하고, 이 조건에 맞는 아이템을 resultlists 배열에 담아서 반환합니다. computed 속성은 대상 데이터(여기서는 검색란의 데이터)가 바뀔 때마다 이 과정을 자동으로 다시 수행해 줍니다.

Do it! • src/views/main.vue

```
... (생략) ...
  methods: { ... (생략) ... },
  computed: {
    autocomplate() {
      const resultlists = this.booksname.filter((item) => {
        if (item.cata.match(this.keyword))   // cata 속성값에 this.keyword의 데이터가 있으면 true
          return item; // item 반환
```

```
      });
      return resultlists;
    },
  },
};
</script>
```

2단계 이제 autocomplate() 함수가 반환한 도서 배열을 <li> 태그에 v-for 디렉티브를 사용하여 바인딩합니다. 이때 autocomplate() 함수가 반환한 도서 배열은 1개뿐이므로 배열의 인덱스는 0입니다. 그리고 책 제목이 있는 booktit 속성을 v-html 디렉티브로 작성합니다.

Do it! • src/views/main.vue

```
... (생략) ...
        <div class="autolayer" v-if="keyword.length > 0">
          <ul>
            <li
              v-for="(item, index) in autocomplate[0].books"
              :key="index"
              v-html="item.booktit"
            ></li>
          </ul>
        </div>
... (생략) ...
```

코드를 저장한 후 도서 검색란에 'html', 'js', 'vue' 같은 단어를 입력해 보세요. 그러면 booksname 배열에서 cata 속성값에 해당하는 도서 제목이 자동 검색 창에 출력됩니다.

▲ 검색 자동 완성

3단계 그런데 데이터에 없는 문자를 입력하면 다음처럼 콘솔에 오류가 발생합니다. 이 오류는 autocomplate() 함수가 반환한 도서 배열이 없어서 <li> 태그에 바인딩할 데이터가 존재하지 않기 때문에 발생합니다. 따라서 데이터가 있을 때만 <li> 태그에 바인딩하도록 조건을 추가해야 합니다.

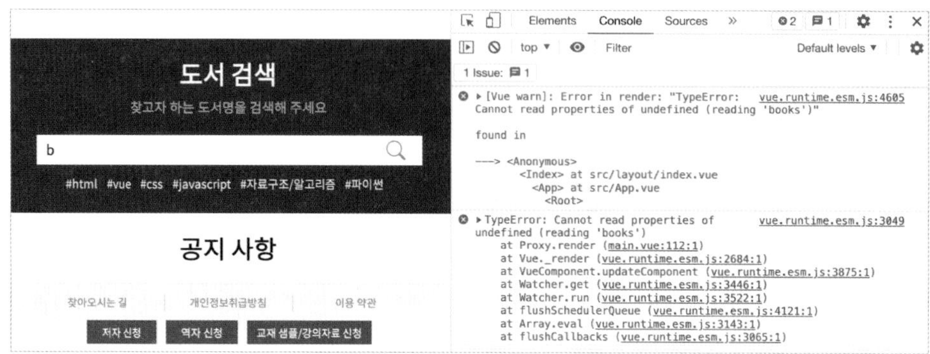

▲ 검색 도서가 없으면 오류 발생

<ul> 태그에 v-if 디렉티브를 작성하고 autocomplate 배열의 길이(length)를 구해 데이터가 있을 때만(true) 목록을 출력하도록 합니다.

Do it! • src/views/main.vue

```
... (생략) ...
        <div class="autolayer" v-if="keyword.length > 0">
          <ul v-if="autocomplate.length > 0">
            <li ... (생략) ...></li>
          </ul>
        </div>
... (생략) ...
```

Do it! 실습 검색 결과가 없을 때 안내 문구 만들기

검색 도서가 없을 때 이를 알리는 아이콘과 안내 문구가 나오도록 만들어 보겠습니다.

1단계 목록 아래에 <div> 태그를 작성한 후 nonemessage 클래스를 지정하고 v-else 디렉티브를 작성하여 autocomplate의 데이터가 없을 때를 설정합니다. 그리고 부트스트랩 아이콘과 안내 문구를 작성합니다.

Do it! • src/views/main.vue

```
... (생략) ...
        <div class="autolayer" v-if="keyword.length > 0">
          <ul v-if="autocomplate.length > 0">
            <li ... (생략) ... ></li>
          </ul>
          <div class="nonemessage" v-else>
            <i class="bi bi-x-circle-fill"></i> 검색 결과가 없습니다.
          </div>
        </div>
```

2단계 common.css 파일에 .nonemessage 선택자를 작성한 후 태그의 안쪽 여백과 텍스트 색상을 지정합니다. 그리고 부트스트랩 아이콘의 크기가 <div class="nonemessage"> 태그 안에서만 적용되도록 .nonemessage > .bi 자식 선택자로 아이콘 크기를 지정하고, ::before 선택자를 추가로 작성하여 태그의 바깥쪽 여백을 음수* 로 지정하여 아이콘의 위치를 설정합니다.

* margin 속성값을 음수로 지정하면 현재 태그가 가지고 있는 여백을 계산하여 지정된 값만큼 뺄 수 있습니다.

Do it! • public/common/styles/common.css

```
... (생략) ...
.nonemessage {
  padding: 15px;
  color: #ff0200;
}
.nonemessage > .bi {
  font-size: 15px;
}
.nonemessage > .bi::before {
  margin-top: -2px;
}
```

3단계 검색 결과 문구는 한 줄이므로 <div class="autolayer"> 태그에 지정된 높이를 변경해야 합니다. .autolayer.none 선택자를 작성하고 height 속성값을 auto로 지정합니다.

Do it! • public/common/styles/common.css

```
... (생략) ...
.autolayer.none {
  height: auto;
}
```

4단계 다시 템플릿 코드에서 <div class="autolayer"> 태그에 none 클래스는 검색 결과가 없을 때만 추가돼야 합니다. 검색 결과가 없으면 배열의 개수는 0이므로 autocomplate.length === 0일 때 none 클래스가 바인딩되도록 합니다.

Do it! • src/views/main.vue

```
... (생략) ...
      <div class="inputarea">
        ... (생략) ...
        <div
          class="autolayer"
          v-if="keyword.length > 0"
          :class="{ none: autocomplate.length === 0 }"
        >
          <ul v-if="autocomplate.length > 0">
... (생략) ...
```

코드를 저장한 후 도서 검색란에 입력해 보면 데이터가 있을 때는 목록이 출력되고, 없을 때는 아이콘과 문구가 출력되는 것을 확인할 수 있습니다.

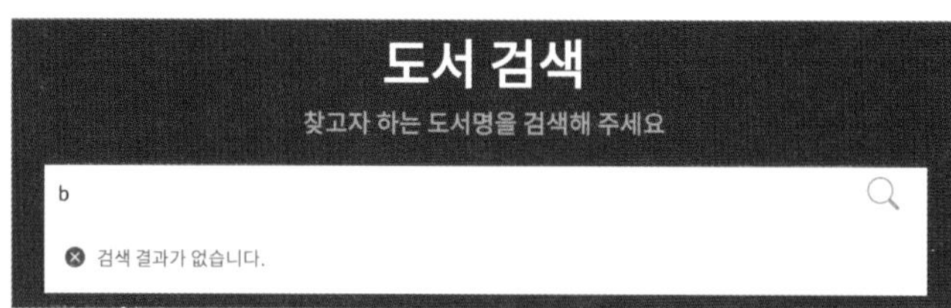

▲ 검색 도서가 없을 때 화면

지금까지 도서 검색 콘텐츠를 만들어 보았습니다. 실제로 웹 사이트를 만들 때는 지금보다 훨씬 더 많은 양의 데이터를 접하게 되며 원하는 형태가 아닐 때는 가공해야 할 수도 있습니다. 실제 데이터를 넣기 전에 임시 데이터로 UI 동작을 먼저 구현해 보면 많은 시간을 줄일 수 있습니다. 어렵게 느껴지더라도 충분히 연습해 보길 바랍니다.

09-4 배너 메뉴 만들기

메인 콘텐츠의 배너 메뉴를 만들어 보겠습니다. 다음 그림에서 완성된 화면을 보면 배너 3개가 나란히 있는데 모양은 같고 내용과 아이콘만 각각 다릅니다. 내용과 아이콘을 데이터로 만들어 태그에 바인딩하는 방법으로 만들겠습니다. 그리고 배너를 클릭하면 각 서비스로 연결하도록 클릭 이벤트도 작성해 보겠습니다.

▲ 배너 메뉴

Do it! 실습 배너 메뉴 만들기

1단계 먼저 템플릿에서 <section class="bannermenu"> 태그 안에 <div> 태그로 배너 영역을 만들고 itembox 클래스를 지정합니다. 그 안에 <span>과 <strong> 태그로 첫 번째 배너의 제목과 소제목을 작성하고 부트스트랩 뷰 아이콘(bi bi-stickies)도 추가합니다.

Do it! • src/views/main.vue

```
... (생략) ...
    <section class="bannermenu">
      <div class="itembox">
        <span>교수 및 강사 전용</span>
        <strong>교재 샘플/강의 자료</strong>
        <i class="bi bi-stickies"></i>
      </div>
    </section>
... (생략) ...
```

2단계 common.css 파일에 .bannermenu 선택자를 작성한 후 display 속성값을 flex로 작성하여 플렉스 컨테이너로 만듭니다. 그리고 justify-content 속성값을 space-between으로 지정해 플렉스 아이템을 좌우 끝 맞춤으로 정렬하고 줄 바꿈할 수 있도록 flex-wrap 속성값을 wrap으로 작성합니다. max-width 속성값을 1200px로 작성하여 플렉스 컨테이너의 최댓값을 지정하고 width, padding, margin 속성으로 태그 영역의 크기와 안쪽 여백을 지정하고 태그를 가운데 정렬합니다.

Do it! • public/common/styles/common.css

```
... (생략) ...
.bannermenu {
  display: flex;
  flex-wrap: wrap;
  justify-content: space-between;
  max-width: 1200px;
  width: 100%;
  padding: 0 20px;
  margin: 0 auto;
}
```

3단계 플렉스 아이템의 크기와 안쪽 여백, 배경색을 .itembox 선택자로 작성하고 border-radius 속성으로 테두리의 모양을 만듭니다. 그리고 postion 속성값은 relative로 작성하여 플렉스 아이템의 위치를 선정할 때 기준이 되게 합니다. 소제목 스타일은 .itembox span 선택자로 줄 바꿈이 되도록 display 속성을 지정하여 영역 전체를 사용하고 텍스트 크기를 지정합니다. 제목 스타일은 .itembox strong 선택자로 텍스트 크기와 색상을 지정합니다.

Do it! • public/common/styles/common.css

```
... (생략) ...
.itembox {
  flex-basis: 32%;
  padding: 30px 30px 50px 30px;
  background: #f1f1f1;
  border-radius: 12px;
  position: relative;
}
.itembox span {
  display: block;
  font-size: 12px;
}
.itembox strong {
  color: #222;
  font-size: 20px;
}
```

4단계 .itembox .bi 선택자를 작성하여 아이콘 위치의 기준(position)과 위칫값(right, bottom)을 지정하고, .itembox .bi::before 선택자를 작성하여 <div class="itembox"> 태그 안에 있는 아이콘만 크기를 변경합니다. 코드를 저장한 후 스타일을 확인해 봅니다.

Do it! • public/common/styles/common.css

```
... (생략) ...
.itembox .bi {
  position: absolute;
  right: 20px;
  bottom: 20px;
}
.itembox .bi::before {
  font-size: 50px;
}
```

교수 및 강사 전용

교재 샘플/강의 자료

▲ 스타일이 적용된 배너 메뉴

5단계 미디어 쿼리를 사용하여 모바일처럼 작은 화면에서도 콘텐츠가 제대로 보이도록 스타일을 지정해 보겠습니다. 미디어 쿼리 안에 .itembox 선택자를 작성한 후 flex-basis 속성값을 100%로 변경하고 padding 속성으로 태그의 안쪽 여백을 조정합니다. 그리고 모바일이나 태블릿에서 배너를 1열로 구성하려면 배너 사이에 여백이 필요하므로 + 결합 선택자로 margin-top 속성을 지정합니다. 제목과 아이콘의 크기도 변경합니다.

Do it! • public/common/styles/common.css

```
... (생략) ...
@media screen and (max-width: 767px) {
  .itembox {
    flex-basis: 100%;
    padding: 20px 20px 30px 20px;
  }
  .itembox + .itembox {
    margin-top: 20px;
  }
  .itembox strong {
    font-size: 16px;
  }
  .itembox .bi::before {
    font-size: 45px;
  }
}
```

Do it! 실습 배너 데이터 만들기

이제 태그에 바인딩할 데이터를 만들어 보겠습니다. 먼저 배너는 제목, 소제목, 아이콘, 클릭 때 이동할 URL로 구성되어 있습니다. 이를 참고하여 데이터를 만들어 보겠습니다.

1단계 스크립트 안의 data 속성에 mainbanner 배열을 선언하고 각 배너에 들어갈 내용을 객체로 만들어 작성합니다. 아이콘의 클래스 이름은 반드시 부트스트랩 뷰 아이콘에서 제공하는 이름으로 사용해야 합니다. 그리고 url값은 배너 메뉴를 클릭할 때 이동할 경로입니다.

Do it! • src/views/main.vue

```
... (생략) ...
<script>
export default {
  data() {
    return {
      ... (생략) ...
      booksname: [... (생략) ...],
      keyword: "",
      mainbanner: [
        {
          stitle: "교수 및 강사 전용",
          maintit: "교재 샘플/강의 자료",
          iconname: "bi-stickies",
          url: "/classsample",
        },
        {
          stitle: "스터디 카페",
          maintit: "Do it! 스터디룸",
          iconname: "bi-book-half",
          url: "https://cafe.naver.com/doitstudyroom",
        },
        {
          stitle: "이지스 SNS",
          maintit: "페이스북",
          iconname: "bi-facebook",
          url: "https://www.facebook.com/easyspub/",
        },
      ],
    };
  },
... (생략) ...
```

2단계 이렇게 만든 데이터를 <div class="itembox"> 태그에 v-for 디렉티브로 바인딩하고 배열 객체의 각 속성값을 v-html 디렉티브로 태그에 바인딩합니다. 코드를 저장하고 확인해 보면 배너 3개가 가로 1줄로 나란히 나오고 웹 브라우저 크기를 줄이면 세로 1줄로 바뀌는 것을 확인할 수 있습니다.

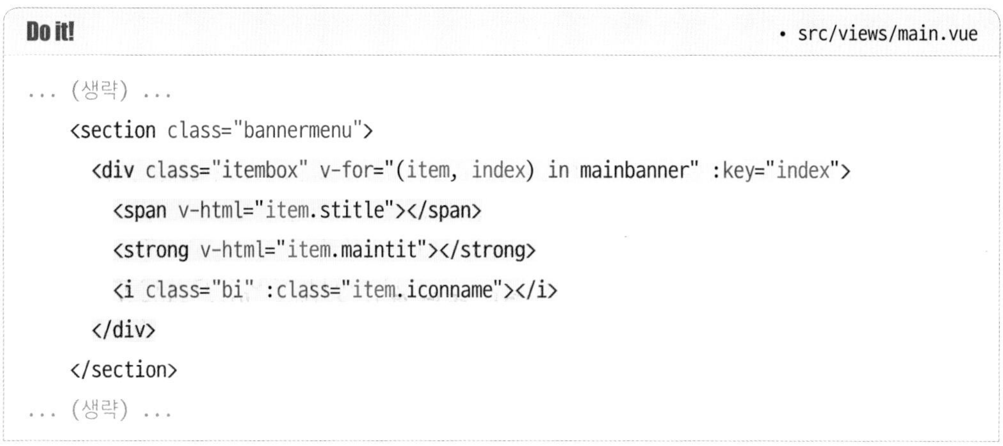

Do it! • src/views/main.vue

```
... (생략) ...
    <section class="bannermenu">
      <div class="itembox" v-for="(item, index) in mainbanner" :key="index">
        <span v-html="item.stitle"></span>
        <strong v-html="item.maintit"></strong>
        <i class="bi" :class="item.iconname"></i>
      </div>
    </section>
... (생략) ...
```

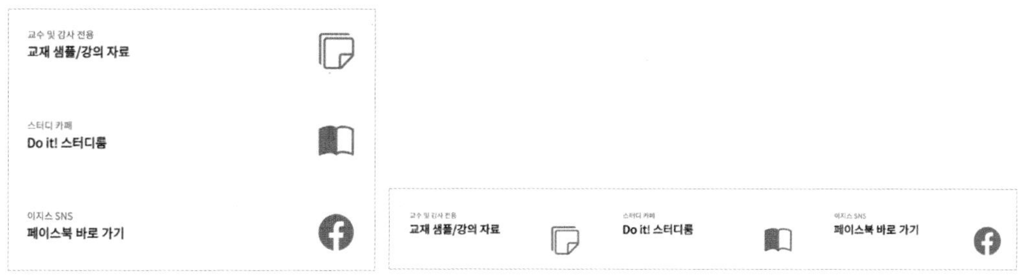

▲ 작은 화면(왼쪽)과 큰 화면(오른쪽)에서 배너 메뉴 배치

Do it! 실습 클릭 이벤트 만들기

여기서는 배너를 클릭할 때 각 서비스로 이동하는 이벤트를 만들어 베너 메뉴를 완성하겠습니다

1단계 먼저 <div class="itembox"> 태그에 클릭 이벤트를 추가하여 gotoPage() 함수를 호출합니다. 이때 mainbanner 배열에 작성한 url 속성값을 전달합니다. 그리고 배너의 마우스 커서를 바꾸기 위해 common.css 파일에 .itembox 선택자에서 cursor 속성값을 pointer로 작성합니다.

Do it! • src/views/main.vue

```
... (생략) ...
    <section class="bannermenu">
      <div
        class="itembox"
        v-for="(item, index) in mainbanner"
        :key="index"
        @click="gotoPage(item.url)"
      >
        ... (생략) ...
      </div>
    </section>
```

Do it! • public/common/styles/common.css

```
... (생략) ...
.itembox {
  ... (생략) ...
  position: relative;
  cursor: pointer;
}
... (생략) ...
```

2단계 스크립트에 작성된 methods 속성에 gotoPage() 함수를 정의합니다. '교재 샘플/강의 자료' 배너는 이 책에서 만들 내부 컴포넌트로 이동이지만, 'Do it! 스터디룸', '페이스북 바로 가기' 배너는 외부로 이동하는 링크입니다. 전달받은 매개변수에 따라서 내부로 이동은 라우터 변경으로 작성하고, 외부로 이동하는 링크는 window.open()을 사용하여 작성합니다.

Do it! • src/views/main.vue

```
... (생략) ...
  methods: {
    AddContents(contents) { ... (생략) ... },
    gotoPage(url) {
      if (url == "/classsample") {
        this.$router.push(url);
      } else {
        window.open(url, "_blank");
      }
    },
  },
```

코드를 저장한 후 웹 브라우저에서 각각의 배너를 클릭해 보세요. '교재 샘플/강의 자료' 페이지는 아직 만들지 않았으므로 빈 페이지로 나오고 나머지 배너는 새 창에서 외부 링크로 이동합니다.

09-5 공지 사항 만들기

이제 메인 콘텐츠의 마지막인 공지 사항입니다. 공지 사항은 기본으로 하나만 노출하고 더 보기 버튼을 클릭하면 목록을 볼 수 있게 만들겠습니다. 여기서는 콘텐츠의 영역을 변경하기 위해 클래스를 동적으로 추가하여 만들겠습니다. DOM 객체(태그)에 접근하여 클래스를 변경하는 방식입니다.

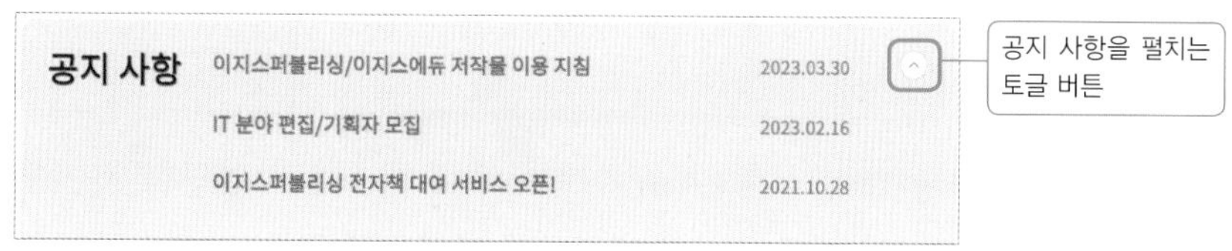

▲ 공지 사항

Do it! 실습 공지 사항 만들기

1단계 먼저 기존에 작성해 둔 <section class="notice"> 태그 안에 <div> 태그로 공지 사항의 전체 영역을 만들고 noticebox 클래스를 지정합니다. 공지 사항 영역의 제목은 다른 콘텐츠와는 다르게 콘텐츠 영역 안쪽에 있어 스타일이 적용되어 있습니다. 이를 변경하기 위해 <h1 class="maintit"> 태그를 <div class="noticebox"> 태그 안쪽으로 이동합니다.

Do it! • src/views/main.vue

```
... (생략) ...
    <section class="notice">
      <div class="noticebox">
        <h1 class="maintit">공지 사항</h1>
      </div>
    </section>
... (생략) ...
```

2단계 <b-button>으로 공지 사항 영역을 변경할 버튼을 만들고 variant 속성값에 noticemore를 작성하여 클래스가 바인딩되도록 합니다. 그리고 공지 내용이 들어갈 영역인 <div> 태그를 작성하고 newsitem 클래스를 지정합니다. 공지 내용은 <strong> 태그에 작성하고 날짜는 <span> 태그에 작성합니다.

Do it! • src/views/main.vue

```
... (생략) ...
    <section class="notice">
      <div class="noticebox">
        <h1 class="maintit">공지 사항</h1>
        <b-button variant="noticemore" />
        <div class="newsitem">
          <strong>이지스퍼블리싱/이지스에듀 저작물 이용 지침</strong>
          <span>2023-03-30</span>
        </div>
      </div>
    </section>
... (생략) ...
```

3단계 공지 사항 데이터는 v-for 디렉티브로 태그에 바인딩할 것이므로 스크립트에서 data 속성에 noticelists 공지 사항의 제목과 날짜를 객체로 만들어 배열을 선언합니다.

Do it! • src/views/main.vue

```
... (생략) ...
<script>
export default {
  data() {
    return {
      ... (생략) ...
      mainbanner: [... (생략) ...],
      noticelists: [
        {
          noticetit: "이지스퍼블리싱/이지스에듀 저작물 이용 지침",
          date: "2023.03.30",
        },
        {
          noticetit: "IT 분야 편집/기획자 모집",
          date: "2023.02.16",
        },
        {
          noticetit: "이지스퍼블리싱 전자책 대여 서비스 오픈!",
          date: "2021.10.28",
        },
      ],
... (생략) ...
```

4단계 공지 사항 데이터를 <div class="newsitem"> 태그에 v-for 디렉티브로 바인딩합니다. 배열의 속성값 중 noticetit(제목)는 <strong> 태그에, date(날짜)는 <span> 태그에 v-html 디렉티브로 바인딩합니다.

Do it! • src/views/main.vue

```
... (생략) ...
    <section class="notice">
      <div class="noticebox">
        <h1 class="maintit">공지 사항</h1>
        <b-button variant="noticemore" />
        <div class="newsitem" v-for="(item, index) in noticelists" :key="index">
          <strong v-html="item.noticetit"></strong>
          <span v-html="item.date"></span>
        </div>
      </div>
    </section>
... (생략) ...
```

5단계 이제 공지 사항 영역을 꾸며 보겠습니다. common.css 파일에 notice 선택자를 작성하여 전체 영역의 최댓값을 1,200px로 지정합니다. 콘텐츠의 가운데 정렬은 margin 속성으로 지정하고, 안쪽 여백은 padding 속성으로 지정합니다. .noticebox 선택자에는 높이가 변경되기 전의 스타일을 지정합니다. background 속성으로 배경색을, height 속성으로 고정 높이를 지정합니다. 그리고 overflow 속성값을 hidden으로 작성하여 콘텐츠가 높이만큼만 보이도록 합니다. 이어서 태그 영역의 안쪽 여백을 지정하고 border-radius 속성으로 테두리를 둥글게 만듭니다. 제목의 위치 기준은 position 속성값을 relative로 지정합니다.

Do it! • pdiublic/common/styles/common.css

```
... (생략) ...
.notice {
  max-width: 1200px;
  margin: 40px auto 0 auto;
  padding: 0 20px;
}
.noticebox {
  background: #d1e0e5;
  height: 55px;
  overflow: hidden;
  padding: 20px 80px 10px 140px;
  border-radius: 10px 10px 0 0;
  position: relative;
}
```

6단계 제목은 공지 사항 영역에서만 다르게 보여야 합니다. .noticebox 클래스의 하위 선택자로 maintit 클래스를 작성합니다. 제목의 위치는 absolute, left, top로 지정하고 텍스트의 크기도 지정합니다. margin-bottom 속성값을 0으로 재정의하여 제목에 여백이 생기지 않도록 합니다.

Do it! • public/common/styles/common.css

```
... (생략) ...
.noticebox .maintit {
  position: absolute;
  left: 20px;
  top: 11px;
  font-size: 25px;
  margin-bottom: 0;
}
```

7단계 .btn-noticemore 선택자로 버튼의 크기, 아이콘 이미지와 위치를 지정하고 좌우 버튼의 이미지를 상하 버튼으로 변경하기 위해 transform 속성에 rotate()를 이용합니다. 그리고 .noticebox 하위 선택자로 .newsitem을 작성하여 공지 항목 영역을 flex로 지정하고 <strong>과 <span> 태그가 가로(X축)로 양끝 정렬(justify-content)되게 합니다. 공지 항목들은 수직 중앙 정렬(align-items)되도록 각 속성을 지정합니다. .newsitem strong 선택자로 공지 제목, .newsitem span 선택자로 날짜의 텍스트 크기, 색상을 다음과 같은 속성으로 지정합니다.

Do it! • public/common/styles/common.css

```
... (생략) ...
.btn-noticemore {
  width: 25px;
  height: 25px;
  background: url("/images/arrow-icon.png") no-repeat 0 0/100%;
  position: absolute;
  top: 17px;
  right: 20px;
  z-index: 9;
  transform: rotate(-90deg);
}
.noticebox .newsitem {
  display: flex;
  justify-content: space-between;
  align-items: center;
  margin-bottom: 20px;
}
```

```
.newsitem strong {
  font-size: 15px;
  color: #676767;
}
.newsitem span {
  font-size: 13px;
  color: #888;
}
```


▲ 공지 사항 기본 스타일

Do it! 실습 더보기 스타일과 최적화하기

여기서는 더 보기 버튼을 클릭하기 전과 후를 구분하는 스타일을 지정하고 작은 화면에 최적화하는 미디어 쿼리도 만들겠습니다.

1단계 클릭 전과 클릭 후를 구분하기 위해 <div class="noticebox"> 태그에 동적으로 .full 클래스를 추가할 것입니다. 이에 따라 변경 후의 스타일을 위해 .noticebox.full 선택자를 작성하고 height 속성값을 auto로 하여 콘텐츠의 내용만큼 높이를 지정합니다. 클릭 후 버튼의 이미지 방향을 바꾸고자 .noticebox.full의 하위 선택자로 .btn-noticemore를 작성하고 transform 속성에 rotate()를 지정하여 버튼의 방향을 반대로 만듭니다.

Do it! • public/common/styles/common.css

```
... (생략) ...
.noticebox.full {
  height: auto;
}
.noticebox.full .btn-noticemore {
  transform: rotate(90deg);
}
```

2단계 모바일 화면에서도 잘 보이도록 미디어 쿼리를 작성하고 각종 크기와 여백 스타일을 재정의합니다. .noticebox 선택자를 작성하여 padding과 height 속성을 지정합니다. .noticebox .maintit 선택자를 작성하고 position 속성값을 static으로 지정하여 절대 위치를 변경하고 text-align과 margin-bottom 속성을 지정합니다. .noticebox .newsitem 선택자를 작성하고 display 속성값을 block으로 지정하여 플렉스 컨테이너를 해제하고 공지 사항 영역의 안쪽 여백을 0으로 재정의합니다.

Do it! • public/common/styles/common.css

```
... (생략) ...
@media screen and (max-width: 767px) {
  .noticebox {
    padding: 10px 20px;
    height: 45px;
  }
  .noticebox .maintit {
    position: static;
    text-align: left;
    margin-bottom: 20px;
  }
  .noticebox .newsitem {
    padding: 0px;
    display: block;
  }
}
```

static을 사용하면 태그는 일반적인 흐름에 따라 배치됩니다.

3단계 .newsitem strong, .newsitem span 다중 선택자로 작성하여 글자 크기를 지정하고 .newsitem span 선택자에는 display 속성값을 block으로 지정하여 제목과 날짜가 줄 바꿈 되도록 합니다. 여기까지 작성하면 웹 브라우저 크기를 조절해도 각 화면에 맞는 공지 사항을 확인할 수 있습니다.

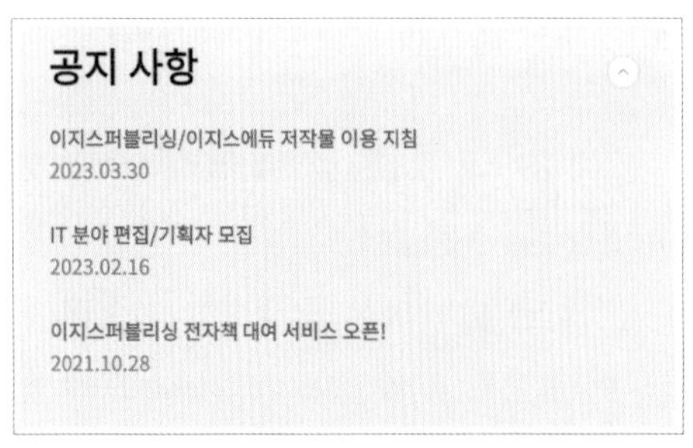

▲ 모바일에서 본 공지 사항 스타일

Do it! • public/common/styles/common.css

```
... (생략) ...
@media screen and (max-width: 767px) {
  ... (생략) ...
  .newsitem strong,
  .newsitem span {
    font-size: 13px;
  }
  .newsitem span {
    display: block;
  }
}
```

Do it! 실습 클릭 이벤트 만들기

공지 사항 영역을 펼치고 접는 버튼에 클릭 이벤트를 추가하여 완성하겠습니다. 버튼을 클릭하면 `<div class="noticebox">` 태그에 `full` 클래스를 동적으로 추가하여 공지 사항의 내용을 더 볼 수 있게 만들겠습니다. 이처럼 클릭 이벤트를 통해 특정 태그의 클래스를 변경하는 기법은 자주 사용되므로 익혀두기 바랍니다. 참고로 앞선 실습에서 `full` 클래스에 적용할 스타일은 이미 지정해 뒀습니다. 여기서는 main.vue 파일의 코드만 수정합니다.

1단계 먼저 `<b-button variant="noticemore" />` 태그에 클릭 이벤트를 추가하고 원본 DOM에 접근할 수 있도록 `$event` 변수를 인자로 넣어 `viewmore()` 함수를 호출합니다. 그리고 스크립트에서 `methods` 속성에 `viewmore()` 함수를 작성하고 매개변수로 전달받은 이벤트가 발생한 태그(`<b-button variant="noticemore" />`)에서 부모 태그(`<div class= "noticebox">`)를 찾아 `full` 클래스를 추가합니다.

Do it! • src/views/main.vue

```
... (생략) ...
    <section class="notice">
      <div class="noticebox">
        <h1 class="maintit">공지 사항</h1>
        <b-button variant="noticemore" @click="viewmore($event)" />
        ... (생략) ...
      </div>
    </section>
... (생략) ...

methods: {
    AddContents(contents) {... (생략) ...},
    gotopage(url) {... (생략) ...},
    viewmore(event) {
      event.target.parentElement.classList.add("full");
    },
  },
... (생략) ...
```

코드를 저장한 후 확인해 보면 버튼을 클릭했을 때 공지 사항 영역이 펼쳐지는 것을 확인할 수 있습니다. 그런데 버튼을 다시 클릭했을 때는 접히지 않고 아무런 동작도 일어나지 않습니다.

2단계 viewmore() 함수에 console.log(event.target.parentElement.classList) 코드를 추가하고 버튼을 클릭해 보면 콘솔에서 원본 DOM을 확인할 수 있는데, value 값에서 <div class="noticebox"> 태그의 클래스 목록을 볼 수 있습니다.

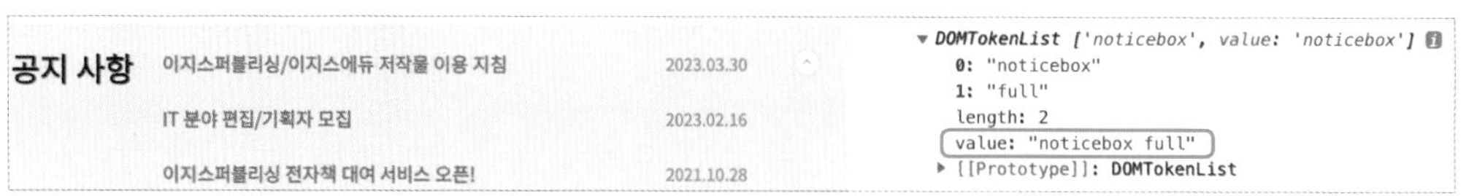

▲ 콘솔에서 value 객체 확인

그림처럼 full 클래스가 제거되지 않고 value 값에 그대로 남아 있어서 공지 사항이 접히지 않는 것입니다. 이 문제를 해결하고자 viewmore() 함수의 내용을 다음처럼 수정합니다. 즉, 이벤트가 발생한 태그의 부모 태그에 full 클래스가 있는지 indexOf() 함수로 확인해서 있으면 삭제하고 없으면 추가하는 if 문을 작성합니다.

Do it! • src/views/main.vue

```
... (생략) ...
viewmore(event) {
  if (event.target.parentElement.classList.value.indexOf("full") > -1) {
    event.target.parentElement.classList.remove("full");
  } else {
    event.target.parentElement.classList.add("full");
  }
},
... (생략) ...
```

윤미쌤의 실무 코칭!

indexOf() 함수

indexof() 함수는 배열에서 매개변수로 전달받은 요소를 찾아 첫 번째 인덱스를 반환하고 없으면 -1을 반환합니다. return값을 검사한 후 Boolean 형태로 활용할 수 있어서 배열에 클래스나 데이터가 있는지를 확인하는 용도로 자주 사용합니다.

지금까지 Vue.js의 속성과 부트스트랩 뷰의 다양한 컴포넌트를 활용하여 메인 페이지를 완성했습니다. 웹 브라우저의 크기에 따라 콘텐츠의 구성도 변경하고 사용자의 편의를 고려해 검색 자동 완성 기능까지 추가해 보았습니다. 나머지 실습에서도 비슷한 패턴들이 나오므로 잘 기억해서 활용하기 바랍니다.

10

서브 페이지 레이아웃 만들기

이 책에서 만드는 웹 사이트에는 앞 장에서 만든 메인 페이지 외에도 도서 소개, 자료실, 동영상 강의, 교재 샘플, 회사 소개 등의 서브 페이지가 있습니다. 이 장에서는 각 서브 페이지에 공통으로 적용할 레이아웃을 만들어 보겠습니다. 그 전에 메인 메뉴의 위치를 고정하는 방법도 알아봅니다.

10-1 메뉴 고정하기

대부분의 웹 사이트는 세로로 긴 페이지를 스크롤하여 이용합니다. 그런데 우리가 만든 웹 사이트는 스크롤할 때 위쪽의 메인 메뉴도 함께 위로 올라가 화면에서 사라집니다. 페이지를 스크롤하더라도 메뉴가 항상 보이게 하려면 특정 위치에 메뉴를 고정해 마치 스크롤을 따라 다니는 것처럼 만들어야 합니다. 이 내용을 실습으로 진행해 보겠습니다.

Do it! 실습 메인 메뉴 고정하기

1단계 먼저 헤더 파일(Header.vue)을 열어 <header> 태그에 `scrollTop` 클래스를 작성합니다.

Do it! • src/layout/components/Header.vue

```
<template>
  <header class="scrollTop">
    <div class="topmemu">
... (생략) ...
```

2단계 common.css 파일에 `.scrollTop` 선택자를 작성합니다. 그리고 헤더 영역이 웹 브라우저의 전체 크기가 되도록 `width` 속성값을 100%로 하고, 위치 기준이 브라우저가 되도록 `position` 속성값을 `fixed`로 지정합니다. `left`와 `top` 속성값은 각각 0으로 하여 항상 브라우저 위쪽에 위치하도록 하고, `z-index` 속성값은 9999로 작성하여 다른 태그보다 항상 앞에 보이게 합니다.

Do it! • public/common/styles/common.css

```
... (생략) ...
.scrollTop {
  width: 100%;
  position: fixed;
  left: 0;
  top: 0;
  z-index: 9999;
}
```

3단계 코드를 저장한 후 웹 브라우저에서 스크롤을 내려 보면 로고와 시스템 메뉴(로그인, 회원가입)가 있는 영역까지 위쪽에 고정돼 보기가 불편합니다. 메인 메뉴인 <nav> 영역만 보이도록 .scrollTop의 하위 선택자로 .topmenu를 작성한 후 display 속성값을 none으로 지정합니다.

Do it! • public/common/styles/common.css

```
... (생략) ...
.scrollTop .topmenu {
  display: none;
}
```

4단계 이제 <nav> 영역만 보이기는 하지만 메뉴의 꾸밈 요소인 ::after의 위치가 달라졌습니다. 이는 header::after에 지정된 꾸밈 요소의 위치 기준이 <header> 영역이기 때문입니다. header.scrollTop::after 선택자를 작성한 후 position 속성값을 fixed로 하여 <header> 태그와 마찬가지로 웹 브라우저 기준으로 위치하도록 하고, top 속성값으로 위치를 조정합니다.

Do it! • public/common/styles/common.css

```
... (생략) ...
header.scrollTop::after {
  position: fixed;
  top: 22px;
}
```

5단계 마지막으로 모바일을 고려하여 미디어 쿼리를 작성한 후 header.scrollTop::after 선택자의 top 속성값을 재정의합니다.

Do it! • public/common/styles/common.css

```
... (생략) ...
@media screen and (max-width: 767px) {
  header.scrollTop::after {
    top: 14px;
  }
}
```

코드를 저장한 후 웹 브라우저에서 확인하면 <nav> 태그 영역에 있는 메인 메뉴가 웹 브라우저 기준으로 위치하고, 스크롤을 내려도 위쪽에 고정되어 계속 따라다니는 것을 확인할 수 있습니다.

▲ 메인 메뉴 고정 확인

Do it! 실습 스크롤 이벤트로 클래스 추가·삭제하기

이전 실습에서 메인 메뉴는 위쪽에 항상 고정되도록 만들었지만, 로고와 시스템 메뉴 영역까지 사라져 이용할 수 없게 됐습니다. 사용자가 웹 페이지 위쪽을 보고 있을 때는 로고와 시스템 메뉴가 보이다가 스크롤을 내려 이 영역이 위로 올라가서 사라지면 그때는 메인 메뉴만 보이도록 만들어 보겠습니다. 그러려면 스크롤 이벤트를 감시하다가 특정한 위치에서 `<header>` 태그의 클래스가 동적으로 추가·삭제되도록 만들어야 합니다.

일반적으로 웹 브라우저의 스크롤 이벤트는 모든 콘텐츠가 완성된 상태일 때 발생합니다. 즉, 스크롤할 수 있는 화면이 있어야 합니다. Vue.js에서 템플릿으로 작성된 내용은 Vue.js의 생명 주기에 맞춰 웹 브라우저에 출력되므로 스크롤 이벤트를 제어하려면 HTML로 변환이 완성된 상태여야 합니다. 이 시점의 생명 주기 훅인 `mounted` 속성에 스크롤 이벤트를 등록해야 합니다. 이처럼 Vue.js에서 생명 주기에 맞춰 이벤트를 등록·삭제해야 합니다.

1단계 헤더 파일의 스크립트 태그에서 `mounted`와 `beforeDestroy` 속성을 추가하고 각각 `window.addEventListener`(이벤트 추가)와 `window.removeEventListener`(이벤트 삭제)라는 이벤트 리스너를 등록합니다. 그리고 각 리스너의 인자로 이벤트 이름과 처리 함수(핸들러)를 작성합니다.

Do it! • src/layout/components/Header.vue

```
... (생략) ...
<script>
export default {
```

```
  data() {... (생략) ...},
  mounted() {
    window.addEventListener("scroll", this.handleScroll);
  },
  beforeDestory() {
    window.removeEventListener("scroll", this.handleScroll);
  },
  methods: {... (생략) ...},
};
</script>
```

2단계 methods 속성에는 앞 단계에서 이벤트 리스너의 인자로 넘긴 함수를 추가한 후 console.log("scroll")를 작성하여 스크롤 이벤트를 잘 감시하는지 개발자 도구의 콘솔에서 확인합니다.

Do it! • src/layout/components/Header.vue

```
... (생략) ...
<script>
export default {
  ... (생략) ...
  mounted() {
    window.addEventListener("scroll", this.handleScroll);
  },
  beforeDestory() {
    window.removeEventListener("scroll", this.handleScroll);
  },
  methods: {
    goToPage(target) {... (생략) ...},
    Joinmember(event) {... (생략) ...},
    handleScroll() {
      console.log("scroll");
    },
  },
};
</script>
```

▲ 스크롤 이벤트 감시 확인

3단계 이전 실습에서 <header> 태그에 작성한 scrollTop 클래스 대신 Topclass 데이터를 바인딩합니다. 그리고 스크립트 태그의 data 속성에 Topclass를 빈 값으로 작성합니다. 다음 단계에서 작성할 스크롤 이벤트 함수에서 이 값을 조절해 <header> 태그의 클래스 이름이 동적으로 추가·삭제되도록 만들 것입니다. 그러면 <header> 태그의 클래스 이름이 "scrollTop"일 때만 이전 실습에서 지정한 메인 메뉴 고정 관련 스타일이 적용됩니다.

Do it! • src/layout/components/Header.vue

```
<template>
  <header :class="Topclass">
    <div class="topmemu">
... (생략) ...
<script>
export default {
  data() {
    return {
      menulists: [... (생략) ...],
      form: {... (생략) ...},
      Topclass: "",
    };
  },
... (생략) ...
```

4단계 이제 스크롤 이벤트 함수를 작성하겠습니다. 스크롤 위치가 <header> 태그 영역을 지나면 3단계에서 추가한 Topclass 데이터에 scrollTop이 바인딩되도록 합니다. 먼저 스크롤 위치인 window.pageYOffset와 <header> 태그 영역의 높이를 변수로 작성합니다. 그리고 if 문으로 스크롤의 위치가 <header> 태그 영역의 높이보다 작으면 바인딩된 클래스를 삭제하고 아니면(else) 클래스가 바인딩되게 합니다.

Do it! • src/layout/components/Header.vue

```
... (생략) ...
    handleScroll() {
      const scrollTop = window.pageYOffset;
```

```
      const headerTop = document.querySelector("header").clientHeight;
      if (scrollTop < headerTop) {
        this.Topclass = "";
      } else {
        this.Topclass = "scrollTop";
      }
    },
... (생략) ...
```

코드를 저장한 후 웹 브라우저에서 확인해 보면 스크롤에 따라 scrollTop 클래스가 동적으로 처리되어 관련 스타일이 적용되는 것을 확인할 수 있습니다.

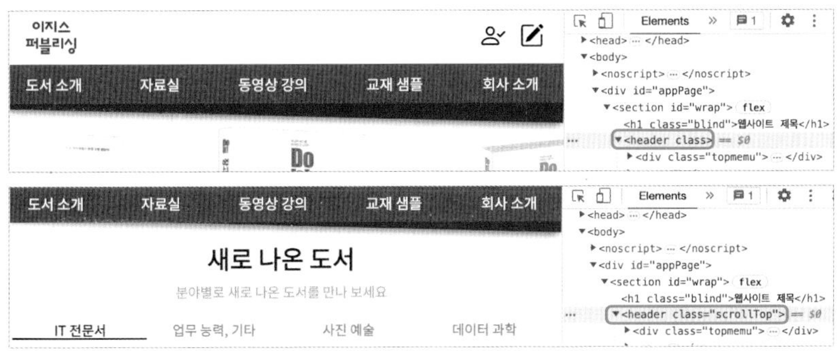

▲ 스크롤에 따라 바뀌는 클래스 확인

Vue.js는 생명 주기를 거쳐 템플릿을 웹 브라우저에 출력하므로 잘 알고 있어야 웹 페이지의 UI를 제어할 수 있습니다. UI뿐만 아니라 데이터베이스나 웹 서버에서 실제 데이터를 API로 받아올 때도 생명 주기 훅을 사용합니다. 따라서 Vue.js의 생명 주기 훅과 속성은 꼭 알고 있어야 합니다.

10-2 서브 페이지 레이아웃 만들기

이제 서브 페이지에 해당하는 기초 레이아웃을 만들어야 합니다. 모든 페이지에 공통으로 적용할 요소를 Vue.js 컴포넌트로 만들 것입니다. 이때 슬롯을 사용하면 쉽게 제작할 수 있습니다.

슬롯 사용하기

슬롯slot은 컴포넌트의 재사용성을 높이기 위해 사용되는 기능입니다. 슬롯은 부모 컴포넌트에서 자식 컴포넌트에 전달하는 콘텐츠를 의미합니다. 슬롯을 이용하여 부모 컴포넌트에서 자식 컴포넌트에 내용(콘텐츠)을 전달하고 전달받은 내용을 조합하여 렌더링합니다. 다음 그림에서 자식의 `<slot>` 태그는 부모가 제공한 내용으로 대치됩니다. 이때 부모가 자식에게 제공하는 내용을 **슬롯 콘텐츠**slot contents라고 하고, 자식 컴포넌트에서 이를 받아서 표시할 위치를 나타내는 `slot` 요소를 **슬롯 아울렛**slot outlet이라고 합니다.

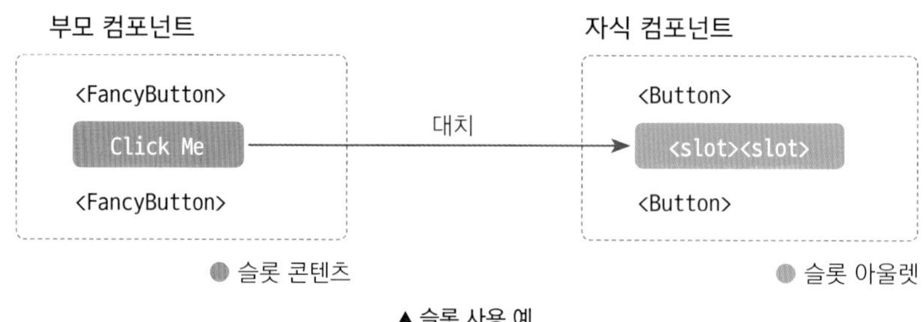

▲ 슬롯 사용 예

슬롯 기본 사용법

예를 들어 다음처럼 부모 컴포넌트에서 슬롯 콘텐츠를 작성했다고 가정해 봅시다.

- **부모 컴포넌트**

```
<FancyButton>
  버튼을 눌러 주세요 ── 슬롯 콘텐츠
</FancyButton>
```

그리고 자식에는 다음처럼 슬롯 아울렛을 작성했습니다.

• **FancyButton 자식 컴포넌트**

```
<button>
  <slot> 슬롯에 들어갈 내용입니다. </slot> ── 슬롯 아울렛
</button>
```

그러면 최종 렌더링 결과는 다음과 같습니다.

• **렌더링 결과**

```
<button>
  버튼을 눌러 주세요
</button>
```

네임드 슬롯 사용법

한 컴포넌트에서 슬롯을 여러 개 사용할 때는 name 속성으로 구분합니다. 이것을 **네임드 슬롯**named slots이라 하고 name 속성을 지정하지 않으면 "default"로 지정됩니다. 네임드 슬롯을 사용한 예를 보겠습니다.

다음 코드는 부모 컴포넌트입니다. 3개의 템플릿에 v-slot 디렉티브를 이용해 각각 header, default, footer라는 슬롯 이름을 작성했습니다. 그리고 각 템플릿 안에 자식에게 전달할 슬롯 콘텐츠를 작성했습니다.

이처럼 네임드 슬롯은 이름을 가지며 이를 통해 여러 개의 슬롯을 정의할 수 있습니다. 만약 슬롯 이름을 default로 지정하거나 이름을 지정하지 않으면 자식 컴포넌트에서 name 속성을 지정하지 않은 슬롯 아울렛에 표시됩니다.

• **부모 컴포넌트**

```
<div class="wrap">
  <layout>
    <template v-slot:header>
      <h1>헤더 영역입니다.</h1>
    </template>
    <template v-slot:default>
      <p>실제 콘텐츠가 들어갑니다.</p>
      <p>실제 콘텐츠가 들어갑니다.</p>
      <p>실제 콘텐츠가 들어갑니다.</p>
    </template>
    <template v-slot:footer>
      <p>푸터 영역입니다.</p>
    </template>
  </layout>
</div>
```

자식 컴포넌트에서는 슬롯 아울렛을 3개 사용해서 헤더와 메인, 푸터를 작성했습니다. 이때 슬롯 아울렛에는 부모에서 전달한 슬롯 이름을 name 속성에 지정합니다.

• **자식 컴포넌트**

```
<div class="container">
  <header>
    <slot name="header"></slot>
  </header>
  <main>
    <slot></slot>
  </main>
  <footer>
    <slot name="footer"></slot>
  </footer>
</div>
```

렌더링 결과는 다음과 같습니다. 부모에서 전달한 슬롯 콘텐츠가 각 슬롯 이름의 아울렛에 표시됩니다. name 속성이 없는 슬롯 아울렛에는 부모에서 슬롯 이름을 default로 지정한 콘텐츠가 표시됩니다. 자식 컴포넌트에서 슬롯 아울렛에 내용이 없어도 컴파일에는 영향을 주지 않습니다. 부모가 내용을 전달하면 해당 내용으로 대치되고 전달하지 내용이 없으면 아무것도 표시하지 않습니다.

• **렌더링 결과**

```
<div class="wrap">
  <div class="container">
    <header>
      <h1>헤더 영역입니다.</h1>
    </header>

    <main>
      <p>실제 콘텐츠가 들어갑니다.</p>
      <p>실제 콘텐츠가 들어갑니다.</p>
      <p>실제 콘텐츠가 들어갑니다.</p>
    </main>

    <footer>
      <p>푸터 영역입니다.</p>
    </footer>
  </div>
</div>
```

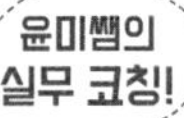

슬롯의 단축 표기법

v-on(@)과 v-bind(:)처럼 v-slot도 단축 표기법이 있습니다. 슬롯 이름 앞에 쓰는 디렉티브(v-slot)를 특수 기호인 #으로 대체하는 것입니다.

• **슬롯의 단축 표기법**

```
<template #header>
  <h1>헤더 영역입니다.</h1>
</template>
```

스코프드 슬롯 사용법

일반적으로 슬롯은 컴포넌트의 재사용을 위한 용도로 쓰는데 데이터를 재사용하기 위한 용도로도 사용합니다. 이를 **스코프드 슬롯**scoped slot이라고 하며 자식 컴포넌트에 정의된 데이터를 사용하기 위해 부모 컴포넌트에 임의의 변수를 선언해 사용할 수 있습니다. 변수 선언 방법은 자식 컴포넌트에 있는 슬롯에 `<slot v-bind:부모에게_전달할_이름 = "전달_데이터">`로 작성하고 부모 컴포넌트에는 `<template v-slot:슬롯_이름 = 임의의_변수 >`로 작성하여 슬롯 내부의 데이터, 이벤트까지 접근할 수 있습니다.

• **부모 컴포넌트**

```
<div class="wrap">
    <layout>
    <template #header="slotProps"> // 자식에 접근하기 위한 변수
      <h1>{{slotProps.message}}</h1>
      // 자식에 정의한 데이터(Do it! Vue.js로 UI 만들기) 출력
      <button @click="slotProps.open">열기</button> // 자식의 이벤트 사용
    </template>
  </layout>
</div>
```

• **자식(하위) 컴포넌트**

```
<div class="container">
  <header>
    <slot name="header" :user="message"></slot>   ← 부모 컴포넌트로 보낼 데이터 선언
  </header>
```

```
</div>

<script>
  export default {
    data() {
      return {
        message: 'Do it! Vue.js로 UI 만들기',    // 사용할 데이터 정의
        isOpen: false
      };
    },
    methods: {
      // 사용할 함수 정의
      open () {
        console.log('run open')
        this.isOpen = true
      }
    }
  }
</script>
```

예제 코드처럼 슬롯은 자식 컴포넌트의 데이터(자식 컴포넌트에 정의된 데이터)에 바로 접근하거나 레이아웃의 공통 요소를 만들 때도 사용합니다.* 보통은 컴포넌트를 UI 기준으로 나눠서 관리하므로 슬롯은 컴포넌트 재사용성을 높일 뿐만 아니라 UI를 동적으로 구성할 때도 유용합니다. 슬롯 콘텐츠는 부모 컴포넌트의 일부분입니다. 즉, 이미 렌더링된 상태라서 가상 DOM의 노드가 아니므로 v-for나 반복문 등으로 반복해서 사용할 수 없습니다.

* 예제 코드는 모두 축약형으로 선언하여 작성했습니다.

Do it! 실습 공통 컴포넌트 만들기

앞으로 만들 서브 페이지를 보면 다음 그림처럼 제목, 현재 위치를 알 수 있는 영역, 그리고 페이지별 콘텐츠 영역으로 구성되어 있습니다. 제목과 현재 위치 영역은 같은 디자인에 텍스트만 변경되고, 콘텐츠 영역은 페이지마다 변경할 것입니다. 이러한 내용을 바탕으로 모든 서브 페이지에 공통으로 사용할 Subpage라는 컴포넌트를 만들겠습니다.

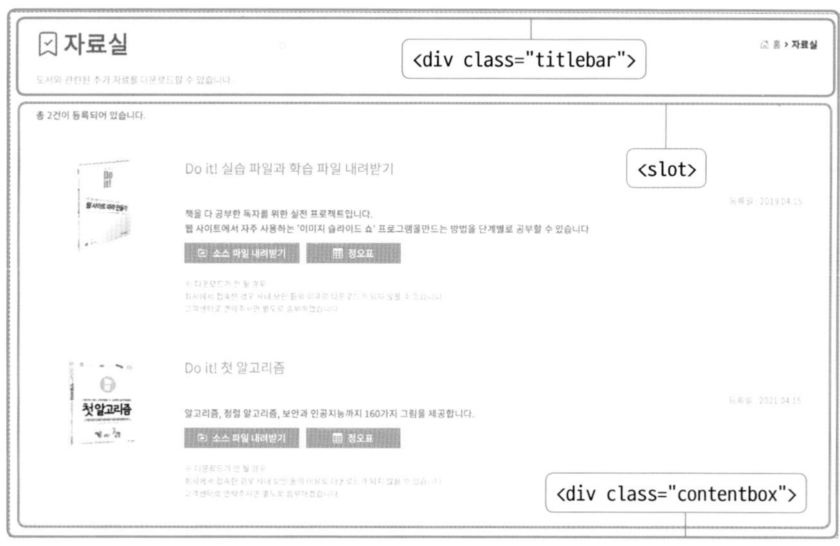

▲ 서브 페이지 공통 레이아웃

1단계 components 폴더에 Subpage.vue 파일을 만들고 템플릿을 작성합니다.

템플릿 안에 서브 페이지의 전체 영역이 될 <section> 태그를 작성한 후 subpage 클래스를 지정합니다. 그리고 common.css 파일에 지정해 놓은 contentbox 스타일을 적용하기 위해 <div> 태그를 추가합니다. 이 <div> 태그 안에 콘텐츠를 작성할 것입니다.

Do it! • src/layout/components/Subpage.vue

```
<template>
  <section class="subpage">
    <div class="contentbox"></div>
  </section>
</template>
```

2단계 먼저 스크립트 태그 안에 각 페이지에서 전달하는 페이지 제목(pagetit)을 props 속성으로 전달받도록 설정합니다. 그리고 <div class="contentbox"> 태그 안에 콘텐츠의 제목 영역은 <div> 태그를 작성한 후 클래스(titlebar)를 지정합니다. 그 안에 <h1> 태그를 사용하여 각 페이지에서 전달받을 제목(pagetit)을 보간법으로 작성합니다. 그리고 콘텐츠 영역은 각 페이지에서 작성한 내용으로 대체하도록 <slot> 태그로 작성합니다.

Do it! • src/layout/components/Subpage.vue

```
<template>
  <section class="subpage">
    <div class="contentbox">
      <div class="titlebar">
        <h1>{{ pagetit }}</h1>
      </div>
      <slot></slot>
    </div>
  </section>
</template>
<script>
export default {
  props: ["pagetit"],
};
</script>
```

3단계 <h1> 태그 안에 bi-bookmark-check라는 부트스트랩 뷰 아이콘을 추가합니다. 그리고 현재 위치를 알 수 있는 내비게이션 영역을 <div> 태그로 작성하고 클래스명을 pagenavi로 지정합니다. <span> 태그에는 bi-house-door라는 부트스트랩 아이콘과 '홈'이라는 기본 텍스트를 작성합니다. 홈 다음에 현재 위치를 나타내는 텍스트는 제목과 마찬가지로 각 페이지에서 전달받은 데이터를 사용할 것입니다. <strong> 태그를 작성한 후 보간법으로 pagetit을 작성합니다. 이로써 서브 페이지에서 공통으로 사용할 컴포넌트를 완성했습니다.

홈 > 자료실

▲ 내비게이션 영역

Do it! • src/layout/components/Subpage.vue

```
... (생략) ...
      <div class="titlebar">
        <h1><i class="bi bi-bookmark-check"></i>{{ pagetit }}</h1>
        <div class="pagenavi">
          <span><i class="bi bi-house-door"></i>홈</span>
          <strong>{{ pagetit }}</strong>
        </div>
      </div>
... (생략) ...
```

Do it! 실습 도서 소개 페이지 레이아웃 만들기

1단계 이제 첫 번째 서브 페이지인 도서 소개 페이지의 레이아웃를 만들어 보겠습니다. views 폴더 안에 Books.vue 파일을 만들고 다음과 같은 코드를 작성합니다. 앞 단계에서 작성한 `<Subpage>` 컴포넌트를 사용하기 위해 `import` 문으로 컴포넌트 이름과 경로를 작성하고 `components` 속성에 등록합니다.

Do it! • src/views/Books.vue

```
<template>
  <Subpage>
    도서 소개
  </Subpage>
</template>

<script>
import Subpage from "@/layout/components/Subpage.vue";
export default {
  components: {
    Subpage,
  },
};
</script>
```

2단계 `<Subpage>`에 이전 실습에서 작성한 공통 컴포넌트의 `<slot>`에 넣을 콘텐츠 영역을 `<div>` 태그로 작성하고 `bookpage` 클래스를 지정합니다.

Do it! • src/views/Books.vue

```
<template>
  <Subpage>
    <div class="bookpage">도서 소개</div>    // <slot>으로 대체될 영역
  </Subpage>
</template>
... (생략) ...
```

3단계 이제 메뉴를 클릭했을 때 이동할 페이지를 지정하기 위해 라우터에 경로를 설정합니다. 이때 경로는 메인 메뉴의 데이터 목록(menulists 배열)에 작성한 link 속성값과 같아야 합니다.

• 메뉴 데이터 목록(Header.vue)

```
menulists: [
  { menutext: "도서 소개", link: "/book" },
  { menutext: "자료실", link: "/reference" },
  { menutext: "동영상 강의", link: "/movieclass" },
  { menutext: "교재 샘플", link: "/classsample" },
  { menutext: "회사 소개", link: "/company" },
],
```

router/modules 폴더에 있는 pageRouter.js 파일을 열고 새로 만든 Books.vue 컴포넌트의 정보를 다음처럼 작성합니다.

Do it! • src/router/modules/pageRouter.js

```
const pageRouter = {
  ... (생략) ...
  children: [
    { ... (생략) ... },
    {
      path: "/book",
      name: "book",
      component: () => import("@/views/Books.vue"),
    },
  ],
};
export default pageRouter;
```

4단계 마지막으로 다시 Books.vue 파일에서 <Subpage> 컴포넌트에 :pagetit로 페이지 제목을 바인딩합니다. 이 값은 Subpage.vue 파일에 작성한 props 속성에 전달되어 제목과 내비게이션에 표시됩니다.

Do it! • src/views/Books.vue

```
<template>
  <Subpage :pagetit="'도서 소개'">
    <div class="bookpage">도서 소개</div>
  </Subpage>
... (생략) ...
```

코드를 모두 저장한 후 웹 브라우저에서 첫 번째 메뉴인 [도서 소개]를 클릭하면 새로운 페이지로 이동하는 것을 확인할 수 있습니다. 개발자 도구에서 컴파일된 소스를 보면 <Subpage> 컴포넌트에 작성한 <slot>이 <div class="bookpage">로 대치된 것을 확인할 수 있습니다.

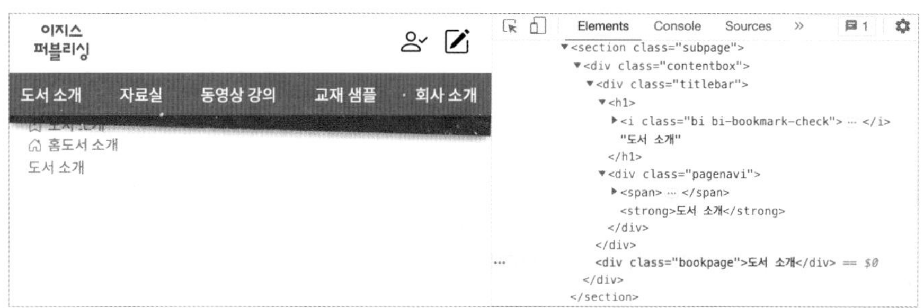

▲ 도서 소개 페이지

Do it! 실습 공통 컴포넌트 꾸미기

1단계 이제 common.css 파일을 열고 레이아웃을 꾸며 보겠습니다. .subpage 선택자를 작성한 후 페이지의 위아래 여백을 padding 속성으로 지정합니다.

Do it! • public/common/styles/common.css

```
... (생략) ...
.subpage {
  padding: 50px 0 100px;
}
```

2단계 서브 페이지의 제목 영역인 .titlebar 선택자를 작성한 후 display 속성값을 flex로 작성합니다. justify-content 속성값은 space-between로 하여 제목과 내비게이션 위치를 양쪽 끝으로 정렬하고, align-items 속성값은 center로 하여 제목과 내비게이션 영역을 수직 중앙 정렬합니다. 그리고 border-bottom 속성으로 아래쪽 선 스타일, margin-bottom 속성으로 <div class="bookpage"> 태그와 제목 영역의 여백, padding-bottom 속성으로 텍스트와 선 여백을 지정합니다. 배경 이미지는 background 속성으로 지정합니다.

Do it! • public/common/styles/common.css

```
... (생략) ...
.titlebar {
  display: flex;
  justify-content: space-between;
  align-items: center;
  border-bottom: solid 1px #ddd;
```

```
  margin-bottom: 10px;
  padding-bottom: 10px;
  background: url("/images/event-end-img.png") left top/100%;
}
```

3단계 페이지의 제목이 작성된 .titlebar의 자식 선택자로 h1을 작성한 후 페이지 제목의 크기와 굵기, 색상 등을 지정합니다.

Do it! • public/common/styles/common.css

```
... (생략) ...
.titlebar > h1 {
  font-size: 35px;
  font-weight: 900;
  color: #666;
}
```

4단계 페이지의 현재 위치가 작성된 .pagenavi 선택자를 작성한 후 텍스트 색상을 지정합니다. 그리고 현재 위치는 <strong> 태그에 작성되었으므로 .pagenavi의 자식 선택자로 strong을 작성한 후 텍스트 색상과 display 속성을 inline-block으로 지정하고 블릿 모양의 배경 이지미와 그 위치를 지정합니다.

Do it! • public/common/styles/common.css

```
.pagenavi {
  color: #aeaeae;
}
.pagenavi > strong {
  color: #222;
  display: inline-block;
  background: url("/images/icon_16_arrow_small_right.svg") no-repeat 0
    center/16px;
  padding-left: 16px;
}
```

5단계 웹 브라우저의 크기를 줄여 화면을 확인하면 전체 영역의 크기가 max-width로 지정되어 있으므로 변화는 없습니다. 그러나 모바일에서 볼 때는 페이지 제목의 텍스트 크기를 줄여야 화면 비율과 어울립니다. 미디어 쿼리 안에 제목의 크기가 정의된 .titlebar > h1 선택자를 작성하여 텍스트의 크기를 재정의합니다.

Do it! • public/common/styles/common.css

```
... (생략) ..
@media screen and (max-width: 767px) {
  .titlebar > h1 {
    font-size: 20px;
  }
}
```

코드를 저장한 후 웹 브라우저에서 확인하면 완성된 레이아웃을 볼 수 있습니다. 앞으로 만들 모든 서브 페이지는 <Subpage> 공통 컴포넌트에 페이지 제목을 바인딩하여 작성합니다.

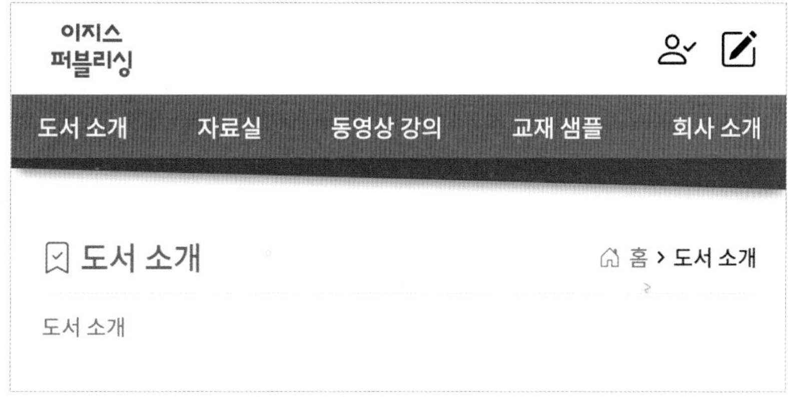

▲ 도서 소개 페이지 레이아웃

11

도서 소개 페이지 만들기

이 장에서는 도서 소개 페이지를 만들겠습니다. 공통으로 사용할 수 있는 컴포넌트를 만들고 이를 활용해 동적 라우팅으로 도서별 소개 페이지를 구현해 보겠습니다

11-1 도서 목록 만들기

이제 첫 번째 서브 페이지인 도서 소개 페이지를 만들어 보겠습니다. 도서 소개 페이지는 양쪽으로 넘겨 볼 수 있는 도서 목록이 있고(❶), 선택한 도서의 상세 정보를 확인할 수 있는 영역(❷)으로 구성되어 있습니다. 도서 목록은 메인 페이지에서 롤링 콘텐츠에 사용했던 캐러셀 컴포넌트로 만들고, 도서 상세 영역은 컴포넌트로 만들어서 도서를 선택할 때마다 교체되는 형태로 만들겠습니다.

▲ 도서 소개 페이지

Do it! 실습 도서 목록 만들기

1단계 앞 장에서 만들었던 /views/Books.vue 파일을 열고 메인 페이지(/views/main.vue)에서 작성한 캐러셀 컴포넌트(`<VueSlickCarousel>`)의 모든 내용을 복사하여 Books.vue 파일의 `<div class="bookpage">` 태그 안에 작성합니다. 그리고 새로운 스타일을 정의하기 위해 mainslider 클래스를 지우고 subpageslider로 작성합니다. 또한 도서 목록에는 이미지와 제목 이외의 정보는 필요하지 않으므로 <span class="textbox" v-html="item.subdec"></span> 코드는 삭제합니다.

Do it! • src/views/Books.vue

```
<template>
  <Subpage :pagetit="'도서 소개'">
    <div class="bookpage">
      <VueSlickCarousel class="subpageslider" v-bind="settings">
        <div class="rollimg" v-for="(item, index) in Newbooks" :key="index">
          <span class="imgbox"><img :src="item.imgurl" /></span>
          <strong v-html="item.name"></strong>
          <span class="textbox" v-html="item.subdec"></span>     코드 지우기
        </div>
      </VueSlickCarousel>
    </div>
  </Subpage>
</template>
<script>
... (생략) ...
</script>
```

2단계 스크립트에서 도서 목록에 표시할 도서 이미지 경로와 제목, 부제를 객체로 구성하여 Newbooks 배열로 만듭니다. 실습 화면에는 총 10개로 도서 목록을 구성했습니다. 작성된 코드와 동일하게 10개의 객체를 작성하여 배열을 완성해 주세요.

Do it! • src/views/Books.vue

```
... (생략) ...
<script>
import Subpage from "@/layout/components/Subpage.vue";
export default {
  components: {
    Subpage,
  },
  data() {
    return {
     Newbooks: [
```

```
        {
          imgurl: "/images/books_image/book01.jpg",
          name: "Do it! 웹 사이트 따라 만들기",
          dec: "HTML, CSS, 자바스크립트, jquery, Ajax로 웹 퍼블리싱"
        },
          ... (생략) ...
      ],
    };
  },
};
</script>
```

3단계 main.vue 파일에서 캐러셀 컴포넌트에 바인딩된 **settings** 데이터를 복사하여 Books.vue 파일의 **data** 속성에 붙여 넣습니다. 그리고 반응형 디자인에 맞춰 화면에 표현될 수 있도록(데스크 톱에서 8개, 태블릿에서 5개, 모바일에서 2개) **slidesToShow** 속성에 작성합니다.

Do it! • src/views/Books.vue

```
... (생략) ...
<script>
import Subpage from "@/layout/components/Subpage.vue";
export default {
  components: {
    Subpage,
  },
  data() {
    return {
      Newbooks: [... (생략) ...],
      settings: {
        slidesToShow: 8,
        arrows: true,
        dots: false,
        infinite: true,
        responsive: [
          {
            breakpoint: 1023,
            settings: {
              slidesToShow: 5,
            },
```

```
        },
        {
          breakpoint: 767,
          settings: {
            slidesToShow: 2,
          },
        },
      ],
    },
  };
},
};
</script>
```

4단계 common.css 파일을 열고 도서 목록의 스타일을 지정합니다. .subpageslider 선택자를 작성하고 여백과 배경색을 지정합니다. .subpageslider의 하위 선택자로 .slick-arrow를 작성한 후 도서를 좌우로 이동할 수 있는 버튼의 위치를 margin-top 속성으로 재정의합니다. 그리고 도서 제목을 한 줄로 하고 말줄임표로 처리하기 위해 .subpageslider 하위 선택자로 .rollimg > strong을 작성한 후 white-space 속성과 overflow, text-overflow 속성을 다음처럼 작성합니다.

Do it! • public/common/styles/common.css

```
... (생략) ...
.subpageslider {
  padding: 20px 20px 10px 20px;
  background-color: #f5f5f5;
}
.subpageslider .slick-arrow {
  margin-top: -35px;
}
.subpageslider .rollimg > strong {
  white-space: nowrap;
  overflow: hidden;
  text-overflow: ellipsis;
}
```

이처럼 CSS를 활용하면 이미 작성된 코드에서 스타일만 재정의하여 다른 디자인으로 만들 수 있습니다. 이때 주의할 점은 이미 지정된 스타일을 변경하는 것이므로 선택자의 종속cascade 관계를 고려해 충돌하지 않도록 작성해야 합니다.

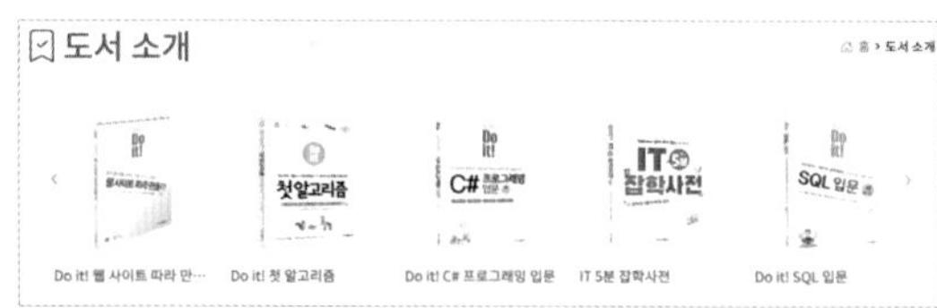

▲ 도서 소개 페이지의 도서 목록 완성

11-2 도서 기본 정보 만들기

앞 절에서 만든 캐러셀에서 사용자가 도서를 클릭할 때 정보를 표시할 상세 영역을 만들겠습니다. 도서 상세에서 ❶번 영역에는 도서의 기본 정보를 표시하고, ❷번 영역에는 상세 정보를 탭으로 구성합니다.

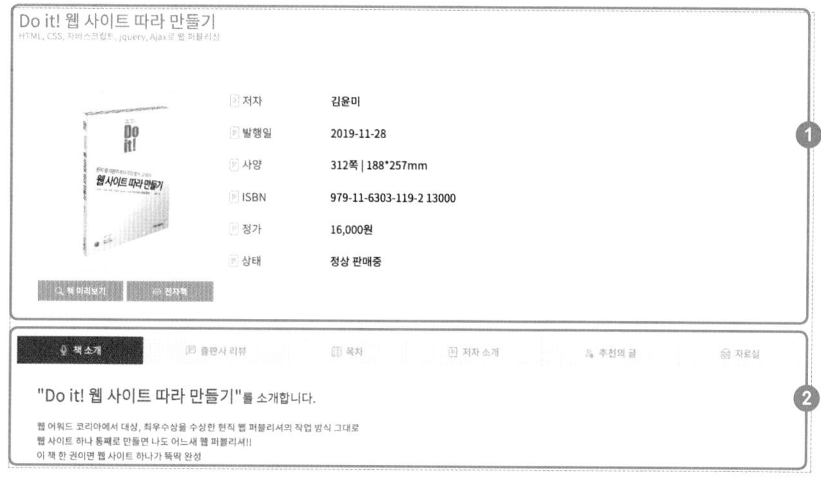

▲ 도서 상세 영역

Do it! 실습 도서 기본 정보 만들기

1단계 캐러셀 컴포넌트 아래에 상세 정보를 보여 줄 영역을 <section> 태그로 작성하고 bookdetail이라는 클래스를 지정합니다.

Do it! • src/views/Books.vue

```
... (생략) ...
<template>
  <Subpage :pagetit="'도서 소개'">
    <div class="bookpage">
      <VueSlickCarousel class="subpageslider" v-bind="settings">
        ... (생략) ...
      </VueSlickCarousel>
```

```
        <section class="bookdetail"></section>
      </div>
    </Subpage>
  </template>
... (생략) ...
```

2단계 도서의 제목 영역을 <h1> 태그로 작성한 후 booktitle이라는 클래스를 지정합니다. <h1> 태그 안에 도서의 제목을 작성하고, <span> 태그로 부제목을 작성합니다.

Do it! • src/views/Books.vue

```
... (생략) ...
  <section class="bookdetail">
    <h1 class="booktitle">
      Do it! 웹 사이트 따라 만들기
      <span>HTML, CSS, 자바스크립트, JQuery, Ajax로 웹 퍼블리싱</span>
    </h1>
  </section>
... (생략) ...
```

3단계 도서의 기본 정보 영역을 <div> 태그로 작성한 후 book-info 라는 클래스를 지정합니다. 이어서 그 안에 이미지가 들어갈 <div>와 기본 정보가 들어갈 <div>를 작성합니다. 클래스는 각각 imgview와 infolist로 지정합니다.

Do it! • src/views/Books.vue

```
... (생략) ...
  <section class="bookdetail">
    <h1 class="booktitle"> ... (생략) ... </h1>
    <div class="book-info">
      <div class="imgview"></div>
      <div class="infolist"></div>
    </div>
  </section>
... (생략) ...
```

4단계 도서 이미지 영역에는 이미지와 버튼이 있습니다. <div> 태그로 각 영역을 만들고 클래스를 imgbook, bookbtns로 지정합니다. <div class="imgbook"> 안에는 <img> 태그와 src 속성에 이미지 경로를 작성합니다. <div class="bookbtns"> 안에는 부트스트랩 버튼인 <b-button>을 2개 작성하고 variant 속성에 lightgray를 작성하여 클래스가 바인딩되도록 합니다. 각 버튼에는 부트스트랩 아이콘(bi-search, bi-hdd)과 텍스트를 추가합니다.

Do it! • src/views/Books.vue

```
... (생략) ...
  <section class="bookdetail">
    ... (생략) ...
    <div class="book-info">
      <div class="imgview">
        <div class="imgbook">
          <img src="/images/books_image/book01.jpg" alt="" />
        </div>
        <div class="bookbtns">
          <b-button variant="lightgray">
            <i class="bi bi-search" />책 미리보기
          </b-button>
          <b-button variant="lightgray">
            <i class="bi bi-hdd" />전자책
          </b-button>
        </div>
      </div>
      <div class="infolist"></div>
    </div>
  </section>
... (생략) ...
```

5단계 스크립트에 각 항목의 제목(label)과 해당 내용(content)을 하나의 객체로 구성하여 bookinfolists 배열을 작성합니다. 그리고 <div class="infolist"> 안에 <ul>과 <li> 태그로 목록을 만들고 도서 기본 정보를 표시할 <span> 태그를 2개 작성합니다. <li> 태그에 v-for 디렉티브로 bookinfolists 데이터를 바인딩하여 객체의 label과 content값을 <span> 태그의 v-html 디렉티브로 바인딩합니다.

Do it! • src/views/Books.vue

```
... (생략) ...
          <div class="infolist">
            <ul>
              <li v-for="(item, index) in bookinfolists" :key="index">
                <span class="label" v-html="item.label"></span>
                <span class="infocontent" v-html="item.content"></span>
```

```
            </li>
          </ul>
        </div>
... (생략) ...
<script>
import Subpage from "@/layout/components/Subpage.vue";
export default {
  components: {... (생략) ...},
  data() {
    return {
      Newbooks: [... (생략) ...],
      settings: {... (생략) ...},
      bookinfolists: [
        { label: "저자", content: "김윤미" },
        { label: "발행일", content: "2019-11-28" },
        { label: "사양", content: "312쪽 ¦ 188*257mm" },
        { label: "ISBN", content: "979-11-6303-119-2 13000" },
        { label: "정가", content: "16,000원" },
        { label: "상태", content: "정상 판매중" },
      ],
    };
  },
};
</script>
```

Do it! 실습 도서 기본 정보 꾸미기

1단계 도서 기본 정보 영역을 꾸며 보겠습니다. common.css 파일에 .bookdetail 선택자를 작성한 후 margin-top 속성으로 도서 목록과 상세 영역 사이의 여백을 지정합니다. 이어서 .booktitle 선택자를 작성한 후 border-bottom 속성으로 도서 제목 아래쪽에 선을 만들고 padding-bottom 속성으로 선과 텍스트 사이의 여백을 지정합니다. 그리고 텍스트 크기와 색상도 지정합니다. 부제목은 <span> 태그 안에 작성했으므로 .booktitle의 자식 선택자로 span을 작성하여 display 속성으로 제목과 줄 바꿈 되도록 하고 텍스트 크기와 색상을 지정합니다.

Do it! • public/common/styles/common.css

```
... (생략) ...
.bookdetail {
  margin-top: 50px;
}
.booktitle {
  padding-bottom: 20px;
  border-bottom: solid 1px #ddd;
  font-size: 25px;
  color: #17a2b8;
}
.booktitle > span {
  display: block;
  font-size: 13px;
  color: #ababab;
}
```

2단계 도서의 기본 정보 영역인 .book-info 선택자를 작성한 후 display 속성값을 flex로 지정하고, padding 속성으로 <div class="book-info"> 태그의 안쪽 여백을 지정합니다. 이어서 도서의 이미지 영역인 .imgview 선택자를 작성하고 max-width 속성을 지정한 다음, 이미지가 <div class="imgview"> 태그 영역을 넘지 않도록 .imgview의 하위 선택자로 img를 작성하여 width 속성값을 100%로 지정합니다.

Do it! • public/common/styles/common.css

```
... (생략) ...
.book-info {
  display: flex;
  padding: 50px 30px;
}
.imgview {
  max-width: 260px;
}
.imgview img {
  width: 100%;
}
```

3단계 도서 이미지 아래쪽 버튼 영역인 .bookbtns 선택자를 작성하고 display 속성값을 flex으로 지정한 후 <button> 태그를 양쪽 끝으로 정렬하기 위해 justify-content 속성값을 space-between으로 지정합니다. 도서의 이미지 영역과 버튼 영

Do it! • public/common/styles/common.css

```
... (생략) ...
.bookbtns {
  display: flex;
  justify-content: space-between;
  margin-top: 12px;
  max-width: 260px;
}
```

역의 여백을 margin-top 속성으로 지정하고, 버튼의 너비를 이미지 영역과 맞추기 위해 max-width 속성을 지정합니다.

4단계 부트스트랩 뷰 컴포넌트로 작성된 <b-button>에 바인딩된 클래스 이름으로 .btn-lightgray 선택자를 작성한 후 버튼의 색상, 텍스트 색상, 높이를 지정합니다. 그리고 font-size, line-height 속성으로 버튼의 텍스트 크기와 행간을, border-radius 속성으로 버튼의 모양을 재정의합니다.

Do it! • public/common/styles/common.css

```
... (생략) ...
.btn-lightgray {
  background-color: #afafaf;
  color: #fff;
  height: 30px;
  font-size: 12px;
  line-height: 28px;
  border-radius: 0;
}
```

5단계 버튼 안에 부트스트랩 아이콘을 정렬하기 위해 .bookbtns .btn-lightgray의 하위 선택자로 .bi::after를 작성한 후 margin 속성으로 버튼의 텍스트와 아이콘 사이의 여백을 지정합니다. .btn-lightgray 선택자는 공통으로 사용되는 스타일이므로 현재 영역에서만 버튼의 크기를 지정하기 위해 .bookbtns의 하위 선택자로 .btn-lightgray를 작성한 후 width 속성을 지정합니다.

Do it! • public/common/styles/common.css

```
... (생략) ...
.bookbtns .btn-lightgray .bi::after {
  margin: -2px 2px 0 0;
}
.bookbtns .btn-lightgray {
  width: 49%;
}
```

6단계 도서의 기본 정보 영역인 .infolist 선택자를 추가한 후 플렉스 아이템의 크기를 1로 지정하고 padding 속성으로 <div class="infolist"> 태그의 안쪽 여백을 지정합니다. 이어서 .infolist의 하위 선택자로 li를 작성한 후 목록에서 각 항목 사이의 여백을 margin-bottom 속성으로 지정하고, font-size 속성으로 텍스트 크기를 지정합니다.

Do it! • public/common/styles/common.css

```
... (생략) ...
.infolist {
  flex: 1;
  padding: 0 20px;
}
.infolist li {
  margin-bottom: 22px;
  font-size: 16px;
}
```

7단계 기본 정보에서 항목 이름인 .label 선택자와 내용인 .infocontent 선택자를 함께 작성한 후 display 속성값을 inline-block으로 지정하여 태그의 영역이 텍스트 길이만큼 지정되도록 합니다. 이어서 항목 이름인 .label 선택자만 작성하고 너비와 텍스트 굵기를 지정합니다. 항목의 내용인 .infocontent 선택자도 작성하고 텍스트 색상을 지정합니다.

Do it! • public/common/styles/common.css

```
... (생략) ...
.infolist li .label,
.infolist li .infocontent {
  display: inline-block;
}
.infolist li .label {
  width: 150px;
  font-weight: 900;
}
.infolist li .infocontent {
  color: #222;
}
```

8단계 <span class="label"> 태그 기준으로 아이콘이 위치하도록 .infolist li .label 선택자에 position 속성값을 relative로 지정하고 아이콘의 크기만큼 padding-left 속성값도 지정합니다.

Do it! • public/common/styles/common.css

```
... (생략) ...
.infolist li .label {
  ... (생략) ...
  padding-left: 20px;
  position: relative;
}
```

9단계 기본 정보에서 각 항목에 들어갈 아이콘은 가상 요소를 추가하여 만듭니다. .infolist li .label 선택자를 기준으로 ::after 선택자를 작성하고 content 속성은 빈 값, display 속성은 block으로 지정합니다. width와 height 속성으로 가상 요소의 크기를 지정하고, background 속성에 배경 이미지를 지정합니다. 그리고 배경 이미지 색상을 텍스트 색상과 맞추도록 opacity 속성*을 지정합니다. 아이콘의 위치는 position 속성에 absolute로 지정하고 left와 top 속성을 지정합니다.

* 원본 이미지의 색상이 검정이므로 텍스트 색상과 톤을 맞추기 위해 opacity 속성을 사용합니다.

Do it! • public/common/styles/common.css

```
... (생략) ...
.infolist li .label::after {
  content: "";
  display: block;
  width: 18px;
  height: 18px;
  background: url("/images/file-text.svg") no-repeat left center/100%;
  opacity: 0.3;
  position: absolute;
  left: 0;
  top: 4px;
}
```

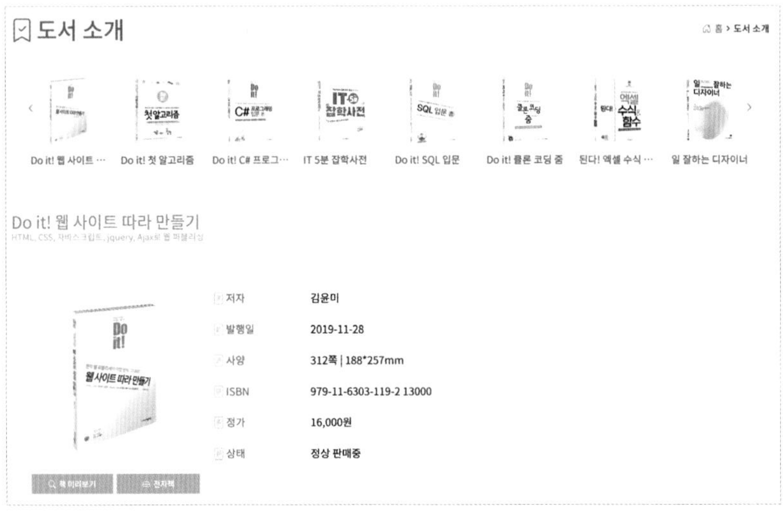

▲ 도서 기본 정보 영역 완성

Do it! 실습 모바일에 최적화하기

1단계 모바일 대상으로 미디워 쿼리를 작성하고 선택자를 재정의합니다. .book-info는 플렉스 컨테이너로 되어 있으므로 display 속성값을 block으로 재정의하여 각 영역이 줄 바꿈되도록 하고 padding 속성으로 <div class="book-info"> 태그 안쪽 여백을 변경합니다. 이어서 .titlebar > h1 선택자에는 도서 제목의 크기를 지정하고, .imgview 선택자에는 이미지 영역이 가운데 정렬되도록 margin 속성을 지정합니다.

Do it! • public/common/styles/common.css

```
... (생략) ...
@media screen and (max-width: 767px) {
  .book-info {
    display: block;
    padding: 20px 0;
  }
  .titlebar > h1 {
    font-size: 20px;
  }
  .imgview {
    margin: 0 auto;
  }
}
```

2단계 .infolist 선택자에 <div class="infolist"> 태그 안쪽 여백은 없애고 이미지 영역과 도서 정보 사이 여백을 margin-top 속성으로 지정합니다. .infolist li 선택자에는 텍스트 크기를 변경합니다.

Do it! • public/common/styles/common.css

```
... (생략) ...
@media screen and (max-width: 767px) {
  ... (생략) ...
  .infolist {
    padding: 0;
    margin-top: 20px;
  }
  .infolist li {
    font-size: 14px;
  }
}
```

3단계 여기까지 작성한 코드를 저장한 후 웹 브라우저의 크기를 줄여 확인하면 정보 항목의 아이콘과 이름이 정렬되지 않은 것을 확인할 수 있습니다.

▲ 아이콘과 항목 이름이 정렬되지 않음

.infolist li .label 선택자로 항목 이름의 크기를 재정의하고 .infolist li .label::after 선택자로 아이콘의 크기와 위치를 변경합니다.

Do it! • public/common/styles/common.css

```
... (생략) ...
@media screen and (max-width: 767px) {
  ... (생략) ...
  .infolist li .label {
    width: 90px;
  }
  .infolist li .label::after {
    width: 14px;
    height: 14px;
    top: 3px;
  }
}
```

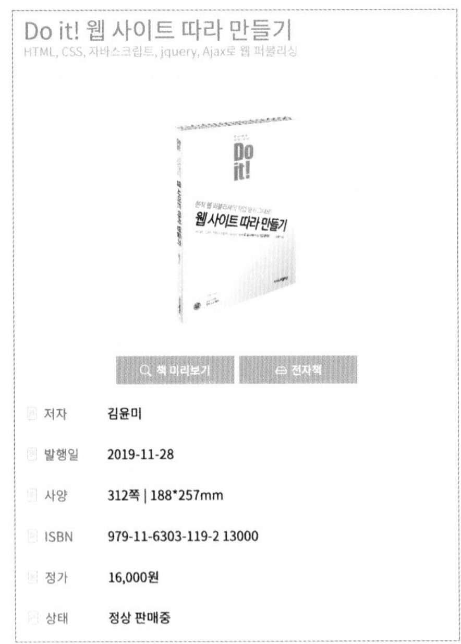

▲ 모바일에서 본 도서 정보

11-3 도서 상세 탭 메뉴 만들기

이제 도서 소개 페이지의 아래쪽 영역(❷)인 도서 상세를 만들겠습니다. 도서 상세 영역에는 책 소개, 출판사 리뷰, 목차, 저자 소개, 추천의 글, 자료실 등 내용이 많아서 페이지를 이동하지 않아도 볼 수 있는 탭 메뉴로 만들겠습니다. 메인 페이지에서는 탭 콘텐츠를 데이터 변경과 클릭 이벤트로 만들었지만, 여기서는 다른 방법으로 만들겠습니다. 탭 메뉴는 중복으로 선택할 수 없고 오직 하나만 선택할 수 있으므로 단일 선택이 가능한 라디오 버튼으로 구현해 보겠습니다.

▲ 도서 상세 영역

Do it! 실습 탭 메뉴 만들기

1단계 도서 상세의 전체 영역은 `<div>` 태그를 작성하여 만들고 `book-detailinfo`라고 클래스를 지정합니다. 탭 메뉴 영역과 콘텐츠 영역을 각각 `<div>`로 작성하고 각각 `detailTap`, `detailTapCon` 클래스로 지정합니다.

Do it! • src/views/Books.vue

```
... (생략) ...
  <div class="book-info">
    <div class="imgview">
      ... (생략) ...
    </div>
    <div class="infolist">
      ... (생략) ...
    </div>
  </div>
  <div class="book-detailinfo">
    <div class="detailTap"></div>
    <div class="detailTapCon"></div>
  </div>
... (생략) ...
```

2단계 라디오 버튼으로 탭 메뉴를 만들겠습니다. <div class="detailTap"> 태그 안에 부트스트랩 뷰의 컴포넌트인 <b-form-radio>를 작성하고 value 속성값과 아이콘, 탭에 표시할 텍스트를 제외한 나머지 속성값은 6개 버튼 모두 같게 만듭니다. name 속성에는 detail-tap을 작성하고, 선택된 값을 확인하는 v-model 속성에는 tapselect를 작성합니다. <b-form-radio> 컴포넌트를 버튼 스타일의 태그 형태로 사용하기 위해 부트스트랩 뷰에서 제공하는 button 옵션을 작성하고, button-variant 속성에는 detailtap을 작성하여 클래스가 바인딩되도록 합니다.

Do it! • src/views/Books.vue

```
... (생략) ...
    <div class="book-detailinfo">
      <div class="detailTap">
        <b-form-radio
          name="detail-tap"
          v-model="tapselect"
          value="introduce"
          button
          button-variant="detailtap">
          <i class="bi bi-mic" />책 소개
        </b-form-radio>
```

```
    <b-form-radio
      name="detail-tap"
      v-model="tapselect"
      value="review"
      button
      button-variant="detailtap">
      <i class="bi bi-chat-left-text" />출판사 리뷰
    </b-form-radio>
    <b-form-radio
      name="detail-tap"
      v-model="tapselect"
      value="order"
      button
      button-variant="detailtap">
      <i class="bi bi-layout-text-sidebar-reverse"/>목차
    </b-form-radio>
    <b-form-radio
      name="detail-tap"
      v-model="tapselect"
      value="write"
      button
      button-variant="detailtap"><i class="bi bi-journal-text" />저자 소개
    </b-form-radio>
    <b-form-radio
      name="detail-tap"
      v-model="tapselect"
      value="recommendation"
      button
      button-variant="detailtap"><i class="bi bi-person-check" />추천의 글
      </b-form-radio>
    <b-form-radio
      name="detail-tap"
      v-model="tapselect"
      value="reference"
      button
      button-variant="detailtap"><i class="bi bi-inboxes" />자료실
    </b-form-radio>
  </div>
  <div class="detailTapCon"></div>
</div>
```

3단계 앞 단계에서 v-model에 작성한 tapselect를 스크립트의 data 속성에 작성합니다. 그리고 이 속성에 첫 번째 <b-form-radio>에 작성된 value값("introduce")을 대입하여 첫 번째 탭이 활성화된 상태로 만듭니다.

Do it! • src/views/Books.vue

```
... (생략) ...
  data() {
    return {
      Newbooks: [],
      settings: {},
      bookinfolists: [],
      tapselect: "introduce",
    };
  },
... (생략) ...
```

코드를 저장한 후 웹 브라우저의 개발자 도구에서 컴파일된 소스를 확인해 보면 <div class="btn-group-toggle d-inline-block"> 태그 안에 <label>과 <input> 태그가 생성된 것을 알 수 있습니다. 그리고 button-variant 속성에 작성한 값(detailtap)이 <label> 태그의 클래스(btn-detailtap)로 바인딩되었습니다. 그리고 탭 버튼을 하나씩 클릭해 보면 active 클래스가 동적으로 추가·삭제 되는 것을 확인할 수 있습니다. 이 클래스로 버튼이 선택되었을 때의 스타일을 적용할 수 있습니다.

```
▼<div class="btn-group-toggle d-inline-block">
  ▼<label class="btn btn-detailtap active"> == $0
      <input type="radio" name="detail-tap" class value="introduce"
      id="__BVID__15">
    ▶<i class="bi bi-mic"> … </i>
      "책 소개"
    </label>
  </div>
▶<div class="btn-group-toggle d-inline-block"> … </div>
▶<div class="btn-group-toggle d-inline-block"> … </div>
▶<div class="btn-group-toggle d-inline-block"> … </div>
▶<div class="btn-group-toggle d-inline-block"> … </div>
▶<div class="btn-group-toggle d-inline-block"> … </div>
```

▲ 컴파일된 소스 확인

Do it! 실습 탭 메뉴 꾸미기

1단계 이제 탭 메뉴를 꾸며 보겠습니다. common.css 파일에 탭 메뉴의 전체 영역인 .detailTap 선택자를 작성하고 display 속성값을 flex로 지정하여 <div class="detailTap"> 태그 영역을 플렉스 컨테이너로 지정합니다. 이 태그 안에 작성된 <b-form-radio> 컴포넌트는 <div class="btn-group-toggle d-inline-block"> 태그로 컴파일 됩니다. 따라서 .detailTap의 하위 선택자로 .btn-group-toggle을 작성하고 flex 속성으로 태그 영역의 기준을 정합니다.

height 속성으로 높이, border-left 속성으로 각 버튼의 구분 선, background-color 속성으로 배경색을 지정합니다.

Do it! • public/common/styles/common.css

```
... (생략) ...
.detailTap {
  display: flex;
}
.detailTap .btn-group-toggle {
  flex: 1 1 auto;
  height: 40px;
  border-left: solid 1px #ddd;
  background-color: #eaeaea;
}
```

2단계 .btn-detailtap 선택자를 작성하고 텍스트의 색상과 크기, 정렬, 행간을 지정합니다. 부트스트랩 뷰의 기본 CSS에는 .btn 선택자에 border-radius가 적용되어 있습니다. 이 속성값을 0으로 재정의하여 이미 지정된 스타일이 적용되지 않도록 합니다. 버튼에 있는 아이콘 정렬은 .btn-detailtap .bi 선택자를 기준으로 ::before 가상 요소를 추가합니다. margin 속성으로 탭 버튼 텍스트와 아이콘 사이의 여백을 지정합니다.

Do it! • public/common/styles/common.css

```
... (생략) ...
.btn-detailtap {
  color: #aeaeae;
  font-size: 14px;
  text-align: center;
  line-height: 40px;
  border-radius: 0;
}
.btn-detailtap .bi::before {
  margin: -2px 2px 0 0;
}
```

3단계 첫 번째 버튼에는 왼쪽의 구분 선이 보이지 않아야 합니다. .detailTap .btn-group-toggle 기준으로 nth-of-type(1) 선택자를 작성하여 border-left 속성값을 none으로 재정의합니다. 버튼의 활성화 스타일은 .btn-detailtap.active 선택자로 정의합니다. 여기에 배경색과 텍스트 색상을 지정합니다.

Do it! • public/common/styles/common.css

```
... (생략) ...
.detailTap .btn-group-toggle:nth-of-type(1) {
  border-left: none;
}
.btn-detailtap.active {
  background-color: #606060;
  color: #fff;
}
```

코드를 저장하고 웹 브라우저에서 탭 버튼을 클릭하면 지정한 스타일을 확인할 수 있습니다. 웹 브라우저의 크기를 조절하면 탭 버튼이 자동으로 조정되지만 비율이 맞지 않아 텍스트가 제대로 나오지 않습니다.

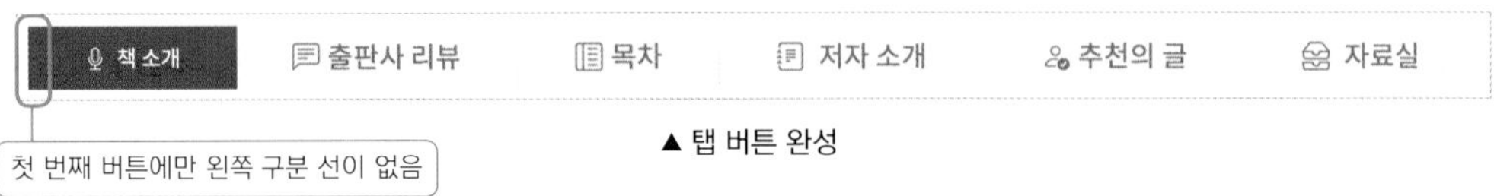

▲ 탭 버튼 완성

4단계 이제 미디어 쿼리를 사용해 버튼의 비율을 맞춰 보겠습니다. 미디어 쿼리를 작성하고 `.detailTap` 선택자에 `flex-wrap` 속성값을 `wrap`으로 지정하여 버튼이 3개씩 두 줄로 정렬되도록 합니다. 이어서 `.detailTap .btn-group-toggle` 클래스를 작성하고 `flex-basis`, `flex-shrink` 속성으로 플렉스 아이템의 크기를 조정합니다. 그리고 작은 화면에서는 4번째 버튼의 왼쪽 구분 선도 없애도록 `.detailTap .btn-group-toggle:nth-of-type(4)` 선택자를 추가하고 `border-left` 속성값을 `none`으로 변경합니다.

Do it! • public/common/styles/common.css

```
... (생략) ...
@media screen and (max-width: 767px) {
  .detailTap {
    flex-wrap: wrap;
  }
  .detailTap .btn-group-toggle {
    flex-basis: 33.3%;
    flex-shrink: 0;
  }
```

```
  .detailTap .btn-group-toggle:nth-of-type(4) {
    border-left: none;
  }
}
```

▲ 반응형 디자인

하나만 선택할 수 있는 라디오 버튼의 특성을 활용하여 탭 메뉴를 만들었습니다. 실습에서는 부트스트랩 뷰에서 제공하는 컴포넌트로 작성했지만 HTML 태그로 작성한 후(예를 들어, `<div><label>탭 버튼명</label><input type="raido" value="선택값"></div>`) 스타일만 지정하면 같은 효과를 만들 수 있습니다.

Do it! 실습 탭 콘텐츠 만들기

이번에는 탭 메뉴 아래쪽에 표시할 탭 콘텐츠 영역을 만들겠습니다. 탭 버튼으로 만든 라디오 버튼을 클릭하면 `v-model`을 통해 버튼의 `value` 속성값을 `tapselect`에 전달하도록 만들고, 이 값을 이용해 선택한 탭의 내용만 화면에 보이도록 만들겠습니다.

1단계 먼저 탭 메뉴를 클릭할 때 표시할 콘텐츠를 `<div class="detailTapCon">` 태그 안에 작성합니다.* 각 콘텐츠에는 `<h1>` 태그로 제목을 작성하고 모두 같은 스타일을 적용하기 위해 `tapcontit`라는 클래스를 지정합니다. 제목에서 강조할 부분은 `<strong>` 태그로 지정합니다. 내용은 단락별로 `<p>` 태그 안에 작성합니다.

* 전체 소스는 필자가 제공한 완성 파일을 참고하세요.

Do it! • src/views/Books.vue

```
... (생략) ...
  <div class="book-detailinfo">
    <div class="detailTap">
      ... (생략) ...
    </div>
    <div class="detailTapCon">
      <h1 class="tapcontit">
```

```
        <strong>"Do it! 웹 사이트 따라 만들기"</strong>를 소개합니다.
      </h1>
      <p>
        웹 어워드 코리아에서 대상, 최우수상을 수상한 현직 웹 퍼블리셔의
        작업 방식 그대로<br />웹 사이트 하나 통째로 만들면 나도 어느새 웹
        퍼블리셔!!<br />이 책 한 권이면 웹 사이트 하나가 뚝딱 완성
      </p>
    </div>
    <div class="detailTapCon"> ... (출판사 리뷰 - 생략) ... </div>
    <div class="detailTapCon"> ... (목차 - 생략) ... </div>
    <div class="detailTapCon"> ... (저자 소개 - 생략) ... </div>
    <div class="detailTapCon"> ... (추천의 글 - 생략) ... </div>
    <div class="detailTapCon"> ... (자료실 - 생략) ... </div>
  </div>
```

2단계 탭 콘텐츠(<div class="detailTapCon"> ... </div>)마다 <templeat> 태그로 감싸고, v-if 디렉티브를 사용하여 현재 tapselect값과 라디오 버튼의 value 속성값을 비교해 같을 때만 해당 탭 콘텐츠가 보이도록 작성합니다.

Do it! • src/views/Books.vue

```
... (생략) ...
<div class="detailTap">
... (생략) ...
</div>
<template v-if="tapselect === 'introduce'">
  <div class="detailTapCon">
    ... (생략) ...
  </div>
</template>
<template v-else-if="tapselect === 'review'">
  <div class="detailTapCon">
    ... (생략) ...
  </div>
</template>
<template v-else-if="tapselect === 'order'">
  <div class="detailTapCon">
    ... (생략) ...
  </div>
```

```
</template>
<template v-else-if="tapselect === 'write'">
  <div class="detailTapCon">
    ... (생략) ...
  </div>
</template>
<template v-else-if="tapselect === 'recommendation'">
  <div class="detailTapCon">
    ... (생략) ...
  </div>
</template>
<template v-else-if="tapselect === 'reference'">
  <div class="detailTapCon">
    ... (생략) ...
  </div>
</template>
... (생략) ...
```

Do it! 실습 탭 콘텐츠 꾸미기

1단계 탭 콘텐츠의 스타일을 정의하겠습니다. common.css 파일에 `.detailTapCon` 선택자를 작성하여 `<div class="detailTapCon">` 태그의 안쪽 여백을 지정하고, `.tapcontit` 선택자를 작성하여 제목과 내용 사이의 여백, 제목의 크기, 색상, 굵기를 지정합니다. 제목에서 강조 문구는 `.tapcontit > strong` 선택자를 작성하여 텍스트의 색상과 크기, 굵기를 지정하고 `.detailTapCon > p` 선택자를 작성하여 단락 사이의 여백을 지정합니다.

Do it! • public/common/styles/common.css

```
... (생략) ...
.detailTapCon {
  padding: 30px;
}
.tapcontit {
  margin-bottom: 20px;
  font-size: 18px;
  color: #7952b3;
  font-weight: 900;
}
.tapcontit > strong {
  color: #7952b3;
  font-size: 24px;
  font-weight: 900;
}
.detailTapCon > P {
  margin-bottom: 20px;
}
```

2단계 작은 화면에서도 잘 보이도록 미디어 쿼리를 작성하겠습니다. .detailTapCon 선택자를 작성하여 탭 콘텐츠 전체 영역의 안쪽 여백을, .tapcontit, .tapcontit > strong 선택자를 작성하여 제목과 강조 문구의 텍스트 크기를 재정의합니다.

Do it! • public/common/styles/common.css

```
... (생략) ...
@media screen and (max-width: 767px) {
  .detailTapCon {
    padding: 20px 0;
  }
  .tapcontit,
  .tapcontit > strong {
    font-size: 15px;
  }
}
```

▲ 탭 콘텐츠

11-4 동적 라우팅으로 구현하기

앞 절에서 만든 도서 상세 영역에서 탭을 클릭하면 각각의 상세 정보가 나오고, 메인 페이지에서 '새로 나온 도서' 영역에서도 탭을 클릭하면 해당 분야의 새로 나온 도서로 롤링 콘텐츠가 구성됩니다. 그리고 도서 소개 페이지의 롤링 콘텐츠 역시 같은 UI입니다. 즉, 롤링 콘텐츠(도서 목록)에서 도서를 선택하면 도서 소개 페이지(Books.vue 파일에서 `<section class="bookdetail">` 영역)의 모든 내용이 해당 도서 정보로 바뀌어야 합니다.

이번 절에서는 이러한 UI를 Vue.js의 라우터를 사용해 만들어 보겠습니다. 도서마다 상세 정보를 컴포넌트로 만들고 이에 접근할 수 있는 경로를 현재 주소(도서 소개 페이지 '/book')에 쿼리 문자열을 동적으로 추가해서 만들겠습니다. 즉, 앞에서 작성한 Books.vue 파일에서 `<section class="bookdetail">` 영역의 내용을 도서마다 별도의 컴포넌트로 만들고 이에 접근할 수 있도록 동적으로 라우팅합니다.

▲ 도서별 컴포넌트로 동적 라우팅 구성

이처럼 도서별로 상세 정보를 컴포넌트로 만들면 소스 파일을 컴포넌트별로 관리할 수 있어 유지·보수가 편리합니다. 그리고 각 컴포넌트에 접근할 수 있는 경로를 만들면* 다른 페이지나 외부에서 특정 도서에 접근할 때 다른 이벤트 없이 링크로 바로 접근할 수 있습니다.

* 실습에서는 쿼리 문자열을 동적으로 추가해서 만듭니다.

Do it! 실습 도서별 컴포넌트 만들기

1단계 먼저 도서의 상세 정보를 컴포넌트로 만들겠습니다. views 폴더에 BookDetail1.vue 파일을 생성합니다. 그리고 `<template>` 태그를 추가한 후 그 안에 Books.vue에 작성된 `<section class="bookdetail">` 태그의 모든 내용을 똑같이 작성합니다. 그리고 Books.vue 파일의 스크립트 태그에 있던 기본 정보 배열(`bookinfolists`)과, 도서 상세에 사용한 `v-model`값(`tapselect`)도 그대로 복사하여 옮겨 놓습니다(Books.vue 파일에서는 삭제).

Do it! • src/views/BookDetail1.vue

```
<template>
  <section class="bookdetail">
  ... (생략) ...
  </section>
</template>

<script>
export default {
  data() {
    return {
      bookinfolists: [
        ... (생략) ...
      ],
      tapselect: "introduce",
    };
  },
};
</script>
```

2단계 도서 상세 컴포넌트에서 도서 이미지와 제목, 부제는 「08-1」절 도서 목록에서 작성한 데이터(Newbooks 배열)를 사용하겠습니다. 이렇게 하면 데이터를 한 곳에서 관리할 수 있어 수정할 때 파일마다 변경하지 않아도 됩니다.

- **Newbooks 배열**

```
Newbooks: [
  {
    imgurl: "/images/book_images/book01.jpg",
    name: "Do it! 웹 사이트 따라 만들기",
    dec: "HTML, CSS, 자바스크립트, jquery, Ajax로 웹 퍼블리싱"
  },
```

BookDetail1.vue 파일의 **props** 속성에 Books.vue 파일에서 전달받은 **bookName**(도서 제목), **bookDec**(부제), **bookUrl**(이미지 경로)을 작성합니다. 그리고 각 위치에 데이터가 표시되도록 바인딩합니다.

Do it! • src/views/BookDetail1.vue

```
<template>
  <section class="bookdetail">
    <h1 class="booktitle">
      {{ bookName }}
      <span>{{ bookDec }}</span>
    </h1>
    <div class="book-info">
      <div class="imgview">
        <div class="imgbook"><img :src="bookUrl" alt="" /></div>
      </div>
      ... (생략) ...
      <div class="book-detailinfo">
        <div class="detailTap"> ... (생략) ... </div>
        <div class="detailTapCon">
          <h1 class="tapcontit">
           <strong>"{{ bookName }}"</strong>를 소개합니다.  // 모든 탭 반복
          </h1>
        </div>
      </div>
    ... (생략) ...
  </section>
</template>

<script>
export default {
  props: ['bookName', 'bookDec', 'bookUrl']
  ... (생략) ...
};
</script>
```

이러한 도서 상세 컴포넌트를 BookDetail2.vue, BookDetail3.vue, ... BookDetail10.vue처럼 캐러셀에 추가한 도서 개수(10개)만큼 만듭니다. 필자가 제공한 완성 파일을 참고하세요.

3단계 이제 Books.vue 파일에는 `<section class="bookdetail">` 태그 대신 `<component>` 태그를 작성하고 1~2단계에서 작성한 컴포넌트를 `componentslist` 배열로 만들어 `<component>` 태그에 바인딩합니다. 추가로 각 컴포넌트의 `props` 속성에 전달할 도서 정보(이미지 경로, 제목, 부제)도 바인딩하고, 데이터 속성에 `tabIndex`를 0으로 초기화하는 코드를 추가합니다.

Do it! • src/views/Books.vue

```
<template>
  <Subpage :pagetit="'도서 소개'">
    <div class="bookpage">
      <VueSlickCarousel>
        ... (생략) ...
      </VueSlickCarousel>
      <component
       :is="componentslist[tabIndex]"
       :bookUrl="Newbooks[tabIndex].imgurl"
       :bookName="Newbooks[tabIndex].name"
       :bookDec="Newbooks[tabIndex].dec"
      >
      </component>
    </div>
  </Subpage>
</template>
<script>
import Subpage from "@/layout/components/Subpage.vue";
import BookDetail1 from "./BookDetail1.vue";
... (생략) ...
import BookDetail10 from "./BookDetail10.vue";

export default {
  components: {
    Subpage,
    BookDetail1,
    ... (생략) ...
    BookDetail10
  },
  data() {
```

처음에는 0이었다가 사용자가 도서를 선택하면 해당 순번으로 바뀝니다.

```
    return {
      ... (생략) ...
      componentslist: [
        BookDetail1,
        ... (생략) ...
        BookDetail10
      ],
      tabIndex: 0,
    };
  },
};
</script>
```

4단계 도서 소개 페이지인 Books.vue라는 공통 컴포넌트에서 사용자의 도서 선택에 따라 이동 경로가 정해지는 동적 라우팅을 구현하기 위해 pageRouter.js 파일을 열고 Books.vue 컴포넌트에 접근하는 라우팅 정보에 `path` 옵션을 `"/:tabId"`으로 지정하여 3단계에서 `tabIndex`를 추가한 경로를 등록합니다.

Do it! • src/router/modules/pageRouter.js

```
const withPrefix = (prefix, routes) =>
  routes.map((route) => {
    route.path = prefix + route.path;
    return route;
  });

const pageRouter = {
  path: "/",
  name: "layout",
  redirect: "/main",
  component: () => import("@/layout/index.vue"),
  children: [
    {
      path: "/main",
      name: "main",
      component: () => import("@/views/main.vue"),
    },
```

```
    ...withPrefix("/book", [
      {
        path: "/",
        component: () => import("@/views/Books.vue"),
      },
      {
        name: "book",
        path: "/:tabId",
        component: () => import("@/views/Books.vue"),
      },
    ]),
  ],
};
export default pageRouter;
```

'현재 주소(/book) + 쿼리 문자열(/:tabId)'로 변경된 경로를 반환합니다.

5단계 도서 목록에서 도서를 클릭하면 해당 컴포넌트의 내용으로 바뀌도록 해야 합니다. `<div class="rollimg">` 태그에 클릭 이벤트 처리 함수 `Clicklink()`를 추가합니다.

이 함수에서는 캐러셀에서 클릭 이벤트가 발생할 때 해당 도서의 순번(index)을 전달받아 3단계에서 작성한 `tabIndex`에 대입합니다. 그러면 `tabIndex`값이 도서의 상세 소개가 있는 `componentslist` 배열의 순서로 적용되어 사용자가 선택한 도서의 컴포넌트로 변경되고, 도서 제목과 이미지도 `Newbooks`의 배열에서 컴포넌트로 전달됩니다. 그리고 도서별 경로를 동적으로 구성하기 위해 `tabIndex`를 추가한 경로(`"/book?tabId=" + tabIndex`)를 라우터에 등록하는 코드도 작성합니다.

Do it! • src/views/Books.vue

```
<template>
  <Subpage :pagetit="'도서 소개'">
    <div class="bookpage">
      <VueSlickCarousel class="subpageslider" v-bind="settings">
        <div
          class="rollimg"
          v-for="(item, index) in Newbooks"
          :key="index"
          @click="Clicklink(index)"
        >
          ... (생략) ...
```

```
        </div>
      </VueSlickCarousel>
      <component :is="componentslist[tabIndex]" ... (생략) ... </component>
    </div>
  </Subpage>
</template>

<script>
... (생략) ...
export default {
  components: {
    Subpage,
  },
  data() {
  ... (생략) ...
  },
  methods: {
    Clicklink(tabIndex) {
      if (!(this.$route.query.tabId == tabIndex)) {
        this.tabIndex = tabIndex;
        return this.$router.push("/book?tabId=" + tabIndex);
      }
    },
  },
};
</script>
```

6단계 여기까지 작성한 코드를 모두 저장하고 웹 브라우저에서 확인해 보면 도서 소개 페이지의 목록에서 도서를 클릭할 때마다 내용과 URL이 변경되는 것을 볼 수 있습니다. 그런데 메인 페이지로 이동했다가 도서 URL(예: localhost:8080/book?tabId=1)로 직접 접근해 보면 해당 도서의 상세 컴포넌트는 변경되지 않습니다. 주소를 직접 입력하여 페이지를 이동하면 모든 요소가 새로 렌더링되므로 `tabIndex`는 초깃값인 0으로 적용되어 컴포넌트가 변경되지 않는 것입니다. 따라서 라우터의 쿼리 문자열이 `tabIndex`에 대입되도록 만들어야 합니다.

모든 태그가 완성되고 나서 `tabIndex` 데이터가 라우터의 쿼리 문자열로 적용될 수 있도록 Books.vue 파일에서 `mounted()` 훅에 초깃값을 다음처럼 작성합니다.

Do it! • src/views/Books.vue

```
... (생략) ...
<script>
  ... (생략) ...
  mounted() {
    this.tabIndex = Number(this.$route.query.tabId);
  },
  data() {
    ... (생략) ...
  },
  methods: {... (생략) ...
  },
};
</script>
```

7단계 메인 페이지에서 [도서 소개] 메뉴를 클릭하면 페이지는 이동하지만 상세 영역은 출력되지 않습니다.* 따라서 쿼리 문자열이 없을 때는 첫 번째 도서 상세로 이동하도록 `this.tabIndex`값에 0을 대입합니다.

* [도서 소개] 메뉴의 링크는 '/book'로 지정되었기 때문에 쿼리 문자열(Newbooks 배열의 인덱스)이 없어 바인딩할 데이터도 없는 것입니다.

Do it! • src/views/Books.vue

```
... (생략) ...
  mounted() {
    if (!this.$route.query.tabId) {
      this.tabIndex = 0;
    } else {
      this.tabIndex = Number(this.$route.query.tabId);
    }
  },
... (생략) ...
```

▲ 도서 소개 페이지 동적 라우팅 완성

메뉴의 URL 지정하기

[도서 소개] 메뉴를 클릭할 때 쿼리 문자열의 유무로 판단하는 방법 외에도 첫 번째 도서가 선택되게 할 수 있습니다. 메인 메뉴를 만들 때 [도서 소개]의 URL을 /book으로 지정했으므로 Header.vue 파일의 메뉴 데이터(menulists)에서 첫 번째 도서에 해당하는 소개 페이지의 URL 정보를 /book?tabId=0으로 변경하면 됩니다.

- **쿼리 문자열 지정하기**

```
menulists: [
  { menutext: "도서 소개", link: "/book?tabId=0" },
  { menutext: "자료실", link: "/reference" },
  { menutext: "동영상 강의", link: "/movieclass" },
  { menutext: "교재 샘플", link: "/classsample" },
  { menutext: "회사 소개", link: "/company" },
],
```

Do it! 실습 선택한 도서 활성화 표시하기

도서 소개 페이지에 있는 도서 목록에서 현재 선택된 도서가 무엇인지 알 수 있도록 UI를 추가하고 선택된 도서가 반응형 디자인에 맞게 보이도록 수정해 보겠습니다.

1단계 선택된 도서인지 구별하는 조건은 현재 도서 목록의 순서(index)와 도서 소개 페이지의 쿼리 문자열이 담긴 tabIndex를 비교하는 것입니다. 두 값이 같으면 현재 선택된 도서라는 뜻입니다. 이 조건에 해당할 때 스타일 지정을 위한 active 클래스를 추가하도록 <div class="rollimg"> 태그에 다음과 같은 코드를 추가합니다.

Do it! • src/views/Books.vue

```
... (생략) ...
<div class="bookpage">
  <VueSlickCarousel class="subpageslider" v-bind="settings">
    <div
      class="rollimg"
      :class="{ active: index === tabIndex }"
      v-for="(item, index) in Newbooks"
      :key="index"
      @click="Clicklink(index)"
    >
... (생략) ...
```

2단계 common.css 파일에서 .rollimg와 .imgbox 선택자는 메인 페이지의 캐러셀에서도 이용하므로 .bookpage의 하위 선택자로 .rollimg.active .imgbox를 작성합니다. 그리고 border와 display 속성으로 목록에서 선택한 도서의 이미지에 테두리를 설정합니다.

Do it! • public/common/styles/common.css

```
... (생략) ...
.bookpage .rollimg.active .imgbox {
  display: block;
  border: solid 3px #d1e0e5;
}
```

3단계 웹 브라우저의 크기를 조절해도 현재 선택된 도서가 보이도록 해야 합니다. vue-slick-carousel 컴포넌트로 구현한 도서 목록은 이벤트 리스너인 init로 초기 설정을 할 수 있습니다. <VueSlick Carousel> 컴포넌트에 이벤트 리스너인 init를 추가하고 handleInit를 작성합니다. 그리고 현재 컴포넌트를 선택할 수 있도록 ref 속성값을 "carousel"로 작성합니다.

Do it! • src/views/Books.vue

```
... (생략) ...
<div class="bookpage">
  <VueSlickCarousel
    class="subpageslider"
    v-bind="settings"
    @init="handleInit"
    ref="carousel"
  >
... (생략) ...
```

4단계 앞 단계에서 작성한 handleInit를 methods 속성에 추가합니다. vue-slick-carousel 컴포넌트가 제공하는 goTo() 메서드를 이용하면 슬라이드를 원하는 위치로 이동할 수 있습니다. goTo() 매서드로 현재 선택된 도서, 즉 URL의 쿼리 문자열(tabIndex)에 해당하는 경로로 이동하면 됩니다. 데이터를 변경하여(tabIndex) DOM을 조작(캐러셀 이동)하는 것이므로 $nextTick 속성을 사용하여 작성합니다.

Do it! • src/views/Books.vue

```
... (생략) ...
  methods: {
    Clicklink(tabIndex) {
      ... (생략) ...
    },
    handleInit() {
      this.$nextTick(() => {
        this.$refs.carousel.goTo(this.tabIndex);
      });
    },
  },
... (생략) ...
```

▲ 선택한 도서 활성화 표시

똑같은 UI더라도 구현하는 방법은 다양합니다. 여러 가지 방법으로 UI를 구현하다 보면 이벤트나 메서드의 이해도가 높아지고 코드도 더욱 짜임새 있게 작성할 수 있습니다. 내가 만든 웹 사이트를 직접 이용해 보면서 사용자가 불필요한 동작을 하지 않더라도 한눈에 볼 수 있는 편리한 UI를 만들어야 합니다.

12

SPA 완성하기

12-1 **자료실/동영상 강의 페이지 만들기**

12-2 **교재 샘플 페이지 만들기**

12-3 **회사 소개 페이지 만들기**

이 장에서는 자료실, 동영상 강의, 교재 샘플, 회사 소개 페이지를 만들어 SPA로 만든 웹 사이트를 완성하겠습니다. 컴포넌트를 재사용하여 코드의 생산성을 높이는 방법도 함께 알아봅니다.

12-1 자료실/동영상 강의 페이지 만들기

이번 절에서는 자료실과 동영상 강의 페이지를 만들겠습니다. 이 두 페이지는 구성이 같고 태그 안에 들어가는 데이터와 스타일만 다릅니다. 따라서 공통 컴포넌트로 만들고 변경되는 데이터와 스타일만 다르게 적용해 보겠습니다. Vue.js를 사용하면 이처럼 공통 템플릿으로 재사용할 수 있는 컴포넌트를 만들 수 있습니다. 이렇게 만든 컴포넌트를 활용하여 각 페이지에서 데이터와 디자인만 변경하면 다른 콘텐츠를 만들 수 있습니다.

Do it! 실습 자료실/동영상 페이지 레이아웃 만들기

1단계 먼저 views 폴더에 자료실 페이지의 레이아웃을 위해 reference.vue 파일을 만들고 다음과 같은 코드를 작성합니다. 그리고 똑같은 패턴으로 페이지 제목만 다르게 하여 동영상 강의 페이지에 해당하는 movieclass.vue 파일도 작성합니다.

Do it! • src/views/reference.vue

```
<template>
  <Subpage :pagetit="'자료실'"> </Subpage>
</template>
<script>
import Subpage from "@/layout/components/Subpage.vue";
export default {
  components: { Subpage },
};
</script>
```

여기만 '동영상 강의'로 바꿔 movieclass.vue 파일도 추가하세요.

2단계 pageRouter.js 파일을 열고 1단계에서 만든 두 파일을 라우터에 등록합니다.

Do it! • src/router/modules/pageRouter.js

```
... (생략) ...
const pageRouter = {
  ... (생략) ...
```

```
  children: [
    ... (생략) ...
    {
      path: "/reference",
      name: "reference",
      component: () => import("@/views/reference.vue"),
    },
    {
      path: "/movieclass",
      name: "movieclass",
      component: () => import("@/views/movieclass.vue"),
    },
  ],
};
export default pageRouter;
```

3단계 자료실 페이지의 <Subpage> 컴포넌트에서 <slot>으로 대치될 콘텐츠 영역을 <div> 태그로 작성한 후 referencepage라는 클래스를 지정합니다. 똑같은 패턴으로 movieclass.vue 파일에는 movieclasspage라는 클래스를 지정합니다.

Do it! • src/views/reference.vue

```
<template>
  <Subpage :pagetit="'자료실'">
    <div class="referencepage"></div>
  </Subpage>
</template>
... (생략) ...
```

movieclass.vue 파일에서도 여기만 "movieclasspage"로 바꿔 똑같이 추가하세요.

4단계 전체 콘텐츠 영역 안에 subpageguide라는 클래스로 <div> 태그를 작성한 후 각 페이지의 안내 문구를 추가합니다. 똑같은 패턴으로 movieclass.vue 파일에는 "동영상 강의를 볼 수 있습니다."라는 문구를 작성합니다.

Do it! • src/views/reference.vue

```
<template>
  <Subpage :pagetit="'자료실'">
    <div class="referencepage">
      <div class="subpageguide">
        도서와 관련된 추가 자료를 다운로드할 수 있습니다.
```

movieclass.vue 파일에서도 여기만 "동영상 강의를 볼 수 있습니다."로 바꿔 똑같이 추가하세요.

```
      </div>
    </div>
  </Subpage>
</template>
... (생략) ...
```

5단계 common.css 파일을 열고 .subpageguide 선택자를 작성한 후 안내 문구의 아래쪽 여백과 텍스트 색상을 지정합니다. 코드를 저장한 후 웹 브라우저에서 각 메뉴를 클릭해 라우팅 경로와 페이지별 레이아웃을 확인해 보세요.

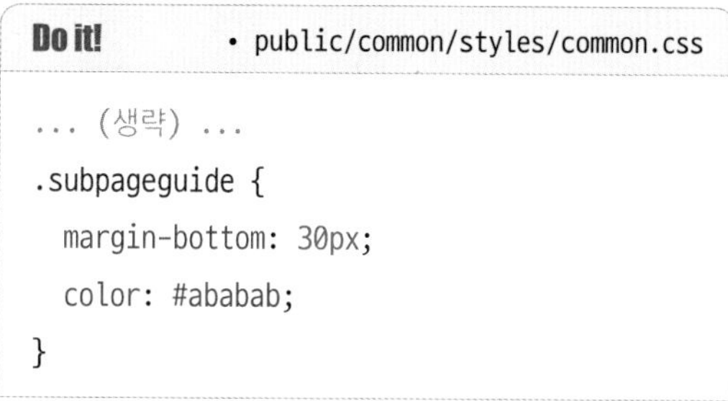

Do it! • public/common/styles/common.css

```
... (생략) ...
.subpageguide {
  margin-bottom: 30px;
  color: #ababab;
}
```

▲ 자료실과 동영상 강의 페이지의 레이아웃

Do it! 실습 자료실 페이지의 콘텐츠 영역 만들기

1단계 자료실 페이지의 콘텐츠 영역은 listwrap라는 클래스를 지정하여 <div> 태그를 작성하고, 그 안에 listnum이라는 클래스를 지정하여 <div> 태그를 작성합니다. 그리고 등록된 자료 개수를 <strong> 태그로 감싸서 텍스트를 작성합니다.

Do it! • src/views/reference.vue

```
<template>
  <Subpage :pagetit="'자료실'">
    <div class="referencepage">
      <div class="subpageguide">
        도서와 관련된 추가 자료를 다운로드할 수 있습니다.
      </div>
      <div class="listwrap">
```

```
        <div class="listnum">
          총 <strong>237</strong>건이 등록되어 있습니다.
        </div>
      </div>
    </div>
  </Subpage>
</template>
```

2단계 자료 목록을 표시할 전체 영역을 listbox라는 클래스를 지정하여 <div> 태그를 작성하고, 자료 한 개를 표시할 영역을 listitem이라는 클래스를 지정하여 <div> 태그를 작성합니다. 자료 목록 왼쪽에는 도서 이미지를, 오른쪽에는 상세 내용을 표시할 것이므로 <div class="listitem"> 태그 안에 각 영역을 <div> 태그로 작성하고 이미지 영역은 listthum, 상세 내용 영역은 listdetail로 클래스를 지정합니다. 그리고 이미지 영역 안에 <img> 태그로 이미지 경로를 지정합니다.

Do it! • src/views/reference.vue

```
... (생략) ...
<div class="listwrap">
  <div class="listnum">
    총 <strong>237</strong>건이 등록되어 있습니다.
  </div>
  <div class="listbox">
    <div class="listitem">
      <div class="listthum"><img src="/images/books_image/book01.jpg" /></div>
      <div class="listdetail"></div>
    </div>
  </div>
</div>
... (생략) ...
```

3단계 다음 표를 참고하여 자료의 상세 내용을 <div class="listdetail"> 안에 작성합니다. 버튼 영역에는 variant 속성값을 listdown으로 지정한 <b-button>으로 버튼을 2개 만들고 각 버튼에 부트스트랩 뷰의 아이콘을 추가합니다.

자료 상세 영역 구성

구분	태그	클래스명
제목	<strong>	-
등록일	<div>	listdate
설명		subdec
버튼		itembtns
안내 문구		downguide

Do it! • src/views/reference.vue

```
... (생략) ...
<div class="listbox">
  <div class="listitem">
    <div class="listthum"><img src="/images/books_image/book01.jpg" /></div>
    <div class="listdetail">
      <strong>Do it! 실습 파일과 학습 파일 내려받기</strong>
      <div class="listdate">등록일 : 2023.04.15</div>
      <div class="listdec">
        책을 다 공부한 독자를 위한 실전 프로젝트입니다.<br />
        웹 사이트에서 자주 사용하는 "이미지 슬라이드 쇼" 프로그램을
        만드는 방법을 단계별로 공부할 수 있습니다.
      </div>
      <div class="itembtns">
        <b-button variant="listdown">
          <i class="bi bi-folder-symlink" />소스 파일 내려받기</b-button>
        <b-button variant="listdown">
          <i class="bi bi-table" />정오표</b-button>
      </div>
      <div class="downguide">
        ※ 다운로드가 안 될 경우 <br />회사에서 접속한 경우 사내 보안
        등의 이유로 다운로드가 되지 않을 수 있습니다. <br />
        고객센터로 연락주시면 별도로 송부하겠습니다.
      </div>
    </div>
  </div>
</div>
... (생략) ...
```

4단계 이제 common.css 파일을 열고 스타일을 정의합니다. `.listnum strong` 선택자를 작성한 후 자료 개수의 색상을 지정합니다. 이어서 자료 목록의 전체 영역인 `.listbox` 선택자를 작성하고 위쪽과 안쪽 여백, 테두리를 지정합니다. 각 자료의 스타일은 `.listitem` 선택자를 작성하고 `display` 속성값을 `flex`로 지정합니다. 이어서 자료 사이의 여백, 구분 선, 그리고 구분 선과 내용 간의 여백을 설정합니다. 첫 번째 자료는 위쪽 여백이 필요하지 않으므로 `nth-of-type(1)` 선택자를 사용하여 첫 번째 자료의 위쪽 여백을 0으로 설정합니다.

Do it! • public/common/styles/common.css

```
... (생략) ...
.listnum strong {
  color: #dc3545;
}
.listbox {
  margin-top: 20px;
  padding: 20px;
  border: solid 1px #ddd;
}
.listitem {
  display: flex;
  margin-top: 30px;
  padding-bottom: 20px;
  border-bottom: solid 1px #ddd;
}
.listitem:nth-of-type(1) {
  margin-top: 0;
}
```

5단계 .listthum 선택자를 작성하고 width 속성으로 이미지 영역의 너비를 지정합니다. 이미지의 크기가 <div class="listthum"> 태그 영역을 넘지 않도록 .listthum의 하위 선택자로 img를 작성한 후 max-width 속성값을 100%로 작성합니다.

Do it! • public/common/styles/common.css

```
... (생략) ...
.listthum {
  width: 160px;
}
.listthum img {
  max-width: 100%;
}
```

6단계 자료의 상세 내용은 .listdetail 선택자를 작성하여 꾸밉니다. 플렉스 아이템의 크기를 축약형으로 지정하고 위쪽 여백(10px)과 왼쪽 여백(40px)을 padding 속성값으로 지정합니다. 자료의 제목 스타일은 .listdetail의 자식 선택자로 strong을 작성하고 display 속성값을 block으로 지정합니다. 그리고 제목 구분 선(border-bottom)과 구분 선을 기준으로 안쪽 여백(padding-bottom)과 바깥쪽 여백(margin-bottom), 제목 크기, 텍스트 색상 등을 지정합니다. 그리고 .listdate 선택자를 작성하여 등록일의 텍스트 정렬, 크기, 색상을 설정합니다.

Do it! • public/common/styles/common.css

```
... (생략) ...
.listdetail {
  flex: 1;
  padding: 10px 0 0 40px;
}
.listdetail > strong {
  display: block;
  margin-bottom: 10px;
  padding: 0 0 10px;
  border-bottom: solid 1px #ddd;
  font-size: 20px;
  color: #dd868a;
}
.listdate {
  text-align: right;
  color: #ababab;
  font-size: 13px;
}
```

7단계 버튼 영역에 해당하는 .itembtns 선택자를 작성한 후 여백을 지정합니다. 각 버튼은 variant 속성값에 의해 btn-listdown으로 컴파일되므로 해당 클래스 선택자를 작성한 후 display 속성값을 inline-block으로 작성하고 버튼의 높이, 안쪽 좌우 여백, 바깥쪽 여백, 최소 너비 등을 지정합니다. 이어서 버튼 텍스트의 크기와 색상, 그리고 버튼의 색상(background-color)을 설정합니다. 그리고 <b-button>의 공통 스타일에서 현재 버튼만 다르게 적용될 수 있도록 width, border-radius, line-height 속성을 재정의합니다.

Do it! • public/common/styles/common.css

```
... (생략) ...
.itembtns {
  margin: 10px 0 20px;
}
.btn-listdown {
  display: inline-block;
  height: 30px;
  padding: 0 20px;
  margin-right: 10px;
  min-width: 140px;
  font-size: 14px;
  background-color: #dd868a;
  color: #fff;
  width: auto;
  border-radius: 0;
  line-height: 28px;
}
```

8단계 버튼의 텍스트와 아이콘을 정렬하기 위해 .btn-listdown의 하위 선택자로 bi:before를 작성한 후 margin-top 속성값을 -2px로 지정합니다. 그리고 .downguide 선택자를 작성하여 안내 문구의 색상과 크기를 지정합니다.

Do it! • public/common/styles/common.css

```
... (생략) ...
.btn-listdown .bi::before {
  margin-top: -2px;
}
.downguide {
  color: #ababab;
  font-size: 12px;
}
```

9단계 이제 미디어 쿼리로 모바일 화면에 최적화해 보겠습니다. .listitem 선택자를 작성하여 플렉스 아이템들이 수직으로 배치되도록 flex-direction 속성값을 column으로 지정하고, 콘텐츠를 가운데 정렬하기 위해 align-items와 justify-content 속성값을 center로 설정합니다. 그리고 도서 이미지 영역(.listthum)의 높이를 재정의하고, 상세 영역(.listdetail)에서 수평 배치 때 적용했던 왼쪽 여백을 재정의합니다.

Do it! • public/common/styles/common.css

```
... (생략) ...
@media screen and (max-width: 767px) {
  .listitem {
    flex-direction: column;
    align-items: center;
    justify-content: center;
  }
  .listthum {
    height: 160px;
  }
  .listdetail {
    padding-left: 0;
  }
}
```

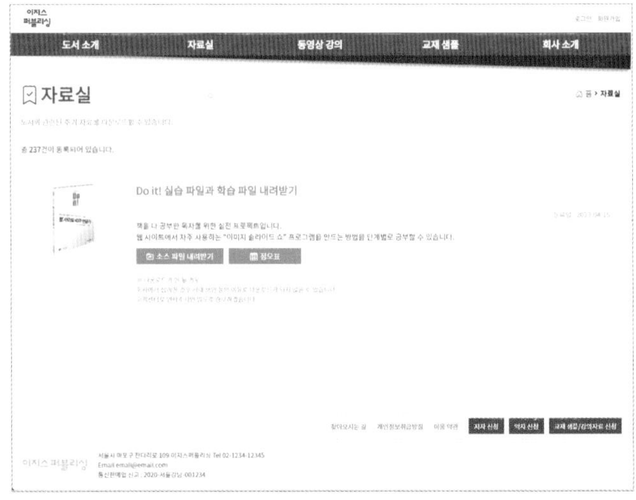

▲ 자료실 페이지 스타일 완성

Do it! 실습 자료실 페이지 데이터 바인딩하기

앞에서 자료실 페이지의 콘텐츠 영역을 만들면서 자료 목록과 개별 자료의 스타일을 완성했습니다. 이제 목록을 구성할 데이터, 즉 배열을 만들어서 태그에 바인딩하면 자료실 페이지는 완성입니다.

1단계 스크립트 태그의 데이터 속성에 lists 배열을 만들고 배열 안에는 각 태그에 들어갈 데이터를 객체로 만듭니다. 지면상 생략했지만 이와 같은 데이터 객체를 2개 만듭니다.

Do it! • src/views/reference.vue

```
... (생략) ...
<script>
import Subpage from "@/layout/components/Subpage.vue";
export default {
  components: { Subpage },
  data() {
    return {
      lists: [
        {
          img: "/images/books_image/book01.jpg",         // 이미지 경로
          title: "Do it! 실습 파일과 학습 파일 내려받기",   // 제목
          date: "2019.04.15",    // 등록일
          dec: "책을 다 공부한 독자를 위한 실전 프로젝트입니다.<br />
            웹 사이트에서 자주 사용하는 '이미지 슬라이드 쇼' 프로그램을
            만드는 방법을 단계별로 공부할 수 있습니다",    // 설명
          link1: "",   // 소스 파일 경로
          link2: "",   // 정오표 경로
        },
        ... (생략) ...
      ],
    };
  },
};
</script>
```

2단계 자료의 개수는 <strong> 태그에 lists.length로 배열의 길이를 구하여 바인딩합니다. 그리고 lists 배열의 데이터를 v-for 디렉티브를 이용하여 각 태그에 바인딩합니다.

Do it! • src/views/reference.vue

```
... (생략) ...
<div class="listwrap">
  <div class="listnum">
    총 <strong v-html="lists.length"></strong>건이 등록되어 있습니다.
  </div>
  <div class="listbox">
    <div class="listitem" v-for="(item, index) in lists" :key="index">
      <div class="listthum"><img :src="item.img" /></div>
      <div class="listdetail">
        <strong v-html="item.title"></strong>
        <div class="listdate">등록일 : {{ item.date }}</div>
        <div class="listdec" v-html="item.dec"></div>
        <div class="itembtns">
          <b-button variant="listdown" :href="item.link1">
            <i class="bi bi-folder-symlink" /> 소스 파일 내려받기
          </b-button>
          <b-button variant="listdown" :href="item.link2">
            <i class="bi bi-table" /> 정오표
          </b-button>
        </div>
        <div class="downguide">
          ※ 다운로드가 안 될 경우 <br />회사에서 접속한 경우 사내 보안
          등의 이유로 다운로드가 되지 않을 수 있습니다. <br />
          고객센터로 연락주시면 별도로 송부하겠습니다.
        </div>
      </div>
    </div>
  </div>
</div>
```

Do it! 실습 공통 컴포넌트로 만들기

앞선 실습에서 작성한 <div class="listwrap"> 태그 영역을 컴포넌트로 만들어 재사용할 수 있습니다. 웹 페이지에 표시할 데이터는 reference.vue에 두고 <div class="listwrap"> 태

그 안의 모든 내용을 컴포넌트로 만든 후 reference.vue의 데이터를 props로 전달하여 사용하겠습니다.

1단계 layout/components 폴더에 listComm.vue 파일을 생성한 후 reference.vue 파일에서 <div class="listwrap"> 태그 영역을 listComm.vue 파일의 <template> 태그 안으로 모두 옮깁니다. 그리고 각 페이지에서 props 속성을 사용하기 위해 props 속성에 lists를 작성합니다.

Do it! • src/layout/components/listComm.vue

```
<template>
  <div class="listwrap">
    ... (생략) ...
  </div>
</template>

<script>
export default {
  props: ["lists"],
};
</script>
```

reference.vue 파일의 코드를 옮겨 넣으세요.

2단계 이제 reference.vue 페이지에서는 스크립트 태그 안에 listComm 컴포넌트를 등록한 후 <div class="listwrap"> 태그가 있던 위치에 <listComm> 태그를 작성하고 lists 배열을 listComm 컴포넌트의 props 속성(lists)으로 전달합니다.

Do it! • src/views/reference.vue

```
<template>
  <Subpage :pagetit="'자료실'">
    <div class="referencepage">
      <div class="subpageguide">
        도서와 관련된 추가 자료를 다운로드할 수 있습니다.
      </div>
      <listComm :lists="lists" />
    </div>
  </Subpage>
</template>
<script>
import Subpage from "@/layout/components/Subpage.vue";
import listComm from "@/layout/components/listComm.vue";
export default {
  components: { Subpage, listComm },
  data() {
... (생략) ...
```

Do it! 실습 동영상 강의 페이지 만들기

이번엔 동영상 강의 페이지를 만들겠습니다. 동영상 강의 페이지는 자료실 페이지와 구성이 같고 데이터와 디자인만 다릅니다. 앞에서 `listComm` 컴포넌트를 만들어 놓았으므로 이를 활용하면 쉽게 만들 수 있습니다.

1단계 앞서 자료실 페이지와 똑같은 패턴으로 movieclass.vue 페이지에 `listComm` 컴포넌트를 등록하고 동영상 강의 데이터를 만들어 `props`에 전달합니다.

Do it! • src/views/movieclass.vue

```
<template>
  <Subpage :pagetit="'동영상 강의'">
    <div class="movieclasspage">
      <div class="subpageguide">동영상 강의를 볼 수 있습니다.</div>
      <listComm :lists="lists" />
    </div>
  </Subpage>
</template>
<script>
import Subpage from "@/layout/components/Subpage.vue";
import listComm from "@/layout/components/listComm.vue";
export default {
  components: { Subpage, listComm },
  data() {
    return {
      lists: [
        {
          img: "/images/books_image/book03.jpg",    // 이미지 경로
          title: "Do it! C# 프로그래밍 입문",         // 제목
          date: "2022.10.18",                       // 등록일
          dec: "채널에 접속하시면 전체 강의를 볼 수 있습니다.
               (출간 후 차례로 업데이트 예정)"         // 설명
          link1: "",    // 소스 파일 경로
          link2: "",    // 정오표 경로
        },
        {
          img: "/images/books_image/book27.jpg",    // 이미지 경로
```

```
        title: "Do it! 깡샘의 플러터 & 다트 프로그래밍",    // 제목
        date: "2023.02.08",                          // 등록일
        dec: "본 강의는 무료와 유료 버전으로 구분되며
             출간 후 순차적으로 업데이트 예정입니다."      // 설명
        link1: "",    // 소스 파일 경로
        link2: "",    // 정오표 경로
      },
    ],
  };
 },
};
</script>
```

2단계 동영상 강의 페이지의 listComm 컴포넌트는 <div class="movieclasspage"> 태그 안에 있으므로 자료실 페이지(referencepage)와 부모 태그의 클래스가 다릅니다. 따라서 .movieclasspage의 하위에 변경할 선택자를 작성하면 동영상 강의 페이지의 스타일만 설정할 수 있습니다. 동영상 강의 페이지에서 바꿔야 할 스타일은 목록 제목(.listdetail > strong), 강의 개수 표시 색상(.listnum strong), 버튼 색상(.btn-listdown)입니다.

Do it! • public/common/styles/common.css

```
... (생략) ...
.movieclasspage .listnum strong,
.movieclasspage .listdetail > strong {
  color: #7952b3;
}
.movieclasspage .btn-listdown {
  background-color: #7952b3;
}
```

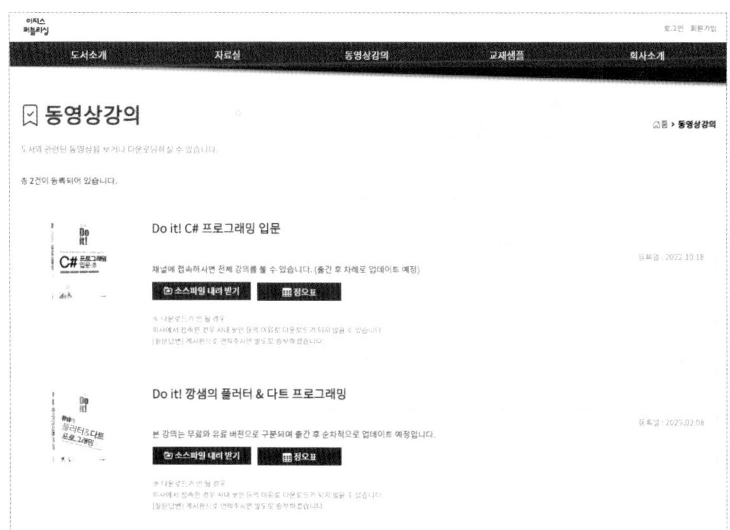

▲ 동영상 강의 페이지 완성

이처럼 코드의 생산성을 높이는 컴포넌트 재사용의 핵심은 데이터와 스타일을 구분하여 설계하는 것입니다. 그러나 처음부터 완벽하게 설계하는 것은 쉽지 않습니다. 아무리 짜임새 있게 설계하더라도 유지·보수하며 기능을 추가하는 과정에서 재사용할 수 없게 될 수도 있고, 기능을 추가하기가 어렵게 될 수도 있습니다. 어떤 부분을 어떻게 공통 컴포넌트로 만들어야 하는지에 대한 정답은 없으므로 스스로 고민해 보아야 합니다. 결국 앞으로의 상황을 예측해 가며 많이 만들어 볼 수밖에 없습니다.

12-2 교재 샘플 페이지 만들기

이번 절에서는 교재 샘플 페이지를 만들겠습니다. 교재 샘플 페이지는 사용자의 입력을 받아 처리되는 폼 페이지입니다. 앞서 회원가입 페이지에서 만들었던 폼 컴포넌트를 재사용하여 교재 샘플 페이지를 만들어 보겠습니다.

▲ 교재 샘플 페이지

Do it! 실습 교재 샘플 신청 폼 만들기

1단계 먼저 views 폴더에 classsample.vue 파일을 만들고 서브 페이지의 기본 레이아웃에 맞춰 다음과 같은 코드를 작성합니다.

Do it! • src/router/modules/pageRouter.js

```
<template>
  <Subpage :pagetit="'교재 샘플'">
    <div class="classsample">
```

```
      <div class="subpageguide">
        대학이나 학원 등 교육 기관에서 이지스퍼블리싱 도서를 교재로 채택하고
        싶으신 선생님은 아래 내용대로 접수해 주세요.
      </div>
    </div>
  </Subpage>
</template>
<script>
import Subpage from "@/layout/components/Subpage.vue";
export default {
  components: { Subpage },
};
</script>
```

2단계 pageRouter.js 파일을 열고 새로 만든 교재 샘플 페이지를 라우터에 등록합니다.

Do it! • src/router/modules/pageRouter.js

```
... (생략) ...
const pageRouter = {
  ... (생략) ...
  children: [
    ... (생략) ...
    {
      path: "/classsample",
      name: "classsample",
      component: () => import("@/views/classsample.vue"),
    },
  ],
};
export default pageRouter;
```

3단계 회원가입 페이지에서 사용했던 <b-form> 태그로 각 항목의 속성을 현재 페이지에 맞춰 작성합니다. 회원가입 페이지를 만들었을 때와 똑같은 패턴이므로 생략했지만, 각 항목의 속성과 v-model의 속성값 등은 필자가 제공한 소스 파일을 참고하여 <b-form> 태그의 전체 코드를 작성합니다.

Do it! • src/views/classsample.vue

```
... (생략) ...
<template>
  <Subpage :pagetit="'교재 샘플'">
    <div class="classsample">
      <div class="subpageguide">
        대학이나 학원 등 교육 기관에서 이지스퍼블리싱 도서를 교재로 채택하고
        싶으신 선생님은 아래 내용대로 접수해 주세요.
      </div>
      <b-form>
        <b-form-group
          id="form-group1"
          label="요청 도서"
          label-for="bookname"
          description="도서명을 확인 후 정확하게 입력해 주세요"
        >
          <b-form-input
            id="bookname"
            v-model="form.bookname"
            type="text"
            required
          ></b-form-input>
        </b-form-group>
          ... (생략) ...
        <div class="btnwrap half">
          <b-button type="submit" variant="login">확인</b-button>
          <b-button type="reset" variant="cancel">취소</b-button>
        </div>
      </b-form>
    </div>
  </Subpage>
</template>
```

4단계 회원가입 페이지에서 작성했던 패턴과 동일하게 각 항목의 v-model값에 맞추어 form 데이터를 작성합니다. 그리고 <b-form> 태그에 @submit 이벤트를 추가하고 처리 함수 ClassCall()을 methods에 추가합니다. ClassCall() 함수는 각 항목에 입력한 값을 알림 창에 출력합니다.

Do it! • src/views/classsample.vue

```
<template>
  <Subpage :pagetit="'교재 샘플'">
    <div class="classsample">
      ... (생략) ...
      <b-form @submit="ClassCall">
        <b-form-group
          ... (생략) ...
<script>
import Subpage from "@/layout/components/Subpage.vue";
export default {
  components: { Subpage },
  data() {
    return {
      form: {
        bookname: "",
        companyname: "",
        class: "",
        name: "",
        phonenum: "",
        email: "",
        memo: "",
        checkedtype: [],
      },
    };
  },
  methods: {
    ClassCall(event) {
      event.preventDefault();
      alert(JSON.stringify(this.form));
      this.$nextTick(() => {
        this.form.bookname = "";
        this.form.companyname = "";
        this.form.class = "";
        this.form.name = "";
        this.form.phonenum = "";
        this.form.email = "";
        this.form.memo = "";
```

```
        this.form.checkedtype = [];
      });
    },
  },
};
</script>
```

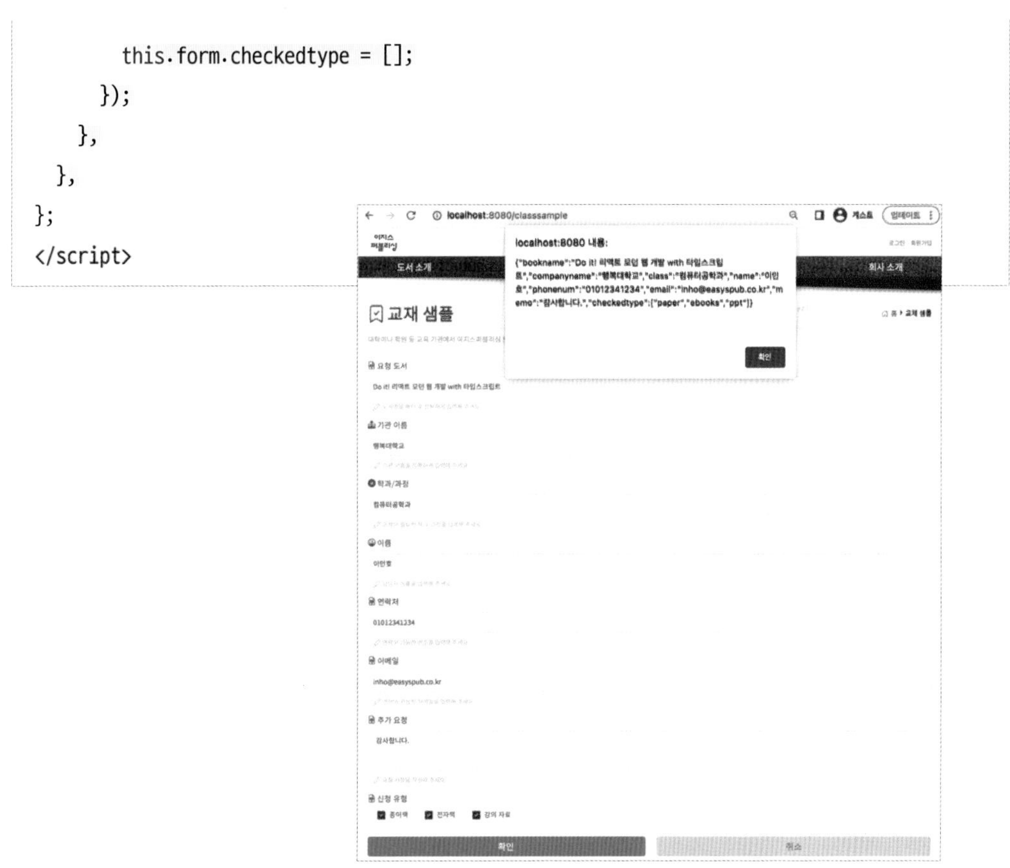

▲ 교재 샘플 페이지 UI 완성

Do it! 실습 교재 샘플 페이지 스타일 적용하기

1단계 회원가입 양식에서는 첫 번째 입력 상자 오른쪽에 버튼이 있어 `padding-right`의 값이 적용되어 있으므로 이를 없애야 합니다. common.css 파일을 열고 `.classsample`의 하위 선택자로 `.form-group:nth-of-type(1)`을 작성한 후 `padding-right` 속성값을 0으로 지정합니다. 그리고 `.classsample`의 하위 선택자로 `.form-group`을

Do it! • public/common/styles/common.css

```
... (생략) ...
.classsample .form-group:nth-of-type(1) {
  padding-right: 0;
}
.classsample .form-group {
  display: flex;
}
.classsample form {
  max-width: 480px;
  margin: 0 auto;
}
```

작성한 후 display 속성값을 flex로 하여 <div"class="form-group"> 태그 영역을 플렉스 컨테이너로 지정합니다. 콘텐츠의 최대 크기가 480px이 넘지 않도록 .classsample form 선택자를 작성한 후 max-width 속성을 지정합니다. 그리고 margin 속성으로 가운데 정렬합니다.

2단계 항목 이름과 입력 상자 영역의 크기는 .classsample .form-group의 하위 선택자로 label과 div를 작성한 후 각각 flex-basis와 flex 속성*으로 설정합니다. 그리고 .class sample .form-group의 하위 선택자로 input.form-control와 small을 작성한 후 각각 입력 상자의 높이, 안내 문구의 글자 크기, 바깥쪽 여백을 지정합니다.

* flex 속성값으로 지정한 '1 1 0'은 flex-grow: 1; flex-shrink: 1; flex-basis: 0%;의 축약형입니다.

Do it! • public/common/styles/common.css

```
... (생략) ...
.classsample .form-group > label {
  flex-basis: 130px;
}
.classsample .form-group > div {
  flex: 1 1 0;
}
.classsample .form-group input.form-control {
  height: 30px;
}
.classsample .form-group small {
  font-size: 14px;
  margin-top: 5px;
}
```

여기까지 코드를 저장한 후 웹 브라우저에서 확인해 보세요. 현재 <label> 영역에는 회원가입 양식에서 사용했던 아이콘이 적용되어 있습니다. 스타일 시트에서 .classsample의 하위 선택자를 작성해 각 항목에 알맞은 아이콘으로 바꿔 보세요.

12-3 회사 소개 페이지 만들기

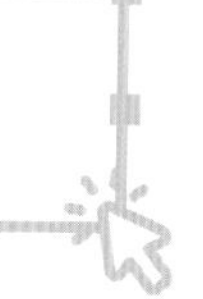

이제 마지막으로 회사 소개 페이지를 만들겠습니다. 회사 소개 페이지는 데이터 바인딩 없이 텍스트와 이미지로 구성되어 비교적 쉽게 만들 수 있습니다. 다음 그림은 회사 소개 페이지 구성을 보여 줍니다.

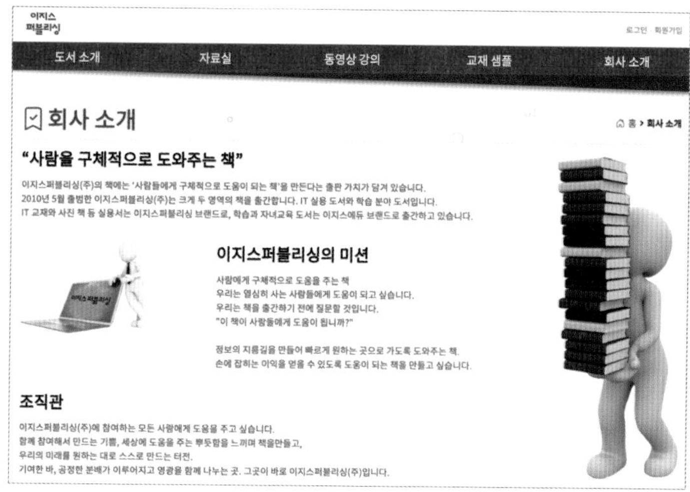

▲ 회사 소개 페이지

01장에서 HTML 태그를 작성할 때 될 수 있으면 의미 있게(시맨틱) 작성해야 한다고 했는데, 회사 소개 페이지에 들어가는 이미지는 꾸밈 요소일 뿐입니다. 따라서 이미지를 HTML 태그로 표시하지 않는 것이 좋습니다. 실무에서는 이처럼 꾸밈 요소의 영역을 태그에 영향을 주지 않고 CSS만으로 처리할 수 있는 가상 요소를 사용하거나 태그에 `background` 속성으로 처리합니다. 가상 요소는 HTML에 포함되지 않고 CSS가 생성해 주므로 반드시 `content` 속성과 함께 써야 합니다.

Do it! 실습 회사 소개 페이지 레이아웃 만들기

1단계 먼저 views 폴더에 company.vue 파일을 만들고 서브 페이지의 기본 레이아웃에 맞춰 페이지를 작성합니다.

Do it! • src/views/company.vue

```
<template>
  <Subpage :pagetit="'회사 소개'">
  </Subpage>
</template>
<script>
import Subpage from "@/layout/components/Subpage.vue";
export default {
  components: { Subpage },
};
</script>
```

2단계 회사 소개 페이지의 전체 콘텐츠 영역을 <div> 태그로 작성한 후 company라는 클래스를 지정합니다. 그리고 그 안에 introcon 클래스로 <div> 태그를 작성하고, 다시 그 안에 introgroup 클래스로 <div> 태그를 3개 추가해 문단을 만듭니다. 각 문단에는 <strong> 태그로 제목을 작성하고 <p> 태그로 소개 문구를 작성합니다. 소스에서 생략된 부분은 완성 파일을 참고하세요.

Do it! • src/views/company.vue

```
<template>
  <Subpage :pagetit="'회사 소개'">
    <div class="company">
      <div class="introcon">
        <div class="introgroup">
          <strong>"사람을 구체적으로 도와주는 책"</strong>
          <p>... (생략) ...</p>
        </div>
        <div class="introgroup">
          <strong>이지스퍼블리싱의 미션</strong>
          <p>... (생략) ...</p>
        </div>
        <div class="introgroup">
          <strong>조직관</strong>
          <p>... (생략) ...</p>
        </div>
      </div>
```

```
      </div>
    </Subpage>
  </template>
  ... (생략) ...
```

3단계 pageRouter.js 파일을 열고 새로 만든 회사 소개 페이지를 라우터에 등록합니다.

Do it! • src/router/modules/pageRouter.js

```
... (생략) ...
const pageRouter = {
  ... (생략) ...
  children: [
    ... (생략) ...
    {
      path: "/company",
      name: "company",
      component: () => import("@/views/company.vue"),
    },
  ],
};
export default pageRouter;
```

Do it! 실습 회사 소개 페이지 스타일 적용하기

1단계 회사 소개 페이지의 오른쪽 이미지 영역은 콘텐츠의 전체 영역인 `<div class="introcon">` 태그에 backgroud 속성으로 지정합니다. 공통 스타일 시트를 열고 .introcon 선택자를 작성한 후 background 속성값을 다음처럼 작성하여 이미지의 크기와 위치를 지정합니다.

Do it! • public/common/styles/common.css

```
... (생략) ...
.introcon {
  background: url("/images/main_ico2.png") no-repeat right 10px/190px;
}
```

2단계 회사 소개의 각 문단(<div class="introgroup">)은 오른쪽 이미지와 겹치지 않도록 해야 합니다. .introgroup 선택자를 작성한 후 padding-right 속성으로 이미지와 텍스트가 겹치지 않도록 하고, margin-bottom 속성으로 문단 사이의 여백을 지정합니다. 이어서 문단의 제목은 .introgroup strong 선택자를 추가하고 줄 바꿈, 제목과 내용 사이의 여백, 그리고 텍스트의 크기와 굵기, 색상을 지정합니다.

Do it! • public/common/styles/common.css

```
... (생략) ...
.introgroup {
  padding-right: 300px;
  margin-bottom: 30px;
}
.introgroup strong {
  display: block;
  margin-bottom: 10px;
  font-size: 25px;
  font-weight: 900;
  color: #222;
}
```

3단계 두 번째 문단에 이미지를 넣기 위해 .introgroup:nth-of-type(2) 선택자를 작성하고 background 속성값을 다음처럼 작성하여 크기와 위치를 지정합니다. 두 번째 문단은 왼쪽에 이미지가 배치되므로 padding 속성값을 왼쪽 300px, 오른쪽 0으로 설정하여 이미지와 텍스트가 겹치지 않도록 합니다.

Do it! • public/common/styles/common.css

```
... (생략) ...
.introgroup:nth-of-type(2) {
  background: url("/images/main_ico1.png") no-repeat left 0px/ 200px;
  padding: 0 0 0 300px;
}
```

4단계 스타일이 변경되는 기준점을 max-width: 767px로 미디어 쿼리를 작성합니다. .introcon 선택자를 추가한 후 background 속성값을 none으로 설정하여 웹 브라우저의 크기가 767 이하로 줄면 이미지가 보이지 않도록 합니다. 그리고 .introgroup 선택자로 이미지와 겹치지 않도록 지정했던 여백을 재정의하고, 문단의 제목 크기는 .introgroup strong 선택자로 재정의합니다.

Do it! • public/common/styles/common.css

```
... (생략) ...
@media screen and (max-width: 767px) {
  .introcon {
    background: none;
  }
  .introgroup {
    padding-right: 0;
  }
  .introgroup strong {
    font-size: 18px;
  }
}
```

5단계 두 번째 문단의 왼쪽 이미지를 텍스트 위쪽으로 지정하기 위해 background 속성으로 이미지의 위치와 padding 속성으로 여백을 재정의합니다.

Do it! • public/common/styles/common.css

```
... (생략) ...
@media screen and (max-width: 767px) {
  ... (생략) ...
  .introgroup:nth-of-type(2) {
    background: url("/images/main_ico1.png") no-repeat center 0px/ 200px;
    padding: 193px 0 0 0px;
  }
}
```

이로써 모든 페이지를 완성했습니다. 웹 사이트를 만들 때 모든 콘텐츠를 의미 있는 태그로 작성하기란 쉽지 않습니다. 실무에서는 여러 가지 변수가 존재하므로 디자인 구성이나 개발 환경에 따라 의미 없는 태그를 작성하기도 합니다. 그럼에도 불구하고 의미 없는 태그를 최대한 줄이고 CSS를 활용하여 작성하도록 노력해야 합니다.

이 책에서 실습으로 작성한 코드가 정답은 아닙니다. 같은 구성의 페이지를 다른 코드와 스타일로 만들 수도 있습니다. 이 책의 실습을 바탕으로 여러 가지 상황에 맞춰 HTML, CSS, Vue.js 코딩을 연습해 보기 바랍니다.

한글

영어

기타